苏州文博论丛

2014年（总第5辑）

苏州博物馆　编

文物出版社

责任编辑：窦旭耀
封面设计：夏　骏
责任印制：张　丽

图书在版编目（CIP）数据

苏州文博论丛．2014年：总第5辑／苏州博物馆编．—北京：文物出版社，2014.12

ISBN 978－7－5010－4169－5

Ⅰ．①苏…　Ⅱ．①苏…　Ⅲ．①文物工作－苏州市－文集②博物馆事业－苏州市－文集　Ⅳ．①G269.275.33－53

中国版本图书馆CIP数据核字(2014)第273957号

苏州文博论丛

2014年（总第5辑）

苏州博物馆　编

文物出版社出版发行

（北京市东直门内北小街2号楼）

http://www.wenwu.com

E－mail:web@wenwu.com

北京京都六环印刷厂印刷

新华书店经销

880×1230　1/16　印张:15.25

2014年12月第1版　2014年12月第1次印刷

ISBN978-7-5010-4169-5　定价:110.00元

目　录

考古与文物研究

夏商遗址中所见玉琮初识	蒋闰蕾	1
“汉文帝十三年除田租”解疑	束江涛	11
张家港市境内出土唐代墓志考释	高新天	19
试论辽代汉官集团的地域性特征——以考古发掘墓葬为中心	齐　伟　都惜青	30
新出后晋张奉林墓志与后唐政治	崔世平	37
明代首任南宁伯毛胜暨夫人白氏合葬墓志略识	邵　磊	42
苏州博物馆藏文房清供考识——读《文房雅玩》札记	蔡鑫泉	48
浅论御窑金砖之传承与发展	吴　昊	61

历史与文献研究

女子无才便是德？——晚清有识之士对女子教育合理性和重要性的探讨（以《申报》为例）	黄　梅	65
新见吴大澂《愙斋自订年谱》稿本异文小考	钱轶颖	70
叶昌炽与《寒山寺志》	江莺华	77
顾况《送张卫尉》考异	郭殿忱	84
从鄙视到认同——说“吴儿”	程　义	86
抄本《北上日记》的作者及其史学价值	李　军	94
苏州博物馆馆藏谢家福档案选辑校释（六）——凌淦（等）致谢家福（等）函稿	徐钢城	101

吴门画派研究

文徵明的《兰亭修褉图》与“兰亭文化”	单国强	110
文徵明与元人书画	任道斌	113
从浙博馆藏《四体千字文》浅谈文徵明的摹古追求	陆　易	120
去留两文翰——反映文徵明朝野心态的册页考释	鲍艳囡	125
“扇中文氏风骨”——故宫博物院藏文徵明画扇研究	李天垠	137
文徵明竹石幽兰画及相关问题	邵　彦	159
小品大艺——试论文徵明对书画折扇（扇面）艺术创作的推动和影响	赵幼强	188
王世贞与文徵明——书画交游与鉴藏研究	杜　娟	192
《佚目》内外的文徵明书画	郭　丹	202

博物馆学研究

博物馆展览的宣传推广策略与实践探索——以“斯文在兹——孔府旧藏服饰特展”为例 练 洁 210
革命纪念馆与官办文化 张秋兵 214
周恩来与新中国的文博事业 刘文欣 220
世博会博物馆的“微学位”建设思考 郭继兰 225
对新建（改扩建）博物馆文物保护工作的区域性研究 杨 亮 231

夏商遗址中所见玉琮初识

蒋闰蕾（苏州大学纺织与服装工程学院）

内容摘要：玉琮是良渚文化的代表性器物之一，其在夏商时期考古遗址中亦有出土。本文以考古出土实物为材料，以良渚文化对中原地区及其周边地区的文化渗透为切入点，从考古学文化传播、巫术与政治等角度对夏商玉琮进行了初步探讨。

关键词：良渚文化　玉琮　夏商　遗址

提起玉琮，我们都会第一时间想到良渚文化，在良渚文化所出土的众多玉器中，以琮这种器形最有特点，这是一种前所未有的新兴器种，是良渚玉器系统中最具代表性的器物。在夏商遗址所出土的玉器中，不难发现有类似良渚风格的玉器出现，这是一种值得关注的现象。夏商玉器中琮的存在，显然是受到了良渚文化的影响。但夏商玉琮又不像良渚玉琮那样刻划有神人兽面纹和分槽分节的特征，而是形成了自身的风格。本文将从考古材料出发，系统搜集统计夏商遗址中出土的玉琮，然后再对夏商玉琮与良渚文化的关系进行探讨。

一　二里头文化遗址出现的玉琮

关于夏代玉琮的材料，主要选自二里头文化（表一）。二里头文化主要分布在豫西、晋南一带，河南偃师二里头遗址是该文化的典型遗址。对于二里头文化是否就是夏文化，学术界至今仍有争议，但主流观点认为，二里头文化的主体就是夏文化。

表一　二里头文化遗址中发现的玉琮

出土地点	玉琮数量	形制特征	图　示
二里头遗址[1]	1件	残破，方柱体，有槽分节，上部出射，下部残	
二里头遗址 Ⅲ区窑1：4[2]	1件	高5.7、上下口径约7.1、厚0.7厘米，淡青玉，晶莹光润，圆筒状，周壁厚度不均，腰部微向内凹，出土时器内外有朱砂痕	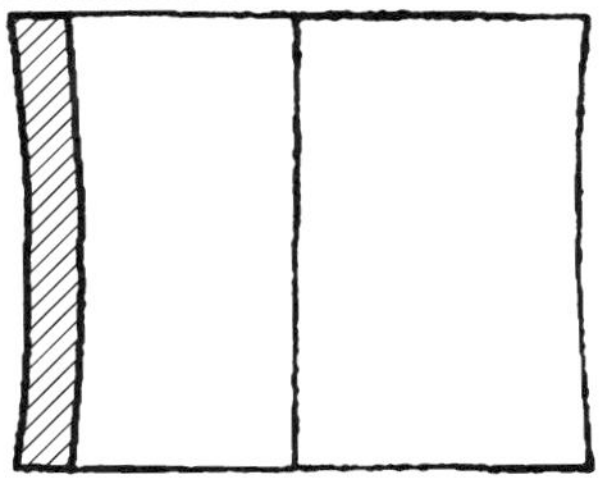

续表一

出土地点	玉琮数量	形制特征	图　示
河南新密市新砦遗址 T5⑤:4[3]	1件	残破，青灰色，内圆外方，已残，系第二次利用，残边磨制光滑，边长9.7、高7.5、厚0.8厘米	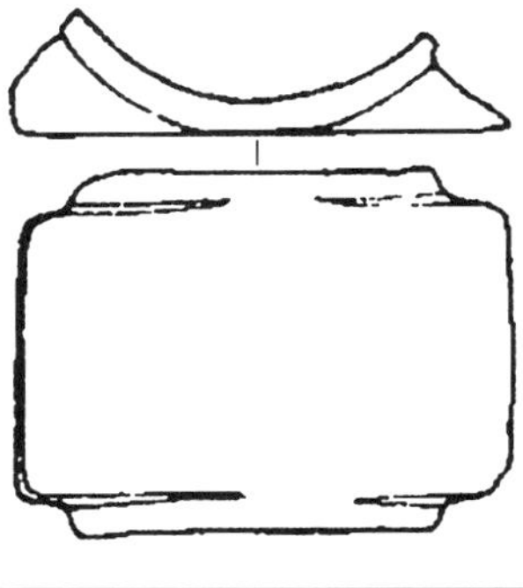
郑州大师姑采集：1[4]	1件	乳白和青灰相杂，磨制而成，大部残，内圆外方，中空，内外通体抛光，外径6、内径5.2、边长6、残高7.2厘米	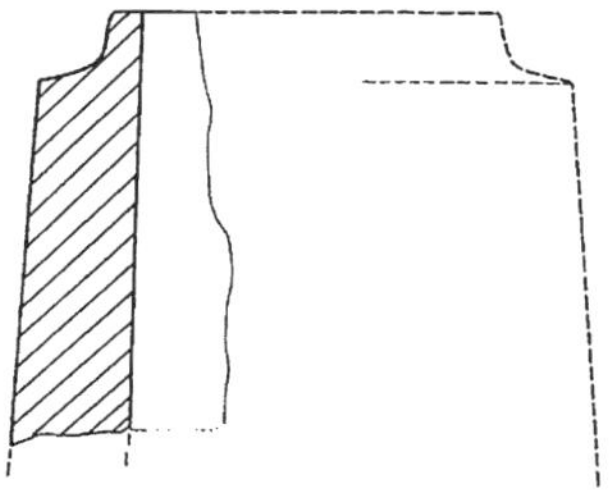

二里头文化中所出现的玉琮，除二里头遗址Ⅲ区窑中出土的一件完整的圆筒形玉琮，其余三件均为内圆外方，有射部，符合良渚玉琮的基本形制。然而从表一中可以看出，二里头文化的玉琮数量极少，已知的琮的数量只有4件，甚至不及良渚一座墓的玉琮出土量。整体器形偏小，高度仅在5—8cm左右，壁厚仅0.5—1cm，与良渚玉琮的整体形制相差甚远，显得扁矮且简易轻薄。出土的4件中多数仅为残片，但仍可以看出制作并不精良，第一件能够看出有槽分节，但具体节数无从得知。4件玉琮上普遍没有纹饰，多为素面抛光，第一件玉琮上似乎有凸弦纹，但过于残破而无法辨清。最为重要的是，以上4件玉琮均没有出现在二里头文化的墓葬中，而是在窑或地层中出现，可见玉琮并不作为二里头文化墓葬的随葬品。

通过以上对比可以得知，玉琮在二里头文化时期作为玉器重器的地位被动摇。无论从出土数量还是玉器质量上来看，虽沿袭了基本形制，但玉料不精、制作工艺粗糙、纹饰省略、数量骤减、出土位置不明确，都说明了二里头文化玉琮的重要性远不及良渚文化时期，玉琮在二里头文化时期已不具备礼仪重器的性质。同时，与良渚玉琮风格不同的二里头玉琮的存在也说明，这并不是从史前良渚时期流传下来的史前玉器，而是二里头文化时期人们制作的仿制玉器，可见玉琮这一文化因素只呈现了其外在形制的流变，玉琮的文化内涵并没有影响到二里头文化。

二　商代遗址中出现的玉琮

商代玉器长期以来被认为是中国古代雕刻艺术的奇葩，以其出土数量之大、质量之精著称于世，以殷墟玉器最具代表性。郑振香先生认为："殷墟玉器除继承二里头文化的玉器传统之外，更多地继承了良渚文化的玉器品种，尤以纹饰中的兽面纹、云雷纹引人注目。"[5]玉琮作为良渚文化的重要礼器之一，在商代也有发现，尤其在商代晚期的大型墓葬中出土更多（表二）。

表二　商代遗址中发现的玉琮

出土玉琮及数量	器　号	玉琮形制	图　示
河南新郑县（商代早中期）[6] 1 件		青灰色，体呈圆形，中空，四角有弧面，通体光素无纹饰	
殷墟妇好墓五号墓[7] 11 件玉琮（一件残） 和 3 件琮形器	标本 916	形似大琮，淡褐色，外方内圆，射较高，四角雕出凸棱，其两侧各刻竖线一条，射上各饰阴线四周	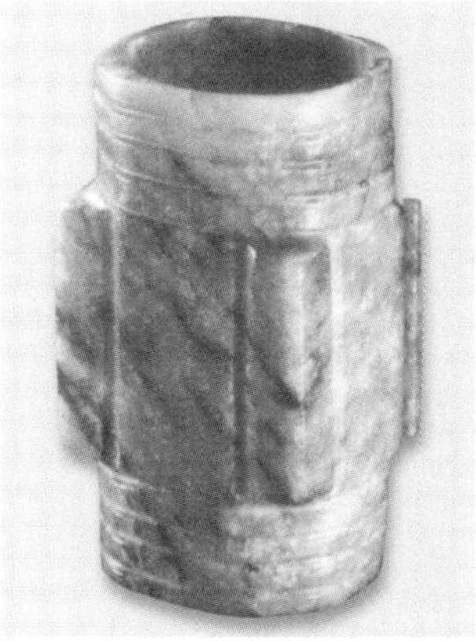
	标本 594	棕褐色，琮体中部四面不甚匀称，断面略呈方形，两端射部较短，内壁呈圆形	
	标本 1244	绿色，方体矮宽，四面宽度不等，射较圆	

续表二

出土玉琮及数量	器　号	玉琮形制	图　　示
殷墟妇好墓五号墓 11件玉琮（一件残） 和3件琮形器	标本947	白色，形体极小，制作粗糙，方体较长，两端中部与射相连，双面打孔	
	标本1581	白色，形体较小，孔一端大一端小	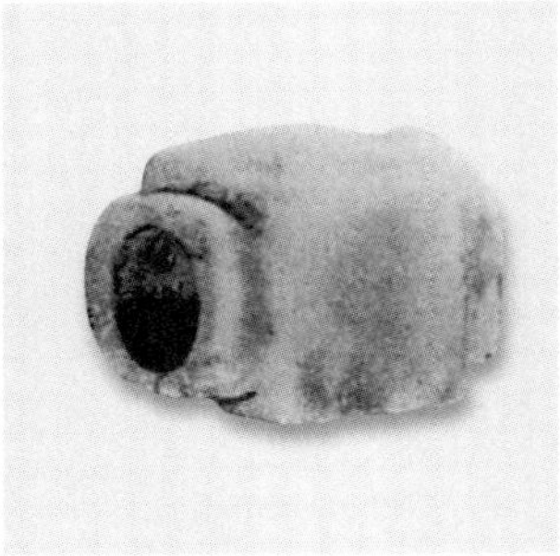
	标本1230	白色，形体极小，中部雕出两两对称的三角形凸棱，孔壁较直	
	标本997	墨绿色，有短射，孔壁直，四角凸棱上饰平行阴线兼圆点形纹，四面正中各雕直线两组	
	标本1050	黄褐色，四面中部稍外鼓，四角内收，一端有射，四角上下雕突起的半圆形纹饰	

续表二

出土玉琮及数量	器　号	玉琮形制	图　　示
殷墟妇好墓五号墓 11 件玉琮（一件残） 和 3 件琮形器	标本 998	乳白色，两端有短射，体四角雕出竖直凸棱，刻上下对称的蝉纹，蝉尾相对，四面中部雕竖直条纹	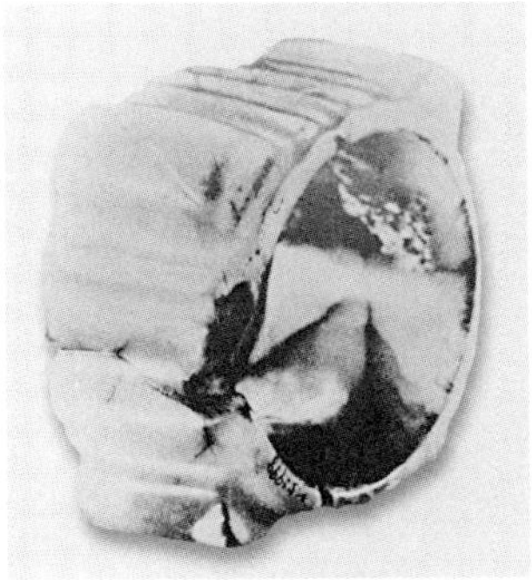
	标本 1051	淡黄色，两端有短射，四角雕出凸棱，上刻伏蝉纹，四面中部饰竖直阴线，射部各有一周凸弦纹	
	标本 1003	淡绿色，一端有不明显的射部，四角上下皆饰蝉纹，四面中部饰变形卷云纹	
	标本 595	绿色，两端均无射部，四角上下均有三角形凸钉	
	标本 999	乳白色，四角有凸棱，雕平行阳线五条	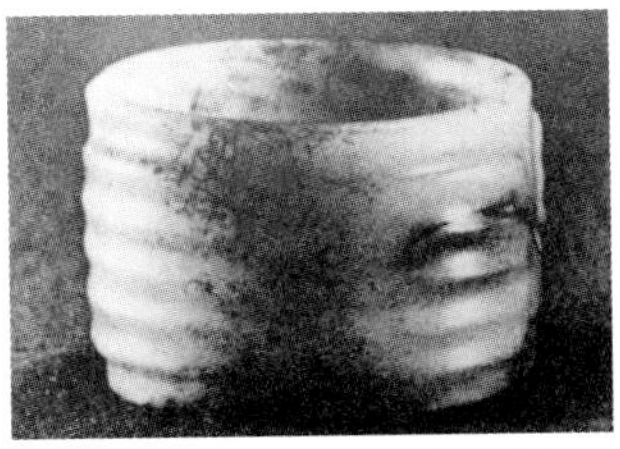
山东滕州前掌大遗址 M3[8] 1 件	M3 : 90	黄绿色，外方内圆，四边近长方形，表面抛光，上下有射	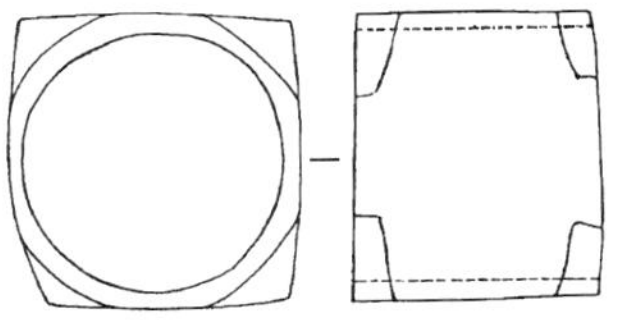

续表二

出土玉琮及数量	器　号	玉琮形制	图　　示
江西新干商墓[9] 2 件	标本 XDM：648	灰黄色，浅横凹槽将整个琮体分为上下两节，上下饰浮雕式的蝉纹，上下蝉尾相对，四面中部刻阴线两周	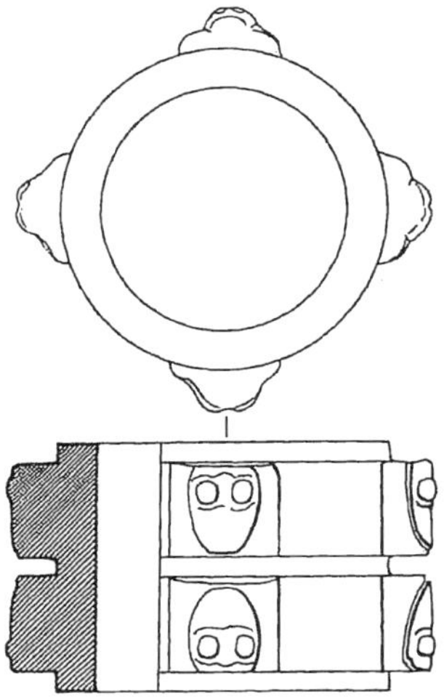
	标本 XDM：677	淡黄色，内圆外方，似“组琮”，上下两节，并以四角凸棱为中线，上下各饰由卷云纹构成的简体兽面纹一组，面部略浮出，圆形目稍凸起	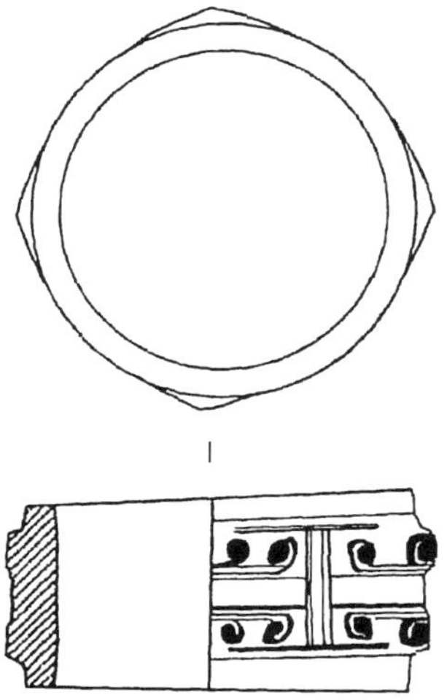
西安老牛坡遗址[10] 1 件		青绿色，呈圆筒状，外表雕出三个长方形弧凸面	

续表二

出土玉琮及数量	器 号	玉琮形制	图 示
河南安阳大司空村 M163[11] 1 件	M163∶2	银灰色，中透大圆孔，外面中段作方形，两端浑圆	
山东益都苏埠屯 M1[12] 1 件	M1∶38	残，体扁平，外方内圆	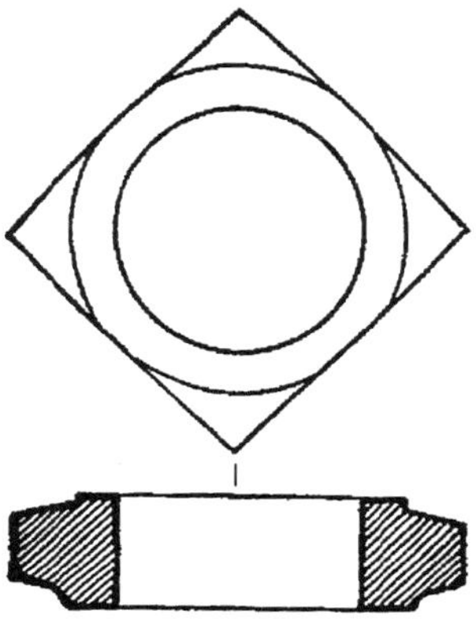

注：上表中的商代分期参照《中国考古学·夏商卷》中对商代的分期。

根据表二，可以发现，玉琮主要出现在商代晚期，集中出土于殷墟妇好墓，11 件玉琮及 3 件琮形器的数量是最引人注目的。以上所列玉琮多呈矮扁状，基本可以分为两大型，同良渚玉琮一样，外圆内圆的圆筒形以及内圆外方的基本型。圆筒形玉琮或是琮形器，如河南新郑县玉琮、殷墟妇好墓琮形器标本 1003、标本 595、标本 999、西安老牛坡玉琮，射部往往较短甚至没有，整个形制比较像玉镯，类似张陵山 M4∶2 的玉琮，表面有凸起弧面，常常素面无纹或是雕琢简单的蝉纹、阳线、凸钉，殷墟妇好墓标本 1003 是较为精致的一件，除了四角上下都饰蝉纹，四周中部还装饰有变形卷云纹。内圆外方是玉琮的基本形制，也是良渚玉琮最常见的形态。商代此类玉琮多上下有短射，殷墟妇好墓标本 916 的射部较高，是比较独特的一件。此类玉琮也可以分为两种型式，一种是外部呈方体，表面均素面无纹饰，殷墟妇好墓标本 594、标本 1244、标本 947、标本 1581、山东滕州前掌大 M3∶90 都是这种型式的玉琮，简单略显粗糙；第二种是四角雕出明显的凸棱，并在凸棱上装饰有蝉纹、半圆形纹饰、简化兽面纹，四周中部常刻有竖直条纹，较为精致。多为一节，只有江西新干县墓葬出土的两件玉琮由中部一浅槽分成了上、下两节，其中标本 XDM∶648 与殷墟妇好墓标本 998 形制纹饰都较为相似，可能是一种独特的纹饰。江西新干县大洋洲的标本 XDM∶677 上雕琢简化兽面纹，这似乎是与良渚玉琮最为相近的一件器物，都装饰简化兽面纹，但它的兽面纹是由卷云纹构成，圆形眼较为突出，它的射口又不是非常圆，整体精致程度无法与良渚玉琮相提并论。

根据以上对商代出土玉琮的分析，可以发现商代玉琮整体形制上与良渚玉琮较为相近，基本承袭了良渚玉琮的基本形制特点，扁矮形，但多数不分槽分节。装饰风格形成了自己的特点，简化甚至省略了兽面纹，而仅装饰蝉纹甚至素面抛光。显然，这些玉琮中并未发现有与良渚玉琮完全相似的情况，因此这些玉琮并非是流传下来的良渚玉器，而可能是良渚文化因素的不断渗透，商人在借鉴这一古老器形的基础上融入了符合时代特点的风格，或是对良渚玉琮的仿制及原创性改造。由于商代早中期目前只发现小型墓葬，大型墓葬虽有发现，但都遭到盗掘，其玉器出土情况未能得到完整的反映。商代晚期，无疑以殷墟妇好墓出土的玉器最为瞩目，也反映了商代玉器制作的最高水平。玉琮在殷墟妇好墓、江西新干县大洋洲大型商墓的出土都说明了玉琮在商代晚期仍是社会等级高的人才可拥有的器物，玉琮的礼器特性得到了体现。

三 对夏商遗址中所见玉琮的相关探讨

良渚文化是长江下游一支高度发达的史前文化，也是同时代各区系类型考古学文化中发展水平领先的一支。到了后期，它的突然衰落让人费解。然而它自身优秀的文化因素却并没有因此随之消亡，而是更大范围地扩展开来。在后续文化的渗透中，更多地集中在了以玉琮为代表的玉文化的影响。笔者重点关注对中原地区及其周边地区的文化渗透：海岱区龙山文化五莲丹土[13]出土矮方柱体玉琮；中原区晋南襄汾陶寺墓地[14]出土玉琮以及玉钺、玉瑗、臂环等；江汉区湖北石家河的瓮棺墓葬[15]中发现玉琮；陕西延安市芦山茆遗址[16]发现神面形纹的玉琮等。这些玉琮有的似为良渚玉器的变异“输出品”，有的与玉琮的形制差别较大，如陶寺的玉琮，均为单节素面或横槽数道，琮体低矮，外角或作八角形，玉质和制作工艺都较差，有学者认为不应看作与良渚文化有直接关系，也不能确定它们与良渚文化的玉琮是否具有同样的用途[17]。但就目前的发现来说，良渚玉琮是目前已知发现最早、数量最多、演变序列最为清晰的器物，那么显然后续文化中所发现的玉琮则是良渚文化因素扩散的结果。这些后续文化在接受了良渚文化因素之后，选择保留了玉琮的基本形制特点，摒弃了表面的纹饰刻划，加入自己的见解进行了变形改造，成为符合时代特色的器物。人类学研究指出，传播是指一种文化特征从一个人或一群人向其他人或群体的扩散[18]。考古学文化传播，一般为波链式的模式。“当受体接受其文化因素之后，自身又成为一个传播中介，而后将其所接受的文化因素再传播给下一个文化。但是，这个传播中介，在传播过程中，并不只是单纯意义上的桥梁作用，它是能动的。它在接受外来文化因素时，会按照自己的需要和认识，进行改造。另外，随着距离和时间的推移，在传播过程中原有文化特征可能会显示出衰减的趋势。”[19]细看良渚文化一路向北向中原地区的扩散，从良渚到大汶口到龙山再到陶寺，玉琮经历了一个良渚特质不断弱化的过程。此时再看夏商时出现的玉琮，整体扁矮，通常素面或装饰简单的弦纹或商周流行的纹饰，从器形上来看，似乎与陶寺文化玉琮更有承袭关系，与良渚时期关系并不明显。但根据前文的文化传播论，这不正是良渚文化因素波链式传播的过程吗？虽不是直接的承袭过程，但经历了一个时间上空间上的不断扩散传播，间接地继承了良渚玉琮的形制特点，影响了夏商玉琮的形制发展。而玉琮在良渚时期作为礼玉第一重器的神圣文化内涵，也在这样的传播过程中发生了变化，一直到商周时期，玉琮仍是玉礼器群体中的一员，但其地位则渐渐降低，其文化内涵较良渚时候已有所区别。

从表一和表二的材料看，二里头文化遗址中出土的玉琮不仅数量少，而且制作粗糙，而到了商代尤其是以殷墟为代表的商代晚期，玉琮的出土数量大增，部分玉琮制作的相当精美。毫无疑问，从年代上来看，二里头文化距离良渚文化更为接近，而商代更为久远，可是为什么反倒是年代更为久远的商代受到良渚玉琮的影响更大，而与良渚文化年代基本衔接的二里头文化反而受到的影响更小呢？关于这一点，笔者以为必须结合当时的历史背景才能一窥端倪。

以二里头文化为代表的夏代文明在继承良渚文化因素时，在玉礼器上具有明显的抑琮扬钺的倾向，笔者认为，这一点正是良渚文化与夏代文明的本质区别。在良渚文化的玉礼器中，琮是宗教巫术的集中体现，而钺则是军事指挥权或世俗权力的一种象征。良渚文化琮、钺并重，反映的是巫政合一的权力系统，而夏代文明抑琮扬钺，表明世俗权力，或称军、王权已凌驾于巫术宗教之上，从而形成王权国家。正如张忠培先生在论述良渚文化时所指出的那样，在良渚文化社会中，军权尚未高于神权，两者在社会的位置基本上处于同等地位。这点亦可从他们同居一墓地的事实中得到说明。中国古代社会的历史，是军权演变为王权，军（王）权愈来愈高于神权，日益凌驾于神权之上。军（王）权与神权并重，当是良渚文化社会的一个基本特征[20]。从良渚文化到夏代文明，从琮、钺并重到抑琮扬钺，正反映了这一段历史的变迁。因此在二里头文化的遗址中，玉钺出土较多而玉琮则很少。

商代虽然在年代上与良渚文化相距更远，但其宗教巫术的色彩却远比夏代浓厚。而这种巫觋与政治紧密结合的特征，在史前文化中以良渚文化表现得最为突出。所以，就巫觋与政治而言，良渚文化与商代最为相像，追根溯源，良渚文化的宗教巫术乃是商代文明最主要的一个来源。《礼记·表记》说："夏道尊命，事鬼敬神而远之。……殷人尊神，率民以事神，先鬼而后礼。……周人尊礼尚施，事鬼敬神而远之。"可见，在夏商周三代中，夏与周虽然也事鬼敬神，却敬而远之，只有商人率民事神，先鬼后礼。因此张光直认为："在夏商周三代之中，殷人似乎是与鬼神打交道打得最多的。"[21]在商人的政治生活中，一刻也离不开宗教巫术，占卜的吉凶祸福成为商王行事的重要依据。在河南安阳小屯殷墟范围内，据统计，已出土的带有卜辞的甲骨多达十多万片，这其中还不包括早期散佚破坏的大量带字甲骨以及更多的在当时占卜之后没有刻字的甲骨片。由此可见，文献记载的商人沉迷于事鬼敬神的情况当是事实。正因为如此，与宗教巫术关系密切的玉琮在商代才会较多地出现。

此外，在前文整理的夏商玉琮中还可以发现这样的现象，在发现玉琮数量较多的大墓中，都可将玉琮分为素面无纹和有纹饰两大类，素面无纹的多较为粗糙，并无特殊性，且数量较多。但常常会出现一到两件雕琢精细纹饰的玉琮，较为突出，如殷墟妇好墓的标本 M5∶1051，江西新干商墓的 XDM∶648。妇好墓 M5∶1051 与新干墓 XDM∶648 均在琮体上精细浮雕商代流行的蝉纹，在整体普遍无纹或饰简单弦纹的玉琮中，它们显得极为特别。为什么会有这样个别的现象出现？笔者认为，夏商时期玉料的来源已较良渚时期大大地丰富了，使得玉器不再成为那么难以企及的器物，故玉器也逐步世俗化，在三代时期已表现出成为艺术品的势头。玉器作为带有神秘色彩的礼器和价值贵重的宝物，能够收藏的也绝非一般人物。作为拥有这些玉琮的上层阶级来说，玉器自然越精致越能显示身份地位的尊贵，为其搭配上精美的纹饰也逐渐成了上层的需求。对玉的收藏已初步成为上层的一种普遍意识，殷墟妇好墓出土了似来源于石家河文化和红山文化玉器[22]而时代稍晚的山东济阳刘台子 M6 亦发现石家河玉鹰[23]，这些例子都说明了收藏前代玉器已成为一种风尚。这些玉琮与夏商式玉琮不分槽分节不同，均分为多节，再加琢以纹饰，这是典型的对良渚玉琮的器形"复古"仿制，并搭配当时盛行的纹饰进行创新改造，既有复古意味，又不失时代特色。

注释：

[1] 中国科学院考古研究所洛阳发掘队：《河南偃师二里头遗址发掘简报》，《考古》1965 年第 5 期，第 222 页。

［2］中国科学院考古研究所二里头工作队：《河南偃师二里头遗址三—八区发掘简报》，《考古》1975年第5期，第306页。
［3］北京大学古代文明研究中心、郑州市文物考古研究所：《河南省新密市新砦遗址2000年发掘简报》，《文物》2004年第3期，第17页。
［4］郑州市文物考古研究所：《郑州大师姑》，科学出版社2004年，第96页。
［5］郑振香：《殷墟玉器探》，载《庆祝苏秉琦考古五十五年论文集》，文物出版社1989年，第315—325页。
［6］陈志达、方国锦：《中国玉器全集·商、西周》，河北美术出版社1993年，第15页。
［7］中国社会科学院考古研究所：《殷墟妇好墓》，文物出版社1980年，第115—116页。
［8］中国社会科学院考古研究所山东工作队：《滕州前掌大商代墓葬》，《考古学报》1992年第3期，第388页。
［9］江西省博物馆、江西省文物考古研究所、新干县博物馆：《新干商代大墓》，文物出版社1997年，第141页。
［10］《中国玉器全集·商、西周》，第116页。
［11］马得志、周永珍、张云鹏：《一九五三年安阳大司空村发掘报告》，《考古学报》第九册（1955年），第55页。
［12］山东省博物馆：《山东益都苏埠屯第一号奴隶殉葬墓》，《文物》1972年第8期，第23页。
［13］杨波：《山东五莲县丹土遗址出土玉器》，《故宫文物月刊》14卷第2期。
［14］中国社会科学院考古研究所山西工作队等：《1978—1980年山西襄汾陶寺墓地发掘简报》，《考古》1983年第1期。
［15］张绪球：《长江中游新石器时代文化概论》，湖北科学技术出版社1992年。
［16］姬乃军：《延安市芦山茆出土玉器有关问题探讨》，《考古与文物》1978年第4期。
［17］王巍：《良渚文化玉琮刍议》，《考古》1986年第11期，第1015页。
［18］布鲁斯·特里格：《论文化的起源、传播与迁移》，《文物季刊》1994年第1期，第81—94页。
［19］何驽：《考古学文化因素分析法与文化因素传播模式论》，《考古与文物》1990年第6期，第101—108页。
［20］张忠培：《良渚文化的年代和其所处社会阶段》，《文物》1995年第5期。
［21］张光直：《商代的巫与巫术》，《中国青铜时代》，三联书店1999年。
［22］袁永明：《商代西周墓葬中出土前代玉器初识》，《中原文物》2000年第3期，第44页。
［23］林继来：《山东济阳刘台子西周墓的史前遗玉》，《东南文化》2002年第3期，第77页。

“汉文帝十三年除田租”解疑

束江涛（南京审计学院数学与统计学院）

内容摘要：文帝十三年，大汉帝国确实免除了此后十余年的田租。不仅如此，以汉文帝为首的中央政府还免除了其他一些赋税徭役。这些举措不是偶然性的冲动，更不是出于仁慈之心，而是政治危机刺激下的无奈之举，也是基于私营工商业高度发展的明智之举。因此，我们不必怀疑“文帝十三年免除田租”的真实性，这个论断经得起语义、历史与逻辑上的推敲，是符合历史事实的科学判断。

关键词：文帝十三年　除田租　政治危机　西汉财政　私营工商业

长期以来，我们都认为汉文帝是个仁德之君，他免除了文帝十三年至景帝元年[1]间的田租，但是黄今言先生在《汉代田租征课中若干问题的考察》[2]一文中挑落了这个古老的命题。自此以后，学界围绕着大汉帝国究竟是免除文帝十三年当年的田租还是此后十余年的田租存在争论，然而破解这个谜题尤为重要，它直接关系到我们对西汉前期税收政策、财政体制和经济发展状况等等的认识。故为此文，稍作分析。

一　诸说辩驳与问题提出

三十多年来，学界围绕着“文帝十三年免除田租”的问题一直争论不休、难下定论，具体如下：

黄今言先生在《汉代田租征课中若干问题的考察》中首先展开否定性论证，他认为汉文帝只是免除文帝十三年当年的田租，此后直至景帝元年征收的都是什五税一的田租，其因如下：第一，最先提出文帝十余年不收田租的是马端临，他在《文献通考·田赋考》中说：“先公曰：……文帝恭俭节用而民租不收者至十余年”，然而查阅这个“先公”——马廷鸾的《碧梧玩芳集》，却无此论；第二，翻阅《史记》、《汉书》，汉代关于减免赋税徭役的诏令，若未载明复免年限者，通常只指当年一年；第三，班固在《汉书·食货志》中说的“后十三岁”，应是“次第数”，不能理解为从文帝十三年后十余年都免除田租；第四，如果文帝十三年后长期免除田租，那么景帝元年便是重新征收三十税一田租的问题，根本用不上说“令民半出田租”；第五，汉代其他的史传，都看不出文帝有十余年免征田租的迹象；第六，歌颂文帝的记载很多，但是从未发现何人说过文帝免征十余年田租的言论；最后，尽管统治者通过“募民入粟”或加重“口算”等途径来广开财路，然而这只是其不必提高田租率的一个原因，但是不可能长期不征收田租。

针对黄先生的论断，施伟青[3]、罗镇岳[4]、曾维华[5]三位先生相继作出批评性回应。施先生率先反驳道：其一，从相关史料的记载中找不出文帝十四年改行什五税一的材料；其二，文帝免收田租是作为重农抑商的一个政策施行的，实质上是把直接剥削变为间接剥削而已，我们不必担心西汉的财政问题；其三，胡三省注《资治通鉴》和《汉书补注》提到景帝“令田半租”时都认为，文帝十三年后十余年不收田租，而且马端临说的“先公”可能是对先人的尊称，即便是马廷鸾，马端临还可从其言谈中得知此论；其四，《汉书·晁错传》记载晁错在贤良对策中说“农民不租”已属文帝十五年的事，若从文帝十四年起改行什五税一，晁错断不会这样说；其五，查阅《史记》、《汉书》，如果没有载明复免年限者，也有不少永久性免除的例子；其六，贾山的“颂词”作于文帝初元五年之前，词中必定没有文帝免收田租的记载，而景帝没有为文帝不收田租而讴歌，是因为其已有征收田租的打算；最后，历经西汉前期的经营，经济已有所好转，各封国每年还会贡纳一定的财物，再加上入粟拜爵和加重口算等办法，免除田租不会影响大汉帝国的“经济基础”。罗先生的证据大致与施先生类似，重要的是他还指出：“《史记·汉兴以来将相名臣表》载有‘除田租税律’，这是文帝从十三年起长期免除田租的一个铁证”。与此同时，曾先生也提出了几条补充性意见：第一，“后十三年”不是“次第数”，而是“累计数”；第二，汉景帝如果是把田租从原来的“什五税一”减为“三十税一”的话，必然会用“赐”、“除”一类漂亮动听的词来布告天下，而不会用带有强迫口吻的“令”字；第三，荀悦在《汉纪》中提到过文帝减免租税的事，但没有歌颂文帝免征田租，相反认为“文帝不正其本，务除租税”；最后，从文帝十二年至景帝元年间，皇帝虽然多次行幸、祭祀，也遇到过大的自然灾害，然而没有减免田租的记载。

不同于上述三位先生的连番批评，彭雨新先生提供了几点支持[6]：首先，“明年，遂除田之租税……孝景二年，令民半出田租”（《汉书·食货志》）中“遂”字的含义是从十二年已减了田租之半至十三年进一步实行全免而言的，没有对以后各年实行免征的含义，再从后半句看，若孝景二年之前免征田税，那么何所据而云“半”？其次，从西汉新君颁布政令的惯例来说，新帝要实行某些“德政”以骗取人民的“爱戴”，假定文帝免除十余年田租，而景帝却征收田租，那就是“暴政”；再次，《汉书·文帝纪》载有“夫度田非益寡”，表明田税征收的加强；最后，连续两年普免钱粮的事，在赋税史上是未曾见过。白寿彝先生也有同感，他认为：“罗镇岳先生提到的‘除田租税律’只是废除秦时苛重的田租律，并非取消已经减了的田租”[7]。有些学者还利用出土资料来补证否定说，林甘泉先生起先支持肯定说[8]，后来因为江陵凤凰山10号汉墓出土简牍中有关于“市阳租”的账目，又改而支持否定说[9]。持否定说者日渐增多，林剑鸣[10]、曾延伟[11]、于琨奇[12]、张景贤[13]等先生都有专文强调这一看法，但是大多数人仅作出判断，没有提供新证据，因此不再赘述。

不可否认，否定说具有一定的合理性，但是或多或少都存在一些问题，因此有必要首先加以疏证。黄今言先生文中的不足，施伟青等三位先生已经点明，而彭雨新先生文中的漏洞则表现为：其一，晁错虽然提到“足支一岁以上，可时赦勿收农民租”，但是他只说“时赦”，没有“待至各县入额达到足支一年以上，便可考虑在此时免租一年”的意思；其二，“明年，遂除田之租税……孝景二年，令民半出田租”是一句连贯的话，如果只是免除文帝十三年的田租，班固断不会加上“后十三岁”以产生误解，这与班固的文豪身份完全不符；其三，新帝即位并非都推行德政，历史上新君加征赋税徭役的例子很多，特别是末代君主，即使汉景帝想推行德政，也不一定就要把“令民半出田租”作为德政的一种；其四，“度田”、“计民”不一定就是为了征收田租，当今我国没有农业税，但仍要测量土地、普查人口，这是国家职能的体现，而当时也需要“度田”和“计民”来考核官吏的政绩；最后，“连续两年普免钱粮，在赋税史上是未曾见过”的观点更待商榷，毕竟乾隆帝曾五次普免天下钱粮。不仅于此，白寿彝先生的观点也需反思：《汉兴以来将相名臣表》把此事记载为文帝十三年难道仅仅是巧合吗？如果“除田租税律”是废除秦时的田租税律，那么汉高祖变秦时泰半之赋为什五税一作何解释？白先生没有给出合理答案，因此其观点还得再探讨。林甘泉先生引用凤凰山10号汉墓出土简牍来补证“否定说”的做法，也存在不少问题：首先，简牍中只有一个具体时间——“四年后九月辛亥”，把它的年代下限定为景帝四年是合理的，然而10号墓出土简牍的年代上限是根据9号墓所出木牍提到“十六年”来推论的，因此“市阳租”账目的形成没有一个确切时间；其次，裘锡圭先生已经确定市阳里缴纳的是三十税一的田租[14]，因此这个账目记载的很可能是景帝元年后的事；复次，市阳里收缴算赋十分频繁，很可能处于非常时刻，杨剑虹先生就认为当时很可能处于吴楚七国之乱期间[15]；最后，中央与地方的政策并不一定是同步，可谓“上有政策下有对策”，所以“市阳租”账目不能否定大汉帝国十余年无田租的历史事实。

经过上述一连串的反复思考和深入分析，笔者认为大汉帝国确实免除了文帝十三年后十余年的田租，“否定说”经不住史实印证和逻辑推敲，但是肯定说也不是天衣无缝，尚需在以下几个方面加以完善：第一，他们只是囿于持否定说者设下的窠臼加以辩驳，新证据也不充分，更没有对汉文帝免除田租一事进行历史地分析；第二，汉文帝免除田租后，大汉帝国并没有增加口算，汉元帝时贾捐之就提到“（汉文帝时）民赋四十，丁男三年而一事”[16]，而且入粟拜爵也不能弥补田租免除后带来的财政损失，毕竟只有少数人能够买得起爵位，因此他们在探究大汉帝国平衡财政收支的问题上的不够全面；第三，他们把汉文帝免征十余年田租看成是重农抑商的表现，果真如此，文帝在诏令中怎会说“本末者毋以异”[17]呢？根据李奇的注释，我们可以知晓工商税在西汉财政收入中享有较高地位，这才与文帝时私营工商业高度发达的史实相符，因此汉文帝是农商并重。有鉴于此，下文将运用历史语义学的有关知识，详细探讨相关语句之间的真实内涵，同时采用历史与逻辑相结合的研究方法，系统分析大汉帝国免除文帝十三年后十余年田租的历史基础及其内在逻辑的合理性，实现语义、历史和逻辑上的三者有效统一，以补证“肯定说”。在此研究基础上，下文还将深入探讨一些核心问题，尤其是大汉帝国在那十余年间究竟是如何平衡财政收支的，进而提出一些具有说服力的观点。

二　汉文帝免征田租的历史基础

《史记·孝文本纪》与《汉书·文帝纪》均记载“文帝十三年……其除田之租税”，从语义学上考察，这句话就是指文帝十三年后不再征收田租，补充理由有二：一方面，从《史记》、《汉书》的编撰形式看，当时的书写资料是简牍，写完一篇就用绳子扎在一起构成一卷，单卷文本的行文格式可以保持一致性，但是各卷之间具有差异性，现今学者大多忽视了上述原则，不加甄别就引证自己观点，必会出现“若未载明复免年限者”有多重意思的现象，据此笔者认为应该把“其除田之租税”置于《孝文本纪》和《文帝纪》中单独推敲，这样我们可以发现，如果只是减免当年的田租，必会加上“今年”两字，例如“文帝二年，其赐天下民今年田租之半……文帝十二年，其赐农民今年租税之半”，如果有定额年限，必会加上具体年数，例如“文帝三年，复晋阳、中都民三岁租”，如果没有年限，就是指永久性免除，否则司马迁和班固必将具体年份记载上去，以确保行文格式的统一；另一方面，文帝十三年相继颁布除秘祝、除肉刑、除田租三道诏令，在《史记》中都是以“其除……”的句型撰写的，而《封禅书》在详解“其除秘祝”之事时讲道：“今秘祝移过于下，朕甚不取。自今除之”[18]，那么“其除……”就是“自今除之”的意思，而且“其除肉刑”也不能解释为除去当年的肉刑，否则不合文意，那么以此类推，“其除田之租税”就是指除去今后的田租。据上可知，大汉帝国确实免除了文帝十三年后十余年的田租。

大汉帝国这个举措有着充分的历史根据和紧迫的现实动因，我们不能因为文帝十三年诏中某些冠冕堂皇的语句，就以为汉文帝十分仁义，正是其欲与民休息，才大规模免除田租，进而让价值判断掩盖了科学判断，毕竟要让最高统治者自觉地发善心无异于与虎谋皮；我们也不能因为晁错在《论贵粟疏》中的只字片语，就认为晁错的高深见解唤醒了汉文帝的良知，从而不得要领，毕竟在此之前贾谊早已论及（具体参看《新语》及其传记），但是汉文帝为何偏偏到此才实行呢？汉文帝是个深谋远虑的政治家，相当务实，从其入继大统前后的举动我们就可窥见一斑，他不会因为个人情感而朝令夕改，相反会根据现实政治发展的具体状况革故鼎新，因此我们必须把问题放到一定的历史范围之内。

汉初，惩秦之弊，推行郡国并行制，诸侯王拥有极大的政治权力，可以自置官吏（相傅除外），实行与汉中央不同的统治政策，可谓“汉法非立，汉令非行”。随着亲缘关系的淡化，为了维护和谋取相应的政治地位，诸侯王们往往因地制宜，发展本地生产，构筑反叛汉中央的经济基础，以致贾谊大声斥责他们：“虽名为人臣，实皆有布衣昆弟之心，虑无不宰制而天子自为者”[19]。当时人少地多，“生谷之土未尽垦，山泽之利未尽出”，汉中央以及各大诸侯王国都把增加人口作为一项基本国策，乃至有些诸侯王国颁布许多优惠措施，招揽天下亡人，吴王刘濞就是其中的典型。史载其在孝惠、高后时，“招致天下亡命者盗铸钱，煮海水为盐，以故无赋，国用富饶”。至汉文帝时，他又因丧子之痛，加速了反叛步伐，在封国内的百姓不仅无赋，而且“卒践更，辄与平贾。岁时存问茂材，赏赐闾里。佗郡国吏欲来捕亡人者，讼共禁弗予”[20]，以致“山东奸猾，咸聚吴国”[21]。对普通百姓来说，吴国无赋具有极大的诱惑力，临近地区的人口流向吴国势不可免；对其他诸侯王来说，吴王增加人口的成功经验必然会促使他们相继效仿，淮南厉王刘长东窗事发后，丞相张苍等人上奏其罪行时就提到：“（淮南厉王）收聚汉诸侯人及有罪亡者，匿为居，为治家室，赐与财物、爵禄、田宅，爵或至关内侯，奉以二千石所当得。”[22]反观生活在汉中央直辖地的普通百姓，赋税徭役相当繁重，晁错就此提出：“（文帝十二年之前）急政暴赋，赋敛不时，朝令而暮当具”[23]。当他们知晓诸侯王国有这么多优惠时，必然为之心动不已，毕竟普通百姓具有私利性，一点小恩小惠就足以打发他们，他们没有忠君观念和爱国意识，贾谊在《新书》中就多次借豫让侍奉中行氏和智氏的事例来引证当时这种风气。既然做汉朝的百姓是百姓，做诸侯王国的百姓也是百姓，做后者的百姓还有那么多优惠，那么何乐而不为呢？

大汉帝国不仅惩秦之弊，也因秦之制，继续着秦朝强干弱枝的统治政策。汉高祖时迁徙齐诸田、楚昭、屈、景及诸功臣家到长陵，“后世世徙吏二千石、高訾富人及豪杰并兼之家于诸陵”[24]。刚开始汉中央还能“与利田宅”，但是膏腴之地毕竟少数，随着迁入人口的增多，关中地区必然出现人多地少的局面，那么就不是每批迁入人口都能得到好的田宅，再加上汉中央不定时的急政暴敛以及风俗习惯、生活方式等方面的差异，故国情怀和故土观念充斥在他们脑中，所以别人的金屋银屋不如自己的“狗屋”，更何况自己的“狗屋”里还有“渤海鱼盐之利”、“云梦泽薮之资”等等。他们又多属六国后裔，具有贵族气息，岂能仰他人鼻息而生存，这个“他人”在当时人看来竟然还是一个毫无贵族血统的无赖，要不然在起兵时也不会经常利用一些奇形怪状来为自己贴金贴银。只是他们头上悬着一把达摩克利斯之剑，难以直抒心意，但是只要环境宽松，各种因素必然促使他们返回关东故地。张家山汉简《奏谳书》就记载了这样一则案例，汉高祖十年，“临菑（淄）御史阑令女子南冠缴（缟）冠，详（佯）病卧车中，袭大夫虞传，以阑出关”，而女子南是“齐国族田氏，徙处长安，阑送行，取（娶）为妻，与偕归临菑（淄）”[25]，后来临菑（淄）御史阑因此事而被定罪。

汉文帝即位后，又出现一股与汉中央离心的势力。吕后死后，以周勃为首的功臣集团掀起了一场喋血风暴，实力得到空前膨胀，甚至左右了皇位继承人的人选。汉文帝对此心有余悸，即位后便立即着手打压功臣。文帝三年，免去了丞相周勃的职务，并诏令其带领列侯返回自己的封地。几个月后，又因济北王刘兴居反叛，夺取了另一位功臣集团领袖——丞相灌婴的军权，还好其死得早，不然前途未卜。至此可知，当时功臣集团与以汉文帝为首的汉中央关系极度紧张，以致周勃终日披甲戴盔，有的甚至与地方诸侯王一起谋划反叛，例如棘蒲侯柴武的太子柴奇[26]。他们时刻想联合各方势力，再次上演一场吕后死后的故事。这些人都是跟随刘氏打天下的台柱子，万一倒戈相向，后果不可设想。

汉初政府对此也是洞若观火，为了防止直辖人口的流失，设置了许多人为障碍。据臧知非先生研究，颁布于吕后二年以前的《二年律令》规定，关中人员、物资、马匹等出入关津要严格登记审查，严禁关中人、财、物流往诸侯王国[27]。这些禁令在汉文帝统治前期仍然有效，然而汉文帝以制衡功臣集团为首要目的，致力于改善中央与诸侯王国的关系，在文帝十二年颁布了“除关无用传”的诏令，《二年律令》规定的各项禁令至此部分废除。如果说文帝十二年之前还可以通过强制措施力阻汉中央的人口流向诸侯王国，那么此后蓄势待发的普通百姓、原先六国人士、功臣集团必会如大坝决堤一样涌向关东诸侯王国，一发而不可收拾。长此以往，上述三股势力必会与地方诸侯王走到一起，产生不利于汉中央统治的连锁反应。

面对这场政治危机，以汉文帝为首的中央政府不可不知晓，但是如果恢复出关用传的禁令，一方面有碍汉文帝“天下同姓一家”的治国理念，另一方面昭示汉中央是个朝令夕改的政府。既然采取强制措施得不偿失，那么汉中央必会仿效地方诸侯王让出一些权益，减免田租就是其中一段小插曲，因而汉文帝在解除关禁的同时又颁布了“除田半租”的诏令。这个举措不仅可以赢得普通百姓的支持，而且可以缓解与大土地所有者（包括六国迁人和功臣集团）的矛盾，但是与以吴国为代表的关东诸侯国“无赋”、“卒贱更，辄与平贾”相差很大，如果不制定更为优惠的措施，关中人口单向流向关东诸侯国的趋势不会改变，于是文帝十三年又诏令“除田之租税”，而且“有不便，辄弛以利民”[28]。因此，笔者有理由推论，只要上述态势不发生根本性转变，汉中央必将延续免除田租的政策。也正因如此，晁错在文帝十五年的贤良对策中仍然提到“今农民不租”，文帝十五年之后，不管是举办什么庆典，还是遇到什么灾害，史书均无免除田租的记载，以致汉庭粮储“不如海陵之仓”[29]。汉景帝即位后，与诸侯王的矛盾顿时加剧，恢复征收田租势在必行。汉景帝明白这个举措有违孝道，必然招致一片反对，所以他在位期间既没有歌颂汉文帝免除田租的事，甚至连减免田租的事都没有。

由上可知，大汉帝国免除文帝十三年后十余年的田租具有深厚的历史基础和现实政治意义，这个论断不仅从语义上讲得通，也符合逻辑推敲，是符合历史事实的科学判断。

三　文帝十三年后的财政问题分析

汉初，接秦之弊，又因秦汉之际的社会大动乱，百业萧条，生产停滞，物价飞涨，史称“民亡盖藏，自天子不能具醇驷，而将相或乘牛车”，但是汉高祖仍然多次减免赋税，据钱剑夫先生统计，终高祖之世复除的诏令最多[30]。现实与行动的反差引起了我们两点思考：其一，汉初政府减免租税，主要是从政治层面考虑，不太注重国家财政的承受能力，因而上文主从政治层面论述汉文帝免除田租的历史基础；其二，既然汉高祖在天下凋敝时都能频繁地减免赋税，那么经过惠帝、高后时的“衣食滋殖”，汉文帝大规模免除田租更具物质基础，但是十余年免收田租对西汉财政来说终有影响，因此我们还必须弄清楚，文帝十三年之前田租在国家财政收入中的地位如何？大汉帝国在文帝十三年后的十余年里是怎样实现财政收支平衡的？国家财政跟帝室财政是否是截然分离的？如果不是，那么国家财政与帝室财政的关系如何？私营工商业的发展与汉文帝免除十余年的田租又有何联系？等等。解决这些问题也是对“肯定说”的一种有力补充。

据《史记·平准书》、《汉书·食货志》和《汉书·百官公卿表》等文献资料记载，西汉财政分有国家财政和帝室财政，治粟内史（后改称大农令、大司农）掌管国家财政，主要收入是田租和成年人头税，以供军国之需，而少府掌管帝室财政，主要收入是山川园池市肆之税和未成年人头税，为天子的“私奉养”。据上可知，田租是国家财政收入的一部分，那么文帝十三年之前它在国家财政收入中究竟占有多少份额呢？史书虽然没有明文记载，但是帝室财政收入要远高于国家财政收入，毕竟汉武帝时为了“佐军国之用”，把部分“山海田地之臧”划归大司农掌管，但是到汉元帝时国家财政收入竟然还不及帝室财政收入[31]，桓谭也讲到：“汉宣以来，百姓赋敛一岁为四十余万万，吏俸用其半，余二十万藏于都内为禁钱，少府所领园池作务八十三万万以给宫室供养、诸赏赐”[32]。即便如此，都内还有一部分收入来自成年人头税，那么田租在西汉财政总收入中所占的比例必然更少，所以汉文帝敢于免除十余年的田租，杨宽先生在此也有同感[33]。不仅如此，汉文帝还削减了算赋。贾捐之曾提到汉文帝时“民赋四十”，如果按120钱来算，一个五口之家至少免交160钱；如果凤凰山10号汉墓出土简牍中市阳里收缴的算赋是成年人头税，则免交地更多。另经钱剑夫先生考证[34]，汉文帝废除了“人岁六十三钱”的“献费”[35]，一个五口之家又免交了315钱。这样一个五口之家每年从汉文帝削减算赋和免除“献费”中至少免交500钱，远超晁错版“五口之家”免交田租所值的钱[36]。因此，我们不必怀疑汉文帝免除十余年田租的真实性，重要的是探究大汉帝国在这段时间里是如何平衡财政收支的。

汉文帝以外藩入继大统，外有匈奴大军压境，内有诸藩蠢蠢欲动，形势相当紧张，因此有些人认为：“如果连续十余年免征田租，军队、官吏都会得不到粮食，这不太可能”[37]。其实不然，江陵凤凰山10号汉墓出土简牍载明，文景时期县级以下的“吏奉”、“转费”、“缮兵”、“传送”等行政费用来自算赋而非田租[38]，而且汉文帝下诏免除十余年田租是经过精心策划的，也是建立在一定的经济基础之上的，他在平衡财政收支上作了很大的努力。罗镇岳先生曾说：“因为紧缩开支，汉文帝便一度免除了田税，到景帝时才‘令民半出田租’，从此三十税一成了汉代的定制，加上‘国家亡（无）事’，也没有大的徭役兴发。”[39]罗先生的观点发人深省，但是汉文帝某些节俭的举措（造露台、宠妃衣不曳地、厩马百余匹等等），只是为了示范，所谓“以示敦朴，为天下先”，就跟皇帝每年在春耕之前行籍田礼的目的一样。如果汉文帝真的节俭，就不会把蜀道铜山赏赐给邓通，晁错在《论贵粟疏》中也不会疾呼：“夫珠玉金银，饥不可食，寒不可衣，然而众贵之者，以上用之故也”。韩连琪先生在此曾有所评论，他讲道：“如果对统治阶级这些最本质的东西熟视无睹，而只去侈谈和夸大汉初统治阶级特别是汉文帝的‘节俭’对社会生产所起的特殊作用，显然也是片面的”[40]。因此，汉文帝的节约不能从根本上扭转财政失衡的局面，实际上这得益于当时的财政体制。

前辈学者大多认为，西汉在财政体制上实行双轨制，国家财政与帝室财政是绝对分离的。加藤繁先生在《汉代的国家财政和帝室财政的区别及帝室财政一斑》中对汉代国家财政和帝室财政进行了专门区分，并认为这两种财政到后汉以后才混同起来，还就帝室财政的收入、支出和机关三个方面作出初步考察[41]。杨宽先生在《从少府职掌看秦汉封建统治者的经济特权》中也把西汉时代的中央财政机构分为公私两个，并对少府的起源、税源和危害性进行着重分析[42]。随着研究的深入，有些学者发现它们之间存有千丝万缕的关系，不能一概绝对化。胡寄窗先生就认为封建王朝的王室费用与国家经费很难严格划分[43]。林甘泉先生也认为帝室财政是国家财政的一部分，不能将它排除在国家财政之外，更不能将两者对立起来[44]。马大英先生还认为一些开明的人把皇室收入拨作一般财政的支出，一些昏庸的人则把国家财政作为皇室享受的用度，使其陷入绝境[45]。考证上述两种观点，笔者认为国家财政与帝室财政虽属不同系统，但是两者经常交错使用，汉文帝时也是如此。正是帝室财政替代国家财政履行部分职能，才补充了国家财政支出，也缓解了西汉财政收支失衡的压力。据《史记·孝文本纪》记载，张武等人受贿时，汉文帝“发御府金钱赐之，以愧其心”，《汉书·贾山传》也提到“（汉文帝）发御府金钱，赐大臣宗族”，《史记·冯唐列传》还记载道：“魏尚为云中守，其军市租尽以飨士卒，出私养钱，五日一椎牛，飨宾客军吏舍人，是以匈奴远避，不近云中之塞”。那么，帝室财政为何有这么多财力来补充国家财政呢？

帝室财政收入主要来源有山川园池市肆之税和未成年人头税，未成年人头税究竟是起源于汉初还是汉武帝时期，学界尚存在争论，而且税额比较固定，所以汉文帝时帝室财政收入的主要增长点是山川园池市肆之税，而这一切又得益于私营工商业的发展。吕后二年之前颁布实行的《二年律令·金布律》有对私营煮盐、采银、冶铁、采铅、采金等矿冶业收税的记载："诸私为卤盐、煮济、汉，及有私盐井煮者，税之，县官取一，主取五。采银租之，县官给橐，□十三斗为一石，□石县官税□□三斤。其□也，牢橐，石三钱。租其出金，税二钱。租卖穴者，十钱税一。采铁者五税一；其鼓销以为成器，有（又）五税一。采铅者十税一。采金者租之，人日十五分铢二。民私采丹者租之，男子月六斤九两，女子四斤六两。"[46]由上可知，大汉帝国可以从私营工商业的发展中捞取大量的租税。汉文帝即位后，又"弛山泽之禁"，采取多种措施鼓励私营工商业发展，大汉帝国的税收必将进一步增多，主父偃曾说："临淄市租千金"[47]，这批收入极大地充实了军国开支。

综上所论，汉文帝时私营工商业高度发达，增加了大汉帝国的财政收入，填补了田租免除后的财政缺口，因此汉文帝有财力打着"重农"的旗号大规模免除田租，其程度必然超越汉武帝时的"民不益赋而天下用饶"。

注释：

[1]《史记·孝景本纪》和《汉书·景帝纪》均认为汉景帝恢复征收田租是"景帝元年"，《汉书·食货志》却记载成"孝景二年"，两者分歧的原因不明，本文采用"景帝元年"说。

[2] 黄今言：《汉代田税征课中若干问题的考察》，《中国史研究》1981 年第 2 期，第 23—36 页。

[3] 施伟青：《"文帝十余年不收田租"辨——与黄今言同志商榷》，《中国社会经济史研究》1982 年第 3 期，第 92—95 页。

[4] 罗镇岳：《也谈汉代田税征课中的若干问题——与黄今言同志商榷》，《中国史研究》1982 年第 3 期，第 12—18 页。

[5] 曾维华：《也谈汉文帝免除租税的年代问题——与黄今言同志商榷》，《上海师范大学学报》1982 年第 3 期，第 94—97 页。

[6] 彭雨新：《关于汉文帝免田租十三年的历史传说》，《江汉论坛》1983 第 3 期，第 63—64 页。

[7] 白寿彝主编：《中国通史·秦汉时期》第 4 卷，上海人民出版社 1995 年，第 742 页。

[8] 林甘泉、童超：《中国封建土地制度史》第 1 卷，中国社会科学出版社 1990 年，第 357 页。

[9] 林甘泉主编：《中国经济通史·秦汉经济卷》下册，经济日报出版社 1998 年，第 651 页。

[10] 林剑鸣：《秦汉史》，上海古籍出版社 1984 年，第 46 页。

[11] 曾延伟：《两汉社会经济发展史初探》，中国社会科学出版社 1989 年，第 25 页。

[12] 于琨奇：《秦汉小农与小农经济》，黄山书社 1991 年，第 71 页。

[13] 张景贤：《汉文帝"十二年不收田租"说质疑》，《历史教学》1996 年第 1 期，第 51—52 页。

[14] 裘锡圭：《湖北江陵凤凰山十号汉墓出土简牍考释》，《文物》1974 年第 7 期，第 49—63 页。

[15] 杨剑虹：《"江陵汉简"研究中的若干问题》，《江汉考古》1992 年第 1 期，第 80—88 页。

[16] 班固：《汉书》卷六十四《贾捐之传》，中华书局 1962 年，第 2832 页。

[17] 司马迁：《史记》卷十《孝文本纪》，中华书局 1982 年第 2 版，第 428 页。

[18]《史记》卷二十八《封禅书》，第 1380 页。

[19] 贾谊：《贾谊集》，上海人民出版社 1976 年，第 61—62 页。

[20]《史记》卷一百零六《吴王濞列传》，第 2822—2823 页。

[21] 王利器：《盐铁论校注》下册，中华书局 1992 年，第 57 页。

[22]《汉书》卷四十四《淮南王传》，第 2141 页。

[23]《汉书》卷二十四《食货志》，第 1132 页。

[24]《汉书》卷二十八《地理志》，第 1642 页。

［25］张家山二四七号汉墓竹简整理小组：《张家山汉墓竹简（二四七号墓）》释文修订本，文物出版社 2006 年，第 93 页。
［26］《汉书》卷四十四《淮南王传》，第 2140 页。
［27］臧知非：《论汉文帝“除关无用传”》，《史学月刊》2010 年第 7 期，第 5—11 页。
［28］《汉书》卷四《文帝纪》，第 134 页。
［29］《汉书》卷五十一《枚乘传》，第 2363 页。
［30］钱剑夫：《秦汉赋役制度考略》，湖北人民出版社 1984 年，第 249 页。
［31］《汉书 · 王嘉传》记载：“孝元皇帝，奉承大业，温恭少欲。都内钱四十万万，水衡钱二十五万万，少府钱十八万万。”
［32］桓谭：《新论》卷六《谴非篇》，上海人民出版社 1997 年，第 22 页。
［33］中国秦汉史研究会编：《秦汉史论丛》第 1 辑，陕西人民出版社 1981 年，第 208—226 页。
［34］《秦汉赋役制度考略》，第 63 页。
［35］《汉书 · 高帝纪》记载：“令诸侯王通侯常以十月朝献，及郡各以其口数率，人岁六十三钱，以给献费。”学界对“献费”有多种解释。本文认为无论是诸侯王国还是汉中央直辖郡的百姓都要缴纳献费。
［36］晁错在《论贵粟疏》中曾说“今农夫五口之家……百亩之收不过百石”，假设其中的“石”为“大石”，一大石约等于 1. 7 小石，百亩之地的总收入为 170 小石。根据“十五而税一”的税则，这户家庭大约要缴纳 11 小石的田租。汉文帝时的谷价存在多种说法，按照汉朝通常价格每石 30 钱来计算（姑且看作小石），这户家庭缴纳的田租值 330 钱。
［37］马大英：《汉代财政史》，中央财政经济出版社 1983 年，第 30 页。
［38］裘锡圭：《湖北江陵凤凰山十号汉墓出土简牍考释》，《文物》1974 年第 7 期，第 49—63 页。
［39］罗镇岳：《汉初几个政策的重新探讨》，《山西大学学报》1979 年第 1 期，第 86—90 页。
［40］韩连琪：《先秦两汉史论丛》，齐鲁书社 1986 年，第 368 页。
［41］刘俊文主编：《日本学者研究中国史论著选译》第 3 卷，中华书局 1993 年，第 294 页。
［42］《秦汉史论丛》第 1 辑，第 208—226 页。
［43］胡寄窗：《中国经济思想简编》，中国社会科学出版社 1981 年，第 12 页。
［44］林甘泉主编：《中国经济通史 · 秦汉经济卷》下册，经济日报出版社 1998 年，第 758 页。
［45］《汉代财政史》，第 97 页。
［46］《张家山汉墓竹简（二四七号墓）》，文物出版社 2006 年，第 68 页。
［47］《史记》卷五十二《齐悼惠王世家》，第 2008 页。

张家港市境内出土唐代墓志考释

高新天（张家港博物馆）

内容摘要：唐代墓志在张家港市境内出土的众多碑刻中年代最早且较具特色，这些墓志对于我们真实了解当时的建制沿革、姓氏、经济、文化、丧葬习俗、交通、地质变迁、地名变迁、人口迁移以及家族的变迁与兴衰等方面，均有着不可替代的史料参考价值。

关键词：唐代墓志　何阳山　考释

张家港市境内出土的众多碑刻中，年代最早且较具特色的，当属唐代墓志。目前张家港博物馆藏唐代墓志共十一方。清光绪二十六年（1900）编撰、民国十二年（1923）修订的《金村小志》，记载境内金村曾有“高府君墓砖”出土，民国时期编修的最后一部常熟县志——《重修常昭合志》，则记载了境内塘桥蔡墩曾出土“唐代蔡将军墓志铭碑”。《金村小志》与《重修常昭合志》记载的两块墓碑均有确切的年代和具体内容，当属可信。至此，目前已知的境内出土的唐代墓志（包括志书记载）共计十三方，它们是研究地方文史不可多得的第一手资料，弥足珍贵。笔者将张家港市境内出土及史书记载的唐代墓志进行了一番简单的梳理，并对志文内容作了初步释读与考证，不当之处，敬请指正。

一　墓志录文及释读

1. 陆公孙夫人墓志铭（图一）

唐故朔州尚德府别将陆公孙夫人墓志铭并序/

夫人富春孙氏，祖干，父郑，并弋猎六义，渔樵/九流。夫人即长女也，幼处闺门，笄归令族，内/和小顺，妇礼俗矣。丈夫即世，抚字孤遗。/男娶女婚，俱得良与。□□母德全矣，何/期小疾不瘳，大夜俄及。永贞元年八月十四/日寝终，时六十有七，即年秋廿四日厝于苦/竹山祠堂东南二百步，礼也。有子少端，哀/毁过制。恐丘移代谢，勒砖记焉。/高门淑女，鼎族贤妻，择邻心忠，□□眉齐/，幽明隔矣。寂寞空闺，尚公□□，千秋不□。

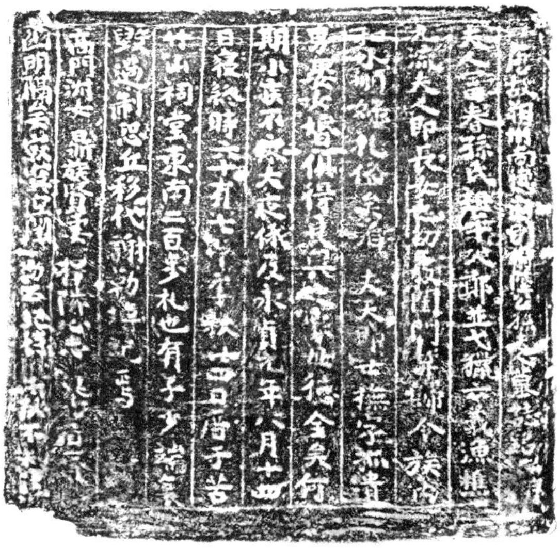

图一　陆公孙夫人墓志铭

墓志出土于河阳山北侧，砖质，长32、宽31.5、厚5厘米，楷书11行。墓主孙夫人乃“富春孙氏”，为家之长女，丈夫过世后独自抚养子女，从当时社会的评价标准来看，墓主生前妇德圆满且持家有方，“男娶女婚，俱得良与”，婚前（娘家）婚后（婆家）皆是家和子孝，十分美满和谐，然不幸因身染小疾，终于唐永贞元年（805）。墓主孙夫人还有一特殊身份，即“朔州尚德府别将”之妻。朔州尚德府在今山西朔县。唐代实行府兵制，基层组织军府称“折冲府”，“折冲府”分上、中、下三等，上府一千二百人，中府一千人，下府八百人，每府置折冲都尉一人，左右果毅都尉各一人，别将、长史、兵曹参军各一人，其上、中、下府的别将分别为正七品下、从七品上、从七品下，属于当时军队里最低一等的将军。

志文称赞墓主先祖“弋猎六义，渔樵九流”，这种说法在古汉语里较为罕见。“弋猎”本意为射猎、狩猎。“渔樵”本意为打鱼砍柴之义，苏轼《前赤壁赋》有“况吾与子渔樵于江渚之上，侣鱼虾而友麋鹿”之句。二词在此可并作“涉猎”解，谓对“六义”、“九流”类均有所阅览或探究。“六义”指的是诗经中的风、雅、颂、赋、比、兴。“九流”在《汉书·艺文志》分别指：儒家、道家、阴阳家、法家、名家、墨家、纵横家、杂家、农家。志文固不乏溢美之词，但一定程度上说明墓主还是有一定的家学渊源，墓志还赞墓主人“高门淑女，鼎族贤妻”，在时人眼中，夫妻可谓男才女淑，令人称羡。

2. 陆府君洎夫人清河张氏合葬墓志铭（图二、图三）

唐故陆府君洎夫人清河张氏合葬墓志铭并序/

府君讳思罕，字得崴，则晋二陆之鸿苗。祖公智，/父绪恭，府君则为长子也。乃祖乃父，并阅礼敦/诗，深尚仁德，风义溢众，清规独高，不歧浮华，/而谷志江表，府君亦继蹈厥迹。嗟乎，府君不偕/孝琴瑟，而先归泉台，则於贞元十一年乙亥/岁六月廿日寝疾，终于私第，于时亨年六十七。/以其年十月廿七日庚寅瘗于当村。府君娶清/河张氏，则燕国公之后，祖雷，父希阳。夫人孀守/数载，而辉射珪璧。育一子曰凤，讵越三从，夫人/不期天命有归，春秋八十一，宝历二年三月五/日寝疾，终于私第。子凤泣血催骨，以於其/年丙午岁十一月廿七庚寅，改厥考旧窆之域，同/先妣新茔，依周礼合于何阳山之阳大墓/，祠宇西南岭下，礼也。呜呼！双梧并瘗，二剑同/泉，虑海□谷迁，地改时易，乃勒□□于□□。/铭曰：/高穹茫茫，厚地冥冥。嗟吁哲人，偕沦泉□/。桂柏折翠，松椿飘零。云掩峰月，天沉曙□/。俄尔今古，凄然神灵。一朝已矣，千载！

图二 陆府君洎夫人清河张氏合葬墓志正面拓片

图三 陆府君洎夫人清河张氏合葬墓志反面拓片

墓志于1988年4月出土于河阳山船形砖室夫妻合葬墓内，砖质，长31.6、宽31、厚6厘米。双面刻字，铭文楷书，正面16行，背面3行。志文载：府君陆思罕为陆府长子，沐家族诗礼之风，深尚仁德，不歧浮华，于唐贞元十一年（795）离世，终年六十七。其妻清河张氏乃燕国公之后。张氏孀守数载后于宝历二年（826）患疾而终，与陆思罕合葬于何阳山（河阳山）之南，终年八十一岁，育有一子陆凤。

笔者对该方墓志的字句进行仔细研读后，发现有几处值得推敲。志文“府君不偕孝琴瑟”，从语法关系及表达意义分析，“府君孝琴瑟”讲不通，“孝”当为“老”字，“偕老琴瑟”即“琴瑟偕老”，喻夫妻白头到老。碑文中“亨年六十七”，“亨”当做“享”解，即“享年六十七”。“亨”在古代与“享”、“烹”相通，今可作通假字处理。“偕沦泉□”（文中凡标记为“□”的地方均为漫漶不清，无法辨识，下同）应为“偕沦泉扃”，“泉扃”，指墓门，亦指阴间。“天沉曙□”则应为“天沉曙日”，含今“天崩地裂”之义，寓生者对墓主人离世的万分哀痛之情。

值得注意的是，志文提及墓主人陆氏为“晋二陆之鸿苗”，二陆，指西晋文学家陆机（261—303）、陆云（262—303）兄弟俩，属“江东大族”的领军人物之一。而夫人张氏则为“燕国公之后”，夫妻二人均出身名门，可谓门第相当。

3.□府君墓志铭（图四）

唐故□府君墓志铭并序/

府君讳朝，冯翊人……/并养性林园，不……/即第三子也，孝以……/友，□中规矩，言合□□……/乡闾仰止，本谓□福相□□……/泰岳。如何□□，俄及染疾□□□/和六年十一月十二日寝疾，终于私第/，春秋五十五。即□仲父□□□□七日厝/于河阳山东村南□□□□，礼也。夫/人夏氏，有子：玉瑛、玉超□□□□/谢，勒石为铭记。

图四 □府君墓志铭

墓志出土于河阳山，砖质，有一角残缺，长31、宽30、厚5厘米，楷书12行。墓主名朝，冯翊人，娶妻夏氏，育有二子（至少二子），殁于元和六年（811）或大和六年（832）十一月十二日，终年五十五岁，葬于河阳山东村南。

关于该碑刻的具体年代，志言“□□□□和六年十一月十二日□□□□”，惜关键处漫患不清，但有一“和”字，为读者进行合理的推断提供了线索，唐代年号，带“和”字者共4个，按时间顺序分别为延和、元和、大和、中和，其中延和年号仅存4个月，中和年号仅存在过5年，与“六年”的时间不符，二者皆可以排除。剩下的只有元和六年（811）和大和六年（832）之说。

笔者注意到，墓主人“厝于河阳山东村南□□□□”，文中“厝”字，汉语词典解释为：“把棺材停放待葬，或浅埋以待改葬”，有暂且停放之意，具体到该墓志中，有两层含义：（1）墓主并非当地原住居民，这与前面的“冯翊人……”形成照应，因为古人认为故土难离，讲究落叶归根，归葬故里，葬于“河阳山东村南”不过是权宜之计，一旦将来条件成熟，最终还得归葬故里；（2）墓主人虽然身处江南，但并未完全“南方化”，河阳山一带，不过是其客居之地而已。内心里，他自己真正的家乡还是“冯翊”（音：píng yì）。“冯翊”是一个古老的地名，几经废置，位置在今陕西关中平原东部一带。上文“唐故朔州尚德府别将陆公孙夫人”的下葬也使用了一“厝”字，墓志提及孙夫人乃“富春孙氏”，同属外来移民，看来志文撰者在遣词造句时，着实有过一番思量，古人用词之严谨讲究，亦可见一斑。

4. 王府君泊夫人孙氏墓志铭（图五）

唐故王府君泊夫人孙氏墓志铭并序/

府君讳守強，字仁望，□晋公忠之鸿苗。/曾祖讳刘肆，祖讳忠达，并高尚不仕，谷神丘/园，怡情诗书，乐道琴酒。府君□次子也。呜呼！/府君□雅□□，孝悌为怀，里巷钦佩，□□/美德。不期人寿将□，大梦斯至，君享年六十/三，于大和八祀十一月七日疾笃，终于私第。夫/人富阳孙氏，亦于是年先殆于十一月廿□，/享年六十七□□。鸳鸯□□，龙剑双缺。□/于大和九年十月十三日，依周礼合葬同□/于何阳山东岭下，东至官路壹佰伍拾步新/茔右。有子二人，次子先逝，长子公亮匍匐泣血，/以茔丧事。乃以□小□海易，故刊砖以纪□。铭/曰：峨青山，□白日；□□西四急□□□。

墓志出土于河阳山东南、小山东侧一葬墓内，砖质，长31.6、宽31、厚6厘米。楷书14行，墓葬形制为唐代典型船形砖室夫妻合葬墓。

墓主为“唐故王府君泊夫人孙氏”，此处“泊”当为“洎”之误，“洎”字在古汉语里有“及”之意，与上文“唐故陆府君洎夫人清河张氏合葬墓志铭并序”中的“洎”字意义完全相同。志文记载男墓主先祖为为周灵王太子晋，史载有王姓起源于周灵王姬泄心之太子晋一说。墓主夫人“富阳孙氏”，与上文墓志1同为河阳山地区出土墓志中记载的“富春孙氏”乃源出同族，只是称呼不同而已。夫妻合葬于唐大和九年，即公元835年。

5. 羊府君墓志铭（图六）

唐故羊府君墓志铭并序，本望太山郡。/君讳喦，祖讳先，父讳珣且，君行善以仁，履/信为德。不伤虫鸟，恩及雏遗。何期大中/二年四月七日殒于私室，春秋七十有四。/卜常熟县北卌五里茔，礼也。君娶成/氏，有四男。长曰昌，次曰聳，次曰简，次曰□。/专心志孝，泣血三年。匍匐艰任，无□/代命。人福人非，□□□□。□□/金乌，□□□□/往年□悲□□□□。

图五　王府君泊夫人孙氏墓志铭

图六　羊府君墓志铭

墓志出土于河阳山，砖质，长 33、宽 33、厚 6.5 厘米，楷书 10 行，部分字迹漫患不清。依墓志所记，墓主人羊鼂“本望太山郡”，太山郡，一作泰山郡，古郡名，在今泰山一带。泰山郡为羊氏肇兴之地，亦为羊氏郡望所在。碑文记载羊鼂为人乐善好施，以积德行善为本，“不伤虫鸟，恩及雏遗”。娶妻成氏，生有四子。唐大中二年（848）四月七日去世，终年七十四岁。“卜常熟县北卌五里茔”，文中“卌”字，念 xì，四十之意。唐代 1 步等于 5 尺，1 里等于 360 步，古代一尺约等于现今的 23.1 厘米，如此换算下来，唐代的“卌五里”差不多等于三十七八里。笔者在百度地图上认真进行了查询，以现在常熟市中心的方塔街为起点，到达河阳山脚下的永庆寺，按照现在的路径计算，总计里程为四十里，墓葬地点离永庆寺东南方约有一、二里的路程，减去这段路程，正好约三十七八里路的距离。

6. 济阳蔡君之妻莫夫人墓志铭（图七）

唐济阳蔡君之妻莫夫人墓志铭并序/

夫人姓莫氏，其先勲崇，史书谱牒具/矣。祖峤，父昙。夫人贤明有德，早岁归/于蔡氏。呜呼！年方卅，无男，有二女。大中/五年正月十日终于南畷里第。以其/年八月廿一日葬于苏州常熟县南/南畷，蔡氏之舍南新原，礼也。铭云：/生有德，寿不长，玉沉泉，/花逢霜。今已矣，遗馨香。/覩二女，共悽伤。/

墓志出土于河阳山，砖质，长 36、宽 34.5、厚 6.5 厘米。志文清晰、保存完整，单面刻字，铭文楷书 11 行，由墓主生前丈夫“济阳蔡偱”亲撰。据志文可知，墓主莫夫人年三十而终，无男，有二女。其先祖功勋卓著，史书家谱均有记载，为人贤明有德。其夫为“济阳蔡偱”，济阳为蔡氏郡望，在今山东境内。“葬于苏州常熟县南南畷”，该墓葬位于当时的常熟县北部而非南部，因此，不应理解为“常熟县南”，而应解读为“南南畷”，即“南畷的南部”。墓主卒葬于唐大中五年，即公元 851 年。

7. 王府君墓志铭（图八）

唐故王府君墓志铭并序/

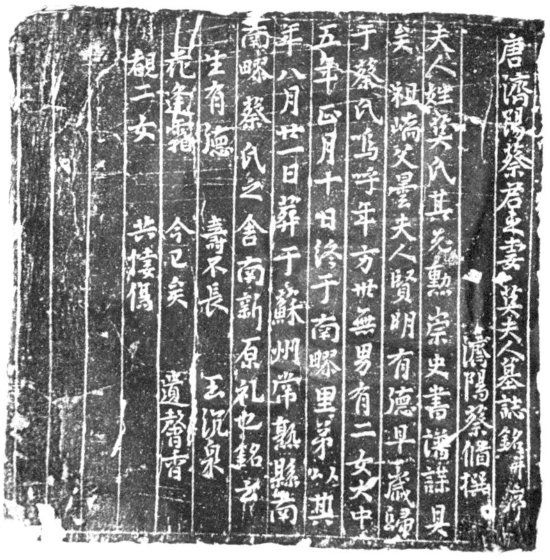

图七　济阳蔡君之妻莫夫人墓志铭

府君讳政，即瑯琊郡人也。祖讳青，考讳□。/并日高袖，寒月园林，隐居於家，四德间理/钦风。何其染之微疾，归于夜台。以大中/十一年九月廿四日终于私第。春秋五十三。其年/十月廿日，窆于凤山南面父茔内，礼也。娶季氏。/四子，长□等并泣血崩摧，恐山移改/变，故勒砖乃为铭记。铭曰：/青山峨峨令人悲，逝水东流何所依。/荒源鸟啼愁伏意，神里冥冥无有/归。

图八　王府君墓志铭

墓志出土于河阳山南侧，石质，长33、宽32、厚3.5厘米，楷书12行，字迹清秀。墓志载：墓主人王政，瑯琊郡人。琅琊郡为秦朝统一全国后三十六郡之一，治琅琊县（治所在山东胶南市琅琊镇夏河城）。王政娶妻季氏，生有四子。唐大中十一年（857）九月二十四日染微疾而逝，当年十月二十日葬于河阳山南侧，终年五十三岁。

志文“故勒砖乃为铭记”中“砖”字原文写作土字旁，加一“専”字。笔者注意到，该墓志材质与一般唐代墓志所用材质不同，为石质，且是张家港境内明清时期墓志曾普遍使用的青石，这在境内乃至周边地区出土的唐代墓志中也不多见。但志文使用的是和其他唐代墓志志文中常用的“勒砖”一词，笔者分析，当时的河阳山一带乃至更大的范围内，在为逝者撰写墓志时，往往遵循着一种固定的格式和套路，因为唐代使用砖质墓志已属惯例，作为职业的“操刀手”在构思志文内容的时候，没有顾及到墓志材质的差异，于是出现了此类志文所述与实际并不一致的情况。

8. 孙府君墓志铭（图九）

唐故孙府君墓志铭并序/

府君讳詠，富春人也。曾祖讳玄崇/，父讳庭□，清兰不士，并守隐丘山园，府/君幼闻孝悌，长誉阁周，恂恂克恭，心无/竞物。□□福尽祸淫，穹苍降孽，春/秋八十有四，咸通七年九月仨日卧在床，十/月四日终于私第。於当年十月廿三日窆/於何阳山东南大道，路南约有二百步，当/祖墓内，置荣礼也。在亲□□□□泣血绝/浆，毁脊过礼也。恐陵谷迁徙，刻砖为纪/，曰：四序悠悠逝水流，百年风雨一世浮/，地迁陵陆，郊野长幽，又刑□石/，□纪千秋！丙戌年十二月二十四日纪。

墓志乃2000年10月出土于河阳山东南侧一船形砖室夫妻合葬墓内，砖质，正方形，边长33、厚6厘米。铭文楷书，13行，出土时已断为三截，部分字迹漫漶或缺失。同“唐故朔州尚德府别将陆公孙夫人”一样，墓主同为“富春孙氏”，去世时间上相

图九　孙府君墓志铭

差六十年左右，二者或为亲缘关系，按常理来讲前者辈分可能大一些。志文称墓主“清兰不士”。“清兰”，古人认为兰花以它特有的叶、花、香独具四清（气清、色清、神清、韵清），具高洁、清雅的特点，喻为花中君子。“不士”当做“不仕”解，即墓主隐居山林，无意仕途，与下文“并守隐丘山园”相对应。墓主自幼即以“孝悌”闻名，恭谨温顺，“心无竞物”乃“与物无竞”之意，唐代名相张九龄有“无心与物竞，鹰隼莫相猜”[1]之句，即为人心态平和，无争强好胜之心，志文对墓主独特的性格和个人品质予以了高度的颂扬和肯定。“四序悠悠逝水流”之“四序”，指的是指春、夏、秋、冬四季，《魏书》有“然四序迁流，五行变易”[2]之说。志文最后“铭曰”的内容以七字句和四字句相结合，乃一大特色。最后落款为“唐咸通丙戌年十二月二十四日”，唐咸通丙戌年为公元866年，十二月二十四日为农历，按公历计算，则应已进入公元867年。

同为“富春孙氏”，“唐故朔州尚德府别将陆公孙夫人”，其下葬使用的是一个“厝”字，即“浅埋以待改葬”，期待有朝一日能够魂归故里。而“孙府君”的安葬，使用的是一个“窆”字，二者在去世时间上相差六十年左右，几十年的光阴，到了“孙府君”孙詠这一辈，早已本土化，安居乐业了。

9. 渤海□□□□墓志铭（图一○）

唐故渤海□□□□墓志铭并序/

君讳则，字元辅，先□□人也。曾祖口口有孝忍，皆明典口/，高蹈不仕，君即□之第一子也。自幼聪惠，长而敦和/，事亲尽孝，昆季逊恭，蕴善弥深，保龄鲐觔。于/何昊宫蒙昧，歼于淑人。以咸通辛卯岁年春十日寝疾/，终于崇素乡南瞜里之□□，享年□十。呜呼□哉。夫人/鲁郡邹氏，母仪妇门，□□□□□□□曰行谈咸闲/□□仁孝之道，女一人二娘，□□□□□□早明/口口口少岳素□□□□□□□夫人□□□□□□/□双□□□□□□穴之善矣，以/□□□孟冬月十九日葬于南瞜村心，去家三百步/原，礼也。□至孝攀号，□□毒，泣血绝。虑陵谷/零□及人□不疑，□□为志，爰衆□。词曰：/□□□夫君□□□休声□□□蕴善□□□□□寿无疆/。齿逾耳顺，芳口随□□□□长长口怅□□□断肠/，□卯□安神□□□无云愁零苦竹，松柏修长。

图一○　渤海□□□□墓志铭

此墓志漫漶不清处甚多，释读起来颇有难度，墓志开头“渤海”二字之后，笔者认为应该是一“郡”字，即“渤海郡”，为墓主人姓氏郡望。“保龄鲐觔”，“保龄”为青春常驻之意，鲐是一种鱼，背上的斑纹如同老人褶皱的皮肤，故自古有“鲐背之年”一说，指九十岁的别称，后泛指长寿老人。觔之原意为老年人牙落后重生的细齿，也是一种长寿的征兆。“保龄鲐觔”指墓主人长寿。墓主人卒于唐咸通辛卯岁，即公元871年，“终于崇素乡南瞜里”某地，“去家三百步”。

除了以上九方唐代墓志以外，另尚有两块砖质墓志，现已漫患不清，一块碑体已断裂，除“何阳山东南（图一一）”几个字依稀可辨之外，关键字体均无法识别。一块为“唐故陆氏孙夫人墓志铭并序”（图一二），依稀可辨“厝于何阳山”、“大中三年”等字样。

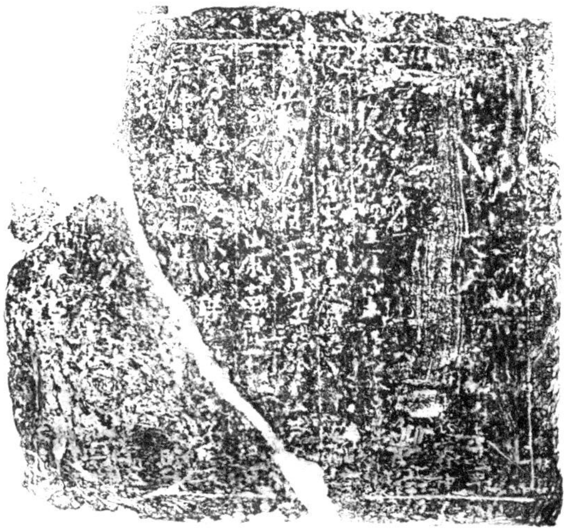

图一一　“何阳山东南”残碑

图一二　“陆氏孙夫人墓志铭”残碑

以上是张家港市目前已知出土的几方唐代墓志实物，另据查找，地方志记载张家港市境内曾出土有两方唐代墓志，现抄录如下：

a. 唐大中二年高府君碑，见于《金村小志》记载："光绪十七年（1891），农人卞发于高家村北耕得唐故□□尉高府君墓砖，称：'府君姓高讳奇，字可久，五十九岁。子曰常文、常亲、常孚。大中二年十一月廿六日葬府君于海隅山北廿五里太平乡潘圻刹，礼也。常文等请余为铭。铭曰：命之修短兮无常，君之逝兮独可伤。德行高□兮满故乡，君□去兮路茫茫。颜镇卿书。'凡四百余字，断烂不可读矣。大中二年为公元848年。"[3]

b. 唐蔡将军墓志铭碑，《重修常昭合志》记载："墓在周巷村蔡墩。由西墩侧居民锄地时获得。有断残墓志，云：唐咸通十二年蔡将军墓，铭文：哀哉先君，大道无闻。夫人先葬，府君后临。雌雄二剑，俱飞碧云。蔡墩之侧，千秋万春。"[4]

唐咸通十二年为公元871年，蔡将军的名号、官职等情况已无从考查。1984年4月，沙洲县文化馆工作人员到现场调查时，发现为一砖室墓残迹，墓前还残存有一条长约十米的石道，保留完整，惜已难觅踪迹。

二 张家港境内唐代墓志之共同特征及史料价值

墓志本质上属于碑刻的类别。凤凰镇河阳山周边出土的唐代墓志是张家港市境内目前已知最早存在的碑刻形式，即使加上史书记载的，方才十三块，具有数量上的稀有性和史料上的珍贵性，对于地方文史研究而言，其价值不可忽略。它们之间的共性颇多：

1. 材质上，绝大部分为砖质。张家港博物馆藏唐代墓志实物中除"唐故王府君墓志铭并序"一件为石质外，其余均为砖质。史书记载的"蔡将军墓志铭碑"材质不明，而"高府君碑"明确记载为砖质。

2. 形制上，所有的墓志均约为方形，体量偏小，一般长33公分左右，宽31—33公分之间，厚4—7公分不等，字数一般在100—200之间，甚至更少。

3. 行文上，具有特定的体例和句式。一般均以"唐故某某（墓主姓氏）府君墓志铭并序"作为志文题头，正文简述墓主及其先祖姓名、生平，多为褒扬之词，列举墓主子女姓名，表达哀痛、惋惜之情，"某年某月某日葬于某地，礼也"是其中的一个重要句式，用来总结墓志志文的内容，表示丧葬大事完全合乎礼制。最后以"铭曰"作为结尾，"铭曰"一般以三至七字一句不限，句数为偶数，四至八句为多。这种结尾方式，成了张家港市境内唐代墓志的一大鲜明特色。

4. 志文叙事概要、字体不一，且大部分文风朴实、不拘小节。如"唐故陆府君洎夫人清河张氏合葬墓志铭并序"，最后"并序"二字一竖行写不下，于是采用横排方式，将二字并列（自右至左排列），"唐故羊府君墓志铭并序"，接下来的内容并未另起一行，而是直接跟着往下写，还有文中"日"、"曰"几乎不作区分、"于"和"於"、"礼"和"禮"同用（文中均写作"礼"）等等，甚至出现个别错别字，均体现了境内唐代民间碑文质朴、不拘一格、往往率性而为的风格，或许与唐代较为开明的社会风气有一定的关系。有些字在古时即有简繁之分，诸如上文提到的"礼"和"禮"并用，同样在此碑文中可得到体现。

5. 墓主人身份来看，除史书记载的"唐故蔡将军"（其名号、官职无从考查）以及个别"妻因夫荣"之外，其余的皆出身平民，但其实这些墓主与当时的一般底层百姓还是有所区别，在当时的社会，身故之后，能树碑立传者，绝非一般平民所能享有，唐代墓志之稀少，亦因于此，概而括之，其墓主在当时的社会和环境里，起码属小康之家，或是书香门第甚至地方士绅阶层，其本人或其所属家庭，在其所属的周边范围内，应该具有一定的社会地位或者影响力。

6. 值得关注的是，很多墓志记载其主人为北方中原南迁一族，或与中原有着种种关联。比如碑文中提到的“清河张氏”、“冯翊人”、“本望太山郡”、“济阳蔡君”、“瑯琊郡人”、“渤海郡”、“晋公鸿苗”，还有“晋二陆之鸿苗”，“唐故朔州尚德府”、“富春孙氏”、“富阳孙氏”等，似乎河阳山一带在唐代是一个外来移民聚集地，是自然形成，还是属于政府的有序安置？颇值得研究。从可辨识的文字中，有两方志文对于墓主人的安葬使用的是一个“厝”字，显示墓主人从外地迁来时间还不太久。墓志年代集中在唐“永贞元年”（805）到唐“咸通十二年”（871）之间，恰恰属于唐代中期偏晚的时期，史载唐中晚期至五代、宋朝，南方战乱较少，中原人口大量南迁，促进了江南地区经济的发展，一定程度上也可从境内出土的唐代墓志中得到较好的佐证。

7. 十三方墓志中，除一块出土于金村，一块出土于塘桥外，其余的都出土于河阳山（墓志中有作“凤山”），无疑河阳山地区属于唐代墓志出土的密集区，说明境内东南部一带，尤其是河阳山周边地域（古称“河阳里”），在唐代应属于人口较为繁密、经济文化较为发达的地区，这一点，可以从该地区出土较多的其他典型唐宋时期的器物及遗迹中得到充分的印证。

三 墓志志文考证与解读

除上所述墓志共同特征以外，我们还可从不同的角度和侧面，对这些唐代墓志志文内容进行进一步的梳理与考证，以期能有一个更为全面、清晰的解读。

1. 年代最早和最晚的墓志。史书记载及现存的实物中，张家港境内年代最早的唐代墓志为“唐故朔州尚德府别将陆公孙夫人墓志铭并序”，立于“永贞元年八月十四”，即公元805年，距今已有一千二百余年的历史，至今字迹清晰，保存完好。年代最晚的唐代墓志为《重修常昭合志》所载“蔡将军墓志铭碑”，为“咸通十二年”（871）。最早和最晚的唐代墓志在时间的跨度上不到七十年，可见墓志都集中于唐代中期偏晚的时间段。

2. 在两方墓志中均出现有“南瞟里”这一地名。一方为“唐济阳蔡君之妻莫夫人墓志铭并序”，墓主莫氏“终于南瞟里第”，葬于“南瞟”，即“蔡氏之舍南新原”；另一方为“唐故渤海□□□墓志铭并序”，墓主同样“终于崇素乡南瞟里”，而“葬于南瞟村”。“南瞟里”究为何地？“瞟”字在汉语词典里解释为“开沟灌田”。在当时的江南水乡，“开沟灌田”之地比比皆是，因此，从词意本身去寻找答案，几无可能。查近代庞鸿文所修《常昭合志》，崇素乡确系唐代就有的行政建制，到了元代，位于河阳山东面的恬庄还归属常熟崇素乡的元阳里，因此，南瞟里一地，位于河阳山一带或者附近，应没有疑问。“里”字在古汉语里，其本义为“乡村居民聚落”、“街坊（古代五家为邻，五邻为里）”，因此中国古代、包括沿用至今的很多古地名里都带有一个“里”字，但有时称呼起来又往往把这个“里”字省略掉。在此不妨借用一近现代的例子：《海虞庞氏家谱》记载塘桥庞氏由来：“明洪武初，我百源公由吴江迁居常熟之塘桥里。”[5]这里，使用了“塘桥里”一词，无疑，“塘桥里”即指现今塘桥镇，类似的例子还可以举出许多。上文提到的两方墓志中，带有“南瞟”两字的地名有三个，分别是“南瞟”、“南瞟里”和“南瞟村”，笔者认为，这三个地名实则为一个地方，正如古代称塘桥、塘桥里、塘桥乡（镇）一样，完全符合古人对地名的称呼习惯。进一步结合两方墓志的内容及其出土地点，我们完全可以确信，墓志中的“南瞟里”，应该就是在现今的河阳山东南侧或附近的地方。

3. 十三方墓志中，有四位墓主人为女性（包括其中的夫妻合葬墓）。其中尤其令人印象深刻的是莫夫人墓志，碑文由莫夫人生前丈夫蔡偱亲撰，志文首先除了对莫夫人先祖进行了一番褒扬以外，其“铭曰”内容令人难忘：“生有德，寿不长，玉沉泉，花逢霜。今已矣，遗馨香。覩二女，共妻伤”。墓主去世时“无男，有二女”。即便如此，墓主并未遭致夫家的指责和抛弃，丈夫蔡偱也没有表现出“不孝有三，无后为大”的惶恐与担忧，相反，在由蔡偱亲撰的文笔凝练、感情真挚的志文中，字里行间充分表达了生者对逝者的无限怜爱、哀痛、惋惜和不舍之情。在中国古代，尤其是民间，为一位普通女性逝者树碑立传，并不多见，笔者不敢妄言由此即可得出唐代妇女地位高的结论，但唐代女性的地位较之前朝时期女性的地位更高，这是不争的事实。唐朝开国之初，由于受长期受胡人影响，胡化之风盛行，妇女所受约束较少，地位也就相应的较高，加之唐朝作为中国封建社会经济文化发展的辉煌时期，也是中国封建社会风气最开放、社会最文明的时期之一，妇女地位可谓水涨船高，迎来了一个高峰。

4. “王府君洎夫人孙氏墓志铭并序”提及：墓主人安葬之地为：“何阳山东岭下，东至官路壹佰伍拾步新茔右”，“唐故孙府君墓志铭并序”志文提及墓主人安葬之地，为“何阳山东南大道，路南约有二百步”，这里两方墓志中分别提及两个较为显眼的地理位置点：何阳山东岭下的“官路”与“何阳山东南大道”。“官路”一词，古语里解释为：“官府修建的大道，后即泛称大道”，可见古代的“官路”即“大道”，在两墓主安葬时间仅相隔32年的情况下，“何阳山东岭下”的“官路”，与“何阳山东南大道”，从二者所处方位、词义的解释乃至于情理上来看，所指为同一条官府修建的大道，是不应有有疑问的。当时的河阳山东侧有一条“官路”，两方墓志志文透露出一条非常重要的信息！在此之前，尚未见有非常确切的文字记录，旧版的境内地方志《沙洲县志·邮电志》有如下记载：“秦、汉以后，境内占文桥、河阳山、庆安等地先后设过官办驿舍，专事递送官府文书”，这里也只是提及河阳山曾设立官办驿舍，既有“驿舍”，则必有“官路”，二者缺一不可。如果《沙洲县志》此条所载确切，那么这条“官路”的渊源应该可以一直远溯至秦汉以后。两方墓志内容与《沙洲县志》的相关记载可以作为重要的参考依据，且二者内容在一定程度上可以得到相互的印证。

5. 从可辨识的文字中，有六方墓志、六次提到“河阳山（何阳山）”这个地方，分别是“唐故陆府君洎夫人清河张氏合葬墓志铭并序”，墓主人于宝历二年（826）“依周礼合于何阳山之阳大墓”；“唐故□□□□府君墓誌铭并序”，墓主人于元和六年（811）或大和六年（832）“厝于河阳山东村南”；“唐故王府君洎夫人孙氏墓志铭并序”，墓主人于大和九年（835）依周礼合葬于“何阳山东岭下”，一块残碑，可辨“何阳山东南”几个字；“唐故陆氏孙夫人墓志铭并序”，可辨“厝于何阳山”。“唐故孙府君墓志铭并序”，墓主人于咸通七年十月廿三日（867）“窆於何阳山东南大道合南约有二百步”，六处中，有五处是写作“何阳山”的，志文中“何阳山”与“河阳山”为同一座山无疑，因为这些墓志都出土于现在的河阳山附近，问题是该山名最初是“河阳山”还是“何阳山”？是本名“何阳山”，后人讹传成“河阳山”，还是本名“河阳山”，古人误写作“何阳山”？如果是古人的笔误，为何笔误率竟如此之高？现河阳山南面还有一个叫“何家宕”的自然村，村里人至今还住有何姓人家，古人称“山之南”为阳，那么，该山名称之由来，是否与聚居于该地的何姓人家有关联呢？清著名学者、里人钱陆灿在康熙十一年（1672）撰《圆觉庵碑》一文中认为“河者，黄泗浦港”，古人以“山南水北为阳”[6]，故名。其于《凤凰山永庆寺重复山地碑记》[7]中关于河阳山山名起源又有与《圆觉庵碑》中不一的说法，颇令人疑惑。众所周知，黄泗浦为一条基本南北向的河流，只有河东、河西之说，何来“水北”一说？如此一来，关于河阳山地名起源之说颇有探讨之余地。

6. 康熙元年邑人钱朝鼎言：“河阳山距县西北四十里，右首左尾，南北麓若张翅，俗名凤凰山”，《重修常昭合志》载：“河阳山，一名凤凰山，亦名小山。”[8]河阳山是否就是小山，在此暂且不论。河阳山南侧出土的“唐故王府君墓志铭并序”碑刻中，清晰地记载着墓主人“窆於凤山南面□茔内”，古人用词惯于简练，此处“凤山”当为现今“凤凰山”无疑，根据该墓葬的出土位置，志文中所指凤山就是河阳山一说也是毫无悬念的，从而从考古的角度充分印证史志记载不谬！至此，我们可以给邑人钱朝鼎所言“河阳山俗名凤凰山”一语再加上一句附注：“此说最迟始于唐大中年间，有出土唐代墓志为证”。

在张家港市境内，唐代墓志因其数量少、史料价值高而突显其珍贵。即使是出土仅有之十三方墓志，对于我们真实了解当时的建制沿革、姓氏、经济、文化、丧葬习俗、军事、地质变迁、地名变迁、人口迁移以及家族的变迁与兴衰等方面，均有着不可替代的史料参考价值。

注释：

［1］（唐）张九龄：《归燕诗》。

［2］见《魏书·律历志上》，中华书局1974年，第2569页。

［3］《张家港旧志汇编》之《金村小志》卷一《山水古迹杂记》，凤凰出版社2006年，第265页。

［4］《重修常昭合志》卷十九《金石志》，上海社会科学院出版社2002年，第899页。

［5］《海虞庞氏家谱》，清同治癸酉（1873）刊本。

［6］实物见恬庄碑刻陈列馆“圆觉庵碑”，钱陆灿康熙十一年撰，载《张家港碑刻选集》，第119页

［7］见《凤凰山永庆寺志》之“凤凰山永庆寺重复山地碑记”。

［8］《重修常昭合志》卷四《山川志》，上海社会科学院出版社2002年，第112页。

试论辽代汉官集团的地域性特征

——以考古发掘墓葬为中心

齐　伟　都惜青（辽宁省博物馆）

内容摘要：契丹族统治辖区既有辽朝肇兴之腹地，又包括幽云十六州等汉地，随着时间的推移，两种文化相互影响、逐渐交融，共同构建了辽代社会的思想文化理念。本文主要从出土的汉人墓葬入手，分析一下两种文化交融所带来的结果和影响。

关键词：契丹　汉官集团　墓葬　地域性

萧启庆曾对辽燕京地区的汉人五大家族进行了细致的研究[1]。但囿于早期资料有限，尤其是墓志资料相对不足，有些观点尚需探讨，如将玉田韩氏（韩知古）列入“韩、刘、马、赵”燕京四大家族之列，这种观点无疑影响了作者对辽代汉人地域性的理解。刘未就辽代汉人墓葬进行了专门研究，作者通过对长城以南和以北辽汉人墓葬的研究，认为契丹文化只对少部分汉人墓葬产生较大影响，而绝大多数汉人墓葬依然沿袭了晚唐时期的传统丧葬习俗[2]。所谓少部分汉人所指应是辽代的汉人贵族，但他们在辽代社会的影响却是巨大的，这一汉人群体的兴衰与辽朝相始终，他们发家不同，入仕不同，发展也各具特点，对辽代社会、辽宋关系及辽金政权的演变产生了很大的影响，一直为学界所关注。近年来，辽宁朝阳耿崇美墓和北京地区刘六符家族墓等发掘成果的不断涌现，为辽代汉人贵族墓葬的研究又增添了新的凭据。本文从这些汉人贵族墓葬着手，旨在说明生活在辽代社会的汉人贵族们的一个侧面，这个侧面不仅仅是文化上的，同时它也是政治、经济地位的反映。他们才是契丹社会汉化的主要助熔剂。

一　汉人贵族墓葬的分布

据目前考古发掘资料可知，有辽一代，长城以北汉官家族墓葬主要分布在今天的内蒙古巴林左旗、辽宁省朝阳市、葫芦岛市和锦州市义县等地，以上地区为辽上京、中京和东京地区，即辽朝腹地。长城以南地区的汉官，主要集中于今北京、河北一带，即辽南京和西京幽燕之地。下面试举例说明：

1. 韩知古家族墓

已知韩知古家族墓地主要分布于三个地区，一是内蒙古巴林左旗地区，以韩匡嗣族墓为代表；二是辽宁朝阳地区，主要是韩匡献和韩匡美两支系的族墓；三是河北迁安韩匡胤一支系的族墓。韩匡嗣家族墓地位于内蒙巴林左旗白音乌拉苏木白音罕山（辽上京西北屈劣山），位于辽上京故城西北82公里，存有韩匡嗣夫妇及其后裔子孙墓葬近40座，已清理发掘3座。

据《白音罕山辽代韩匡嗣墓地发掘报告》一文描述，韩匡嗣夫妇合葬墓为砖结构多室墓，全长48.46米，由墓道、天井、墓门、甬道、前室、左右耳室、后室前甬道、主室及排水系统等构成。天井影作廊庑并绘备马等与出行有关头像、甬道及前室主要绘有男女人物画。随葬有包括青瓷（刻花碗、雕花碗、花口盏、雕花瓶）、石俑等遗物[3]。

2. 耿崇美家族墓

耿氏家族墓地位于辽宁省朝阳市西北15公里的朝阳市龙城区边杖子乡故营子村后一座小山的南坡，迄今为止，已发现清理4座墓葬，其中1975年和1976年发掘了耿延毅夫妇和耿知新两座墓葬，出土三方墓主人墓志和一批精美文物[4]，1997年和2002年又分别清理了两座墓葬，前者耿氏成员真实身份无法确定，后者为耿延毅祖父、辽开国功臣耿崇美及夫人合葬墓[5]。

（1）耿崇美墓葬形制，为砖砌仿木结构双室墓，坐北朝南，因早期被盗具体情况不详。从墓室内所存大量朽木分析，棺室内原应有木棺，棺室石板上有彩绘画，主要以山水花鸟、人物为主。人物有的为髡发契丹男子形象、还有绘于山水树木之中。

（2）耿延毅夫妇墓葬为大型砖筑双室墓，坐北向南，墓底总长30米有余，宽12米，深距地表约8米，由墓道、天井、墓门、额墙、前后甬道、前后室组成。墓门两侧、前后室的壁画保存完好。墓门两侧为契丹武士，前室东西壁男仆八人，六人髡发、契丹装束，描绘的是家奴为主人大摆宴席而奔走忙碌的景象。前室北壁为力士像。后室所画为人物画，从形象、服饰和手持器物看，女子为内侍，男童可能是墓主人的幼子，墓门和前后室券门周边绘有花鸟纹（缠枝牡丹花纹带和喜鹊）。出土有鸡冠壶、白瓷盘、白瓷碗、影青瓷瓶、铁制工具、玻璃制品等各类器物330余件。

（3）耿知新墓葬形制，为砖筑双室墓，穹隆式墓顶，坐北朝南，由墓道、天井、墓门、前门、前后甬道、前后室组成。从后室棺床骨灰遗迹可知，墓主人实行的是火葬。天井东西两壁、墓门两侧、后室四壁均绘有彩画，后室壁画脱落，脱落白灰皮中发现墨线勾勒的人物及马匹残片，其他壁画内容为缠枝牡丹花纹、乐舞人物、武士像、凤鸟纹等。出土的绿釉划花鸡冠壶、黄釉执壶、黄釉大碗等为典型契丹器物，同时又出土了印花盏托、盏，碗等定窑白瓷器，弩机、短剑、铁镞、猎钩、铁穿、马镫等铁器。

3. 刘守奇家族墓

刘守奇家族墓，出土有刘守奇之子刘承嗣墓志，刘守奇之孙刘宇杰墓志、刘宇一墓志，刘守奇玄孙刘日泳墓志和刘守奇五世孙刘从信墓志[6]。其中，刘宇一墓位于朝阳市双塔区桃花吐镇林四家子村，已被盗，墓葬形制及出土遗物遭到破坏，无从考察。刘从信墓位于朝阳市区西南半拉山镇，墓葬形制同样无法考证。而刘承嗣、刘宇杰和刘日泳祖孙三代墓地位于朝阳市西南7.5公里的西大营子乡，尚可考察，具体情况如下。

（1）刘承嗣（死于应历十七年，即公元967年，保宁二年下葬）和刘日泳（重熙十五年，即公元1046年）墓葬因1970年群众掘毁，据调查都是圆形砖墓，门向南。前者墓坑较大，长10、宽5.5米。后者墓坑较小，长、宽均5.5米。因未清理，墓葬结构不详，仅收回墓志两块及铜镜、瓷羊各一件。

（2）1979年发掘的刘宇杰（统和十八年，即公元1000年）墓为土坑竖穴砖墓，方形墓圹，南北长5.5、东西宽5.6、深5米。由砖砌墓门、甬道、主室三部分组成。出土遗物有鎏金银饰件、铜饰件、铁器、陶器、瓷器等。

4. 王郁家族墓

王氏族墓位于朝阳喀左境内，其中王郁之孙王裕与王裕子王瓒墓葬位于喀左甘招乡，而王悦墓葬位于喀左坤都营子乡。

以王悦墓为例，王悦死于统和二十三年（1005），墓为砖筑圆形券顶单室墓，直径4.5米。由于墓葬遭到破坏，墓门、墓室等详细情况无法考证。据发掘报告称，墓室砖地上残存柏木板痕迹，同时填土中夹杂有碎乱的木条及50余根锈有木质的铁钉，说明墓室里除有护墙板和木门以外，还应有板床和木棺，因墓葬早期被盗，残存遗物11件，瓷碗、陶罐、鎏金铜带卡等[7]。

5. 赵思温家族墓

卢龙赵氏族墓位于辽时的建州附近（今朝阳市境内），1972年至1979年先后发现三座辽代赵氏墓葬，分别为位于朝阳西南35公里的商家沟1号赵氏墓和位于朝阳台子乡山嘴子村的赵匡禹（赵思温之孙）墓和赵匡禹第五子赵为干墓[8]。

（1）赵匡禹死于辽开泰八年（1019），清宁六年（1060）迁葬该墓，墓为圆形筑石单室墓，由墓道、墓门、甬道、墓室组成。墓室直径2.4、高3.65米，券顶，内壁涂白灰，绘墨彩壁画，已被破坏，墓室北侧置棺床，并出土刻有四神的小石棺残块和骨灰。出土瓷器三件（雕花贴塑白瓷注壶、白瓷小碗、白瓷小盘）、铜钱、饰件等遗物。

（2）赵为干死于重熙八年（1039），墓据赵匡禹墓约10米，同样为圆形筑石单室墓。墓室直径2.5、墓壁高2米，券顶，墓室内出有石棺，内存骨灰，可见与上述墓葬实行的都是火葬。石棺由六块青砂岩石板组成，刻有人物汉、契仆人画像、死神画像及卷云纹、莲花纹等。

6. 梁援家族墓

梁援墓位于锦州市义县大榆树堡乡四道岔子村，属于辽晚期墓葬（据墓志记载，梁援死于辽道宗寿昌七年即1101年）。据发掘报告介绍，墓葬为仿木结构的砖室墓，墓室建造在岩石墓圹内，由墓道、墓门、甬道、左右耳室及主室组成。墓室平面为不等边八角形，穹窿券顶，属于辽代晚期墓葬风格，墓室壁画已脱落，因早期遭到盗掘，仅出土三彩印牡丹花纹方碟，白瓷花式口盘，黄釉陶罐，铁马镫、瓦当、鸱吻等建筑构件[9]。

7. 赵德钧家族墓

赵德钧和其妻种氏合葬墓位于北京永定门外，为辽早期墓葬，墓葬东向，为一大型多室墓，全部用沟纹砖砌成，部分为仿木建筑结构。墓分前、中、后三室，每一主室两侧各有耳室，共九室，九个墓室的平面皆呈圆形，规模可比帝陵。部分墓室保留有彩绘和壁画。由于多次遭到盗掘，遗物所剩无几，残存铁锅、汉白玉大碗、铜勺、陶罐、白瓷盒、双兽雕砖、铜钱、青瓷器残片等器物[10]。

8. 马直温家族墓

位于北京大兴县，因施工原因未作全面发掘，墓室为圆形，穹隆顶。出土有瓷器、木俑、墓志、铜钱等[11]。

9. 韩延徽家族墓

韩氏族墓位于北京八宝山地区，出土了韩延徽之孙韩佚夫妇墓志、韩延徽六世孙韩资道墓志以及金政权之后韩氏后人的墓志、家族墓神道碑等。目前只发现韩佚夫妇合葬墓。该墓是一座砖室墓，由墓道、墓门、甬道、墓室组成，全长13.9米。墓室的装饰、壁画的内容皆取材于现实生活，是墓主人生前生活的写照。随葬有定窑白瓷、辽白瓷等近60件器物[12]。

10. 刘六符家族墓

昌平刘氏家族墓位于北京市丰台区云岗镇，出有墓志，发掘报告尚未发表。据董坤玉介绍，刘六符家族墓地属于辽代后期，发掘的两座墓葬一为刘六符及四位夫人合葬墓，一为刘六符之子刘雨之墓。前者为砖石墓，多室，前室平面呈长方形，后室平面呈八角形，耳室圆形，为穹隆顶。壁画内容残缺，墓门、斗拱处绘有团花、缠枝莲、云纹、飞鸟等内容，门楼两壁与墓门东西两侧各绘一门吏，前室壁画绘有出行归来图。刘雨墓为双室砖墓，前室平面呈长方形，后室平面为八角形，穹隆顶。墓室壁画绘设宴图、托盘人物、温酒人物，均为日常生活情景内容[13]。

二 墓葬所反映的地域性特征

本文所列举的10位汉官家族墓地的考古发掘资料，若从地理位置看，主要分布在两个地区，一是长城以北地区，一是长城以南地区。这10位汉人只是笔者所列举的个例，他们当然不能代表辽境内的所有汉人，但是却有一定的代表性，他们所代表的汉人贵族生活在辽统治区，既有契丹早期活动的区域，辽上京、中京、东京之地，又包括胡汉杂糅的幽云地区，而以生活在辽南京、西京地区（今北京、河北一带）居多。从上述墓葬形制、壁画内容以及随葬器物等分析来看，生活在辽腹地的汉人受契丹人风俗习惯的渲染要多些，而生活在长城以南的汉人则多沿袭唐以来的风俗习惯。

韩匡嗣、耿崇美、刘守奇、王郁、赵思温、梁援家族墓葬所在地，均为辽朝上京、中京长城以北地区。从墓主人身份来看，主要是初期仕辽汉人及其后裔，尤其韩匡嗣家族最为明显。韩氏家族在辽代地位显赫，位极人臣，尤其是韩匡嗣支系与契丹贵族的关系非常密切，其家族势力与辽朝相始终[14]。韩匡嗣夫妇合葬墓的墓室顶为契丹贵族墓中典型的穹隆式顶，墓葬规格采用契丹上层贵族的墓葬制度，规格之高堪比稍晚时期的陈国公主墓、秦晋国大长公主墓、平原公主墓等契丹贵族墓[15]。墓室壁画多是契丹男女仆人形象，兼有擎鹰牵犬情景，表现出浓厚的草原风情，同时，出土的男石俑髡发，为典型契丹男仆形象。韩匡嗣夫妻合葬墓所反映的浓厚的契丹风俗，以及用契丹小字撰写的墓志，皆可说明经过几代人的融合，韩匡嗣家族受契丹习俗影响之深甚至可以说是已经契丹化了的汉人。又据出土墓志记载，韩匡嗣支系的绝大多数成员与契丹贵族萧氏保持着联姻关系。这都在说明一个问题，韩匡嗣家族政治地位极高，其文化取向已经契丹化。

韩匡嗣墓葬采用的是契丹贵族高级墓葬制度，耿崇美、刘守奇、王郁、赵思温、梁援等家族墓则具有契丹贵族墓葬制度和汉族墓葬传统的双重特点。这几家家族墓葬所反映出的生活方式、社会地位应该比较接近，只是墓葬所表现出的胡汉因素有所侧重。如耿氏墓为方形双室墓，规模较大，出土的壁画、木帐、石棺、银丝手套、石枕等葬具体现的是契丹族的丧葬习俗。而王郁、刘守奇、赵思温等几家所表现的则是葬有明器，体现的是汉族丧葬习俗。同时刘承嗣和刘守杰墓的墓葬结构为圆形墓室、仿木结构的墓门、四阿顶等建筑，都是唐、宋时期葬俗。但是胡汉双重文化因素在该地区墓葬中的表现是显而易见的，耿氏几座墓葬建造年代皆在辽代中期及其以前，均为仿木结构建筑形式，且为方形墓室，应受唐影响。墓室壁出弧线的做法，应是继承了中原地区西晋以来传统墓室的建筑风格。废弃了汉人传统的土葬而施行火葬，除了受佛教影响之外也应受到契丹风俗的影响。随葬的鸡冠壶是契丹民族典型的器物之一，出土的瓷器既有辽本土烧造的，又有宋朝各名窑的产品，说明当时北方的契丹民族与中原地区经济、文化之间的往来。出土的铁穿、铁桶等铁制生活器物也是北方地区必不可少的生活用具，这与北方寒冷的气候特点和草原民族“逐水草而居”的生活习俗紧密相关，说明生活在辽地的耿氏家族长期与契丹人相处，生活习惯也受到契丹风俗的影响。通过对耿氏墓制、葬俗、壁画的研究，我们可以发现，中原汉文化与草原契丹民族文化的融合。

赵德钧、马直温、韩延徽、刘六符四家族墓地分布在长城以南地区，主要集中于辽南京即燕京地区。幽云地区成为契丹辖地后，辽统治者采取“以国制治契丹，以汉制待汉人”，“因俗而治”的管理方式，这是幽云地区所体现出来的胡汉杂糅的地域风格。该地区汉人贵族墓葬多沿袭唐以来的丧葬形式。从辽初到辽末，墓葬形式多采用砖室墓，墓室流行砖雕影作结构与壁画相结合的装饰方法，这是对唐五代及宋代墓葬装饰风格的继承。同时，墓葬多以单室墓和双室墓居多，前期为圆形墓，如赵德钧、马直温墓；后期为长方形、六角形和八角形，如刘雨墓前室为长方形，后室为八角形。除上述列举的汉人贵族，还有辽道宗时期的董匡信夫妇墓、天祚帝时期的丁文逌丁洪父子墓、河北宣化张氏族墓，都是双室或单室墓。壁画内容多是人物故事、动物花卉、风俗礼仪、社会生活、室内装饰等，而体现契丹风俗的山水、狩猎等壁画内容相对较少。人物画中少有契丹人髡发胡服形象。以赵德钧墓壁画为例，左中室东侧的壁画保存较为完整，上绘九个人像，左侧三人穿红色汉式官袍，在欣赏书画；其余六人为童仆，着装神态各异。右前室两幅壁画分别为两个女仆，一人在梳妆，另一人手端盛有食物的托盘。壁画中所涉及人物均为中原汉人形象。再比如韩佚墓的壁画，甬道两壁的人物壁画，为汉族官吏形象，头戴展角幞头，身着束带红袍，脚蹬皂靴，面向北侧，拱手端立。墓室四周壁画内容主要是花鸟、侍女等，侍女大都梳云髻，着圆领宽袍，下束锦裙，描绘的都是生活场景。华丽的仿木结构建筑的门楼，墓室北壁彩绘帷幔下绘三扇花鸟屏风，象征着生前居住着豪华的前厅后室，屏风两侧分立身着汉服的奴婢和侍从，室内陈设高腿桌、灯架和衣箱、衣架等家居装饰，保留的是中原汉族的传统生活习俗。

三　兼具汉、契文化影响的宣化壁画墓

上面列举墓葬所述及的汉人，有延极金元的

“韩（韩延徽）、刘（刘六符）、马、赵（赵思温）”四大家族，也有辅佐阿保机的早期入辽汉人家族（韩知古、耿崇美、王郁、刘守奇、赵德钧、梁援等），军功、科举再加之与皇族、后族及彼此通婚，形成有辽一代具有一定影响的汉官集团。与这些汉人家族不同，河北宣化辽代张氏家族为当地一中小地主，长期务农，勤俭持家，积累了一定的财富；恰值荒年，张世卿因赈灾而被破格授官，使张氏成为当地较有影响的官宦兼地主双重身份的家族。从各墓室出土的遗物尤其是保存完好的壁画内容，可以看出该家族富足的物质生活，进而反映出其内在的精神信仰以及所处历史阶段的文化内涵，这可能也是言辽墓必谈宣化的缘故。围绕宣化壁画墓的散乐图、备茶图、妇人启门图、星象图、真容偶像等题材，宿白、郑绍宗、李清泉等业界前辈开始了辽代音乐文化、茶文化，乃至与佛教文化、汉文化的关系的多方探讨。下面通过宣化辽墓壁画的点滴信息，结合前人研究成果，来说明汉、契两种文化是如何体现在以张世卿家族为代表的辽晚期中小地主身上的。

所谓中小地主阶级，多出现在辽代晚期，端赖田园商贾起家，后通过捐官、举进士等辅助手段为其挣得政治身份，并热衷于社会宗教、慈善等公共事务，又试图与名望家族联姻以提升其社会地位。如前述河北宣化张世卿，据其墓志记载，灾荒之年“进粟二千五百斛，以助国用”，特授右班殿直，累迁至银青崇禄大夫、检校国子祭酒兼监察御史、云骑尉，并出资兴建道院佛殿、植树造林等公益活动，其三女皆嫁入豪族，一孙娶妻耶律氏[16]。通过公益活动为他们在当地赢得了口碑，从而具有一定的社会影响力，与权贵联姻，是体现其社会、政治地位的需要。与张氏同乡的韩师训，则是依靠商贾起家的典范，其通过商贾“改贫成富，变俭为丰”，并也崇信佛教，热衷慈善，常年施舍钱财于穷人；其长子文坦“幼仕公侯职事，渐转充当州客都之任”；次子文询，“备进士举业”，崇尚儒学，文笔尚佳，闻于乡里[17]。辽代晚期汉人中的中小地主阶级是地方富豪势力的代表，他们的社会生活、思想旨趣、文化取向对研究辽代多元文化思想的流变提供了很好的素材。

我们先借助李清泉先生的研究成果，将宣化张氏壁画墓的汉文化因素作一介绍。宣化张氏壁画墓共八座，分布在东南区的五座墓（以张世卿祖父张匡正为中心）和西北区的三座墓（以张世卿为中心），均属于辽代晚期墓葬。八座墓葬中除了2号墓和3号墓为单室墓外，其余皆是双室墓[18]。这些墓葬的前室壁画内容主要为散乐图、备茶图、出行图、门吏图等，而后室壁画内容则是仕女图、备宴图、备茶图、妇人启门图、门吏图等。总体上看，墓葬营造有所创新，但主要是依据唐末汉礼而成。如前所述，墓葬中虽不见贵族墓中出现的墓道，但墓门呈现影作砖雕门楼的新样式；散乐、饮茶则被体现了“汉礼”的功能[19]。总之，宣化张氏族墓是在唐末浓厚的汉文化氛围下营建的，壁画内容反映了辽末汉人中的中小地主阶级的富足生活、精神面貌及文化取向。

但是，作为辽统治下的汉人，又有契丹化的体现。表现在生活方式上为契丹人形象的出现，如张匡正墓前室东壁之备茶图中的髡发男仆，后室墓门上面又绘有三个髡发的跳绳儿童；张文藻墓前室东壁的童嬉图中也有髡发的男仆形象以及一髡发男童形象，后室拱门两侧的门吏，皆髡发、契丹装束；六号墓（墓主不明）前室东壁备茶图同样出现髡发男仆[20]；张世卿墓后室南壁画一捧箱契丹男仆形象；张世古后室东南壁一髡发形象的男仆在斟酒；张恭诱墓室西南壁也有一髡发男仆形象[21]。这些髡发形象的男仆或男童，多数学者认为是契丹人，笔者倒赞同张国庆先生的观点，他们是受契丹文化影响的汉人[22]，墓葬中画出契丹男仆的形象也许是在有意彰显其家族较高的社会地位，男童髡发则更加说明在以契丹人为主体的辽朝，张氏家族力争上游的思想观念。画于张匡正墓后室拱门东侧的两胡人门吏进一步印证了上面的说法。其受契丹文化影响的另一方面表现在丧葬文化上。张世卿墓前室西壁和张世古墓前室西壁都绘有出行图，出行图为辽墓壁画的主要题材之一，大型贵族墓的出行图一般绘在墓道两侧壁，分别为契丹和汉人两种装束，表现的是契丹北、南面官制；规模较小的墓葬则绘于墓室的四壁。张氏族墓出现出行图无疑是受契丹丧葬习俗的影响。不仅如此，张世卿墓出土的真容偶像面部残存的盖脸[23]，应该是对契丹贵族金属面具丧葬习俗的模仿。契丹贵族死后，面部常覆有金属制成的面具，面具按照死者面部特征、性别及年龄，用金属薄片加工打制而成，质地分为金、银、铜和鎏金银、鎏金铜五种，材质不同，身份不同。如陈国公主和驸马合葬墓出土的两件面具，均为纯金打造[24]。此种现象可以视为当时部分汉人契丹化的表现。

以河北宣化张氏家族为代表的部分汉人，是辽代晚期中小地主阶级的代表，作为地方富豪，是辽代晚期汉人集团的新生力量，其如何起家、发展，如何参与社会、政治活动，在多重文化元素的大背景下的思想流变，将是我们未来要研究的问题。

四 结语

纵观中国古代少数民族发展历史，五代时期，社会动乱，各民族不断迁徙并不断融合。其原因主要有二，一是汉政权衰弱，于是以北方少数民族为主的周边少数民族蜂起。契丹族的崛起也适逢其时，“频频南下，介入中原的纷争，实际上与中原地区军阀的勾引利用有着直接的关系”，辽朝肇基者阿保机四向侵略，扩张势力，以远交近攻之术，称尊大梁[25]。二是北方少数民族地处边陲，多以游牧经济为主，自然地理条件的限制，靠天吃饭是他们维持生存发展的主要途径，经济掠夺成为他们重要的生存途径。因此，对中原地区的农业经济仰慕已久。维持本民族的生存，成为诸多民族政权向往中原的初衷，在这一过程中，不断接触汉文化，并逐渐认识到要学习中原地区的思想文化模式以及生产方式，用汉人先进的管理制度来建立并巩固各自的政权，同时这也是时代和历史发展的要求。在竞相学习中原的诸多民族中，契丹族便是其中之一。

契丹统治者在大批汉官及汉文化思想的影响下，推行中原式的管理制度与生产方式，提倡农桑，加强儒学，建城立制。辽代汉官集团的形成、发展并壮大，反映和见证了终辽一代契丹学习中原文化并促进契丹族汉化的这一历史进程。这一进程是渐进的，反映了两种不同文化（契丹族的草原游牧文化和中原传统的汉文化）从共存发展到相互结合到交融的过程。前面刘未文章认为，契丹文化只对少部分汉人有影响，而绝大多数汉人还是受晚唐风俗影响较大，之所以“韩、刘、马、赵”等这些少部分汉人贵族受契丹影响之深，因为他们才是契丹汉化的重要助熔剂，正所谓与契丹贵族联系越密切，受到的影响就会越大，反之亦然。同时辽代汉人贵族的发展受到所处地理位置的影响，前面也已经做了详细的阐明。

总之，契丹族统治辖区既有辽朝肇兴之腹地，又包括幽云十六州这样交通要地，随着时间的推移，两种文化相互影响、逐渐交融，共同构建了辽代社会的思想文化理念。

注释：

[1] 萧启庆：《汉人世家与边族政权——以辽朝燕京五大家族为中心》，《宋史研究集》（第27辑），台北“国立”编译馆1997年，第481—541页。

[2] 刘未：《辽代汉人墓葬研究》，《汉学研究》（第24卷）2006年第1期，第443—482页。

[3] 塔拉、马凤磊等：《白音罕山辽代韩匡嗣墓地发掘报告》，《内蒙古文物考古》2002年第2期，第19—42页。

[4] 朱子方、徐基：《辽宁朝阳故营子辽耿氏墓发掘报告》，《考古学集刊》（3），中国社会科学出版社1983年，第168—195页。

［5］韩国祥：《辽宁朝阳市故营子辽代耿氏家族3、4号墓发掘简报》，《考古》2011年第8期，第31—45页。
［6］王成生：《辽宁朝阳市辽刘承嗣族墓》，《考古》1987年第2期，第131—145页；杜守昌、李宇峰：《辽代〈刘宇一墓志〉考释》，《辽宁省博物馆馆刊》，辽海出版社2013年，第123—132页；向南、张国庆、李宇峰：《辽代石刻文续编》，辽宁人民出版社2010年，第212页。
［7］李文信、朱贵等：《辽宁喀左县辽王悦墓》，《考古》1962年第9期，第479—483页。
［8］邓宝学、孙国平等：《辽宁朝阳辽赵氏族墓》，《文物》1983年第9期，第30—38页。
［9］薛景平、韩宝兴：《义县四道岔子辽梁援墓》，《辽金契丹女真史研究动态》1984年第2期，第6—7页。
［10］苏天钧：《北京南郊辽赵德钧墓》，《考古》1962年第5期，第246—253页。
［11］张先得：《北京市大兴县辽代马直温夫妻合葬墓》，《文物》1980年第12期，第30—37页。
［12］黄秀纯、傅公钺：《辽韩佚墓发掘报告》，《考古学报》1984年第3期，第361—380页。
［13］董坤玉：《北京地区辽金壁画墓研究》，《北京文博文丛》（第3辑），燕山出版社2011年，第46页。
［14］参见齐伟：《辽代的皇权争夺与玉田韩氏家族》，《辽金历史与考古》（第三辑），辽宁教育出版社2011年，第131—137页。
［15］参见孙建华：《辽陈国公主驸马合葬墓发掘简报》，《文物》1987年第11期，第4—24页；郑绍宗：《契丹秦晋国大长公主墓志铭》，《考古》1962年第8期，第429页；李龙彬：《辽宁阜新辽代平原公主墓与梯子庙4号墓》，《考古》2011年第8期，第46—65页。
［16］《张世卿墓志》，向南著：《辽代石刻文编》，河北教育出版社1995年，第655页。
［17］《韩师训墓志》，《辽代石刻文续编》，第280页。
［18］李清泉：《宣化辽墓——墓葬艺术与辽代社会》第二章《契丹统治下的汉人墓葬》，文物出版社2008年，第75页。
［19］《宣化辽墓——墓葬艺术与辽代社会》，第338页。
［20］此图与张匡正墓前室东壁备茶图内容基本一致，应出自同一时期的同一批画匠之手，已有论述，资不赘述（参见《宣化辽墓——墓葬艺术与辽代社会》，第94页）。
［21］参见河北省文物研究所编：《宣化辽墓壁画》，文物出版社2001年。
［22］张国庆：《契丹族文化对汉族影响刍论》，《北方文物》1998年第3期，第44—53页。
［23］郑绍宗：《河北宣化辽壁画墓发掘简报》，《文物》1975年第8期，第31—37页。
［24］孙建华：《辽陈国公主驸马合葬墓发掘简报》，《文物》1987年第11期，第4—24页。
［25］景爱：《陈述先生民国年间论著叙录》，《辽金历史与考古》（第三辑），辽宁教育出版社2011年，第369页。

新出后晋张奉林墓志与后唐政治

崔世平（暨南大学历史学系）

内容摘要：后晋张奉林墓志记载了张奉林一生从军、任官的经历及其家庭情况。张奉林追随后唐庄宗征战，被任命为金枪扈卫军都指挥使。在明宗起兵后，他因投降明宗立功，但失去了军权，仅被任命为边州刺史等文职。张奉林出身平民，靠军功入仕，其子孙未能继承他的地位，是五代时期普通官员的一个代表。张奉林墓志为五代时期政治、军事史的研究增添了新的材料。

关键词：后晋　后唐　张奉林　墓志

2011年，洛阳市文物考古研究院在苗北村发掘了五代、宋金时期的墓葬13座，其中的M3641为一座五代后晋时期的斜坡墓道土洞墓，墓室内有两个棺痕，东西并列，出土墓志一合。墓志志盖盝顶方形，顶边长20、底边长41、厚13厘米，盖面阴刻楷书“晋故清河郡张公墓志”，四刹阴刻四神图案。志石边长41、厚15厘米，四侧面阴刻持笏人形十二生肖图案，间饰蔓草纹。志文楷书，共21行，满行23字，计395字，首行题“晋故金紫光禄大夫检校司徒岚州刺史清河郡食邑七百户兼御史大夫上柱国张公墓志铭并序”[1]。墓主张奉林，史书无载。据志文，墓主在后唐曾任金枪扈卫都指挥使、州刺史等职，其经历对我们了解后唐禁军制度及庄宗、明宗政权更替时期的政治有一定的价值。本文拟对墓主生平及其与后唐政局的关系略作考释，先录志文并标点如下（“/”表示换行，“□”表示缺字或字迹漫漶难辨）：

> 晋故金紫光禄大夫检校司徒岚州刺史清河郡食邑七百/户兼御史大夫上柱国张公墓志铭并序。/盖闻神道感通，人功自著；源流冀表，斯文显明。曾、祖、考并/皆不仕，逍遥遂性，落天寓时，惟衮韬光，爰继宗嗣。/公讳奉林，孝道日积，功干时逢，运偶庄宗皇帝，初尝/累德之音，寻领重权之次，天祐年权主金枪扈卫都/指挥使，寻又至同光 年，转授正金枪扈卫厢都指挥使。/未逾数岁，便遇明宗皇帝罔鄙微劳，显降/睿泽，天成元年，除授丰州刺史，寻又除镇武正副使。才终秩/替，寻便归朝。恩渥愈深，亟奉殊崇。后至清泰 年/除授岚州刺史。将经岁序，疾疹忽兴，药饵无徵，永终遽至，公/春秋六十有八，薨于私第。礼赠盈门，人言如玉。婚于 郡/薛氏，夫人德行播实，内则表贞，悉尝联宗，宜尔益盛。/三男二孙六女：长男敬千，次男彦韬，次男彦诏；长孙儿厚殷，/次孙儿厚宾；长女适薛氏，次女适白氏，次女适薛氏，次/女适杨氏，次女适安氏，次女适王氏。内外哀涕，远近悲摧。/卜宅云谐，迁葬定吉，遂于十月五日葬河南府河南县金谷乡张村，殡于/神灵，永扃窀穸。想他年之海变，记今日之贞珉。其词曰：/纪功记定，铭德居阴。/重书状实，千载斯寻。

一　张奉林生平及家世

张奉林墓志本身并无确切纪年，仅能从志文首题得知其葬于后晋时期，因此虽知墓主享年六十八岁，也无法具体推知其生卒之年。即使以后晋最后一年开运三年（946）计算，他至迟也应生于唐僖宗乾符六年（879）。令人费解的是，志文中仅有一“天成元年”为确切纪年，其余纪年皆只书年号，并在纪年数字处留下空格，如“天祐 年”、“同光 年”、“清泰 年”，似乎有待填补。推测可能墓主的后人也无法确知其生平履历的年代，故在向墓志撰写者提供的墓主行状上先留出空格，以备填补，却最终未能够回忆起来，而撰者、刻工均依据行状留空，形成我们今日所见到的情形。

据墓志，张奉林起家于追随后唐庄宗李存勖，于天祐年间（923年之前）曾暂领金枪扈卫都指挥使之职，又于庄宗同光年间（923—926），转授正金枪扈卫厢都指挥使，明宗天成元年（926）除授丰州刺史，寻又除镇武正副使，后唐末帝清泰年间（934—936）除授岚州刺史，此后再无历官，直至病逝。其一生历官，皆在后唐，墓志所谓“晋故”，只是言其死于后晋，并非曾任晋官。

岁序，即岁时之顺序，亦即岁月，“将经岁序”，或有年尾之意。清顾炎武《元日》诗云“岁序一更新，阳风动人寰”，即是以元日为岁序更新之日。由此推断，张奉林可能病逝于后晋时期（936—946）某年年尾。

墓志云张奉林“清河郡食邑七百户”，又有“源流冀表”之语，盖暗示其郡望为清河张氏。然墓志又云：“曾、祖、考并皆不仕，逍遥遂性，落天寓时，惟袭韬光，爰继宗嗣。”则张奉林虽号为清河张氏，实则并非士族出身，只因从军征战，才逐渐升迁，累官至金紫光禄大夫、检校司徒、岚州刺史等职。五代时期散官、勋官、检校官冗滥，实际表明其地位的是职事官岚州刺史。

墓志云“婚于　郡薛氏”，在“郡”字前留有两个空格，似乎墓主后人连薛夫人的郡望乡贯也不清楚，故而如纪年之例，暂留空格以待将来填写。中古时期河东薛氏为名门望族，可与清河张氏相匹配，但墓志并未攀附，由此可见，薛夫人的出身也不会高，应该与其夫张奉林相同，都是平民。由墓志“卜宅云谐，迁葬定吉”之言可知，薛夫人应早于其夫张奉林而卒，葬于他处，其后人在埋葬张奉林时，将其灵柩迁来祔葬，这也与发掘简报所言墓室内有东西并列的两个棺痕情况符合。

墓志称墓主有三男二孙六女，并俱列三男、二孙之名及六女所适之家，其中无一提及任官情况。五代时期，军人职业往往世袭，张奉林出身军人，其子孙或许也在军中供职。显而易见，其后人中没有官阶较高者，否则墓志不至于不大书一笔。

二　金枪军史事

张奉林祖上世代为平民，但他本人“功干时逢，运偶庄宗皇帝，初尝累德之音，寻领重权之次”，参军入伍，在后唐庄宗李存勖麾下用事，并得到重用。天祐某年，“权主金枪扈卫都指挥使”。权主，即暂领之意。五代军制，每军设都指挥使、指挥使、都虞候等职，金枪扈卫都指挥使，是金枪扈卫军的最高指挥官。此时张奉林仅是权主都指挥使，至后唐建立后的同光某年，方得“转授正金枪扈卫厢都指挥使”。厢，为军队编制单位，一般军下可分左、右两厢，疑“厢”字之前遗漏了“左”或“右”字。然转正前既然权主都指挥使，转正后却降为厢都指挥使，似乎不合情理，或许在后唐建立以后，金枪扈卫经过大规模扩张，张奉林原来虽为都指挥使，此时也只能做一个厢都指挥使了。《旧五代史》卷三十二《唐书·庄宗纪》载：“（同光二年十一月）癸卯，帝畋于伊阙，侍卫金枪马万余骑从，帝一发中大鹿。”[2]仅畋于伊阙，就有金枪军万余骑随从，可见此时作为皇帝禁军的金枪扈卫规模已经非常庞大，不能排除此前经过扩张的可能。当然，也可能有另一种解释：“金枪扈卫都指挥使”之“都”，并非“都指挥使”之“都”，而是“金枪扈卫都”之“都”，即“军”之意，如此则张奉林起初暂领金枪扈卫都的指挥使，然后正授为金枪扈卫厢都指挥使，则是升迁或平调了。

金枪扈卫，应即史书所载的“金枪军”。关于金枪军的记载不多，除前揭《旧五代史·唐书·庄宗纪》所载随庄宗田猎的金枪军外，仅有明宗长子李从璟（初名李从审）任金枪指挥使之事。《旧五代史》卷五十一《唐书·宗室列传》载：“从璟，明宗长子，性忠勇沈厚，摧坚陷阵，人罕偕焉。从庄宗于河上，累有战功，庄宗器赏之，用为金枪指挥使。明宗在魏府为军士所逼，庄宗诏从璟曰：‘尔父于国有大功，忠孝之心，朕自明信，今为乱兵所劫，尔宜自去宣朕旨，无令有疑。’……寻为元行钦所杀。

天成初，赠太保。”[3]《新五代史》卷十五《唐太祖家人传》所载略同[4]。李从璟任金枪指挥使时，在庄宗身边，因此才能被派遣去宣旨，正说明金枪军是皇帝亲卫军。

杜文玉先生认为金枪军为马军部队，并负责皇帝的宿卫。因其不见于梁、晋争衡之时，故其应为后唐建立之后新组建的禁军[5]。其实，李从璟从庄宗战于河上，即是梁、晋争衡之时，此时他已经因功被用为金枪指挥使，则此时已有金枪军。张奉林在天祐年间已经权主金枪扈卫都指挥使之职，也证明金枪军建立的时间较早。

《资治通鉴》卷二百七十四《后唐纪三》“明宗天成元年”载：“嗣源长子从审（即李从璟），为金枪指挥使。”胡三省注曰：“庄宗得魏，因魏银枪军置帐前银枪都，后又置金枪军。”[6]由《资治通鉴》胡《注》可知，金枪军当置于帐前银枪都之后，很可能是效仿帐前银枪都而置，因此胡氏才在此处将二军并提。

银枪效节军本为后梁魏博节度使杨师厚所置的牙兵性质的军队。师厚“选军中骁勇，置银枪效节都数千人，给赐优厚，欲以复故时牙兵之盛”[7]。后梁末帝贞明元年，后梁趁杨师厚之死，欲分割魏博镇，激起银枪效节军兵变降晋。唐庄宗李存勖将银枪效节军列为亲军，名为帐前银枪都。《旧五代史》卷二十八《唐书·庄宗纪》：“张彦谒见，以银枪效节五百人从，皆被甲持兵以自卫。帝……遽令斩彦及同恶者七人，军士股慄，帝亲加慰抚而退。翌日，帝轻裘缓策而进，令张彦部下军士被甲持兵，环马而从，命为帐前银枪，众心大服。”[8]在后来的灭梁战争中，帐前银枪都冲锋陷阵，发挥了重要作用。后唐建立后，庄宗并没有将银枪都留在京城宿卫，而是遣归河北驻扎，引起士兵不满，导致最终的兵乱。而此时应是金枪军取代了帐前银枪都的地位，担任扈卫任务。

明宗长子李从璟任金枪指挥使时间，当在梁晋相争与河上之后，至同光年间明宗军变被连累杀害这一时期，与张奉林任金枪军都指挥使的时间有所重合，或许李从璟曾是张奉林的属下。

后唐建立后，金枪扈卫属于皇帝亲卫军，担任宿卫任务，往往在庄宗田猎时以万骑随从，声势浩大。如前揭《旧五代史》卷三十二所载：“（同光二年十一月）癸卯，帝畋于伊阙，侍卫金枪马万余骑从，帝一发中大鹿。”又如《新五代史》卷十四《唐太祖家人传》：“（同光三年）十二月己卯腊，畋于白沙，后率皇子、后宫毕从，历伊阙，宿龛涧，癸未乃还。是时大雪，军士寒冻，金枪卫兵万骑，所至责民供给，坏什器，撤庐舍而焚之，县吏畏惧，亡窜山谷。”[9]可见此时由于供给缺乏，金枪扈卫军纪不严，扰民现象严重。

天成元年（926）三月，李嗣源兵变，从河北南下，庄宗也从洛阳东下，均欲占据大梁。三月壬午，李嗣源先入大梁，此时庄宗方至荥泽县东。庄宗命龙骧指挥使姚彦温将三千骑为前军，而姚彦温即率军叛归李嗣源。得知李嗣源占据大梁后，其余诸军也纷纷叛离，庄宗无奈，只得旋师。“帝之出关也，扈从兵二万五千，及还，已失万余人”[10]。四月丁亥，从马直指挥使郭从谦率所部兵作乱，乱兵“缘城而入，近臣宿将皆释甲潜遁”，庄宗中流矢而崩[11]。在此过程中，虽未见金枪军的表现，但张奉林作为庄宗的侍卫亲军金枪扈卫都指挥使，反而被明宗论功封官，可见他可能曾有阵前倒戈或叛离的经历，至少没有公然抵抗明宗的军队。

三 张奉林与后唐政治

墓志云：“未逾数岁，便遇明宗皇帝罔鄙微劳，显降睿泽，天成元年，除授丰州刺史，寻又除镇武正副使。才终秩替，寻便归朝。恩渥愈深，亟奉殊崇。后至清泰 年除授岚州刺史。”

天成元年，明宗即位，论功行赏，张奉林因“微劳”被除授丰州刺史，不久又除镇武正副使。五代时期的州县建置，因“五代乱世，文字不完，而时有废省，又或限于夷狄，不可考究其详”[12]。丰州，《新五代史》卷六十《职方考》无载，谭其骧主编《中国历史地图集》第五册《隋·唐·五代十国时期·五代十国时期全图》中有“丰州”，位置在胜州东北，今内蒙古呼和浩特附近，处于中原政权和契丹交界地带[13]。隋开皇五年（585）置丰州，治所在九原县，辖境相当于今内蒙古河套西北部及其以北地区，大业初改为五原郡，后废。唐贞观四年（630）复置，以后屡有废置，唐末废。后唐置丰州，或许是出于以李唐继承者自居，有意恢复唐代版图的考虑。

五代时中原王朝无镇武节度或观察使，而有振武节度使。《资治通鉴》卷二百六十九《后梁纪》“均王贞明二年（916）”载：“契丹王阿保机帅诸部兵三十万，号百万，自麟、胜攻晋蔚州，陷之，虏振武节度使李嗣本。”胡注曰：“‘蔚州’恐当做‘朔州’。《考异》曰：开元中，振武军在朔州西北三百五十里单于都护府城内，隶朔方节度使。乾元元年置振武节度使，领镇北大都护、麟·胜二州。后唐振武节度使亦带安北都护、麟·胜等州观察等使，石晋以后皆带朔州刺史。据此乃治蔚州，不知迁徙年月。”[14]胡三省疑“蔚州”恐当“朔州”，甚是。谭其骧主编《中国历史地图集》第五册《隋·唐·五代十国时期·后唐》即将振武节度使治所标于朔州[15]。墓志之“镇武”当为“振武”之讹，或者当时“振武”亦俗写作“镇武”。“镇武正副使”，殊不可解，“正副使”一般意为“正使与副使”，然张奉林由边鄙之丰州刺史，不可能一跃而迁至镇武节度使，何况之后他又任岚州刺史，中间所授应当仍是与刺史同级别的官职。因此所谓“正副使”大概只是副使，加一“正”字，其意或为第一副使？

张奉林于“镇武正副使”任期满后曾经一度归朝任职，期间虽云“恩渥愈深，亟奉殊崇”，但所任何职不明，恐是谀墓之辞。至后唐末帝清泰年间除授岚州刺史，已经是他仕途的终点了。岚州，唐武德六年（623）改东会州置，治所在宜芳县（今山西省岚县北二十五里岚城镇），天宝元年（742）改为楼烦郡，乾元元年（758）复为岚州。《新五代史》卷六十《职方考》有“岚州”[16]。

庄宗、明宗更替之后，明宗为了保持政权和人心稳定，对前朝官员基本上实行宽容的政策，除了顽固抵抗派和宦官外，都尽量既往不咎，照常任用。如《资治通鉴》卷二百七十五《后唐纪》“明宗天成元年”载：“嗣源之入邺也，前直指挥使平遥侯益脱身归洛阳，庄宗抚之流涕。至是，益自缚请罪；嗣源曰：‘尔为臣尽节，又何罪也！’使复其职。”[17]张奉林在明宗赴阙夺权之际，不但没有抵抗明宗的军队，甚至还可能投降了明宗而立功，自然会受到相应的奖励，但可能因为他毕竟曾是庄宗的亲信，明宗即位后，并没有信任和重用他。初授其北方边境的丰州刺史，几乎等同发配，其后才逐渐内移至振武节度副使、岚州刺史。对其先后所封之官，不过都是州刺史、节度副使之类的文职，而不再令其典兵。至于其子孙，似乎也没有仕途顺畅者。很明显，由于最初的“站队”问题，他已经被排斥出权力中心，其家族也随之衰落了。

日本史学家内藤湖南在上个世纪初提出了著名的“唐宋变革说”，他指出“唐和宋在文化的性质上有显著的差异：唐代是中世的结束，而宋代则是近世的开始，期间包括了唐末至五代一段过渡期”[18]。五代是唐宋变革的重要时期，经过这一时期，中古的士族社会逐渐过渡到近世的平民社会。五代时期，传统的士族衰落，官吏中由军人或平民出身者比例增多，社会流动性得到增强。“一个人仕宦若干朝代，并不意味着其子孙必然亦可世代官宦，这就是五代与魏晋南北朝之间最大的差别。”[19]张奉林出身平民，以军功入仕，虽因明宗兵变而导致仕途曲折，政治失意，仍然做到中层官吏，但其地位也仅止于一身，其后代可能没有什么值得夸耀的职位。从墓葬形制和随葬品看，他的墓使用了小型的土洞墓，除了墓志外，仅随葬陶罐、陶器盖、瓷盏各一，可见家境一般。但也许正因为如此，他才能以六十八岁高龄平安寿终。张奉林的身世，恰恰为五代时期的政治与社会做了一个注脚。

注释：

[1] 洛阳市文物考古研究院：《河南洛阳市苗北村五代、宋金墓葬发掘简报》，《考古》2013年第4期。
[2] 薛居正等：《旧五代史》卷三十二《唐书·庄宗纪》，中华书局1976年，第443页。
[3]《旧五代史》卷五十一《唐书·宗室列传》，第692—693页。
[4] 欧阳修：《新五代史》卷十五《唐太祖家人传》，中华书局1974年，第161页。
[5] 杜文玉：《五代十国制度研究》，人民出版社2006年，第395页。
[6] 司马光编著、胡三省注：《资治通鉴》卷二百七十四《后唐纪三》"明宗天成元年"条，中华书局1956年，第8969页。
[7]《资治通鉴》卷二百六十九《后梁纪四》"均王贞明元年"条，第8786页。
[8]《旧五代史》卷二十八《唐书·庄宗纪》，第385页。
[9]《新五代史》卷十四《唐太祖家人传》，第145页。
[10]《资治通鉴》卷二百七十四《后唐纪三》"明宗天成元年"条，第8972页。
[11]《资治通鉴》卷二百七十四《后唐纪三》"明宗天成元年"条，第8975页。
[12]《新五代史》卷六十《职方考第三》，第714页。
[13] 谭其骧：《中国历史地图集·第五册》，中国地图出版社1996年，第82—83页。
[14]《资治通鉴》卷二百六十九《后梁纪四》"均王贞明二年"条，第8805页。
[15]《中国历史地图集·第五册》，第85页。
[16]《新五代史》卷六十《职方考第三》，第724页。
[17]《资治通鉴》卷二百七十五《后唐纪》"明宗天成元年"条，第8976页。
[18]［日］内藤湖南著、黄约瑟译：《概括的唐宋时代观》，载刘俊文主编：《日本学者研究中国史论著选译·第一卷》，中华书局1992年，第10页。
[19] 毛汉光：《五代之政治延续与政权转移》，载《中国中古政治史论》，上海书店出版社2002年，第438页。

明代首任南宁伯毛胜暨夫人白氏合葬墓志略识

邵　磊（南京市博物馆）

内容摘要：在明代武勋功臣世家中，南宁伯毛胜家族以其游离于开国功臣与靖难功臣两大群体之外，兼以异族达官出身，颇为引人注目。毛胜夫妇墓志在南京的出土，对于校证《明史》及其他传世文献中记载的毛胜家世谱系与家族史事，检讨哀诔文普遍存在的隐恶扬善的局限性以及庶出子弟承继宗嗣后往往肆意更改家族伦序的真相，提供了契机。

关键词：明代　毛胜　南宁侯　墓志

有明一朝，在开国功臣与靖难功臣之外，复能以军功授以勋爵者，为数寥寥，振起于正统、景泰年间的毛胜，堪称是其中尤为突出的一位。

毛胜，字用钦，初名福寿。宣德六年（1431）七月，以父、兄荫授都指挥使，九年（1434）随驾巡北征哨。正统八年（1443）九月，以两度从征麓川，累升左军都督同知。正统十四年（1449）夏，奉敕宣府操备，值明英宗所率明京军劲甲精骑遭际“土木之变”，毛胜却因生擒鞑贼雪不丁等二人及夺回掳去男妇人口、牛马、军器等，而为武清伯石亨举荐，进左都督。十月，也先逼京师，毛胜数引兵于宣武、彰义等门御敌，并追杀至紫荆、倒马诸关。十一月，奉敕以左副总兵往征湖广、贵州诸洞蛮，生擒其首领韦同烈、记哥等，押解至京师斩决。景泰四年（1453）春，将兵诣金沙江，械麓川祸首思任发之子思机发至京师。次年（1454）冬，金齿、芒市长官刀放革潜结麓川余党思卜发谋叛，毛胜率精兵突至腾冲而擒之，馀党四散。自是，西南帖然无警。毛胜于景泰年间封南宁伯，食禄一千石，子孙世袭伯爵。天顺二年（1458）八月十四日卒，享年五十八岁。讣闻，英宗辍视朝一日，遣官致祭，其长子毛荣与诸弟从金齿扶榇至南京，归葬南郊安德门外静明山高家库之原[1]。次年，英宗念其劳绩，仍追封毛胜为南宁侯。

值得一提的是，位于南京南郊韩府山麓静明寺旧址附近的毛胜及其家族成员的这处祖茔，在明清以来的南京地方志却鲜有记载，偶有所及亦不免流于疏简，如江宁知府于成龙纂修的《康熙江宁府志》所述之“南宁伯墓在安德门外”，其下小字注“伯姓毛名”，竟至漏书毛胜的名讳[2]。朱偰先生于 20 世纪 30 年代所著的《金陵古迹图考》与《金陵古迹名胜影集》二书，谓为：“南宁侯毛元墓，在中华门外岩山静明寺前，有碑一，在道左。墓南向，前为石马、石虎、石羊各一对，后为石坊，再后为石人，仅馀武将一。”则将墓主毛胜误作“毛元”[3]，不过朱偰先生对于毛胜墓及其神道石刻配置的文字描述，尤其《金陵古迹名胜影集》存录的一帧毛胜墓照片[4]，仍然是关于毛胜墓极为可贵的客观著录，其重要性几乎无可替代，因为南宁伯毛胜家族的南京祖茔大致在二十世纪五十年代后即因大规模的农田基本建设而被毁坏得面目全非，曾为朱偰先生著录过的神道石刻除了一对石羊被南京市博物馆征集入藏外[5]，馀皆毁佚无存，至于毛胜本人及其曾孙、嗣南宁伯毛良的墓葬封土下的墓室玄宫，也相继被盗扰，墓中的随葬品皆散佚流失，惟墓志侥幸保存下来。其中，毛良夫妇墓志出土后旋即为南京市博物馆征集入藏，其文献价值已得到了初步揭示[6]，而毛胜暨夫人白氏合葬墓志出土后却遭附近村民私藏，直至 2000 年因动迁征地始由南京雨花台区的文物工作者重新调查发现，并镶嵌展示于南京邓府山石刻园的碑廊。

图一 毛胜暨夫人白氏合葬墓志志盖

一 墓志录文

毛胜暨夫人白氏合葬墓志为汉白玉质，表面略有风化，边长约78.5—79厘米，厚11厘米，志盖篆题“明故南宁伯追封南宁侯谥庄毅毛公夫人白氏合葬墓志铭”5行24字，志文共44行、满行44字，志盖篆题与志文四周均雕饰如意流云纹（图一）。毛胜暨夫人白氏合葬墓志的志文内容亦见有学者进行整理，整理文字对于除了刻工王敬之外的墓志题名部分的内容如撰者吕原、书者赵昂、篆盖者赵荣三人都做了详尽的考察[7]，但可能所据拓本清晰程度不够高的缘故，墓志录文固不无疏漏，相关的认识与见解诸如毛胜先世的谱系问题上，可能也存在误会之处[8]。故今不避琐细，复据洗石精拓迻录志文如次[9]，并揭诸传世文献，对毛胜夫妇合葬墓志再作探讨，借以充分展示其所蕴含的史料价值。

明故南宁伯追封南宁侯谥庄毅毛公夫人白氏合葬墓志铭/

赐进士及第翰林院学士奉政大夫知制诰前右春坊大学士嘉兴吕原撰/

赐进士出身奉政大夫通政使司右参议前翰林国史编修广阳赵昂书/

资善大夫工部尚书兼大理寺卿前中书舍人直文渊阁三山赵荣篆/

天顺戊寅八月十四日，奉天翊卫宣力武臣特进荣禄大夫柱国南宁伯毛公终于云南之金齿。讣闻，/上悼叹，辍视朝，遣官谕祭、营坟，/敕所司给传返其柩。子荣护柩至南京，遵治命，以明年葬江宁县安德静明山高家库之原。又明年，/上念其劳绩，追封为侯，谥曰“庄毅”。而公之配白夫人已先卒于正统己巳七月二十一日，适公有事疆场，乃权厝于/北京旧垅，至是，荣将舁母柩，往祔于公，奉通政司参议赵君昂所为状来乞铭。按，公讳胜，字用钦，姓毛氏，世为/幽蓟贵族，仕于元，曾祖教化，封冀宁王。王有二子，长蛮子，顺帝时太尉，于公为伯祖，次别卜花，文宗时右丞相，/公之祖也。丞相二子，长那海，次安泰，皆仕国朝。那海从/太宗靖难，累官都指挥同知，卒，敕葬南京凤台门外，于公为伯父。以无嗣，安泰袭授指挥使，即公之父也，母郑氏。/以公贵，曾祖、祖及父并追封南宁伯，曾祖母、祖母、母并追封伯夫人。公性刚毅，资貌英伟，喜愠不形于色，幼已/负大人志，稍长，喜观书史，谙当代典故，尤留心韬钤，善于骑射，一时能者咸出其下，且内笃孝谨，尊贤爱士，一/本于诚心。宣德辛亥，以门功袭升锦衣卫都指挥使，/宣宗甚宠赉之。正统辛酉，麓川夷思任发叛，/上命大将暨公往讨，公至上江，督造舟舰，济江引游兵，深入击贼，射中其象及其渠魁，又败其伏卒，乘胜至沙木陇，/直抵麓川诸大砦，捣其巢穴，一日三捷，有若神助，督兵总帅咸惊异之。师还，荣勋升左军都督府都督佥事。岁/壬戌，充右参将，再讨麓川，余寇至，则出奇应变，躬冒矢石，击贼，大破之，捷闻，/朝廷嘉其功，升都督同知。事竣还京。己巳，北鄙有警，命公提兵趋大同，猝遇贼武定桥，公与战，擒其贼首赴军门/禡旗。复于长城外白塔边击败余贼，邀还被掠人畜，以功再升左都督。是岁初冬，贼犯京城，公御于西直门，及/追击于紫荆、倒马等关，皆有功，荷金帛之赉。无几，湖广、贵州苗叛，遂简命公充左副总兵往讨之。公至，殚心竭/力，亲率兵攻破其营砦，擒斩以千数计。景泰辛未，重安江苗贼又叛，总兵诸公惮其众，公独整骑先出，发一矢，/殪其酋，余贼尽溃，时香炉山诸砦党贼亦望风披靡，生擒其伪王韦同烈、记哥等，槛送京师，西南诸部遂平。岁/壬申，敕公镇守金齿、腾冲等处，寻录其前绩，进封南宁伯，锡之诰券，以其爵追贲三代，及赠封妻室。癸酉春，/公引兵抵金沙江，接获贼子思机发，送京师。甲戌冬，余寇刀放革将作乱，公不劳兵力，先几执之，余党奔散，自/是，一方帖然无事。公在金齿，廉以饬躬，智以酬物，仁以抚其穷，信以革其诈，申号令明，赏罚威行，惠流诸夷，素/梗化者莫不怀畏而归服焉。公生于洪武辛巳四月十日，卒年五十有八。夫人姓白氏，讳通，世家永平。祖仕洪/武中，累官都指挥。父顺，嗣其官，母胡氏，有淑德。夫人天性柔婉，勤于女红，在室事父母孝甚，笄年择所归，以配/南宁公。公奕世甲族，而夫人入门克执妇道，左右承事舅姑，凡词气容色之间，寒燠饥饱之节，皆体察而顺适/之。接内外亲族，咸以礼待，媵妾无所忌，而遇婢仆皆有恩。闺门之间，规仪整肃，一时名家称内助之贤者，率以/夫人为先。盖南宁公将兵征讨，南涉炎荒，北历沙漠，前后数十余年，家之供祭祀、训子孙，酬应纭纷，惟夫人是/赖，故公在外得以建功立节，而无内顾之忧。夫人平居，严于自检，虽贵而不骄，虽富而不侈，宗族称其贤者，略/无闲言。夫人生于永乐乙酉二月十一日，卒年四十有五，先于公者九年。公之子男五，长即荣，夫人所出，今袭/封南宁伯；次伦，继室夫人姜氏所出，今任锦衣指挥使；次出朱氏，曰俊；次出马氏，曰杰；次出詹氏，曰伟。女二，长/适都指挥沈英，次适丰城侯李勇。孙男二，曰文、曰政；孙女二。呜呼！南宁公既克绍烈，又自奋庸，以显于时，而夫/人又贤淑，以相其家，宜乎，均被哀荣之典，足以光前而裕后也。铭曰：/幽蓟起家，厥族惟大。为王为公，显于往代。/皇明受命，率土来同。乘时附翼，靖难多功。有伟南宁，席宠承烈。奋其勇谋，武弁称杰。提兵敌忾，志扫妖氛。义旗所向，/克建殊勋。/天子曰：嘻！是诚堪倚。高爵畴封，节镇金齿。惠威久播，星殒辕门。归安窀穸，荐荷加/恩。亦有室人，柔以内助。勤俭肥家，闻仪茂著。生弗偕老，没则同藏。江宁之邑，安德其乡。静明峨峨，幽堂宛宛。刻我/铭词，用示悠远。/

历阳王敬镌/

二　志文检见疏误

以常理度，出土墓志所载传主事行，自当以时近迹真而最可置信，但也不是完全没有例外，细检毛胜暨夫人白氏墓志志文，至少可见两处较为明显的疏误。其一，是关于毛胜创建南宁伯世家之前的谱系。据《明史》本传，毛胜先世世次为：祖父元右丞相伯卜花—伯父都指挥同知那海—父羽林指挥使安太—兄济—毛胜。而《毛胜神道碑》作：曾祖畿宁王教化—祖父元中书右丞相拜布哈—父昭勇将军指挥使安泰—毛胜。毛胜暨夫人白氏合葬墓志作：曾祖元冀宁王教化—祖父元右丞相别卜花—伯父都指挥同知那海—父指挥使安泰—毛胜。以上三说中，除了彼此在汉语转译上的细微差别外，《毛胜神道碑》与墓志的记载最为接近，它们不仅共同搬出了更为久远且贵为王爵的曾祖教化来为家族血统增色，而且不约而同地抹去了毛胜的父亲与毛胜之间客观存在的一环、即见录于《明史》本传的“兄济”。如果依照惯例，很可能会以出土墓志未见载“传子济”，因而质疑《明史》本传中的相关记载。但实际情形却并非如此，因为就在《明史》本传所载“（毛）胜父安太嗣为羽林指挥使，传子济，无子，（毛）胜嗣”之后，续有“论（兄）济征北功，进（毛胜）都指挥使”云云，《明英宗实录》卷二百九十四亦谓：“南宁伯毛胜……初名福寿。永乐间，兄济为指挥使，有军功未升而卒。（毛）胜袭，升都指挥使。”对于毛胜承袭其兄毛济之职，皆言之凿凿。《明功臣袭封底薄》对此一传袭过程更有极为详尽的记载，谓毛安泰于“永乐九年病故。男毛济承袭，十二年，随驾迤北，征进九龙口沙湖，镇守有功，回还。二十一年病故，无嗣，亲弟毛福寿宣德六年七月内奏。奉钦依准袭都指挥使。”[10]由此可见，毛胜奏袭其兄毛济之职，毋庸置疑。至于墓志隐略毛济其人，可能还是出于通过掩盖其家族伦序的真相，进而突出毛胜及其子毛荣在家族血亲中无可争议的嫡传而已。作为这一方面更为极端的例子，《毛胜神道碑》竟连毛济乃至毛胜家族入明后最初博取功名的族长——毛胜的伯父毛那海，竟也都只字不提。

其二，是关于毛胜进封南宁伯的具体时间。毛胜暨夫人白氏合葬墓志云：“岁壬申，敕公镇守金齿、腾冲等处，寻录其前绩，进封南宁伯，锡之诰券，以其爵追贲三代，及赠封妻室。癸酉春，公引兵抵金沙江，接获贼子思机发，送京师。”将毛胜晋爵南宁伯及至追贲三代、封妻荫子皆系于景泰三年(1452)，《毛胜神道碑》所述与之相同。但《明史·功臣世表三》却明载：“南宁伯毛胜，景泰五年封，世袭，镇金齿。”[11]《明英宗实录》亦谓：景泰五年（1454）六月丙戌，“给赐镇守金齿、腾冲南宁伯毛福寿诰券，并封其三代及妻。从福寿请也。”[12]是皆谓毛胜于景泰五年（1454）乃得授南宁伯。那么，毛胜暨夫人白氏合葬墓志与《毛胜神道碑》何以将此事上推至景泰三年呢？及见《明功臣袭封底薄》，始知“景泰三年十二月该兵部论功奏（毛胜）升南宁伯，食禄一千石。前往贯屯、金沙，擒获贼子思机发解京。景泰五年六月初五日封奉天翊卫宣力武臣特进荣禄大夫柱国南宁伯，食禄如旧，本身免一死，子孙世袭伯爵。有诰券。改名毛胜。奉敕镇守金齿等处。”[13]可知，兵部虽于景泰三年十二月始论功奏毛胜升南宁伯，但直至景泰五年六月初五日，毛胜才得到封赐诰券，是故神道碑与墓志所述皆不确。

毛胜的行历与战功，在志文中占据了相当大的篇幅，然多已见载《明英宗实录》与《毛胜神道碑》。间有战法详备周密且人物形象生动之叙述，如初征麓川，谓“公至上江，督造舟舰济江，引游兵深入击贼，射中其象及其渠魁。又败其伏卒，乘胜至沙木陇，直抵麓川诸大砦，捣其巢穴，一日三捷，有若神助，督兵总帅咸惊异之。”固有补于毛胜事传，却不免矜夸之嫌。最可玩味的是，“土木之变”前夕，毛胜偕平乡伯陈怀等率京军三万往镇大同，与入寇的瓦剌部众一触即溃，主将陈怀战死，毛胜侥幸脱还[14]。但在毛胜暨夫人白氏合葬墓志中，此役却被描述为“己巳，北鄙有警，命公提兵趋大同，猝遇贼武定桥，公与战，擒其贼首赴军门禡旗。复于长城外白塔边击败余贼，邀还被掠人畜”[15]，完全忽略了此役失利、主将战死的大背景，而是着意刻画了毛胜的匹夫之勇。凡此，也都是在阅读、使用该篇志文时应加以审慎鉴别的。

三　志文对史料之补正

尽管有上述误书，但毛胜暨夫人白氏合葬墓志在补证南宁伯家世方面仍有其不可替代的史料价值，今从毛胜本人与其家人两个方面略述之。

据《毛胜神道碑》与《明英宗实录》所载，毛胜卒于天顺二年（1458）八月十四日，享年五十八岁，唯不知其出生年月。今据墓志，可知毛胜生于建文三年（1401）四月十日，时年，其父安泰尚未告袭羽林前卫指挥使，至于其伯父毛那海，犹在“靖难”之役中戮力于夹河、篙城诸役，并以军功升都指挥佥事。

毛胜的谥号，《明史》诸书皆谓“谥庄毅”，惟傅维鳞《明书》作“谥忠壮”，清人王颂蔚《明史考证捃逸》虽已条列而出[16]，然殊未知其源出于《明功臣袭封底薄》[17]。今则墓志亦谓毛胜“谥曰庄毅"，足证《明功臣袭封底薄》与傅维鳞《明书》作"谥忠壮"皆误。

毛胜的妻室与子孙，据《毛胜神道碑》有"配白氏、继姜氏，皆封伯夫人。生男曰荣，嗣伯爵；曰伦，锦衣卫指挥使。女适都指挥佥事沈英。其次男三：曰俊、曰杰、曰信；女一。俱侧室出也。孙男二；女一。"所述不可谓不详，但较墓志犹有未足，且略有出入。如墓志谓毛胜幼子"曰伟"，《毛胜神道碑》则"曰信"，或为误书，当以墓志原石为正。至于墓志可资补益《毛胜神道碑》者，就比较多了。如毛胜妻室，除了《毛胜神道碑》所云皆封南宁伯夫人的正室夫人白氏与继室夫人姜氏外，据墓志尚可补入朱氏、马氏、詹氏三位侧室夫人；又，毛胜子女及其各自所出，《毛胜神道碑》俱无明载，据墓志可知长子毛荣系白氏出，次子毛伦系姜氏出，其余毛俊、毛杰、毛伟三子分别为朱氏、马氏、詹氏所出。此外，毛胜次女亦当为朱氏、马氏、詹氏三位侧室夫人中之某一人所出。又，毛胜次女之婚娉，《毛胜神道碑》亦失载，今据墓志所载，知其次女以侧室所出，犹得适永乐朝封爵的丰城侯李贤世家的第三任族长李勇，从一个侧面见证了南宁伯世家在景泰年间异军突起的煊赫地位。《毛胜神道碑》述及毛胜孙辈仅云有"孙男二、女一"，这其中，想必是包括毛荣之子、嗣南宁伯毛文的了，然据墓志可知，毛胜卒葬之际，业已有孙男孙女各二，其长孙即毛文，次孙讳"政"。凡此，皆可补益史载。

作为毛胜与其正室夫人白氏的合葬墓志，志文中关于白氏的一些基本材料如白氏的名讳、家世、生卒年乃至卒后权厝北京旧垅并最终归祔南京毛胜墓之诸种事行，对于丰富南宁伯世家的源流沿革而言，亦可谓较有价值的史料。

注释：

[1] 文中所述毛胜事行，参见 a.（清）张廷玉等撰：《明史》卷一百五十六《毛胜传》，中华书局 1974 年，第 4277、4278 页；b.《明英宗实录》卷二百九十四，台湾中央研究院历史语言研究所 1962 年，第 6277 页；c.（明）李贤撰、程敏政编：《古穰集》卷十一《奉天翊卫宣力武臣特进荣禄大夫柱国南宁伯追封南宁侯谥庄毅毛公（胜）神道碑铭》，景印文渊阁《四库全书》集部一百八十三、别集类五，台北商务印书馆 1986 年，第 1244 册，第 596、597 页。

[2] 于成龙：《康熙江宁府志》卷二十五《陵墓》，南京出版社据中国国家图书馆藏清康熙二十二年（1683）精抄本影印，2011 年，第 534 页。

[3] 朱偰：《金陵古迹图考》第十章《明代之遗迹·初明功臣诸墓》，中华书局 2006 年，第 186 页。

[4] 朱偰：《金陵古迹名胜影集》，中华书局 2006 年，第 91 页。值得一提的是，从《金陵古迹名胜影集》一书中的"明南宁侯毛元（胜）墓"摄影照片来看，说明文字中所谓"在道左"的龟趺神道碑，已经严重偏离了毛胜墓神道，与毛胜墓神道其他诸石刻相距甚远，甚至也不像明岐阳王李文忠墓神道碑那样位于更靠近神道的起点处。由此看来，这一通石碑未必一定是《古穰集》存录的由李贤撰造的毛胜神道碑。

[5] 明南宁侯毛胜墓神道两侧的石羊，大致于 2003 年前后为南京市博物馆征集部征集入藏，具体经手人为董建平与范守荣先生。两件石羊现陈列于南京市博物馆"龙蟠虎踞"南京通史展览中。

[6] 邵磊：《明代南宁伯毛良夫妇墓志考释》，《苏州文博论丛》总第 4 辑，文物出版社 2013 年，第 39—48 页。

[7] 除了毛胜夫妇合葬墓志外，明天顺四年（1460）的《惠明寺碑》亦为历阳刻工王敬所刊，详见北京图书馆善本部金石组编《北京图书馆藏中国历代石刻拓本汇编》第 52 册，中州古籍出版社 1989 年，第 25、26 页。

[8] 贺云翱：《明故南宁伯追封南宁侯谥庄毅毛公夫人白氏合葬墓志铭考略》（以下简称《考略》），《华夏考古》2002 年第 4 期，第 97—101 页。《考略》所录毛胜夫妇合葬墓志志文中，第 8 行"公之配白夫人"误作"公元配白夫人"；第 15 行"（毛胜）以门功袭升锦衣卫都指挥使"脱"升"字；第 24 行"贼亦望风披靡"误作"贼也望风披靡"；第 26 行"公引兵抵金沙江"误作"公引兵扣金沙江"；

第 27 行“信以革其诈”误作“信以革其祚”；第 30 行“而夫人入门克执妇道，左右承事舅姑，凡词气容色之间……”，误作“而夫人入门克执夫道，左右承事舅姑儿，词气容色之间……”；第 32 行“南涉炎荒”误作“南沙炎荒”。

［9］毛胜暨夫人白氏合葬墓志的清洗与锤拓，承南京市博物馆考古部雷雨先生完成，并得到南京雨花台区文化局部建胜先生的支持，在此谨致谢忱。

［10］明史部清吏司：《明功臣袭封底薄》第三卷《南宁伯毛福（寿）》，台湾学生书局影印台北“国立中央图书馆”藏明嘉靖二十六年（1547）朱格抄本，1970 年，第 558 页。

［11］《明史》卷一百零七《功臣世表三》，第 3227、3228 页。

［12］《明英宗实录》卷二百四十二，第 5267 页。

［13］《明功臣袭封底薄》第三卷《南宁伯毛福（寿）》，第 559 页。

［14］《明史》卷一百五十六《毛胜传》，第 4277 页。

［15］在李贤《奉天翊卫宣力武臣特进荣禄大夫柱国南宁伯追封南宁侯谥庄毅毛公（胜）神道碑铭》中，也见有与墓志相近似的对毛胜的谀颂之辞。

［16］王颂蔚：《明史考证捃逸》，台湾学生书局 1968 年，第 123 页。

［17］《明功臣袭封底薄》第三卷《南宁伯毛福（寿）》，第 560 页。

苏州博物馆藏文房清供考识

——读《文房雅玩》札记

蔡鑫泉（上海市新学科学会）

内容摘要：本文对《文房雅玩》介绍的汪鸿渐桑林里制墨作了较为详细的鉴赏，对汪节庵制宋荦《黄海群芳图墨》、御制咏墨诗集锦墨等作了进一步的鉴赏，对方于鲁夔龙纹墨作了较为详细的评析，对曹素功的名讳与表字、自制墨、御制墨、图示等含糊的说法作了简要阐述，对几件文房清供的释文给出了补充意见，并做了简略说明与查考。

关键词：徽墨　《文房雅玩》　鉴赏　评析　补说

自古以来，苏州就是经济发达人文荟萃之地，是文房雅玩类文物收藏重镇。苏州博物馆文房雅玩类文物收藏丰富。苏州博物馆编《文房雅玩》，集中介绍苏州博物馆收藏的文房雅玩类文物精品，使人大饱眼福[1]。

《文房雅玩》印刷精美，装帧典雅，着实惹人喜欢。是书还对选登的物品作了介绍。部分说明略为简单，叫人感到意犹未尽；个别的还存在含糊不清、可作商榷之处。其中有些比较直白，有些需要略费笔墨甚至作一番考证。

1.《文房四谱》的作者大学士苏士简（第7页）。

《文房四谱》的作者当为"苏易简"。

2. 眼碧炑香烟（第32页）。

"炑"为"秋"的异体字，当写为"秋"。例如青花圆瓷砚铭文中的"辛亥炑"即释读为"辛亥秋"。"烟"的原文为"裡"，为"里"的繁体字"裏"的异体字。此句当为"眼碧秋香里"。有原图为证。

3. 觉圆珍玩（第36页）。

当为"觉园珍玩"，有原图为证（图一）。

图一　"觉园珍玩"

陈国治，安徽祁门人，清道光、咸丰间景德镇著名雕瓷艺人。善于在瓷板上雕刻花卉，深浅适度，富有画意。还将瓷雕与釉色相结合，仿竹木、象牙器，无不神形具备。曾有陈国治精雕细刻的仿漆器，釉色极似髹漆。传世陈国治制作的雕瓷器凤毛麟角，伪器倒是很多。

4. 方于鲁夔龙尊墨（第72页，图二）。

长方形，有边框。墨面半浮雕夔龙纹古尊一只，尊上阳文隶书"夔龙尊"，左下角阳文楷书"画一墨"。墨背阳文行草："离合作方于鲁墨诗　玄房窈窕，出户当楹。法黼画一，华颠复丁。鲰生奚取，胜月生明。嘿幻尚口，率土来庭。万历甲申夏五南州朱多炷赠。墨顶阳书

“妙品”。何澄子女捐赠。

图二　方于鲁夔龙尊墨

所谓的“夔龙尊墨”似曾相识。《方氏墨谱》有夔龙尊图（图三），夔龙尊墨一面的夔龙纹尊与之完全一致[2]。《方氏墨谱》有离合诗图（图四），夔龙尊墨一面的“离合作方于鲁墨诗”与之完全一致[3]。可见，夔龙尊墨乃掇取《方氏墨谱》夔龙尊图、离合诗图的主题纹饰撮合而成。

《方氏墨谱》采用了按墨品珍贵程度的分类方法。汪伯玉为此解释云：“君主日御东观，亲子墨客卿。草莽之臣，何繇特达？惟是体征瑞应，窃以摹治理而咏太平，国宝尚矣。论思献纳，决策摛藻，经纬章相，润色帝业，故次国华。过人与稽，后世为楷，多文为富，物亦宜然，故博古次之，博物又次之。九流百家，道术裂矣。二氏游方之外，业擅缁玄。要以无相持无名，斯其参两。缁则太莫，玄则太玄。即不相谋，何以废也。或曰法宝，或曰鸿宝。”[4]图示夔龙尊为商代早期祭祀重器，“经纬章相”，归属国华当之无愧，一面的铭文已经表明了这一点。离合诗为诗友间的唱和赠与，以它制成的墨，“多文为富，物亦宜然”，充其量为同好间的雅玩之物，归属博物十分贴切。汪仲淹《墨书》：“故烟有三剂。上剂是为九玄三极之剂，中剂是为非烟之剂，扫而别置之者是为太紫重玄之剂。”[5]铭文“太紫重玄”说明使用的是三等烟料，与博物相适应。国华与博物之间隔了博古，宝贵程度不可相提并论。将所谓的方于鲁夔龙尊墨称之为生硬拼凑，似不为过。

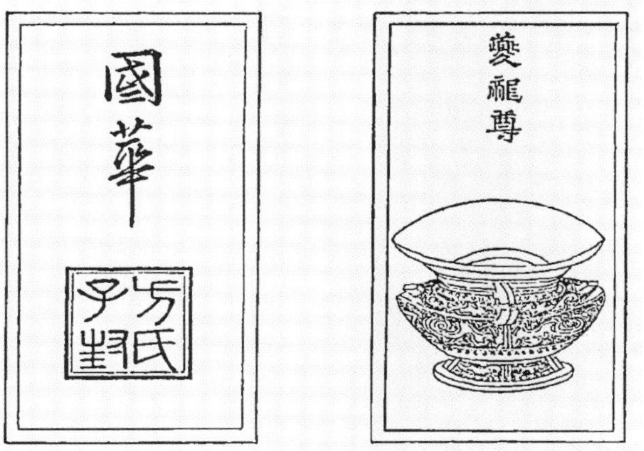

图三　《方氏墨谱》夔龙尊图

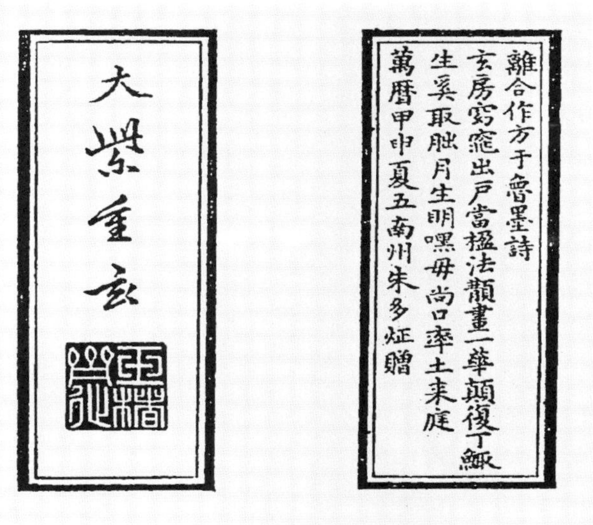

图四　《方氏墨谱》离合诗图

墨锭装饰书画与传统书画同源，区别仅在于载体不同。传统书画载体是纸帛，从空间观念上说是一个平面。传统绘画作品主体是图画，序跋、题铭是辅助部分，两者内容协调一致，浑然一体。墨锭上的装饰书画也应该如此。墨是立体物件，布置图案、铭款以面为单位。空间上的间隔，不能成为铭款内容与绘画脱节的理由。离合诗的内容与夔龙尊图毫不相干。

方于鲁非常重视墨谱的作用。方字《书墨谱后》："然则何贵于谱之也？山人之墨不胜于好事者之求，是因耆者不概见，见者不多获，获者不历试。匪试则饰貌者欺，而燕石宝矣。诡者攘而走四方，郭名盖乎向矣。墨有中上驷，或时见一斑而妄求多于下乘，寸木逾岑楼矣。谱出，见者昭然若发朦，庸讵唯是以杓之人哉。君子考之，以资多识，以类万物，以通神明，其益无方矣。"[6]汪伯玉《方于鲁墨谱引》："谱也者，有不谱也。是故以耳视者惛，以目视者哲，以心视者神。闻声而雷同，耳视也；按图而索骥，目视也；观其象以求其真，心视也。好玄者苟得其真，隋和具在彼。其鱼也鼠也，其玄尚白也，焉能为有亡？"[7]所谓"方于鲁夔龙尊墨"者，为《方氏墨谱》所"不谱也"。

潘之恒《受光室画一墨序并铭》："盖《淮南子》之言云，夫受广者见博，受纤者见陋。故隙暗于牖，牖暗于户。纤、广、博、陋形矣，又况宇宙为光者乎？建元举以名室何居？志墨也。墨何志？志画一也。夫万色归于玄，万言归于墨，万涂归于一。天之苍，海之冥，道之玄，其正色耶，其无所不受耶，其递相为光耶。故不光则象不昭，不一则法不备。建元之为室，以一守墨，以墨守玄，乃道，乃天。"[8]方于鲁以"画一墨"作款识，可谓意味深长，也颇为慎重。《方氏墨谱》中，"画一墨、方于鲁制（造）"常常组合使用，单独署"画一墨"、"方于鲁制（造）"的很少见到，传世墨品更少见。有时《方氏墨谱》中不署款或仅署"方于鲁制（造）"，传世墨品增扩为"画一墨、方于鲁制（造）"。方于鲁以此作为一种防伪手段。例如鱼在在藻图无款，鱼在在藻墨款"画一墨、方于鲁制"；文彩双鸳鸯图款"大玄氏、方于鲁印、方建元父"三印，文彩双鸳鸯墨款"画一墨、方于鲁制"[9]；摽有梅图无款，摽有梅墨款"方于鲁画一墨"[10]；方壶图无款，方壶墨款"画一墨、方于鲁制"[11]；黄金台图无款，黄金台墨款"画一墨"，钤印"方于鲁印"[12]。此墨单独署款"画一墨"，是为可疑。

所谓的方于鲁夔龙尊墨，铭文与图画不匹配，署款有违惯例，不可能是方于鲁所制，而是利用散落模具凑合而成，当然制作年代也不可能是明万历时期。很可能材质优良，仍有一定研究收藏价值，但历史人文价值大受影响。《序》中所称方于鲁"等名家制墨……皆为当时之精品，传世之名作"（第9页）的评语也因此不实，留下一点缺憾。有报道称，方于鲁夔龙尊墨已经被评为国家一级文物[13]。我们对此墨的一些疑惑，更值得认真思量。

5. 汪鸿渐桑林里制墨（第74页，图五）。

明万历（1573—1619年）

长8.5厘米，宽2.3厘米，厚1厘米。

长方形。通体漱金，浮雕双盘龙纹。两侧阳文楷书"桑林里制"、"季子鸿渐墨"。此墨雕刻精致入微，龙身鳞片均细心刻出，十分精美。何澄子女捐赠。

汪鸿渐，字仪卿，明代休宁派的后起者，署名又玄室。首创琴式墨，为休宁墨工所仿效。其墨传世较多，质色俱佳，被后世藏墨家所珍重。

明麻三衡《墨志》载汪鸿渐，入清后多记为吴鸿渐。纵观有关鸿渐的文献资料，以及他的传世墨品，鸿渐姓吴应更接近历史真实。此墨可称为吴鸿渐漱金双盘龙纹墨，或双盘龙纹墨。双盘龙纹墨为吴鸿渐早期制墨，制作的年代应为万历中期。这时吴鸿渐还未脱离桑林里。讲得全面一点，双盘龙纹墨创作单位、所有权人桑林里；制作人吴鸿渐，当时取名"汪鸿渐"[14]。

6. 曹素功，原名圣臣，号素功，安徽歙县岩寺镇人，斋号艺粟斋（第76页）。

查《曹氏墨林·自序》，署款"曹圣臣素功氏"，后有三枚印款，印文依次为"素功、曹圣臣印、昌言"（图六）[15]。高士奇《曹氏墨林·艺粟斋墨歌》："歙州曹氏字素功，独居艺林追往昔"[16]。《曹氏家谱》："讳圣臣，字昌言，号素功，原名孺昌。"[17]可见，曹素功名圣臣，字素功，号昌言，原名孺昌[18]。

7. 垂以千秋，用光宝石（第80页）。

图五 汪鸿渐桑林里制墨

当为“用光石室”。高士奇为曹素功千秋光墨赞曰：“古者诸侯，三圭两璧。今我墨松，其制则一。分为五等，子男同制。开匮视之，璨然重器。垂以千秋，用光石室。”[19]

8. 云崖八宝龙香剂，刻“重二钱五两”（第84页）。

“两”为“分”，有原图为证。

9. 冰竹（第84页）。

当为“冰片”。

10. 敦本堂主人藏墨（第98页）。

此墨是自制墨，为馈赠之用。

墨背阳文行书：“岁在甲寅，客海阳，敦请名手邵文瑞主人仿古制此烟。取其顶胶，取真清槌，取其多式，取其朴其工，资与朱提之轻重相埒，用以自娱，并以赠风雅君子。乌程凌大寒寒竹父。”

此段文字颇为费解。制墨的烟料质量有高下之分，最优者称为“顶烟”。方瑞生以为“墨以清远为第一”；用胶最主要在于纯净、清澈。《古墨法》：烟细胶新，杵熟烝匀。色不染手，光可射人。可见应该是“烟取其顶”。结合制墨工艺，铭文标点断句或

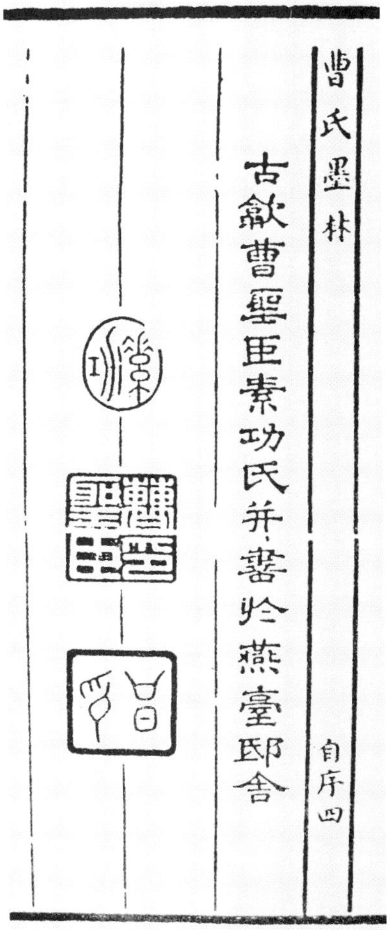
曹氏墨林

古歙曹聖臣素功氏并書於燕臺邸舍

自序四

图六 《曹氏墨林·自序》印款

可调整为：

岁在甲寅，客海阳，敦请名手邵文瑞主人仿古制此。烟取其顶，胶取其清。槌取其多，式取其朴。其工资与朱提之轻重相埒。用以自娱，并以赠风雅之君子。乌程凌大寒寒竹父。

“自制墨”之谓与铭文实不相符，而是套用了长期来“文人自制墨”的说法。与空乏的“自制墨”之谓相比，文物的铭文更值得尊重。

长期来，古墨鉴赏界有“文人自制墨”一说。此说既出，歧义顿生，偏差不断。郑欣淼先生提出“文人订制墨”，是“文人自制墨”最好不过的替代方案[20]。

11. 御制春华秋实墨（第100页，图七）。

此墨一面镌刻“春华秋实”，上端横刻“御墨”，表明是一锭御墨。木匣刻曰“清乾隆御制墨，二濂书屋藏”：好端端的“御墨”，成了“御制墨”，最后成了“御制春华秋实墨”。两次经过上帝之手，“春华秋实御墨”堂而皇之地成了“御制春华秋实墨”。二濂书屋主人好不矜持，编撰先生者略显粗疏。这并不是唯一的例子，例如有虞十二章御墨写成了“御制虞十二章墨”（第101页）。

“御制墨”之谓不妥。所谓“御制”意为皇帝亲为。皇帝可以写诗、赋文、作画，所以有御制诗、御制文、御笔画等。制墨的工艺十分繁杂、漫长，而且环境恶劣，制墨的人员个个是衣裳漆黑手如龟，实在不是皇帝躬身亲为的活计。因此，“御制墨”之说不合乎情理，不合乎逻辑[21]。“御制春华秋实墨”为“御制墨”之谓的讨论给出了一个颇为生动的注脚。

与此类似，“御制有虞十二章墨”（第101页）应为“有虞十二章御墨”。

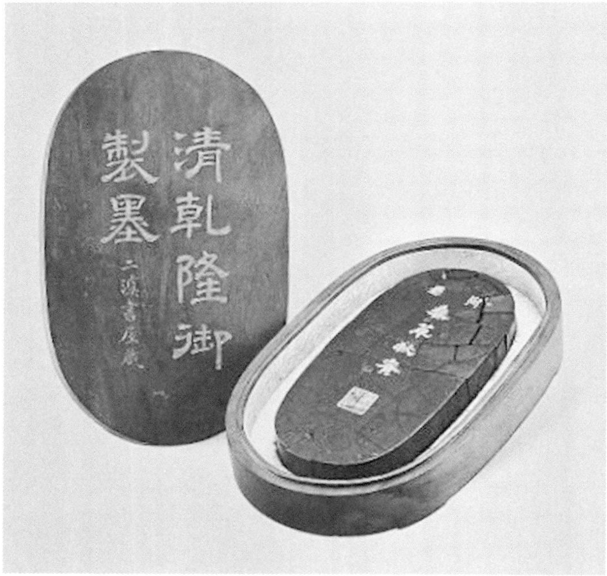

图七 御制春华秋实墨

12. 蕴玉斋藏墨（第104页）。

“蕴玉斋”应为“蕴真斋”。

13. 御制咏墨诗集锦墨（第106页，图八）。

图八 御制咏墨诗集锦墨

这套墨非常有名，有关书刊多有介绍，但整套齐全、原装于漆铜长方形匣内的，却极为罕见，令人耳目一新。

原来所谓“御制咏墨诗墨”，乃是一套九锭的集锦墨。除这锭墨之外，其余每锭均刻诗一句，联起来组成一首七言律诗。

御制咏墨诗

与荼奚必较新陈，用佐文房孰比伦。
历历千言照今古，超超六法显精神。
唤卿呼子谓多事，玩日愒时斯枉珍。
磨尽思王才八斗，依然研北此龙宾。

乾隆有众多的御制诗墨，如御制西湖十景诗墨，御制罗汉赞诗墨，御笔题画诗墨等，均是每锭墨上题有一首完整的诗。此套墨是个特例，倒也新颖，别具风味。只是循名责实，当称之为“御制咏墨诗句集锦墨”。然而“御制咏墨诗集锦墨”已经约定成俗，且无更改的必要了。

书中“御制蕴玉（真）斋藏墨”（第104页），容易使人误以为是御墨。御制咏墨诗集锦墨为贡墨，依然研北此龙宾墨迹的一侧有“臣彭元瑞恭进”款

（图九）[22]。蕴玉（真）斋藏墨是御制咏诗集锦墨中的一锭。

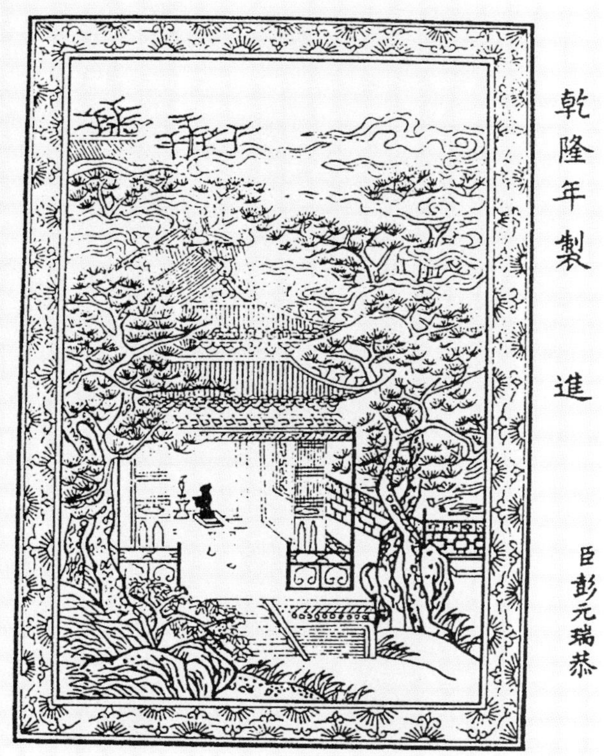

图九　“臣彭元瑞恭进”款

14. 宋荦黄海群芳图集锦墨（第 109 页，图一〇）。

黄海群芳图墨遴选黄山少见稀有的无名深山野岭花卉二十品种上墨。一面雕刻倩影，一面镌镂诗文，文人意味十足。周绍良先生在《蓄墨小言》中有所介绍，神情向往[23]。

《摹古隽雅 烟细胶清》一文对苏州博物馆藏《黄海群芳图集锦墨》做了进一步介绍，释录了全部镌刻诗文，与《蓄墨小言》所附拓片（之一，见图一一）全部相符，虽然次序有别[24]。何澄先生子女所捐献的黄海群芳图墨，与先生所论十分相符。首墨中的序与诗文中的序有一些差异，有的明显不合理。例如诗文中提到“戊寅七夕”应该是“康熙戊寅七夕”，即是 1698 年。而墨文中则题“康熙戊戌七夕”即 1718 年，相差达 20 年之久。宋荦死于 1713 年即康熙癸巳年。墨文上提到的日期是在宋荦去世后五年，显然有误。

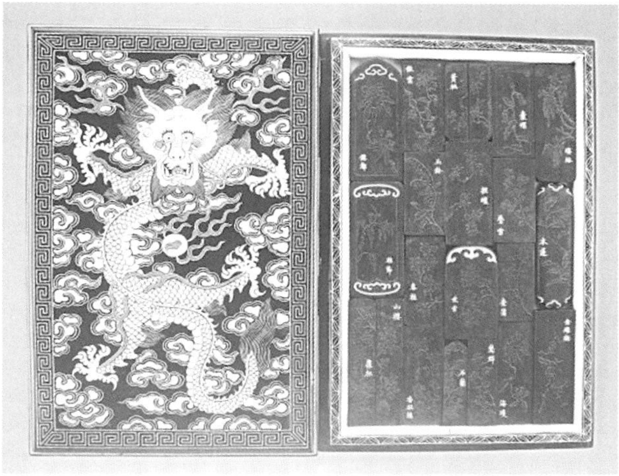

图一〇　宋荦黄海群芳图集锦墨

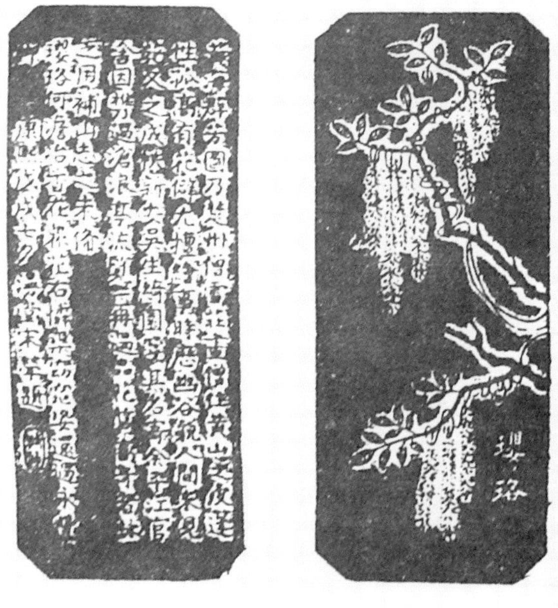

图一一　《蓄墨小言》所附拓片

但有的地方墨上所刻更为合理。例如：“因携过沧浪亭，浏览一再，过品花质高奇者咏之，用补山志之未备。”（标点稍作调整，下同）并不是所有的山花都配以诗文，而是有所选择，挑选“花质高奇者咏之，用补山志之未备”。诗序则称：“戊寅七夕携过沧浪亭，浏览一再，过各即其名状而疏之并系以诗，用补山志之未备。”“各”与“过”不协调，而且事实上并没有“各即其名状而疏之并系以诗”。由《蓄墨小言》，所选花确有说明即“疏”再咏之，诗序“疏之并系以诗”是可信的。或因为已经决定不镌“疏”了，因而墨上面的铭文也不再提及“疏”了。

墨上刻的序文与诗序各有千秋，不能以此论英雄。

近年艺术品拍卖市场上也可见黄海群芳图墨，“首锭诗前并有小序，末锭左侧署‘古歙汪节庵谨制’”[25]。《蓄墨小言》中的也有署款。馆藏则无署款。目前资料所见，黄海群芳图集锦墨有这样两个版本。

制墨史表明，后来的人为了表明源远流长，往往将年款提前。汪节庵当年制黄海群芳图集锦墨，专在烟细胶清，杵捣精到，而未署款识。黄海群芳图集锦墨得到很大成功，后来续制黄海群芳图集锦墨，汪氏后人是一定要署上“古歙汪节庵谨制”的款识的了。曹素功的后辈子孙制墨，大多署款“曹素功□□孙制”。两者可谓异曲同工。黄海山花隐身深山老林，姿色奇异。捻蜡“月明林下时，幽香应加倍”，春桂“高韵同空谷”，傲云花“云舫周遭树，依稀菡萏香”，玉环“草花殊狡狯，刻画闺帏间”。将黄海山花涂金敷银，“徒饰则乖本真”，犹有奢靡媚俗之嫌。《摹古隽雅 烟细胶清》：“馆藏墨……应也是出自制墨大（高?）手，疑即汪氏后人所制”。我们以为正相反，很可能不署“古歙汪节庵谨制”的制作时间在前，署款的在后。

诚如周绍良先生所说，黄海群芳图集锦墨还有待核实考究的地方；《摹古隽雅 烟细胶清》也云“需要进一步深入探讨和分析”。综上分析，苏州博物馆藏黄海群芳图集锦墨很可能为汪节庵乾隆年间制品，十分珍贵。

15. 函璞垒造（第 110 页，图一二）。

当为“函璞斋造”。

16. 鉴石斋（第 113 页）。

当为“鉴古斋”。

17. 胡开文黄山图集锦墨（第 117 页，图一三）。

整套 18 锭，分装两盒。每盒 9 锭，分作两行。一行 5 锭，一行 4 锭，可见墨的宽度并不一致。但书中介绍宽度只有一种尺寸 1.5 厘米，显然有所疏忽。根据图示的比例，1.5 厘米当是较窄的一种墨的宽度。较宽的一种的宽度当为 1.85 厘米。

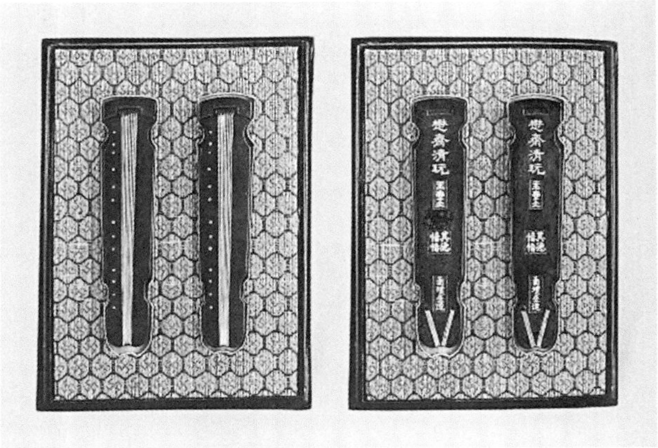

图一二 函璞垒造当为“函璞斋造”

图一三 胡开文黄山图集锦墨

18. 古墨图示。

书中，曹素功云崖集锦墨的正面置于右边（读者方向，下同），背面置于左边（第 84 页）。但是更多的正面置于左边，背面置于右边。图形布置方式前后不统一。

还有另一种不统一。御制咏墨诗集锦墨以御题诗面为正面，图画面为被面（第 106 页）。但御题关槐山水诗墨则以山水画面为正面，御题诗为背面

（第 102 页）。

因此，书中关于古墨图片的布置，似乎并没有明确的、前后一致的理念，更谈不上与明代三大墨谱的布图观念一致了。

有人会不以为然：书中的有虞十二章墨（第 101 页）与《方氏墨谱》的有虞十二章图的布图就相同[26]。表面上看两者相同，其实不然。书中以“有虞十二章”铭文面为正面，以有虞十二章纹饰面为背面；而《方氏墨谱》正相反。书中绝大多数是将正面图布置在左侧，背面图布置在右侧；而《方氏墨谱》又正相反。否定之否定，结果相同了，但理念并不一样。

墨锭各个面装饰的纹饰之间有着一定的内在联系，因而图示也应该有一定的逻辑性。如果意识不到这一点，就会少了几分自觉性，陷入一定盲目性。《文房雅玩・墨》的图示方法不甚一致，应该是这种盲目性的反映[27]。

19. 清代（第 153 页，图一四）。

图一四　莫是龙手札储存匣

此物用以储存明人莫是龙手札，因而可能是明代物品。而且此物线条简洁疏朗，明代特征显著。

20. 印款拓片反了（第 160 页）。

21. 歙石方形砚（第 176 页，图一五）。

此砚为歙石所作，质地细纯，呈青黑色，砚体方形。砚面成凹字状，四周米沟槽式墨池，造型奇特。砚底阴文篆书“传是楼”。此砚简洁朴实，纹饰典雅、构思精巧、质地精良、雍容大方，让人感受到了一种古朴的自然之美。

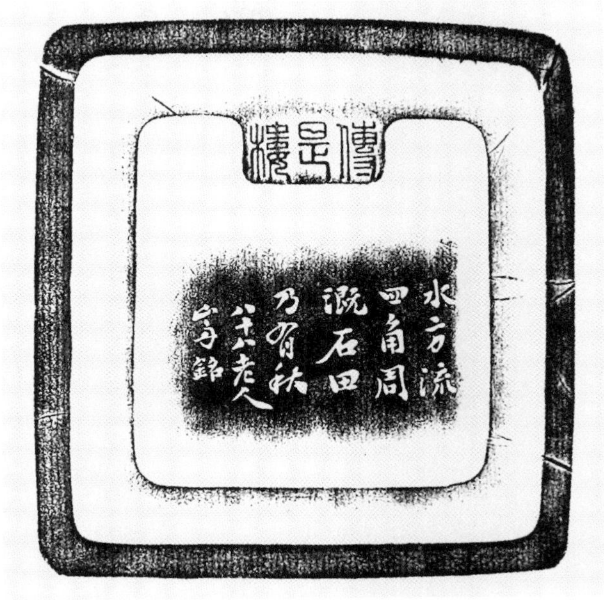

图一五　歙石方形砚

砚主徐乾学（1631—1694），字原一，号健庵，江苏昆山人，历任内阁学士、刑部尚书等职。自幼酷爱读书、抄书和藏书，搜集、抄录的书有数万卷之多。为了安顿心爱之书，在昆山老家的住室后面修筑了一座藏书楼，“部居类汇，各以其次，素标细帙，启钥烂然”。徐乾学在藏书楼里潜心治学，整理旧作，编撰新著。此楼即传是楼。

底面阴文行书：“水方流，四角周，溉石田，乃有秋。八十八老人山舟铭。”砚铭书写者为清代书法家梁同书。梁同书，字元颖，晚号山舟，浙江钱塘人，大学士梁诗正子，书法家。

砚左侧下有印一方，书中释读为“莲订书画”。但仔细考核，当为“莲汀书画”（图一六），为此砚后来的收藏者陈铣的印信。陈铣（1785—1859），字莲汀，秀水（今浙江嘉兴）人。好古精鉴藏，善书法，少游梁同书之门，亲受秘诀，往还尤密。陈铣的一些作品上，钤有“莲汀书画”印。

一方砚台集三位名家于一身，诚可宝矣。

22. “朱”印（第 178 页，图一七）。

图一六　“莲汀书画”钤印

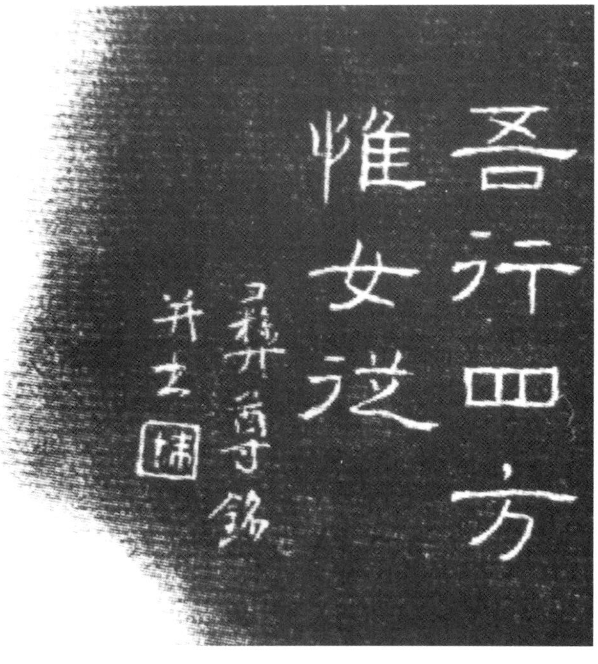

图一七　“朱十”钤印

由图，印的左部有一个符号。印文释读为“朱”，忽略了左边的符号。《中国书画家印鉴款识》朱彝尊条也列有此印，印文释读为“朱十”[28]。

23. 仿式为止（第180页，图一八）。

“”当为“古”，“止”当为“之”。

当为“仿古式为之”。《序》引王士性《广志绎》的话中即有此句（第8页）[29]。乾隆有闲章“书史研求遵古训”（图一九）[30]。

图一八　“仿古式为之”印文

图一九　“书史研求遵古训”

24. 庚申之秋，与伯子赓南廌都门手帕胡同，偕游宣武门内小市，得此石质细润，足供文房清品。

树棻识（第192页）。

“小市”后的逗号或可移至“得此”后，且改为句号。

树棻为陆树棻（1895—1953），别名佩芸、晚云，曾用名棻、云棻、芬木等；斋名涪斋、号涵春阁外史，富收藏，善鉴赏。陆树棻于庚申年（1920）刻写铭文，并题写了购得此砚的经过。砚铭中提及的“伯子赓南”是陆树棠，与陆树藩（陆心源之子）、陆树基（陆学源之子）等皆为湖州著名藏书楼皕宋楼陆氏后人。

25. 司马达甫、程也园同造墨（第209页，图二〇）

《砚》一章介绍一件镶嵌螺钿圆砚盒，内装有一方圆砚，另一活层贮墨两锭，其中之一为司马达甫、程也园同造墨。书中对盒作了较为详细介绍，对砚、墨未有介绍，略有买珠还椟之味。司马达甫、程也园同造墨造型别致，制作隽秀，算得上名墨一件。周绍良先生即藏有一锭司马达甫、程也园同造墨（图二一）[31]。

司马达甫，江宁人，河东河道总督驹之公子。乾隆四十八年（1783）任副车。为人坦白无疵，汲古不倦，搜罗甚多，著作甚丰，只可惜英年早卒。程也园，名讳振甲。词翰佳妙，喜好制墨。两人年岁相若，兴趣相投，且俱乾隆四十九年（1784）召试举人，同授中书之职。共同造墨，遂成美谈。

图二〇　司马达甫、程也园同造墨

26. 印拓反了（第212页）。

27. 款：印丐；号印丐（第235页，图二二）。

印文为“匄”，“匄”也有“丐”的意思。但是，《现代汉语词典》收有“匄”条，说明“匄”并未统一至“丐”[32]。所以应写为“印匄”。如果说前面的“炑”是应该规范而没有规范的例子，“匄”释读为“丐”则相反，是没有统一而误“规范”的例子。

28. 或潜于渊，或跃于□（第256页，图二三）。

图二一　周绍良先生藏司马达甫、程也园同造墨

图二二　印文“丐”为“匄”

图二三　“或潜于渊，或跃于天”

当为“或潜于渊，或跃于天”[33]。

29. 通孙存完（第268页）。

当为“通孙存玩”，有原图为证。

30. 石梅摩古（第272页）。

当为“石梅摹古”，有原图为证。

31. 邛州隶书之三，仝之七……（第273页，图二四）。

“仝”应为卢仝。卢仝（795—835），号玉川子，济源（今属河南）人，祖籍范阳（今河北涿县），唐代诗人，作有《走笔谢孟谏议寄新茶》《七碗茶歌》。“卢仝之七”即是此谓也。

壶上刻的是四言诗，“邛州隶书之三，仝之七”显然有误。第一句图片上看不清。“卢仝之七”是咏茶的，因而这头一句也可能是咏茶的。“隶书”是指字体，所以很可能是“邛州之三”，“邛州”两字隐约可见。古来邛州是有名茶乡。陆羽《茶经》中提到唐代名茶是就包括邛州的邛州茶。宋代名茶包括邛县邛州茶。明代文人吟咏的名茶，也包括邛州碧润、名月、茱萸茶，邛州大井芽茶、家茶、孟冬、见安、夷甲。如今故宫仍藏有邛州茶砖[34]。

图二四　四言诗壶铭文

32. 不知戌一（第273页，图二四）。

“戌”当为“戊”。“知”或为“如”。左偏旁更像“女”字旁的篆体的隶书。因此，四字或为“不如戊一”。

“不如戊一”很可能与“甘戊使齐”的典故有

关。《说苑·杂言》:“甘戊使于齐，渡大河。船人曰:‘河水间耳，君不能自渡，能为王者之说乎?’甘戊曰:‘不然，汝不知也。物各有短长。谨愿敦厚，可事主不施用兵。骐骥、騄駬足及千里，置之宫室使之捕鼠曾不如小狸。干将为利名闻天下，匠以治木不如斤斧。今持楫而上下随流，吾不如子。说千乘之君、万乘之主，子亦不如戊矣。’”庐元骏先生注：甘戊，不详；疑是甘茂。茂，战国时秦国下蔡人，为秦武王的左相，后得罪奔齐[35]。

在这之前，刘向接连编辑了惠子欲梁、西闾东渡，两者与甘戊使齐内容、寓意大致相同，用以渲染甘戊（茂）使齐。“不如戊（茂）矣”堪称寓意委婉睿智的典故，已经编入许多中学课本或课外读物。也许“戊（茂）”的晦涩，影响了流传、应用甚至采信，应该收入的辞典都未收录。

不如戊（茂）矣的先天不足，更兼用“一”代“矣”，影响了对“不如戊一”的释读和理解。“通变圆融，不如戊一”，应该是用甘戊（茂）使齐的典故，“戊（茂）”是紫砂壶的自喻。

结束语

文物上的铭文释读，小而言之是雕虫小技，大而言之关乎文物的本来面目、人文涵义。杨维桢廉夫云:“凡字无害于义者，从众可也。若有关于大义者，当从古。楷书尚然，而况以姓名作篆刻之印章乎?”[36]文房清供上的文字释读，关乎大义，当谨慎从古。黄宾虹《藏玺例言·奇字玺》转引古训:“不摹文而有说，甚无谓；摹文善而说不备，亦大惠于后来。”[37]《文房雅玩》摄影、印刷质量高超，图片清晰悦目，况且“摹文善而说不备”为之甚少，“亦大惠于后来”毋庸置疑。

苏州博物馆藏文房雅玩得助于何澄子女、柳亚子、吴湖帆等文人志士的热心捐赠，及文物工作者的不懈努力。我们感谢《文房雅玩》推介了这么多的优秀文玩清供，感谢捐赠以及实行捐赠的志士仁人。我们希望有更多类似双盘龙纹墨这样的文物精品公布于众，“以备雅好之士研究欣赏之需”。更希望文房清供鉴赏研究更加科学严谨，为文物锦上添花，为中国传统文化增砖添瓦。

注释:

[1] 苏州博物馆编著:《文房雅玩》，文物出版社 2011 年。

[2] 桑行之等:《说墨》，上海科技教育出版社 1994 年，第 916 页。

[3]《说墨》，第 957 页。

[4] 方于鲁著、吴有祥整理:《方氏墨谱》，山东画报出版社 2004 年，第 40 页。

[5]《说墨》，第 867 页。

[6]《方氏墨谱》，第 226 页。

[7]《方氏墨谱》，第 1 页，标点略有调整。

[8]《说墨》，第 887 页。

[9]《说墨》，第 921、922 页；张淑芬主编:《中国美术分类全集·中国文房四宝全集 1·墨卷》，北京出版社 2007 年，第 32、33、35 页。

[10]《说墨》，第 921 页；王毅:《中国墨文化大观》，百花文艺出版社 2003 年，彩第 2 页。

[11]《说墨》，第 985 页；《中国墨文化大观》，彩第 12 页。

[12]《说墨》，第 914 页；参见网址：www. sssc. cn 2009－12－4。

[13] 苏华、张济:《何澄》，三晋出版社 2011 年，第 388 页；《何澄及其子女捐赠展在苏州博物馆展出》，新华日报 2013 年 05 月 24 日；孙迎庆:《何亚农的古墨收藏》，《收藏》2014 年第 2 期。三者关于何墨的述说也有一些类似的未尽之处，恕不赘述。

[14] 蔡鑫泉：《吴鸿渐漱金双盘龙纹墨赏析》，《苏州文博论丛》总第3辑，文物出版社2012年。
[15]《说墨》，第183页。
[16]《说墨》，第192页。
[17] 周绍良：《曹素功制墨世家》，北京古籍出版社2003年，第126页。
[18] 蔡鑫泉：《曹素功名字号小考》，《紫禁城》2011年第7期。
[19]《说墨》，第134页。
[20] 郑欣淼：《天府永藏——两岸故宫博物院文物藏品概述》，紫禁城出版社2008年，第211页；蔡鑫泉：《“文人自制墨”称谓的局限性与对策》，《徽州社会科学》2012年第8期。
[21] 蔡鑫泉、王毅：《明徽墨名家吴鸿渐姓氏考略》，《中国徽州文化博物馆论文集》2013年辑。
[22]《中国墨文化大观》，第133页；蔡鑫泉、王毅：《试论御墨标识、分类及“御制墨”称谓的局限性》，《徽州社会科学》2014年第4期。
[23] 周绍良：《蓄墨小言》，北京燕山出版社1998年，第56页。
[24] 金怡、刘鸣：《摹古隽雅 烟细胶清——苏州博物馆藏〈黄海群芳图集锦墨〉探析》，《苏州文博论丛》总第3辑。
[25] 参见网址：auction. artxun. com/paimai－44225－2211... 2013－8－16。
[26]《说墨》，第896页。
[27] 蔡鑫泉：《试论古墨正背面的判定与图示——读明代三大墨谱札记》，《徽州文博》2012年第3期。
[28] 上海博物馆编：《中国书画家印鉴款识》下册，文物出版社1987年，第289页。
[29] 刘志基等主编：《古文字考释提要总揽》第一册，上海人民出版社2008年，第576页；《中华大字典》，中华书局1978年，第165页；汉字大字典编辑委员会：《汉语大字典》，四川辞书出版社、湖北辞书出版社1996年，第306页；现代版《康熙字典》，九州图书出版社1998年，第113页；王平等：《常用汉字字源手册》，南方日报出版社2002年，第60页；《甲金篆隶大字典》，四川辞书出版社、四川出版集团2010年，第74页；王延林编著：《常用古汉字字典》，学林出版社2012年，第123页。
[30] 郭振祥：《明清帝后玺印》，国际文化公司2003年，第158页。
[31]《蓄墨小言》，第284页。
[32] 中国社会科学院语言研究所词典编辑室编：《现代汉语词典》，商务印书馆1978年，第346页。
[33] 古文字诂林编纂委员会编纂：《古文字诂林》第一册，上海教育出版社2000年，第19页；臧克和、刘本才主编：《实用说文解字》，上海古籍出版社2012年，第1页；冷玉龙、韦一心等：《中华字海》，中华书局、中国友谊出版社1994年，第259页。
[34] 转引自《紫禁城》2013年第12期。
[35] 庐元骏注译：《说苑今注今译》，台湾商务印书馆1979年，第572页。
[36] 转引自朱象贤著、方小壮编著：《印典》，中华书局2011年，第226页。
[37] 韩天衡编订：《历代印学论文选》下册，西泠印社1999年，第697页。

浅论御窑金砖之传承与发展

吴 昊（苏州市相城区文化馆）

内容摘要：本文对御窑遗址以及金砖制作技艺的保护利用现状与目标思路进行分析，探讨了建设中的苏州御窑金砖遗址博物馆将对御窑金砖这一兼具物质与非物质双重性质的宝贵文化遗产传承与发展起到的作用。

关键词：御窑 金砖 博物馆 双遗产

对阳澄湖畔特有的黄泥施以独特的烧制工艺，"变土为金"，制造出了令人惊叹的御窑金砖，成为我国砖窑文化的一大亮点。如何保存和展示好古窑址及传统金砖制品，传承并发展好金砖制作技艺，是值得探索的课题。

一 御窑遗址及金砖制作技艺

陆慕，位于苏州市相城区南部，原名陆墓。相传因唐朝宰相陆贽葬于此而得名，1993 年更名为陆慕[1]。陆慕御窑明初就开始烧制优质御用金砖，清代最兴盛时御窑村有 72 户人家、78 个窑址。作为"钦工物料"遗物，御窑金砖对于苏州和运河的历史文化研究具有重要意义。

（一）御窑遗址沿革

历史上，陆慕居民多以"烧窑为业，凿土烧砖"。据《中国文化遗珍丛书·苏州卷》记载："明代永乐年间，明成祖朱棣迁都北京，大兴土木，建造北京紫禁城，经苏州香山邦工匠的推荐，特派官员到陆慕监制金砖，因御窑村土质优良，做工考究，烧制有方，所产金砖特别细腻坚硬，'敲之有声，断之无孔'，遂被永乐皇帝赐封为'御窑'。"据《造砖图说》记载："自明代永乐中，始造砖于苏州，责其役于长洲窑户六十三家。砖长二尺二寸，径一尺七寸。其土必取城东北陆墓所产。"[2]北京故宫太和、中和、保和三大殿和承天门（天安门）的地面铺设就采用了御窑金砖。清朝末年因战事连年，金砖生产时断时续，直至 1984 年才完全恢复生产[3]。现存的陆慕御窑址，位于苏州市相城区元和街道御窑村。南北座向，东西长 35 米，南北长 33 米，占地 1155 平方米，为明清古砖窑，是当年众多烧制金砖窑中唯一保存完整的古砖窑。窑为双窑连体窑（外部连体结构，内部窑膛和烟囱各自独立），渗水池位于窑顶，更为科学合理，为江南一带独有[4]。

（二）金砖制作技艺

旧时的金砖是皇家御用品，在生产过程中形成了一套严格质量跟踪与监督体系。成品的御窑金砖黛青光滑、古朴坚实，是中国古代砖瓦制作技艺的杰出代表。金砖制作经历代无数工匠的探索，形成了完整而严格的工艺流程与操作方法。其工序之多、工艺之繁复精密、制作周期之长，为砖瓦制造业所罕见。一块金砖，需精选阳澄湖畔的纯黏土，经过选泥、练泥、制坯、阴干、烧制、窨水、打磨等 37 道工艺，从采泥到出窑历时一年多，出窑后再经切片、打磨，成为细料金砖。每块金砖上都有监制官府和窑户姓名，以备检查。这种工艺至今依然沿袭传统的手工制作，道道工序环环紧扣[5]。

二 保护利用现状及目标思路

2003 年全国第二次文物普查时，在御窑村发现了留存并使用至今的双孔连体御窑以及部分御窑遗址。2006 年，御窑申报成为江苏省文物保护单位，同年，金砖制作技艺成为首批国家级非物质文化遗产。御窑以及金砖制作技艺，是国内现存少见的物质和非物质文化双遗产，具有较高的历史文化价值。

（一）实物收集展示

在御窑村及陆慕镇十余户市民家中仍保存着明、

清时期御窑所制古今砖50多块。目前在御窑社区内的御窑工坊有相关陈列，通过文字说明、古金砖和仿古金砖成品的展示，以及模拟工艺流程等方式，介绍了“御窑金砖”历史渊源。但总体来说，陈列面积小，展品少。相城区已经启动了金砖文化和相关资料的收集整理工作，收集到明清时期的百余块古金砖，今后将置于博物馆内陈列。著名金砖研究学者、大收藏家丁文父先生亦对此项工作表示支持。

（二）御窑遗址保护

陆慕御窑较为完整地保存了明清古砖窑，但其状况并不容乐观。内外周边环境及窑壁、窑膛等均有不同程度的损毁，入西侧窑膛上部分窑壁和窑门砖块严重酥碱、窑膛凹陷、窑棚严重破损等，其管理条件和利用展示功能等均未达到现有省文保单位的管理要求，亟须采取必要且科学有效的措施全方位保护。御窑修缮工程于2012年5月公开招标，苏州太湖古典园林建筑有限公司中标，保护措施主要为环境整理、窑棚修缮、东侧窑膛修缮[6]。修缮工程现已全部完成，并且通过验收。

（三）技艺传承发展

御窑金砖制作技艺已被列入国家级非遗名录。然而经过调研走访御窑砖瓦厂厂长金梅泉及其女儿金瑾等人，了解到其技艺传承经受着多重压力。传承人和政府职能部门以及相关专家通过多方协同，正在努力实现金砖制作技艺的可持续发展，主要体现在以下四个方面。

1. 材料供给。随着城市化进程加快，陆慕金砖生产用土减少，而且金砖烧造对周边居民生活造成一定的影响。相城区政府了解到情况后给予优惠政策，允许在区内自由选址搬迁。经化验发现在漕湖附近的土质与御窑周边土质吻合，试烧质量达到要求，御窑砖瓦厂得以异地重建。

2. 产销途径。宫殿式建筑已成为历史，民间古典式的厅堂建筑也被高楼大厦所代替，御窑金砖市场需求量骤降。砖瓦厂主动适应市场，专门设立了御窑金砖厂驻北京办事处，及时了解古建修缮信息和用砖要求。大量民间古建筑的修缮以及高档仿古建筑的兴建，使得细料方砖有了更大的市场。御窑砖瓦厂已经为数十家的民间古建修缮供应了数万块质量上乘的金砖，甚至远销海外。

3. 传承队伍。如今青年人追求高学历，轻视体力劳动，而金砖制造工艺生产周期长、劳动强度大、经济效益低，青年人不愿意干。随着老艺人退休、患病或离世，技艺人逐年减少，如今仅剩20余人能制作金砖，后继乏人。前几年，金梅泉让女儿金瑾参与金砖制作，收她为徒，亲身示范。同时，将老艺人请来把关，带动一批中年人，建立了一支稳定的传承人队伍。

4. 理论研究。制作技艺的传承需要理论支持，金梅泉做了三件事：一是邀请专家指导，每年去北京拜访古建专家，也常请各地文化学者和古建专家到厂里考察；二是设立御窑金砖文化研究室，请明清文化学者和技艺传承人一起探讨；三是搜集整理金砖史料，为传承技艺拓宽视野。2012年3月，相城区文化体育局与苏州大学社会学院合作组成课题组，重点研究金砖的历史渊源，挖掘内涵，扩展外延，为遗址保护和博物馆建设提供有力支撑[7]。同年底，课题组完成全部工作任务。

三　苏州御窑金砖遗址博物馆的建设与展望

御窑作为双遗产项目，其博物馆建设是相城区的重点文化工程，同时也是文化产业重点项目。

（一）前期准备

陆慕御窑遗址保护区建设工程列入区政府2012年重点建设项目，于2011年7月正式启动。目前主要完成了以下几项工作：一是项目立项审批，调整了项目地块的使用权和使用性质；二是地下文化遗存调查研究，并对考古发现的窑址和探坑[8]采取了临时性保护措施；三是征求专家意见，著名文化学者冯骥才、著名古建专家阮仪三等多次到御窑遗址实地察看并参与策划论证，建筑设计大师刘家琨担纲概念性设计；四是通过鼓励民间捐赠以及政府出资收购等方式做好金砖收集工作；五是成立了金砖文化研究课题组做好相关文化研究。

（二）设计理念

博物馆的设计理念是“保护活态文物，光大金砖文化，展示精湛技艺”，旨在实现三大目标：一是现场制造演示传统技艺，实现活态遗址保护；二是展示御窑金砖及其衍生产品——陆慕蟋蟀盆、苏派砖雕等工艺精品；三是与市场对接，产业化生产、交易。通过对御窑文化的发掘、整理，使之成为收藏展示、活态保护、学术研究为一体的艺术载体，力争实现“五个结合”：保护与利用相结合、生产与展示相结合、传统与科技相结合、旅游与文化相结合、物质文化遗产保护与非物质文化遗产保护相结合。

（三）前景展望

博物馆将坚持管理和经营并举、非物质文化遗产和文物保护开发并举、社会效益和经济效益并举。

1. 文化景观构建。博物馆分为遗址公园和研究中心两大区域，通过建筑的组织和景观营造，保护珍贵的文物遗迹，展现御窑金砖的历练过程，感触御窑金砖的历史文化内涵，表现其从一种地域性物质原料到一个王朝最高宫殿的大跨度精神历程，创造环境优美、氛围独特的文化场所。主体建筑体量雄浑、出檐平远，以现代手法演绎传统意蕴，用兼具“砖窑感”和“宫殿感”的当代公共建筑展现出“御窑”的精神内涵[9]。建成后将成为崭新名片与特色地标，成为相城区的文化走廊与城市会客厅。陆慕古窑址将以“活文物”的形态，成为苏州城北一个具有历史内涵、文化品位的旅游景点。

2. 文化产业带动。金砖能把雄伟的宫殿衬托得更加壮丽，把豪宅古居装点得更加富丽舒适，是集实用和美观于一体的文化产品。现在，故宫每年修缮所用砖瓦都采用御窑金砖。南京夫子庙、杭州灵隐寺、苏州玄妙观等建筑修缮也都曾选用御窑金砖。御窑金砖还漂洋过海远销美国、加拿大等国家和地区，饮誉天下。金砖也可作为练习书法的“习字簿”以及上好的古琴砖，御窑金砖的产业化发展已渐入正轨。博物馆除了要做好金砖的收藏、展示工作之外，还将对金砖的衍生产品——如蟋蟀盆、砖雕等进行宣传与展销，对接市场，产业化经营。

3. 区域文化辐射。文化资产，是宝贵的财富。御窑金砖是文化孕育的结晶，凝聚着相城人的灵巧和智慧，含有丰富的人文历史内涵。文化强区建设说到底，是彰显文化特色和文化个性的魅力建设。文化遗产构成了特有的文化基因，成为强大精神凝聚力的根源，对文化遗产的合理保护与发展成为城市文化建设的核心所在。博物馆作为御窑文化展示的窗口，必将有助于提升相城的区域文化辐射力、影响力。

御窑金砖活态保护的关键在于技艺的有效传承。2012 年在相城区召开的第四届中国非物质文化遗产保护·苏州论坛上，与会专家指出：促进活态传承，是非物质文化遗产保护工作的关键，而传承人作为非物质文化遗产精粹性和绵延不断最为重要的载体，对非物质文化遗产的保护和传承具有不可估量的作用。御窑金砖传承人金梅泉等做出了有益探索，而政府职能部门也在不断努力为文化遗产的传承与发展提供更好的社会环境。建设中的苏州御窑金砖遗址博物馆，必将实现对于御窑遗址这一文保单位的科学保护以及金砖制作技艺这一非遗项目的活态传承，彰显出御窑金砖深厚的历史底蕴和内在的文化品质。

注释：

[1]《陆慕镇志》编纂委员会：《陆慕镇志》，苏州大学出版社 2005 年，第 7—8 页。

[2]《陆慕镇志》，第 133 页。

[3]《苏州市相城区资料汇编》编委会：《江苏省非物质文化遗产普查苏州市相城区资料汇编》，苏州市相城区文化体育局 2009 年，第

79页。
[4] 苏州市相城区文物管理委员会办公室：《江苏省文物保护单位记录档案》，编号320507－0003。
[5]《江苏省非物质文化遗产普查苏州市相城区资料汇编》，第80—81页。
[6] 苏州太湖古典园林建筑有限公司：《苏州市陆慕御窑加固及环境整治设计方案》，2011年。
[7] 苏州市相城区文化体育局、苏州大学社会学院：《陆墓御窑金砖文化研究横向合作课题协议书》，2012年。
[8] 苏州市考古研究所：《陆慕御窑遗址地块考古勘探、调查报告》，2011年。
[9] 家琨建筑设计事务所：《苏州御窑金砖遗址博物馆（概念性方案）》，2012年，第21页。

女子无才便是德？

——晚清有识之士对女子教育合理性和重要性的探讨（以《申报》为例）

黄 梅（无锡博物院）

内容摘要：鸦片战争以降的晚清社会，社会矛盾与民族危机不断加深。一些有识之士对女子教育问题也极为关注，并为促进新式女子教育的健康发展积极建言献策。借助《申报》等大众传媒，积极介绍西方女子教育发展情况，深刻揭露中国妇女所受之苦的根源，认为女子受教育是天经地义之事，是齐家、治国、平天下之本，提倡妇女解放，倡导兴办新式女学，为动员社会进步力量，促进新式女子教育合法化、正规化，做出了重要的贡献。

关键词：晚清　女子教育　合理性　重要性

鸦片战争以降的晚清时期，是中国社会急速由古代向近代转型的过渡时期。随着社会矛盾与民族危机的不断加深，西学东渐的兴起，以救国救亡、改造社会为己任的中国资产阶级知识分子，开始用西方“天赋人权”的理论为武器，提出男女平等、兴办新式女子教育的主张，从而引发了中国女子教育的革命。

晚晴有识之士借助《申报》等媒体发表论说，围绕女子教育的合理性及重要性展开激烈的探讨，向已经存在几千年的“女子无才便是德”的封建礼教公开发起了挑战。据笔者统计，到国人自办的女学兴起之前，仅《申报》围绕这个问题就连续发表了四十多篇论说，强烈批判“女子无才便是德”、“女流之见”等传统观念，从各方面为女子教育存在的合理性寻找依据，对促进新式女子教育的发展产生了积极的作用和影响。

一　女子受教育天经地义、于史可证

封建礼教的卫道士们认为“天下古今有才之女，无不咏风花雪月之词，习为儿巧淫亵之语，以致丧贞失德者有之。一言有才之女，多流俗不偶，故不如无才之为愈也”[1]，而“男子以天地四方为己任，宜有大经济、大学问素裕于心中，以故而读书穷理，以故而博学无方”[2]。而且如果“妇女皆出外就学，姑无论其学之未必成也，即成也而所谓酒食之议，浣濯之役，一切所琐屑应为之事，试问将委之何人，岂女子皆令其奋发有为，而男子反使之躬亲琐务乎？”[3]也就是说他们认为男子读书时必要的，女子的职责就是做好家务，如果让女子外出就学的话，反而会做出伤风败俗之事，有害无益，所以有才不如无才。这些观点显然是为维护封建礼教辩护，遭到了社会有识之士的强烈批判。他们认为“女子无才便是德”极端错误，之所以出现伤风败俗的事情，是风俗或女子不识字造成，而不是女子收教育的缘故。尽管部分顽固守旧势力认为中国妇女失学日趋拘陋，事诚足羞，主张女子应当受教育，但是他们要求仍以旧的妇言、妇容、妇工、妇德“四德”为主要教育内容，目的依然是“相夫教子”[4]。可见，他们所赞成的女子教育实质依然是传统的女教。倡导兴办新式女子教育的论者严厉批驳了此种落后观点，明确指出新式女子教育并不是传统女学的翻版，女子不仅要接受传统的教育内容，还要学习西文、西语、音乐、体操、医术、算术、蟹行书、化学、史学及天文地质航海测量等[5]，才能适应社会发展的需求，实现振兴国家的目的。

除批判“女子无才便是德”的传统观念外，社会有识之士还积极为女子教育的合理性寻找依据：

一是从道家的阴阳说来说明其合理性。《申报》早期刊登的女子教育论说，基本上每篇都以乾坤关系喻男女关系开头来说明女子教育的合理性。如1892年刊登的《论振兴女学》一文中指出：“乾之德曰刚，坤之德曰柔。其秉乾刚之美者则为男子，其秉坤柔之美者则为女子。男女之并重犹刚柔不可偏胜，乾坤之不可偏倚也。使必重男子而薄女子，则是有刚不必有柔，有乾不必有坤，岂天地生人之本意哉？”[6]即表示，男女生来就是平等的，互相依存，不可偏倚，因此，让女子同男子一样接收教育是天经地义之事。一是从历史和现实的角度进行论证。1876年刊登的《论女学》一文对“子”做了明确的解释，认为古人所说的“子”是儿子和女儿的统称，并不是仅指男子[7]。也就是说，古人认为男女都一样，无轻重、卑尊之分。而且古人还非常重视女学，“上自王后及公侯之夫人，莫不受学周礼。云以阴礼教六宫，以阴礼教九嫔，以妇职教九御，是也。如女史、女祝、女巫，则各以职业为学，如男子之专艺而守官者然。下至委巷之女亦莫不有师傅云。贤而四十无子，则为人间女师”[8]，女学如此兴隆，国家才能如此强盛。可见，国家的兴盛和女子教育也是息息相关的。棣华书屋主人在《论女学》中也指出：“教男而不教女，则十人只做五人之用，是得半之道也。”[9]因此，我们应该学习古人，摈弃“男尊女卑”、“女子无才便是德”等封建思想，在重视男子教育的同时，也重视发展新式女子教育，这样才能提高整个民族的文化素质，真正实现国家的富强。

综上可见，当时发展新式女子教育的阻力是相当大的，社会有识之士用上天造人之意和古代圣贤作据，可减轻阻力，有利于自身的生存及女子思想的传播。

二　女子受教育是齐家、治国、平天下之本

（一）有利于社会移风易俗

晚清社会缠足、溺女等不良的社会风气，严重侮辱女性尊严，损害女性权利，影响民族素质提高和社会的发展。社会有识之士认为女子无学无识是其产生和存在的根本原因，因此，发展女子教育是从根本上移风易俗的重要途径。

1. 破除缠足恶俗。在中国封建社会，在很长一段时间里以女子足小为美，足小才能嫁出去。因此，女孩子长到六、七岁时，父母不是让其上学，而是忙着裹缩其足，限制足部生长发育。女子缠足之后，举步维艰，行动不能自如，身体渐弱，容易生病，不利于子女的成长。所以女子缠足不仅伤害到自己的身体，还会影响到孕育后代。论者指出：“诚能振兴女学校，令女子幼而入塾，凡男子有用之学皆可择宜而学，十年以后，天下无不读书识字之女子，即无不知道理之女子。己身所缠之足悔莫能追，他日生女岂肯尤而效之，将见不令而行，二十年后中国永无缠足之女子。所谓清其源者，此也。”[10]就是说只有让女子读书识字，使她们自己明白缠足的危害，才能从根本上遏制这一陋习，从而使女性不论是身体上还是精神上都得到彻底地解放。

2. 破除溺女陋习。传统观念认为“不孝有三，无后为大”，生男孩能延续香火、传宗接代，长大以后如能入仕，还能光宗耀祖、显本家之门户，而女孩则没有出身显家的希望，于是有女之家恒以养嫁为累，而贫苦者竟至生女而“溺之”、“货为妓者”或“鬻为婢”[11]。晚清时，虽然官府也严令世人不要溺女、卖女，有识之士也极力呼吁，但仍屡禁不止。论者认为根本原因就在于女子教育的缺失。如果让女子接受教育，等她们学业有成，“或为女学山长，品重席珍，或著书立说，传之后世，皆足以鲜亲扬名。即不然一技一艺，堪为糊口之资”[12]，也就是说，如果女子可以和男子一样光宗耀祖，自食其力，那么世人就会明白生男生女都一样，也就不会将女儿溺死或卖为婢、为妓，这样，溺女、卖女现象自然就会不禁而止。

3. 渐绝僧尼诱引之风。烧香拜佛的人中，女子居多，论者认为这是女子不读书或读书甚少造成的。由于女子受教育的程度低，不辨是非，容易被邪说迷惑，就会皈依朝拜或加入教会。而且男女混杂在一起，还容易做出伤风败俗之事。论者认为要改变

这种风气，为今之计就是让女子接受教育。女子学习一定的知识后，自然就能明白事理，明辨是非，减少甚至不再烧香拜佛，从而从根本上促进社会风气的好转。

4. 渐绝夸多斗靡之风。论者认为女子每天的工作就是刺女红、司酒食，无他事扰其心思，精力才智无所用，就会注重吃穿打扮，互相攀比，衣服"由布而绢，由绢而绸而缎"，首饰"由银而金，由金而珠而翠"，论者认为这些都是女子闲居无事所造成的。虽然此观点有失偏颇，但不可否认女子无学也是这种现象产生的原因之一。论者认为，如果让女子读书受教育，"则夫妇相庄，俨如师友，各有所事，而一切外好不足以分其心。荆钗布裙何贵珠绸哉？而夸多斗靡之风可以渐绝"[13]。所以，让女子受教育，提高她们的文化素养和生活情趣，自然就不会把心思花在攀比之上，这种社会现象就有可能得到解决。

5. 渐除撒泼猛戾之习。论者认为中国妇女不读书，不明事理，就会出现"或衍期而慰父母，或既嫁而薄翁姑，或以姑妇而形勃谿，或以妯娌而生罅隙，或挟贵而庸奴其夫"[14]，"甚有为人后室而虐待前妻之子者，怂恿愚夫求与兄弟分产者；又有乡间蠢妇骂邻里者，抛头露面打街骂巷者"[15]等现象。论者认为对于没有受过教育的妇女而言，这些现象是不可避免的，指出只有让中国妇女人人识字、读书，提高妇女的文化素质，才能改变这种现象。

上述观点虽有将女子无学的不良影响夸大之嫌，但女子不受教育确实也是导致上述不良社会现象产生的重要原因之一，而且是很重要的一个因素。他们这样说的目的是为发展女子教育寻找合理的根据，应值得肯定。

（二）是治家再造新国民之要

俗话说"家和万事兴"，女子不受教育，就容易不明事理，使家庭关系紧张，男子无心工作，进而影响国家的发展；如果让女子接受教育，知书达礼，"一家安，则天下安"[16]。

从夫妻关系方面看，如果女子自幼同男子一样学习，那么她在闲暇时，可以和丈夫"讨论古今，相友相师"[17]，丈夫自然不会再出门闲逛或赌博。丈夫出远门做官或经商，家书一纸鱼雁传书时，如果不识字，必要请人代书，而夫妇之间的体己话就不能说；相反，如果女子自幼读书识字，"则不难亲自作书，至刻下电报风行，更可造作密电，千里而外，心心相印"[18]。如果女子学而所嫁之男子失学，"则枕席之规箴更胜父师之约束，循循善诱，则为之夫者自顾须眉有惭巾帼，不禁积惭思奋而恐后争先"[19]。可见，女子读书识字益于夫妻间的沟通，促进夫妻间的感情，还有利于增长男子学识，从而对国家尽心职守。

从子女教育方面看，母亲是子女的启蒙老师，别人无法替代。在怀孕时就有"胎教之法"。孩子生下来后，和母亲朝夕不离，"故子之行为，母必先知，善则劝励以成之，恶则告诫以阻之。……故其子成立之后，必能克家，其女遣嫁之后，必能宜室。天下皆能如此，则士之子恒为士，而士习断无不端。民之子恒为民，而民风断无不厚"[20]。可见，母教在孩子成长过程中起着非常重要的作用。但在中国，受传统观念影响，名门大家、乡绅世族之女，从小并不教其读书识字，只教其如何料理家务，所以结婚生子之后，在衣食住行方面都可以将子女照顾得很好，但唯独读书这方面无能为力，只能让孩子到老师家学。老师教得怎么样，孩子学得如何，母亲并不知道。"即使指帝为虎，以亥为豕，母氏亦无从知之。"[21]这样就会耽误孩子的成长。如果"诚使天下之为妇女者皆先识字，则随时可以指点，时时可于解说，熏陶涵育无时，或休有不期文理之通而自无不通者"[22]，"少成若天性，习惯成自然，家垂母教，即国储贤才"[23]。因此，使女子接受教育不仅是"一时之中国计，为万世之中国计也"[24]。

后来随着女子教育思想广泛传播，民智日益开化，部分有识之士对女子教育的重要性有了更为深刻的认识，提出了更为进步的观点"国家之强弱以教育之有无为衡，教育之盛衰以国民之程度为断。顾造就国民，尤要在国民之母……欲国民教育之发达，必先注重女子教育"[25]，也就是说女子是国民之母，女学是立国之本，只有办女学，让女子接受教育，才能培养出健康有才能的国民，将女学的重要性提升到强国保种的高度。

（三）是女子自立、国家富强之本

中国古代女子，婚姻大事完全由父母做主。如果幸运，对方家境品德才能都好，那么一生享受荣华富贵；如果对方很贫困，就会被生计所困；如果所嫁的男子性情暴戾，或者只知饮酒下棋不问家事，或者别有所欢，那么女子的处境就更为艰难。论者认为女子在婚姻中地位低下的根本原因是缺乏教育，经济上不能自立。

从经济学的"生利分利"说看，中国的女子自幼不入塾读书，不能生利自立，导致"未嫁则仰食于父兄，已嫁则仰食于夫婿。"于是有的论者发出了"其父兄夫婿既已全力赡其身家，又安得余力以及于他人乎"[26]的感叹！中国人口总共四万万，妇女占一半左右，她们没有职业，不能为家为国谋利，即为无用之人。即使在一半能执业的男子中，还有十之二三的人不知自好者。"待食者如此之多，谋食者如此之寡，由人而及家，由家而及国，以一人而养数人，且有养数十人者。中土虽地大物博，安得而不贫，国安得而不弱？"因此，中国出现"国虽富而贫，兵虽强而弱也"的局面是必然的。他们认为："使中国省会城镇设有女学堂，聚贵贱贫富之女子一教之，与男子一视同仁，学成而后，皆有以自立于当世，可使中国民数之众有益无害，不致为废材弃物，则国可以富，兵可以强矣。"[27]也就是说当前中国积贫积弱的现状和中国女子教育的缺失有很大关系，要想改变这种现状，就要设女学，让女子接收新式教育，自立自强。

有的论者还指出，在格致制造业上"女子心静而专，转有特过男子之处，……或用此心思制成一器，必有大用"[28]。也就是说，如果让女子读书识字，女子的细腻等特征将也许会使其在格致制造业方面做出比男子更大的贡献。还有的论者从人才的角度对中国由强变弱而西方国家由弱变强的原因进行了分析，指出西方之所以强大而中国之所以贫困并历遭侵略，与对教育的重视程度有密切的关系。人人识字是国家富强的基础，而妇女识字又是先决条件。因此，让女子接受教育无论是对女子自身而言还是对国家而言，都非常重要。

三 结语

纵观《申报》等关于晚清有识之士对女子新式教育必要性和重要性问题的探讨，深入剖析女子教育在家庭及国家发展中的主要作用，将其从对女子个人成长、家庭团结和睦及子女教育问题逐步上升到国家民族富强的高度，将女子教育同强国保种紧密地联系起来。他们主张在当前国力衰弱、内忧外患之时，中国应摒弃"女子无才便是德"等封建传统思想，学习西方国家，兴办新式女学让女子接受教育，才能振兴国力，实现国家民族的富强。这些探讨为封建守旧的思想界吹进一股新风，极大地引起了世人的关注和更大范围的传播，在一定程度上为新式女子教育产生发挥了巨大的舆论先导作用，为新式女子教育的最终确立奠定了坚实的思想基础。

注释：

[1]《书论女学后》，《申报》光绪二年三月十三日，上海书店1983年影印本，第8册第313页。

[2]《中西女塾说》，《申报》光绪十六年二月初五日，上海书店1983年影印本，第36册第271页。

[3]《女学堂论》，《申报》光绪二十九年三月二十七日，上海书店1985年影印本，第73册第689页。

[4]《兴女学议》，《申报》光绪二十七年五月二十六日，上海书店1985年影印本，第68册第427页。

[5]《与人论创兴女学事》,《申报》光绪二十八年八月十三日，上海书店1985年影印本，第72册第89页。
[6]《论振兴女学》,《申报》光绪十八年十二月初三日，上海书店1984年影印本，第43册第121页。
[7]《论女学》,《申报》光绪二年三月初五日，上海书店1983年影印本，第8册第285页。
[8]《女学堂议》,《申报》光绪十三年十一月二十二日，上海书店1983年影印本，第32册第27页。
[9]《论女学》,《申报》光绪二年三月初五日，上海书店1983年影印本，第8册第285页。
[10]《论劝戒妇女缠足以先广女塾以清其源》,《申报》光绪二十二年五月初三日，上海书店1985年影印本，第53册第283页。
[11]《书论女学后》,《申报》光绪二年三月十三日，上海书店1983年影印本，第8册第313页。
[12]《论女学》,《申报》光绪二年三月初五日，上海书店1983年影印本，第8册第285页。
[13]《书论女学后》,《申报》光绪二年三月十三日，上海书店1983年影印本，第8册第313页。
[14]《申论中国妇女宜皆读书识字之益并拟中国宜设女学校开女科第颁女法律》,《申报》光绪二十二年十二月二十一日，上海书店1985年影印本，第55册第131页。
[15]《书论女学后》,《申报》光绪二年三月十三日，上海书店1983年影印本，第8册第313页。
[16]《中西男女轻重不同说》,《申报》光绪十一年九月十六日，上海书店1983年影印本，第27册第701页。
[17]《振兴女学议》,《申报》光绪二十三年六月十三日，上海书店1985年影印本，第56册第433页。
[18]《申论中国妇女宜皆读书识字之益并拟中国宜设女学校开女科第颁女法律》,《申报》光绪二十二年十二月二十一日，上海书店1985年影印本，第55册第131页。
[19]《论女学》,《申报》光绪二年三月初五日，上海书店1983年影印本，第8册第285页。
[20]《论设女教以端士习》,《申报》光绪二年九月十六日，上海书店1983年影印本，第9册第421页。
[21]《论中国欲人人识字必先以妇女识字为始并推言妇女不读书之害》,《申报》光绪二十二年十二月十五日，上海书店1985年影印本，第55册第95页。
[22]《论中国欲人人识字必先以妇女识字为始并推言妇女不读书之害》,《申报》光绪二十二年十二月十五日，上海书店1985年影印本，第55册第95页。
[23]《论女学》,《申报》光绪二年三月初五日，上海书店1983年影印本，第8册第285页。
[24]《论中国欲人人识字必先以妇女识字为始并推言妇女不读书之害》,《申报》光绪二十二年十二月十五日，上海书店1985年影印本，第55册第95页。
[25]《论地方官宜注重女子教育》,《申报》光绪三十二年四月二十一日，上海书店1985年影印本，第83册第427页。
[26]《女学堂余议》,《申报》，光绪十五年正月二十三日，上海书店1983年影印本，第34册第241页。
[27]《女学堂余议》,《申报》光绪十五年正月二十三日，上海书店1983年影印本，第34册第241页。
[28]《论女学》,《申报》光绪二年三月初五日，上海书店1983年影印本，第8册第285页。

新见吴大澂《愙斋自订年谱》稿本异文小考

钱轶颖（苏州市公共文化中心、苏州市名人馆）

内容摘要：吴大澂作为近代名人，其生平事迹关涉中国 19 世纪末政治外交、文学艺术及金石考古诸领域。吴氏自撰年谱虽有诸多版本行世，但迄今未见稿本。苏州名人馆新藏《愙斋自订年谱》稿本残本的发现，不仅为珍贵历史文献手稿的重要面世，更可以据此与现有诸本互勘正讹拾遗补缺，具有相当的史料价值。

关键词：吴大澂　自订年谱　稿本　异文考正

吴大澂（1835—1902）是清季名人，曾先后入李鸿章、左宗棠营中为幕僚，热心洋务革新，盛负时誉。在办理东北疆防时，与俄使巴拉诺夫会勘边界，据理争回被沙俄非法侵占的黑顶子地区，并签订《中俄珲春界约》。甲午中日战起，又不顾年衰，请缨亲赴辽东沙场，却因兵败罢黜永不叙用，政治生命以悲剧收场。但作为文物鉴藏家、特别是在金石考订和古文字学研究上的成就，最终确立了他在中国近代学术史上的崇高地位。

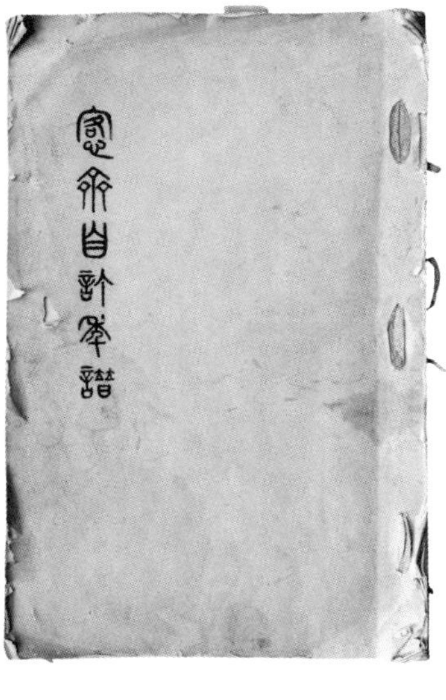

图一　名人馆藏《愙斋自订年谱》稿本书衣

苏州市名人馆在 2013 年征集购藏的近代名人手稿中，有吴大澂《愙斋自订年谱》稿本一册（以下简称苏本）。此种为六眼毛装本，开本高 35.4 、宽 22.0 厘米，书衣左上角有墨笔篆署题耑“愙斋自订年谱”，卷端大题相同（图一）。全册五叶，均为吴大澂行楷手书，不全，自出生记至三十八岁。其中遇“旨”、“朝”、“钦”、“命”等字均另起一行上提一格，书中有双行小字，凡脱漏者另于行间补抄，三十八岁一条下阙如未记，且末叶空白甚多，似乎戛然而止者。

查考迄今为止有关吴大澂生平年谱整理研究者，主要有两种：一为顾廷龙编著《吴愙斋先生年谱》（以下简称顾本）[1]，二为中华书局辑刊《〈青鹤〉笔记九种》（以下简称《近》本）[2]。顾本书名由溥仪帝师陈宝琛署检，卷前有潘承弼、顾颉刚序及顾氏自撰《叙例》，并吴大澂照片、画像、手稿、书画、器物等书影 18 种，卷后附录《愙斋先生著述目》、《愙斋先生所藏古器物目》、《征引书目》。此书旁征博引考订精审，堪称吴大澂年谱编辑中之最详要者。在《愙斋先生著述目》之二《未刊各书》中，第十五种即《自订年谱》，在标题下，顾廷龙先生云：“《自订年谱》止于癸巳，时先生年届六旬。回念少壮，备历艰险，于治政余暑，粗述梗概。盖追想之事，间有讹误，仅属初稿，而未经润色者也。原稿为寮属索阅未归。当时先生女夫潘睦先曾录副一通，其后亲族皆从潘氏传抄得之”[3]。而在《叙例》中，亦有：“先生早年行事，根据《自订年谱》。此谱为先生癸巳六十揽揆时追记之作，故即断自癸巳，而其中实不无挩漏。本编所引，多取原文，各注出处。”[4] 顾廷龙先生没有具体说明他所看到的《愙斋自订年谱》是稿本还是抄本，也没有说明其确切来源，只是称："遂于吴中收罗故实，先后承费仲深姻丈、吴湖帆表兄出先生手迹相示，亲朋有藏弆者亦咸以见告"[5]。而《近》本收录点校近代名人遗稿九种，其第五种为《窓斋自订年谱》一卷，卷前编者志曰："窓斋中丞自订年谱全卷，其文孙湖帆先生举以付刊本志，题眉系中丞所书，足珍也"[6]，由于中华书局此书是据民国十九年上海《青鹤》半月刊连载重新标点分段出版的，并非直接从手稿点校而出，上述前言也是民国时编者所加，故推测中华书局重辑者并没有看到过吴大澂原稿，而《青鹤》编印者所据吴湖帆藏本或即顾廷龙所见者。另外，今人印晓峰点校《窓斋诗存》（以下简称印本）卷后亦有《窓斋自订年谱》一卷（附录三），印氏称"年谱原稿不存，仅以抄本流传。上海图书馆藏潘承谋写本，系抄自先生女夫潘季孺据原稿过录本，虽仍不免舛讹之处，然较之1930年代《青鹤》杂志连载排印本，则远过之矣"[7]，其点校即以上图藏抄本为底本、参校《青鹤》本整理而成。结合上述数家者所言，则顾本和《近》本所据底本很有可能是同一种、即吴大澂嗣孙吴湖帆先生所庋藏者，而印本乃是以上图藏潘承谋翻抄本为底本。而苏州市名人馆所藏稿本，其撰写时间应当早于上述各种，具体年代不详，上图本《窓斋自订年谱》后有潘承谋跋曰："先生在湘抚任，手订年谱，原稿本为长沙、善化两令将以文寿先生索去，故止于到湘之岁"[8]，或确如顾廷龙先生所言，系吴大澂在光绪二十一年（1895）湖南巡抚任上时草就未完、而"为寮属索阅未归"者也。

今以苏本与顾本、《近》本、印本相对勘，发现顾本、《近》本、印本几乎完全相同，间有个别字词、标点互异；而苏本虽内容相近，然文字大多迥异，且较为简略，盖因初订草稿之故，现不揣谫陋迻录于此，凡有异文稍加比对小考，兹条列如下（图二、图三）：

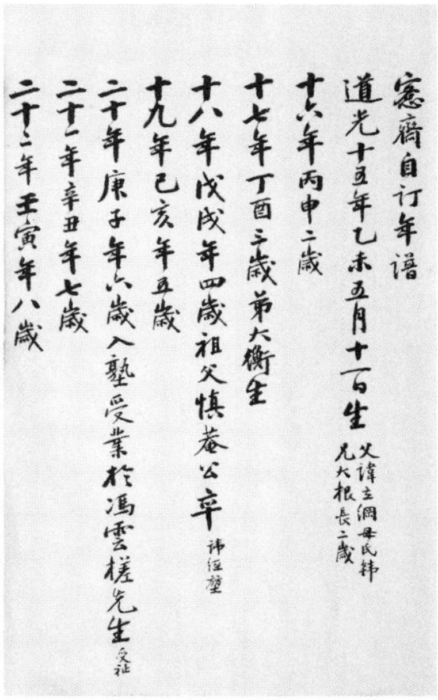
窓齋自訂年譜
道光十五年乙未五月十一日生 父諱立綱母氏韓 兄大根長二歲
十六年丙申二歲
十七年丁酉三歲弟大衡生
十八年戊戌年四歲祖父慎菴公卒
十九年己亥年五歲
二十年庚子年六歲入塾受業於馮雲槎先生
二十一年辛丑年七歲
二十二年壬寅年八歲

图二　名人馆藏《窓斋自订年谱》稿本正文书影（一）

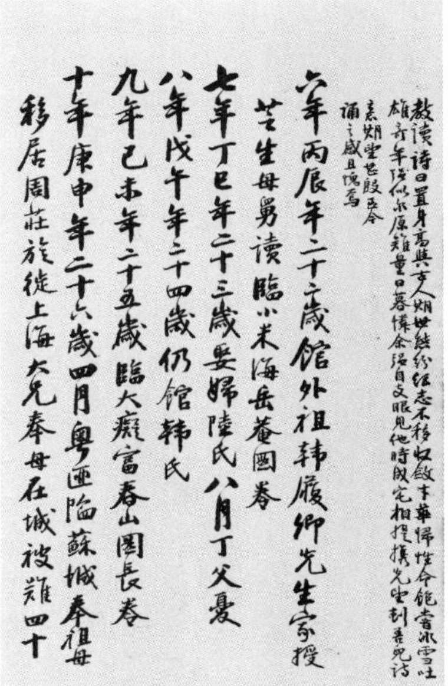
六年丙辰年二十二歲館外祖韓履卿先生家授
芝生母舅讀 臨小米海岳菴圖卷
七年丁巳年二十三歲娶婦陸氏八月丁父憂
八年戊午年二十四歲仍館韓氏
九年己未年二十五歲臨大癡富春山圖長卷
十年庚申年二十六歲四月粵匪陷蘇城奉祖母
移居周莊旋徙上海大兄奉母在城被難四十

图三　名人馆藏《窓斋自订年谱》稿本正文书影（二）

窓斋自订年谱：

道光十五年乙未

五月十一日生。父讳立纲，母氏韩，兄大根长二岁。

按：顾本、《近》本、印本此条作："五月十一日生于苏州府城双林巷老宅"。

十六年丙申，二岁

十七年丁酉，三岁

弟大衡生。

按：印本此条作："胞弟大衡生"。

十八年戊戌，年四岁

祖父慎庵公卒讳经堃。

按：顾本、《近》本、印本此条均误作："二月，（先）大父光禄公弃养。"吴大澂祖父吴经堃（1794—1838）（先君）光禄公弃养，显然前后矛盾，故当以苏本为是。

十九年己亥，年五岁。

二十年庚子，年六岁

入塾，受业於冯云槎先生受祉。

按：顾本、《近》本、印本此条作："入塾，业师冯云槎先生名受祉。"

二十一年辛丑，年七岁

二十二年壬寅，年八岁

按：顾本、《近》本、印本此条作："胞妹生。"此乃大妹，后嫁吴大澂表弟汪鸣銮（1839—1907）。

二十三年癸卯，年九岁

二十四年甲辰，年十岁

按：顾本、《近》本、印本此条作："始学对句。"

二十五年乙巳，年十一岁

按：顾本、《近》本、印本此条作："冯先生去世，余与堂弟大彬受业于王逊甫先生崧之门，距家不及半里，辰出酉归"，所记蒙师冯受祉去世及转投王崧门下时间均比苏本早一年。这一年吴大澂开始学习作诗，《窸斋诗存》卷二《止敬集》有其《咏白菊》断句，吴氏自云："十一岁时，偶吟白菊五言联句，第二联曰：'傲成霜后骨，淡是月前身'，偷写一纸，夹入所读书中，适为吾师所见，师曰：'汝学诗，宜先学对'，因出五字属对，定为日课，此作诗之初。"

二十六年丙午，年十二岁

冯云槎先生卒，受业於王逊甫先生崧。

按：顾本、《近》本、印本此条作："读五经毕"，所记五经课读完毕时间比苏本早二年。

二十七年丁未，年十三岁

按：顾本、《近》本、印本此条作："始学作文，胞妹生"，所记学习作文时间比苏本早一年。此乃二妹，后嫁川沙沈树镛（1832—1873）。

二十八年戊申，年十四岁

诵五经毕，始学为文。

按：顾本、《近》本、印本此条作："始学作画，小浮山人潘功甫先生见而赏之"，潘曾沂（1792—1852）原名遵沂，字企曾，号功甫，潘世恩长子。《窸斋诗存》卷二《止敬集》有其《题画呈韩尺五来潮外伯祖》五律。

二十九年己酉，年十五岁

始应县、府试。

按：顾本、《近》本、印本此条作："（余）与胞兄大根同应县府试。"吴大澂于是年应童子试，开始科考之途。

三十年庚戌，年十六岁

应院试不售。

按：顾本、《近》本、印本此条作："始学作赋，与（胞）兄大根同赴昆山应院试。"童子试分县、府、院三考，吴大澂是年未能通过院试，无缘童生。

咸丰元年辛亥，年十七岁

入学。

按：顾本、《近》本、印本此条作："县试取第七名，府试取第九名，学院青墨卿先生麐按临苏府，取古学第二名，以第十七名入泮。"吴大澂于是年考取童生。

二年壬子，年十八岁

应本省乡试不售。

按：顾本、《近》本、印本此条作："赴金陵（《近》本作'金城'）乡试，荐而不售，遇陈硕甫先生奂于督学署，始学作篆，先生赠以江艮庭先生篆文《尚书》。"所记入陈奂门下学习篆书时间比苏本早一年。陈奂（1786—1863）字倬云，号硕甫。经学名家，早年曾师事段玉裁。江声（1721—1749）字叔沄，号艮庭。经学名家，追随惠栋二十年，尤长于《尚书》之学。辑汉郑玄残注及诸家逸说，附以己见而为之疏，四易其稿，积十余年乃成《尚书集注音疏》十二卷《尚书经师系表》一卷，并于乾隆五十八年（1793）近市居刻篆字本印行。是年吴大澂考举落榜。

三年癸丑，年十九岁

问业於陈硕甫先生奂，兄大根入学，始学篆书。

按：顾本、《近》本、印本此条作：“（胞）兄大根入泮。”

四年甲寅，年二十岁

读段氏《说文解字注》，弟大衡入学。

按：顾本、《近》本、印本此条作：“（胞）弟大衡入泮，外祖韩履卿先生邀往仁孝里，课芝生母舅读。”韩崇字履卿，父韩是升为著名诗人，兄韩崶官至刑部尚书。富收藏，室名宝铁斋。吴大澂开始随陈奂学习段玉裁《说文解字注》，启小学文字考据肇始。

五年乙卯，年二十一岁

读程子《易传》，始学古今体诗，问业於外祖韩履卿先生崇。始学画，临王大痴《九峰三泖读书图》长卷。除夕韩履卿先生示诗一首，命明年为母舅教读，诗曰：“置身高与古人期，世态纷纭志不移。收敛才华归性命，饱尝冰雪吐雄奇。年强似尔原难量，日暮怜余强自支。眼见他时成宅相，提携先望到吾儿”，诗意期望甚殷，至今诵之感且愧焉。

按：顾本、《近》本、印本此条作：“始读《小学》、《进思录》，家大人喜读薛文清《读书录》、吕子《呻吟语》及先儒格言，每日手录数则，勉以身体力行，立志向学，当自不妄语始。时余在韩氏宝铁斋，好集金石拓本，家大人戒之曰：‘好古之士，恐以玩物丧志，与身心无益也’，因命手抄程子《易传》读之。”“王大痴”当是“黄大痴”之误，元黄公望《九峰三泖读书图》手卷至民国时，仍是吴湖帆梅景书屋藏品。顾本引用《宝铁斋诗集续录》称：韩崇为吴大澂题诗是在咸丰六年丙辰，其诗题为：“丙辰岁莫，见外孙吴清卿近作，有斐然之思，诗以志喜”[9]，写作时间较苏本晚一年，但全诗文字与苏本同。苏本记吴大澂教母舅韩芝生时间较其他诸本晚一年。

六年丙辰，年二十二岁

馆外祖父韩履卿先生家，授芝生母舅，临小米《海岳庵图》卷。

按：顾本、《近》本、印本此条作：“陈硕甫先生教以段注《说文》，每日读二三十叶，因就问业焉，仍兼读程子《易传》。”所记随陈奂学段注《说文解字》时间较苏本晚二年。由苏本记载可知，韩氏宝铁斋中曾藏有元代米友仁所作《海岳庵图》手卷真迹或者摹本。

七年丁巳，年二十三岁

娶妇陆氏，八月丁父忧。

按：顾本、《近》本、印本此条作：“夫人陆氏来归。八月（先君）光禄公弃养。手书篆文《孝经》五十本。是冬，葬光禄公于山东浜祖茔之次，自撰《墓志铭》，陈硕甫先生改定之，并为填讳。”吴大澂之父吴立纲（1814—1857）字康甫，号补堂。

八年戊午，年二十四岁

仍馆韩氏

九年己未，年二十五岁

临大痴《富春山图》长卷。

按：顾本、《近》本、印本此条作：“十一月服阕”，吴大澂所临黄公望《富春山居图》盖亦摹本，因为《富春山居图》无论子明卷抑或无用师卷早已入藏清宫大内，而黄大痴《剩山图》真迹，乃是其孙吴湖帆于民国年间方才购藏。是年初冬，吴大澂守丧期满除服。

十年庚申，年二十六岁

四月粤匪陷苏城，奉祖母移居周庄，旋徙上海；大兄奉母在城，被难四十余日始脱虎口。六月自上海避至海门之常乐镇，全家无恙，同庆更生。

按：顾本、《近》本、印本此条中有：“四月初旬，逆贼陷常州，余奉祖母命，全家迁避周庄镇，十一日出城。惟（先）母韩太夫人因外祖在城，不肯远离膝下，胞兄大根独留侍奉。胞叔守约公因办团练，亦未出城。十三日，余由周庄买棹进城省母，并因给发贫米，不能常住乡间，急须赶回城内，不意酉刻行抵娄门，逆贼已陷省城，各城门均不能出入，痛哭而返。”守约公即吴大澂之叔吴滨。是年太平军攻陷苏城，并以之为中心建立苏福省。《窓斋诗存》卷二《止敬集》有《庚申四月十三日自周庄入城，至葑门外黄石桥闻警而返》、《周庄寓中感怀》（四章）、《五月二十一日喜得上海三叔父书示，悉被难概况并知母兄尚留吴城，泫然涕下，赋此奉呈》、《题大兄城中被难后所作诗》（二章）、《六月十六日卧疾沪寓，母兄幼妹自苏脱险来会，喜极流涕，长歌》、《常乐镇寓中偶作》诸篇，其中《庚申四月十三日自周庄入城，至葑门外黄石桥闻警而返》五律曰：“一身哪敢惜，骨肉竟流离。兄母今安在，死生还未知。城乡千里隔，锋镝万分危。回首肝肠断，家园从此辞”，家国之恸溢于言表。

十一年辛酉

吴平斋观察云招至上海，校理金石文字，兼司书记，年二十七岁。与翁书均舍人大年同赴川沙沈韵初孝廉家，观其所藏书画，始与韵初缔交焉。

按：《近》本、印本此条作：“吴平斋先生云招至上海，办理笔墨，并送胞妹至上海，嫁汪柳门表弟鸣銮。岁暮仍回海门省亲，为风雪所阻，至新正二日始得渡海。韩太夫人因上海风鹤时惊，不欲大澂久居危地，因有入都应试之议。”吴云（1811—1883）字少甫，号平斋。翁大年，字叔均，号陶斋。二人皆精通金石篆刻。韵初即沈树镛。《窓斋诗存》卷二《止敬集》有《与汪柳门表弟夜话》（二章）、《除夕和柳门韵》等诗，抒发“门户艰难计，衷怀各自知”的手足兄弟之情。

同治元年壬戌，年二十八岁

赴京，应京兆试不售，馆彭咏莪相国家，为其孙课读。

按：顾本、《近》本、印本此条作：“（与汪柳门表弟鸣銮结伴入都，应京兆试。）五月由上海乘夹板船抵津，六月（朔）到京，寓延寿寺街长元吴会馆。场后留京，彭文敬公邀往小麻线胡同，课其公子祖润、及孙（世兄）福孙，榴仙部郎之长子也，柳门同馆彭氏。”彭蕴章（1792—1862）字琮达，号咏莪。历官工部尚书、武英殿大学士、军机大臣，谥号文敬。其八子彭祖润，字德身，号岱霖。顾本此条在“榴仙部郎”旁加括号，内有“祖贤”，查《彭氏宗谱》卷一《世系》[10]，彭福孙实为彭蕴章五子彭祖彝之子，且亦非长子，而是次子。彭祖彝，字秉常，号榴仙。彭福孙，字备五，号颂田。因苏城尚在太平军控制下，是年吴大澂赴京考举不第，寓居西城区小麻线胡同同乡前辈彭蕴章宅，充当其子彭祖润、孙彭福孙私人教师，《窓斋诗存》卷二《止敬集》有《书彭氏〈孝友堂家训〉后》长诗记之。

二年癸亥，年二十九岁

三月上封事，由都察院代奏，有旨下礼部议。

按：《近》本、印本此条作：“三月都察院代奏条陈时事折，奉上谕一道，见《邸报》。”顾本记载此奏折全文，这也是吴大澂在政坛初试啼声之作。

三年甲子，年三十岁

应京兆试不售，官军克复苏、常诸郡，粤匪平。曾文正公奏请江南於十一月举行甲子科乡试，并补行戊午一科。九月航海南归，中式本省乡试第六名举人，胞弟大衡同榜中式。

按：顾本、《近》本、印本此条作：“（胞弟大衡入都，同应京兆试，表弟汪柳门中式，余与三弟下第，复归应江南试。十一月进场，十二月出榜，余中第六名，胞弟大衡同榜中式。座主为刘蕴斋先生崐、平景笙先生步青。）是年官军克复苏城，胞兄大根奉母韩太夫人由海门旋里。”1864年，李鸿章率淮军及戈登洋枪队克复苏州，重开乡试，吴氏兄弟皆中榜举人，吴大澂第六名经魁，吴大衡第二百零一名。《窓斋诗存》卷二《止敬集》有《闻苏城收复苗逆就擒两信，诗以志喜》，感慨“故园烟草归苍凉，流离犹念梓与桑”。刘崐（1808—1888）字玉昆，号蕴斋，云南普洱人。曾任翰林院学士、同治帝师。平步青（1832—1896）字景荪，号栋山，浙江山阴人。晚清著名藏书家、目录学家、文学家。

四年乙丑，年三十一岁

应礼部会试不售，八月回家，创议留养清水潭难民，会同郡绅劝捐办理，设厂十余所。

按：顾本、《近》本、印本此条中有："航海入都覆试，并应礼部试，余荐而不售，表弟汪柳门中式，用翰林院庶吉士。八月回家。江北清水潭决口被灾，难民纷纷渡江。苏郡绅富无倡留养之议者，府县出示，令其自谋生路，并拟押送回籍，众论哗然。余因邀集郡绅，创议劝捐，设厂留养，在城隍庙设立公所……此生平办理赈济之始，以寒士肩兹巨任，有力小任重之虞。"吴大澂虽然在该年的会试中落榜，但却在赈济苏北灾民的慈善活动中崭露头角。

五年丙寅，年三十二岁

三月资遣清水潭难民回籍。吴平斋观察招请助修《焦山志》。

按：顾本、《近》本、印本此条中有："正、二两月，捐款仍不能源源接济，乃谋资送回籍……吴平斋丈邀往二百兰亭斋，修辑《焦山志》。胞妹嫁川沙沈韵初中书树镛为继室。"二百兰亭斋是吴云在苏州府邸的书斋室名。是年初夏，吴大澂参与的民间捐资助赈活动事竣，刻《征信录》。

六年丁卯，年三十三岁

五月入都，仍馆彭氏，课芍亭京卿之弟、侄。

按：顾本、《近》本、印本此条作："五月入都，彭芍亭京卿邀余到馆，仍课其弟祖润读。"彭蕴章四子彭祖贤（1819—1885）字商耆，号芍亭。

七年戊辰，年三十四岁

中式本科第三名贡士，朝考一等，钦点翰林院庶吉士。八月出都，至德州，谒宫保李少荃师。九月回里。

按：《近》本、印本此条中有："会试中式第三名贡士，殿试二甲第五名，钦点翰林院庶吉士……吴县得馆选者五，洪文清为第一人……八月，告假回苏。"是年吴大澂接连参加戊辰科会试、殿试，斩获二甲第五名进士，该科高中状元者亦为苏州人洪钧。秋天衣锦还乡，途经山东德州，初谒李鸿章。返苏后，在江苏巡抚丁日昌盛邀下，入江苏书局襄办校刻事宜，与书局总办莫友芝朝夕讨论金石文字，甚为投缘。

八年己巳，年三十五岁

三月，偕大兄赴杭州，游灵隐、天竺诸胜。

按：顾本、《近》本、印本此条作："三月，偕大兄至武林，同游西湖十日，遍览灵隐、天竺诸胜。"

九年庚午，年三十六岁

二月赴湖北，谒合肥相国李少荃师，适相国有督办陕西军务之命，邀入戎幕襄理文案，兼司书记。六月行抵潼关，登华山莲花峰。七月至西安。天津教堂案起，相国奉旨署直隶总督，查办津民焚毁教堂一案，八月随节至津。继祖母周太夫人卒，闻讣南旋。十月回津，岁莫入都。

按：顾本、《近》本、印本此条中有："（二月乘轮赴鄂，谒两湖总督合肥李少荃师鸿章，留之幕府。时师适奉督办陕甘后路之命，随节出关……入关，登华山，宿莲花峰，遇雨。七月，合肥师奉命查办天津教案，署直隶总督，同行至津。）六月二十八日，继祖母周太夫人去世。（十一月，由津航海回家。）腊月入都销假。"是年，吴大澂入李鸿章幕中，一路游历湖北、河南、陕西、天津等地，《窸斋诗存》卷三《西輶集》有《登西岳莲花峰纪游》（四章），其三曰："一峰阴对一峰晴，人在莲花顶上行。立脚鳌头才憩息，盘空鸟道又纵横。天悬铁索疑无路，地近银河听有声。惆怅红尘更回首，出山霖雨为苍生"，为国为民的远大政治抱负溢于言表。同年七月，吴大澂长子吴本孝出生；八月，吴大澂大妹随夫汪鸣鸾视学陕甘，病逝于三原学署。

十年辛未，年三十七岁

散馆考列一等第三，授职编修。

按：印本此条中有："散馆考列第三，授职编修。"吴大澂咸丰七年（1857）中进士，循例入翰林院庶常馆，三年期满后参加考试，成绩优良顺利留馆，得授编修一职。是年，直隶亢旱成灾，吴大澂慷慨捐募银七千余两、置办棉衣一万四千余件，解往天津散给灾民。

十一年壬申，年三十八岁

按：是年，吴大澂于京师宣武门外铁老鹳庙胡同创建慈幼院，赁屋延师供应衣食，接济妇孺。三月，又与同人前往受灾的津门文安、大城两县查赈。八月，永定河决口，固安所属赵村、庞各庄被淹，又星速驰援办赈。

顾颉刚在为《吴愙斋先生年谱》所作序言中，以顿挫沉郁之词为吴大澂辩解道："战端启时，先生方任湖南巡抚，年六十矣，体又少衰，使易之常人，则所镇者腹地，距兵戈之区绝远，但当沈默处之，严自保焉，不必蒙畏事之讥，而即已有养望之术。先生乃慷慨请缨，不居安而履危，此心此志岂全躯保妻子之徒所得而识哉！"并云："先生事业固失败，然天下惟能失败者始能有成功，彼鼓其唇舌以弹人为快意者，其于失败成功皆无与也"。甲午战争，对于中日两国的民族自信、国运盛衰及政治走势皆产生了重要的影响。作为一个满腔报国情怀的忠勇之士，吴大澂主动选择和万千军兵一起，走上这个本不属于他的战场，并收获了惨痛的结局与沉重的代价。一百二十年如白驹过隙，转眼又到马年，谨以斯文纪念所有在那场战争中、奉献了自己热忱和热血的爱国者。

注释：

[1] 顾廷龙：《燕京学报专号之十·吴愙斋先生年谱》民国二十四年（1925）三月哈佛燕京学社铅印本，正文第304页。

[2]《近代史料笔记丛刊》2007年4月北京中华书局铅印本，第77—120页。

[3] 顾廷龙：《燕京学报专号之十·吴愙斋先生年谱》，第279页。

[4] 顾廷龙：《燕京学报专号之十·吴愙斋先生年谱》卷前《叙例》，第5页。

[5] 顾廷龙：《燕京学报专号之十·吴愙斋先生年谱》卷前《叙例》，第1页。

[6]《〈青鹤〉笔记九种》之五《愙斋自订年谱》，中华书局2007年，第79页。

[7]《愙斋诗存》，印晓峰点校，2009年8月上海华东师范大学出版社初版铅印本，《出版弁言》第2页。

[8]《愙斋诗存》，正文第236页。

[9] 顾廷龙：《燕京学报专号之十·吴愙斋先生年谱》，第6—7页。

[10]《彭氏宗谱》十二卷首一卷，彭慰高、彭祖贤续修，清光绪九年（1883）衣言庄刻本，卷一叶六十一B面。

叶昌炽与《寒山寺志》

江莺华（苏州科技学院）

内容摘要：文章主要结合叶昌炽《缘督庐日记》简要回顾了其与寒山寺有关的人生经历，着重分析了其编撰《寒山寺志》的晚年心境和心路历程，这对更好地把握其作品、解读其作品，提供了一种文化背景与文化心态的观照，这对我们进一步读懂叶昌炽、走近叶昌炽，具有一定的借鉴意义。

关键词：叶昌炽　寒山寺　寒山寺志

一

叶昌炽与寒山寺最早之夙缘，似可追溯至其早在正谊书院读书之时。同治九年，他协助冯桂芬重修《苏州府志》，为搜集材料而实地勘察，探访名胜古刹，遍访碑刻石幢，这才有机会寻访古寒山寺。

那时，寒山寺早已毁于咸丰十年庚申之变，南烽一熸，荡为荒烟蔓草，被列为废寺。叶昌炽在《寒山寺志·自序》中回忆说：

> 同治辛未，先师冯林一宫允重修《苏州府志》，授简昌炽，以释道之官见属。奉命惕若，退而搜讨文献，咨于故实。尝棹扁舟，出游郊郭，问所谓"寒山寺"者，断甃颓垣，鞠为茂草，无论宋碑不可得，即文、唐两碣，亦沦于灌莽之中。[1]

也许，这是叶昌炽与寒山寺第一次重要会晤。后来的十几年间，他根本就没有那种心情和心境再游寒山寺，家庭之变故、生活之日渐艰难以及科举考试之一再失落，不得不让他四处奔走，要么为人校书，要么担任塾师，来勉强度日。这样的日子一直延续到光绪十五年考中进士之后，才有所改善。接下来的十三年，他偕全家北上去京城清廷当差。到光绪二十八年奉命督甘肃学政，又在西北度过了四年春秋。直至光绪三十二年，清政府废除科举，裁撤各省学政后，他才得以乘机托病归里。因而，后来他再次游寒山寺的足迹则当在退居故里之后。故而，他在《寒山寺志·后序》里云："余归田后，乡居养拙，未尝一过州门。顾以可园校事牵连，扁舟往来，亦时从诸大夫之后。"[2]

到了宣统元年的三月十七日，叶昌炽等诸大夫曾结伴游寒山寺，他在《日记》中略云：从西园戒幢律寺"假山中高下登陀，绕行一遍，即归舟移泊枫桥下，游寒山寺。此寺毁于赭寇，余未归里时，尚一片瓦砾。光绪丙午，陈筱石制帅抚吴，始募僚友重建，并重铸一钟。寺僧，浙人也，号云山，肃客入，甚足恭，并陈茶果。一见即请布金为助，喃喃不已，并为余诵唐张继诗及言文待诏旧碣，询以寒山拾得事，则语焉不详，因笑语之曰：'仆不能为檀施敬，以小洋四开为赠，聊供肉一觔，酒一壶，可乎？'即起至对面廊下，观文待诏石刻，已残破，以碎石嵌置壁间，其所书即张继诗也。一石下署唐寅，其为诗欤文欤则未详也。惟院中照墙上，嵌横石，题'寒拾遗踪'四字，尚完好，崇祯五年冬，姚希孟题，章美书，住持明五立。闻日本人尝到此访古，所见不逮所闻，想同此况味。"[3]

这则日记，给我们提供了不少有关当时寒山寺的信息。其一，那天他们先游览戒幢律寺，然后"归舟移泊枫桥下，游寒山寺"，也许这是他返回故里后第一次结伴舟游寒山寺；其二，此寺毁于咸丰三年前后，太平天国期间赭寇之乱，江浙沦陷之时，那时寒山寺到处是一片瓦砾；其三，光绪丙午，即光绪三十二年，陈筱石抚吴时，因寒山寺年久倾圮，曾募僚友重建屋舍，并重铸一钟，并延请余曲园书碑纪事（即《新修寒山寺记》一文，后辑入《寒山寺志》卷一“志寺”篇），后叶昌炽《寒山寺志》“志事”篇中详录其事，并收其诗四首，并载其夫人钱塘望族许文慎公之妹和诗四首，以详其故实；其四，当时的有一寺僧，号云山，浙江人，对他们殷勤招待，并为他们朗诵张继《枫桥夜泊》诗；其五，观文征明《枫桥夜泊》石刻和唐寅石刻，那时文征明石刻已经残破不堪，以碎石镶嵌其间，但所书张继诗依稀可辨，而唐寅石刻则漫失无考，后加以考证，并在《寒山寺志》“志碑”中录其碑刻残文，“志钟”篇则据《六如居士集》录其全文，其文乃为《姑苏寒山寺化钟疏》，非俞樾《记》中所谓《寒山寺记》也；其六，当时的“寒拾遗踪”横石碑刻嵌在寺院照壁上，翰林学士姚希孟题，崇祯癸酉冬，章美书，住持明五立。后来程德全募修寒山寺的时候，从照壁上取下，并书“妙利宗风”四字，排放到山门内、大雄宝殿前的左右两侧台垣上；其七，略及日本人与寒山寺之关系。这些信息皆为我们提供了当时寒山寺的一个大体概貌，具有极重要的史料价值。那天叶昌炽游玩戒幢律寺和寒山寺，并撰有《独游戒幢律寺感赋》、《寒山寺》两诗，以纪其行迹。

两年后，即宣统三年六月十三日，陆方伯召集叶昌炽、陆钟琦、孙毓骥、李传元、尤先甲、邹福保、曹元弼各位同好第二天游寒山寺，在胥江会集，告以扁舟迳出枫桥，舣棹以待。这一天，叶昌炽在日记里有详细的记载：

> 十四日放晴，晨起，以八百文唤扁舟出阊门，十钟至枫桥，泊日甫亭。……主僧偕一小沙弥迓于寺门外，监修委员伍从之亦出迓。山门之内，新建御碑亭工未竣。内为大殿，殿后精舍三楹，上有楼，据一寺之中，窗牖洞达，凭高四眺，远山近水，平畴略约二三十里皆在目。左为钟楼，右亦有小楼一角，回廊缭曲，院圃清旷，结构颇不俗。伍委员导观土中新刨出各碑。一《吴县乡都田役》，明嘉靖中，知吴县事葛滓立，又有隆庆《社仓》一碑，皆非寺中石刻，惟一告示碑，咸丰间修缮禁约所立。又有长条十余石，内一石记乾隆三十九年住持宣能重修大殿，皆《郡志》所未详。其余皆檀越姓名，无裨考证。[4]

当时寒山寺经时任江苏巡抚的程德全等募捐重修，竣工才不过两个月，修葺后，寒山寺内长廊、精舍、钟楼、大殿等皆规模宏远，焕然一新：“殿宇庄严，水木明瑟，亭延秋月，楼对春山，霜钟应门，兰舟牵岸。凡夫层轩杰阁，曲榭回廊，因寺为园，罔不毕具”[5]，“林木扶疏，以禅房而兼野趣，几为吴下精蓝之冠。”[6]其时，只有新建的御碑亭尚未竣工，其他均以修整完好。“内为大殿，殿后精舍三楹，上有楼，据一寺之中，窗牖洞达，凭高四眺，远山近水，平畴略约二三十里皆在目。左为钟楼，右亦有小楼一角，回廊缭曲，院圃清旷，结构颇不俗。”这奠定了今天寒山寺的基本格局。

二

叶昌炽撰《寒山寺志》之缘起，可追溯晚清江苏两任巡抚募修寒山寺。光绪三十一年春，筱石中丞“偶因校阅营伍，税驾郊坰”，而得以往观寒山寺者，其时，寒山寺近湮没于荒草瓦砾中矣：“入其大门，门庳且隘。登其大殿，榱桷粗存。达观于其左右，则荒葛崩榛，中惟燕葵、兔麦而已。”[7]后便偕僚属募捐俸廉以修葺之，以存此邦之名迹。不两月而完工，特请俞樾撰记，并补书张继《枫桥夜泊》诗。宣统二年程德全改任江苏巡抚，在筱石中丞修复寒山寺基础上，募修扩建，“拓而新之”。为纪念这次寒山寺的修缮工作，程德全延请了叶昌炽编撰《寒山寺志》。

那是宣统三年正月，时叶昌炽六十三岁。其友“以《寒岩诗》一册见赠，程中丞新刻，后附拾得诗一卷，丰干诗二首，有唐台州刺史闾丘胤序，又索书目二册。”[8]在这部《寒山子诗集》里，有程德全跋一篇，略云：

> 庚戌夏孟，移抚三吴，政事余暇，稍稍历览古迹，以存守土之责。时方有重建枫桥寒山寺之议，甚盛举也。未几，赵大令梦泰以罗两

峰绘寒山、拾得象来视，郑中翰文焯亦以旧绘寒山象为贶，最后复得《寒山子诗集》于俞阶青太史。千数百年流风逸采，萃集一时，不禁为之欢忻赞叹。释氏所谓因缘者，殆类此欤？[9]

这里牵涉到很多的人生机缘，寒山之诗、罗聘之象、小坡之画，皆萃集于一时，成了寒山寺史上一件千载难逢之盛事。其时叶昌炽又得到陆申甫方伯所寄“《寒山子集》一册，寒拾两僧象拓本，罗两峰所绘，有题词，谓即‘世所传和合象，亦闻所未闻也’”，并请他撰写楹联。到了三月初十日那天夜里，叶昌炽“灯下撰寒山寺楹贴，枕上改定之：‘木屐桦冠，世外寒岩，颂古相传如雪窦；钟声塔影，山塘精舍，到今依旧属云阳。’附识语云：‘顾云美塔影园在虎丘云岩寺之阳，用《后汉书·宣秉传》，署曰‘云阳草堂’。今云阳中丞，下车清节，同符巨工，重兴刹竿，振寒拾之宗风，存吴闾之名迹，甚盛举也。爰拈此为颂云。’”[10]所有这些，似乎都是开启了他撰写《寒山寺志》的先声。

这项工作是从宣统三年四月初八日这天正式开始的。

四月初八日，当道以重修寒山寺告成，属叶昌炽为寒山寺“搜辑唐宋以后艺文，文字之役，无不可承教”[11]，于是就应允了此事，第二天陆申甫又寄来“《寒山子诗》石刻三十首。”[12]自叶昌炽受其邀请始，便穷搜故实，甄别史料，殚精竭虑，积数月之功，编撰《寒山寺志》。这些情况，在他当时所写的日记里，都有很完整的反映，对我们客观认识《寒山寺志》的编撰过程，提供了具体而翔实的原始资料。其间，仲蕃甥、詠甥为年迈的叶昌炽做了许多力所能及的工作，《志》中许多文献，几乎都由叶昌炽授书给他负责辑录。其中所涉及的典籍主要有《王百谷集》、《翟冏卿集》、《仪顾堂题跋》等数十种，这些几乎都是叶昌炽的重要藏书。

从四月十八日到五月十六日，叶昌炽及其仲蕃甥从这些藏书中，辑录了大量的寒山寺诗文，网罗事实典故，并“拟访《灵岩》、《圣恩》之例，辑为《寒山寺志》。”这一阶段，主要侧重于寒山寺诗文的搜集和整理。可是当道催促颇急，叶氏独力承担文字之役，不欲敷衍而速成。叶昌炽当时颇为动气，很不高兴。那天日记是这样写的：

昨宵卧后过一点钟，闻铃声，似一骑驰来。既而叩扉，断续甚厉，心颇讶之。今晨起，亟询奴子，则郡廨送书，至筱雅太守为中丞索寒山题咏，亟欲付刻。文字之役，半夜敲门，过于风雨催租矣。一月以来，网罗典故，拟仿《灵岩》、《圣恩》之例，辑为《寒山寺志》。一伽蓝地，虽非如府县志，必集群策群力，经岁月而后成。一人属稿，亦何能为《急就章》？即寄一函，以此意直告之。[13]

由此可见，叶昌炽自受命以来，严肃认真的史学态度。后迫于当道催急，“即检出诗文五通，诗王临川二十首，陈季方十四首，彭南畇一首，文瞿汝稷、徐昭法各一首，共十纸，作一函寄去。”[14]后来程中丞“见寒山诗文，喜为得。”[15]

今检《缘督庐日记》，我们可以看出其成书的大致进程。“志桥”、“志寺”成于宣统三年五月二十四日“前两日”，当天“连辑《寒山寺志》‘发凡’、‘起例’”，并成“志塔”一篇；……六月初一“续‘志游’篇竟，又草‘志事’篇，次第八、第九。”……初三日“《寺志》十篇已脱稿”，“昨今两日，又以《寒拾事迹》、《寒山子集》题词排比成帙，附于后，为第十一、十二两篇终焉，此两篇无小序，以其为附庸，示有别也。”再对照《寒山寺志》初稿本，封面题签为“寒山寺稿本，文小坡、叶鞠裳批校”，有程德全序一篇，卷次篇目依次是：程序，自序，卷第一：志桥第一、志寺第二、志塔第三、志象第四、志钟第五、志碑第六，卷第二：志僧第七、志游第八、志事第九、志寺第十，卷第三：附寒拾事迹、寒山诗集题辞，此外还有郑文焯批注多则。我们可以发现其中的对应关系。

从当年四月初八日至五月廿一日，主要侧重于资料的搜罗和整理，并拟出《寺志》之义例和纲目；从五月廿二日之六月初三，《寺志》初稿十二篇均已脱稿成书，前后时长近达两个月之久。在完成初稿的当天，叶昌炽亦回首这两月之搜罗编撰而自慨："溯自首夏轫稿，发箧陈书，獭祭弥月，不半月而卒业，以考献征文之事等于风檐角艺，又似星使驰驿，厨传骚然，仓皇供帐，塞责而已，安能有佳构乎？"[16]

在六月初九日那天，程德全招饮植园，同座者有何筱雅、郑文焯、邹福保等，与郑文焯商谈同治《苏州府志》中有关"寒山寺"事。归后第二天即检《府志》"寺观"一门，得所引姚广孝《寒山寺重兴记》舛误一条。当天写日记的时候，又回忆起前一天的事：

> 昨在植园坐，闻郑小圃言，同治《苏州府志》"寒山寺"有姚少师《记》，前事茫不记忆，即从芸巢借阅，并借顾诒百《清嘉录》、钱梅溪《履园丛话》，今晨即以一束送来，并为赵学南转贻新刻《明懿安皇后外传》一册。又以所撰《寒山寺记》拓本见示（新上石）。检《郡志》，果有姚记，寒拾皆在隋唐间，而此记乃云"元和中，寒山缚茅于此"，其言何可据？不知当日从何得之。今箧中所藏姚少师集钞本，并无此文也。同治《志》"寺观"一门，即为鄙人所纂，四十余年，惘惘如梦，此次不能不纠正，狐埋之而狐搰之矣。尚有韦左司诗，均录出。顾、钱两书无可采，即作一函，并还之。[17]

两天后，作《自序》未脱稿，第二天续成之，并纠正了同治《苏州府志》引文之误。那年正好是闰六月。在闰六月初五日夜间，叶昌炽得何筱雅和程德全函，知《寒山寺志》"送郑小坡参订"，而深发感慨："文章天下之公器，不妨商榷。此老服膺郑学，植园坐次，察言观色而知之。"[18]半个月后，叶昌炽又得陆申甫、程中丞函，"寒山寺求樊山方伯楹帖未来，得其复函见示，以文采可爱，欲登入《寺志·志事》一门。本如郡县志杂记之例，琐闻丛载，皆所不遗。拙稿寂寞，愿得名作为助，即允之。"

我们不知道《寒山寺志》初稿本中程德全序写于何时，细观其所言，甚为公允，现姑录于此：

> 余重修寒山寺成，长洲叶君昌炽著《寒山寺志》，缪请余为是正。寒山寺者，唐张继《枫桥夜泊》，为诗写其幽思，夜钟之声，自寺而出。其寺之确为何地，辽哉不可穷诘矣。……寒山之名，不知所缘起，后人奉寒山子象，符寺之称，揆之唐盖不然，然其传则久。余之拓此寺也，壹沿旧说而恢之，蕲存古迹而已，不深辨也。……叶君之为此志，用力甚勤，高密郑君文焯又厘定而商益之。余抚是邦，苦吾力之不给，惙惙焉陨越是惧，更无从替订其百一，惟举余之所以营兹寺者，略引其耑。盖以为讨寺之故，欲审乎寒山寺源流者，观斯志为宜。[19]

是序阐明修寒山寺之原委，亦交代撰《志》之缘由，其独得力于二端，一为唐张继诗，一为寒山子象，此皆远不可考辨，唯以保存古迹，以为吴山生色而已。同时，亦说明叶昌炽受其邀请，独自编撰《寒山寺志》，经过一个多月穷搜故实，严谨考订，而完成其初稿。叶昌炽便呈交程德全审阅，程德全又延请郑文焯厘定是稿。这本出于好事。然他们之间的意见分歧，特别是郑文焯的批注和删改，却令叶昌炽极为不满。那是六月二十八日，叶昌炽校《寒山寺志》三卷写样"满纸皆挖补痕，百孔千疮，豕鱼迷目，然已埋头半月，既竭目力，既竭心思矣。"一个月后得见拙稿被郑文焯的批注和改易，令叶昌炽极为不满："何筱雅太守来两缄。……至郑叔问所签，则如呓如吠，阅之迷瞀，罔知所从；悍然奋笔删改，大言不怍，直是毁瓦画墁，著书义例，全未梦见。此真妄人，奚足与校。"[20]后又在《与何筱雅太守书》云：

> 某君为贵公子，为诸侯上客，侨寓吴阊，垂四十载。鄙人束发论交，亦颇有介绍者，但以后门寒素，自惭形秽。里社文酒，公车计偕，未尝易一刺、同一尊。中丞不察，遽以拙稿相就正。某君谓寒山寺，"羌无故实，不过一荒寒之山寺"。敬闻命矣。枫桥负郭，劫后荒凉，诚非昔比，从前固五都之市也。……大抵撰述之事，各有体裁，根柢古谊，深通流略，闭门造

车，出门合辙，非可以章句声病之学，引绳而批根也。……至于寒山寺，不过一牛鸣地耳。若论封域、但树一界相碑；若论文法，但作一游记即可囊括无遗，安用志焉？……寒山劫火娄经，刹竿不坠，只因张继一诗。寒、拾因缘，尚在传疑之列。此志自当因诗起义，博采遗闻，旁搜教乘，兼有小说、游记、诗话、语录四家之体，咨于故实，稍整齐之则可。至于姓氏、职官、年月、义例，即有抵牾，无关宏旨，盖与地志不同，尤未可绳以史例。[21]

此书原拟寄与何筱雅，适逢“武昌变起，倥偬之际，缮而未发”，后便移录于《寒山寺志》修订稿“后序”之后，足可见叶昌炽当时之心迹。今检《寒山寺志》初稿本，郑文焯虽博学多识，然其对《寒山寺志》却颇有微词，眉批墨勾，多处删改，诚如上《书》所云：“羌无故实，不过一荒寒之山寺。”而叶昌炽则以通识存疑之眼光，尽管“寒山寺，不过一牛鸣地”，“只因张继一诗，寒、拾因缘”而“刹竿不坠”，虽传疑颇甚，然奉程中丞之请，以诗起义，“援西湖理安《昭庆寺志》之例，拾遗补阙”，广搜博采、考证谨严，辑为是篇。然郑文焯之批注，尤其是对各篇后小序不加分析地予以全盘删削，致使叶昌炽耿耿于心，久久不得释怀。到了七月初二日叶昌炽又得何筱雅函，“言中丞欲留拙稿付写官，并索还前示一函。即付之。另牋作《圣证论讼言》，攻郑学。又以一函来谢过。歇后诗不可读，于诸公何有？”[22]时值辛亥革命前夕，国内政局动荡，诚如《后序》所云：“维时在宣统辛亥秋仲，天地倾覆，武昌变起，沉沉戟门，白微高揭，而此稿遂陆沉不出矣。”[23]这样，叶昌炽晚年用力甚勤的一部力作，遂留存府署，历劫不灭，现今完好保存于苏州博物馆。

三

民国元年，叶昌炽抚今追昔，感慨自叹：“去年辑《寒山寺志》，为夫己氏作也。不幸脱稿适逢国变，遂留未归，‘佳人已归沙吒利’，还无日矣。杨子云之剧秦美新，陆剑南之《南园记》，皆在凶焰方彰之日。去秋仆属稿时，其人假面犹未剥，朝廷畀以畺寄，俨然重臣也。圣人云：‘不逆诈，不亿不信’，人非耆龟，孰能前知。阳货、桓魋焉能浼我。旧稿幸在，病中拟稍加董录而出之。惟书法，不易一字，再加一序，以寓诛贬辨奸之论，讨逆之檄，绝交之书，皆于是乎。在即于今日为始。缮第一叶。”[24]他仍读书不辍，偶有所得，即采辑补入《寺志》之中，时有增删和调整。当年四月初六日，叶昌炽“阅《宋诗钞》，薛士龙《浪语集》有枫桥诗一首，孙中益《鸿庆居士集》五首，请葵伯录副。孙诗中有三绝，《姑苏志》已采入‘寒山寺’。”……九月初六日“检《别下斋丛书》，从翁雒《小蓬海集》得题徐虹亭《枫江渔火图》诗，可补‘志事’一则。”[25]九月初七日“缮《寺志》稿至第六卷毕，前删《志塔》一篇，今增《志产》篇，为第七”[26]。九月初九日“作《寒山寺志·后序》一首”，自署寂鉴遗民[27]。到了“初十日，客秋因《寒山志》事，与何筱雅太守邮筒不绝，拟附一书于序后，而其稿已佚，重录出之，师丹健忘，不能无改窜也。”[28]“十四日……又据《南州草堂集》、翁雒《小蓬海遗诗》增纂两则。”[29]……十月初十日，重纂《寒山寺志》告成：“写《寒山寺志》自序两首，与何霄雅同年一函，计全书三卷，共一百十三开，自七月廿三日始，阅七十八日而竣事。”[30]

叶昌炽这次对《寺志》初稿本的重新修订整理，在体例上，除去掉初稿本的“志塔”外，又增添“志产”一篇，目录和卷次上亦有所调整，其先后次序几乎不变，仍分为三卷十二篇，去掉程德全序，又自撰《后序》一篇，并附《与何筱雅太守书》以及有关识语数则，同时亦将卷三“附寒山诗集题辞”更为“附《寒山诗集解题》及诸家《书牍》、《诗话》、《序》、《跋》考证”，在每篇内容和资料考证上亦得到进一步地充实。可惜的是，这部书稿，在其有生之年一直未能刊刻而行之于世，这是叶昌炽至临终前仍引以为憾的。这一点在其《寺志·后序》中表露无遗：

呜呼！自先圣哲王开天明道以来，园桥辟雍，沦为草莽，诗书之祸，烈于秦燔，一书之存亡何与？佛经谓“毗岚风起，梵天楼阁，皆成劫灰”，一寺之兴废又何与？虽然，此稿固尚存也，异日不能禁其不出，即不能禁其无所改窜，以昌炽冗长潦倒，世所共弃之人，附骥尾而行千里，吴越一家，老韩同传，人其谓我何？……当难之未作也，中丞坐镇于上，文节与筱雅同年承流宣化于下，凡百庶事，同寅协恭，此寺因缘，华藏海中一刹尘耳。[31]

其后又有识语略云：“此序扞冒时忌，可以不出。余谓不然，疆学为义者，不徇一姓之废兴；拙政自安者，无预当世乱之理乱。鄙人惸独残年，饰巾待逝，但守移山之愚，匪高蹈海之节。庾元规尘起，既无污我之嫌；羊叔子使来，安有酖人之意？五德终始，知定论之难凭；六家源流，又要旨之各异。儒墨各一，是非牛李，初无恩怨。方今舆论自由，昌言无讳，岂有文字，遂挂网罗？知我罪我，敬俟来哲。闳达君子，其何责焉？”[32]其意内言外，实令人感怀不已。

到了第二年，他六十五岁生日时，回忆前程，不无感慨地自叹道：“癸丑九月十五日余生六十五年矣，今日为初度。遭世艰屯，家亡国破，方恨蜕骨之不早，而家人以大病得甦，请援年例设汤饼。重违其意，愧何如矣。”[33]叶昌炽对《寒山寺志》的修订工作，从七月二十三日开始到十月初十日止，前后达两个半月之久，两月来，其殚精竭虑，煞费苦心，用力甚勤，这种严肃认真的史学态度，为后来修志编史者，提供了一个极好的范例。在叶昌炽去世五年后的民国十年，《寒山寺志》修订稿由其世交潘祖年予以刊刻而行之于世，其刻本今存在苏州图书馆。也正是这部《寒山寺志》，改变了寒山寺过往一千余年无志的历史，同时亦奠定了以后一百年来寒山寺文化发展的基本方向和基本路径。

注释：

[1] 叶昌炽：《寒山寺志》，江苏古籍出版社1990年，第1页。
[2] 叶昌炽：《寒山寺志》，江苏古籍出版社1990年，第1页。
[3] 叶昌炽：《缘督庐日记》，江苏古籍出版社2002年，第6145页。
[4] 叶昌炽：《缘督庐日记》，江苏古籍出版社2002年，第6703页。
[5] 叶昌炽：《寒山寺志》，江苏古籍出版社1990年，第17页。
[6] 叶昌炽：《寒山寺志》，江苏古籍出版社1990年，第21页。
[7] 叶昌炽：《寒山寺志》，江苏古籍出版社1990年，第12页。
[8] 叶昌炽：《缘督庐日记》，江苏古籍出版社2002年，第6597页。
[9] 叶昌炽：《寒山寺志》，江苏古籍出版社1990年，第133页。
[10] 叶昌炽：《缘督庐日记》，江苏古籍出版社2002年，第6636页。
[11] 叶昌炽：《缘督庐日记》，江苏古籍出版社2002年，第6661页。
[12] 叶昌炽：《缘督庐日记》，江苏古籍出版社2002年，第6663页。
[13] 叶昌炽：《缘督庐日记》，江苏古籍出版社2002年，第6683页。
[14] 叶昌炽：《缘督庐日记》，江苏古籍出版社2002年，第6684页。
[15] 叶昌炽：《缘督庐日记》，江苏古籍出版社2002年，第6685页。
[16] 叶昌炽：《缘督庐日记》，江苏古籍出版社2002年，第6695页。
[17] 叶昌炽：《缘督庐日记》，江苏古籍出版社2002年，第6699页。
[18] 叶昌炽：《缘督庐日记》，江苏古籍出版社2002年，第6725页。

[19] 叶昌炽：《寒山寺志》，江苏古籍出版社 1990 年，第 143 页。
[20] 叶昌炽：《缘督庐日记》，江苏古籍出版社 2002 年，第 6746 页。
[21] 叶昌炽：《寒山寺志》，江苏古籍出版社 1990 年，第 4 页。
[22] 叶昌炽：《缘督庐日记》，江苏古籍出版社 2002 年，第 6748 页。
[23] 叶昌炽：《寒山寺志》，江苏古籍出版社 1990 年，第 1 页。
[24] 叶昌炽：《缘督庐日记》，江苏古籍出版社 2002 年，第 6987 页。
[25] 叶昌炽：《缘督庐日记》，江苏古籍出版社 2002 年，第 7006 页。
[26] 叶昌炽：《缘督庐日记》，江苏古籍出版社 2002 年，第 7006 页。
[27] 叶昌炽：《缘督庐日记》，江苏古籍出版社 2002 年，第 7007 页。
[28] 叶昌炽：《缘督庐日记》，江苏古籍出版社 2002 年，第 7007 页。
[29] 叶昌炽：《缘督庐日记》，江苏古籍出版社 2002 年，第 7009 页。
[30] 叶昌炽：《缘督庐日记》，江苏古籍出版社 2002 年，第 7023 页。
[31] 叶昌炽：《寒山寺志》，江苏古籍出版社 1990 年，第 2 页。
[32] 叶昌炽：《寒山寺志》，江苏古籍出版社 1990 年，第 2 页。
[33] 叶昌炽：《缘督庐日记》，江苏古籍出版社 2002 年，第 7191 页。

顾况《送张卫尉》考异

郭殿忱（北华大学文学院）

内容摘要：顾况籍里有苏州、吴兴二说，今考证确为苏州先贤。《送张卫尉》又题《送大理张卿》证之以陆游著述，应以原题为准。诗句中的几处异文，前贤时俊多列异同而鲜有按断，今据有关史地、名物、声韵、格律等方面之记载与要求，认真比较异文间的是非优劣并给出“宜各从长”之已见。

关键词：顾况；《送张卫尉》诗；异文；校考

《旧唐书·顾况传》载：“顾况者，苏州人。能为诗歌”[1]。而《历代名画记》则称：“顾况，字逋翁，吴兴人”[2]。《唐国史补》称“吴人顾况”[3]，《唐诗纪事》曰“况字逋翁，姑苏人。”[4]《桂苑丛谈》云“吴郡顾况”[5]，《封氏闻见记》称其为“吴士”[6]。《全唐文》收皇甫湜《唐故著作郎顾况集序》有云：

> 吴中山泉气状，英淑怪丽：太湖异石，洞庭朱实，华亭清唳，与虎丘、天竺诸佛寺，钧号秀绝。君出其中间，翕清轻以为性，结泠汰以为质，煦鲜荣以为词，骏发踔厉，往往若穿天心，出月胁，意外惊人语，非寻常所能及，最为快也。李太白、杜甫已死，非君将谁与哉！[7]

此分析古苏州物华天宝、人杰地灵，顾况乃其代表人物之一，是继李、杜之后，诗坛之翘楚。

何以误为吴兴？窃以为吴郡、吴县均可能误书作吴兴。另，顾况岳父丘某为吴兴人或任职于吴兴。见僧皎然《送顾处士歌》题注：“吴兴丘司议之女婿，即况也。”诗中首二句即云“吴门顾子余早闻，风貌真古谁似君？”

唐代史称中兴之主的宪宗曾命翰林学士令狐楚选编《唐新诗》进呈，后定名《御览诗》。收顾况诗十首，其三为《送张卫尉》[8]。清康熙朝修纂《全唐诗》，此诗题为《送大理张卿》[9]。考《旧唐书·职官志》与《新唐书·职官志》，知唐承隋制，既有统公车、武库、守宫等署的卫尉寺；亦有统司法、监狱的大理寺，各置卿、少卿、丞、主簿等职官[10]。由于不详张氏生平，难以按断卫尉、大理寺卿孰是？抑或张某先后任此二职，亦未可知。

以下诗句亦录自《御览诗》：

> 春色依依惜解携，月卿今夜泊隋堤。
> 白沙洲上江篱长，绿树村边谢豹啼。
> 迁客比来无倚仗，故人相去隔云泥。
> 越禽唯有南枝分，自送孤鸿飞向西。

校：“惜解携”，《全唐诗注》：一作“伤解携”。

考：此为送别诗，首句直切主题：因分手在春季，依依惜别而黯然神伤。从意境看，近似两可；然从格律看，“惜”为入声字而“伤”为平声字。此诗系仄起（色）平收（携）之七律，首联出句应作（仄）仄平平仄仄平格式，“惜”字合格律而“伤”字不合。

校：“江篱”，《全唐诗》作“江蓠”，是。

考：依常理推想，沙洲之上没必要修篱笆，退一万步说，真修了篱笆，它也不会长（zhǎng）。（此长为仄声字，而非长短之长的平声字。）窃以为“篱”与“蓠”因字形相近而致“鲁鱼亥豕”类手民之误。

江蓠，乃一种香草，一说是蘼芜，一说又名川芎。《离骚》中的“扈江蓠与辟芷兮”，司马相如《上林赋》所言“掩以绿蕙，被以江蓠”均指此物。“江蓠长”与“谢豹啼”对仗十分工稳。

谢豹，即杜宇（杜鹃鸟）。《禽经》载：“杜宇啼苦，则自悬于树，自呼曰‘谢豹’。陆游《老学庵笔记》称：“吴人谓杜宇曰‘谢豹’。杜宇初啼时，渔人得虾，曰‘谢豹虾’；市中卖笋，曰‘谢豹笋’。唐顾况《送张卫尉》诗曰‘绿树村中谢豹啼’。若非吴人，殆不知‘谢豹’为何物”[11]。据此言，一、可从侧面坐实顾况为苏州人。二、可知陆游自绍兴乙亥（1155）迄庆元戊午（1198）四十三年间两见《御览诗》（从书后所附《后记》得知）此诗题皆作《送张卫尉》。三、得知陆游所见诗，“村边”作“村中”。考：从意境到对仗（“洲上”对“村边”或“村中”。）再到格律（“边、中”二字皆平声）“边、中”二字皆两可。而举凡两可之字，宜从早出之书或版本。

校：“比来”，《全唐诗注》：一作“此来”，又作“本来”。

考：“比”字诸多义项中，有释“从”者，即“比来”为“从来”。贬谪之人自古及今，从来没有什么倚仗。如此解释，与“本来”已近义。而“此来”，即现在被贬而来之意，亦可解说。反复权衡，原句已佳。值得指出的是“比、此、本”皆为仄声字，互换于格律无碍。足见古人锤词炼字功夫之精湛。

校：“自送”，《全唐诗》作“目送”。“孤鸿”，《全唐诗注》：一作“归鸿”。

考：此联出句以“越鸟朝南枝”的古诗为比兴，结末强调与友人分手后的孤独落寞。“自”与“孤”在用字上很契合。但曹魏时代的嵇康在《赠秀才入军》一诗中写出了千古流传的名句：“目送归鸿，手挥五弦。”顾况用此典故似为更佳。

注释：

[1] 刘昫等：《旧唐书》，中华书局1964年，第3625页。

[2] 张彦远：《历代名画记》，《丛书集成初编本》，中华书局1985年版，第1646页。

[3] 李肇：《唐国史补》卷中，明津逮秘书本，第11页。

[4] 计有功：《唐诗纪事》，上海古籍出版社2008年，第437页

[5] 冯翊：《桂苑丛谈》，《丛书集成初编本》，中华书局1985年版，第2835页。

[6] 封演：《封氏闻见记》，《丛书集成初编本》，中华书局1985年版，第275页。

[7] 董诰等：《全唐文》，清嘉庆十三年刊本。

[8] 令狐楚选编：《御览诗》，上海古籍出版社1978年，第223页。

[9] 曹寅等：《全唐诗》，上海古籍出版社1986年，第267页。

[10] 欧阳修等：《新唐书》，中华书局1975年，第1248、1256页。

[11] 陆游：《老学庵笔记》，《丛书集成初编本》，中华书局1985年，第2766页。

从鄙视到认同

——说“吴儿”

程 义（苏州博物馆）

内容摘要：“吴儿”是魏晋以来文献里常见的一个词汇，原为贬义，但是随着南北交流的深入，南北势力的消长，“吴儿”一词的含义逐渐演化为中性，乃至褒义词。这一演化的过程在隋唐时期变化最为明显。

关键词：吴儿 吴地 南北

宋人赵次公注杜工部诗《走马定昆池》之“吴儿”云：“南人谓北人为伧父，北人谓南人为吴儿，皆常谓也”[1]。伧，粗鄙，粗鲁之意。吴，则是地名，国名，州郡名。所以，吴儿似乎是指一个地方的人。但是，根据当时人的口吻，吴儿和恶名伧父对举，应该不是一个中性词汇，明显带有贬义。尽管吴的范围并不固定，时有盈缩，但吴儿作为北方人的对立面的存在是不争的事实。因此，本文就拟以此为契机，寻觅中古“吴儿”一词的具体含义及其变化的踪迹。

一 释“吴”与“儿”

吴在中国古代历史上有三个关键的时期，分别是春秋时期之吴国、秦汉时期之会稽吴郡、三国时期之东吴。

关于吴人、吴国及吴越争战的历史，散见于《春秋》《左传》《世本》《国语》等先秦典籍中，但均为零星记载。司马迁在《史记·吴太伯世家》中对其进行了集成，成为吴国历史研究的最重要史料。东汉袁康、吴平采集史料及民间传说，辑成《越绝书》，赵晔撰成《吴越春秋》。按《史记》的记载，吴国是由南奔的太伯和仲雍所建。但是最近又有学者指出，《史记》是司马迁在大一统的历史背景下，为中国撰述了第一部充满大一统思想的史学著作。尽管吴国早期历史目前尚不能全部明了，但从寿梦元年（前585）开始“朝周适楚观诸侯礼乐。鲁成公会于钟离，深问周公礼乐”，“蛮夷属于楚者，吴尽取之，是以始大，通吴于上国”（左传成公七年，前584）。经过不断地向四周征伐，吴国的疆域迅速扩大。考古学证明，自西周至春秋前期，今江苏南部太湖西北和东北地区的文化渐趋一致，说明吴国由西向东的征伐取得节节胜利。到春秋中期，吴国已是东南方的一个大国。它的版图东至于海，南面以今浙江省的嘉兴、德清一线与越国为界，西南到达今新安江上游，西北与楚之棠邑（今江苏六合县）接境，北面越过长江抵达淮水。它基本上拥有今江苏南部的整个地区、安徽的东南部以及江苏北部和浙江北部的一小部分[2]。其核心疆域应该就是目前的环太湖地区，尤其是苏锡常地区。夫差二十三年（前473）吴国被越国消灭，吴国领土尽归越国。后来楚威王“兴兵伐之，大败越，杀王无彊，尽取故吴地至浙江，北破齐于徐州，而越以此散”[3]。

秦始皇二十五年秦人灭楚，在吴越故地设会稽郡[4]。《汉书·地理志上》载：会稽郡[5]，（自注：秦置，高帝六年为荆国，十二年更名吴。景帝四年属江都。属扬州。）会稽郡辖吴、曲阿等有二十六县。汉高祖六年（前201）封从弟刘贾为荆王，以吴县为都，高祖十一年（前196）黥布起兵造反，刘贾被黥布所杀。因刘濞随大军参与过消灭黥布的军事活动，高祖认为刘濞可以震慑吴地，加之刘贾又没有后裔，就分封刘濞为吴王，迁都广陵，管辖吴地三郡五十三城之地，都广陵[6]。七国之乱后，吴国国除，吴县属会稽郡，为郡治。东汉顺帝永建四年

（129）会稽与吴郡分治，以钱塘江为界，以东为会稽，治山阴，以西为吴郡，治吴县。东汉以后，随着经济的发展，逐渐由吴郡分出了晋陵、吴兴、义兴郡等郡。

东汉末年，豪强蜂起，最后形成了北方的曹魏、西南的蜀汉、江南的孙吴政权。孙吴起家于富春，富春为当时吴郡所辖，所以吴郡被孙吴视为桑梓之地。经过孙权的大力经营，孙吴最盛时期拥有扬州、荆州、交州三州之地，形成了北据大江，西到三峡，东到大海的辽阔疆域。其中扬州下辖之丹阳郡、吴郡、会稽郡、毗陵等地都是秦汉吴郡故地。

以上即是历史上的“吴”，其辖域内的人群即可称之为吴人。吴人一词在《左传》等先秦文献里时有出现，指春秋时吴国之人。《史记》《汉书》里的“吴人”则指会稽吴郡之人。

儿，最常见的字义当然是儿子和儿童这两个含义。吴儿之“儿”自然不是实指儿童或儿子这两个义项。“儿”还有一个作为虚词词尾的常见义项，“吴儿”的“儿”就是这个义项。但作为虚词的词缀何时产生，大家的认识还颇不一致。王力《汉语史稿》论及“语法的发展”认为词尾“儿”是从唐代才开始产生的，又指出这个作小称的“儿”字很容易发展成爱称[7]。林霞认为儿词尾大范围出现应在宋代，因此取南宋吴自牧《梦粱录》进行统计研究；在功能方面，认为作小称的“儿”后缀强调“小”的感觉，重在让人喜爱的感情色彩上[8]。竺家宁依据佛经语料，发现“儿”后缀早在东汉就已经出现，六朝时代某些带后缀“儿”的派生词已经十分通行，普遍使用于口语当中。透过较细的断代分析，“儿”词尾就其语法功能而言，曾经历四个阶段的变化。第一个阶段，从佛典语料，可以发现这个词尾“儿”在汉代至六朝的功能是用在比较卑下的名词之后，表“卑下义”；第二个阶段，大约在唐代，其语法功能扩展作为动物性的后缀，所结合的动物都是和人类比较亲近的，当然还带有“卑下”的含意在；第三个阶段，再晚一些，原有“卑下”的含意就消失不见了；第四个阶段，“儿”词尾发展为爱称，产生让人喜爱的感情色彩，那又是更晚发展的结果[9]。这四个阶段的划分，虽带有一定的推测性，但基本反映出了“儿”这一词尾的变化。

但是，前贤似乎未注意到“吴儿”一词在正史中出现频率颇高且较早。如果接受语言学家的研究成果的话，按照简单的组合，在不同时期，“吴儿”一词就有不同的含义，甚至是大相径庭的含义。

二　魏晋南北朝时期的“吴儿”

中国地大物博，南北气候人文迥异，在长期的交流过程中，南北人士之间形成了不同的印象，比如胡与汉，江东与中原，荆楚与中原，甚至山东与关内都有不同。尤其是魏晋南北朝时期，南北分治，北方政权多为胡族所建立，在争夺正统的过程中，南北双方都不遗余力地对对手进行了恶化和污蔑。最著名的例子莫过于杜弼与高欢的一段对话：

（杜）弼以文武在位，罕有廉洁，言之于高祖。高祖曰：“弼来，我语尔。天下浊乱，习俗已久。今督将家属多在关西，黑獭常相招诱，人情去留未定。江东复有一吴儿老翁萧衍者，专事衣冠礼乐，中原士大夫望之以为正朔所在。我若急作法网，不相饶借，恐督将尽投黑獭，士子悉奔萧衍，则人物流散，何以为国？尔宜少待，吾不忘之。”[10]

再看另一例：

侯景谓左右曰：“我知吴儿老公薄心肠。”又请娶于王、谢，帝曰：“王、谢门高非偶，可于朱、张以下访之。”景恚曰：“会将吴儿女以配奴。”[11]

据此两例即可知，“吴儿”是北人对南方人的蔑称，这种称呼在南北对峙时期几乎是一习语，在史书中多有记载，如贾充称夏统“此吴儿是木人石心也”[12]，姚兴认为“（刘裕）吴儿不自知，乃有非分之意”[13]，孙腾称梁武帝为吴儿[14]，任约呼胡僧佑为吴儿[15]。

孙吴以来，江南文化较前已有长足发展，但是中原人士尤以化外视之，在北人心目里，东南之美者“徒会稽之竹箭也”[16]。所以，北方人对南方人的认识恐远不如南方人对北方人的认识。在北方人的眼里，南方人最典型的特征是一些外在的形态，如服饰，语言，饮食之类。《洛阳伽蓝记》里保留了几例有趣的例子，如：南齐人王肃于太和十八年（公元494）"背逆归顺"时称："肃初入国，不食羊肉及酪浆等物，常饭鲫鱼羹，渴饮茗汁。京师士子，见肃一饮一斗，号为'漏卮'。"[17]"漏卮"之号，显然为北朝京师士子调侃鄙视之语，说明北人对于南人生活习俗之不理解。

再如杨元慎利用为陈庆之治病之机会，发布了他对江南生活的想象：口含水噀（陈）庆之曰："吴人之鬼，住居建康。小作冠帽，短制衣裳。自呼阿侬，语则阿傍。菰稗为飰（飰，饭之异体字），茗饮作浆。呷啜蓴羹，唼嗍蟹黄。手把豆蔻，口嚼槟榔。乍至中土，思忆本乡。急手速去，还尔丹阳。……"[18]再如洛阳归正里，民间号为吴人坊，南来投化者多居其内。近伊洛二水，任其习御。里三千（《元河南志》"三千"作"三十"，请参见范祥雍校注本第117页校）馀家，自立巷市，所卖口味，多是水族，时人谓为鱼鳖市也[19]。这些描述的是南方人典型的水文化的生活方式，这对于北方人可谓另一个世界。

这是北方人眼里的南方人形象，那么南方人如何看南方人呢？《抱朴子外篇讥惑篇》云："上国众事所以胜江表者多，然亦有可否者。君子行礼，不求变俗，谓违本帮之他国，不改其桑梓之法也；况其在于父母之乡，亦何为当事弃旧而强更学乎？"[20]葛洪是吴人，当孙吴国灭与晋室东迁之后，亲见江南人慕效洛阳风气，放弃旧俗的做法很不满意，所以加以讥刺。他举了四点：书法、语言、哭法、居丧等。他认为南方人不该一味的学习京洛而放弃自己的旧俗。显然，葛洪认为在这几个细节上，江表是胜上国者，江表人士不必邯郸学步于京洛[21]。

魏晋时期，南北人士之间的误解与敌视可谓无处不在，甚至有宦官孟玖之弟孟超竟敢称时为大都督的吴人陆机为"貉奴"[22]。"中原冠带呼江东之人，皆为貉子，若狐貉类云。"[23]"貉奴"，据张学锋先生言，大抵如今日之猪狗之类的恶语[24]。同样，吴人也对北人多有误解和蔑视。同样举陆机为例。"陆机入洛，欲为此赋，闻（左）思作之，抚掌而笑，与弟云书曰：'此间有伧父，欲作三都赋，须其成，当以覆酒瓮耳。'及思赋出，机绝叹伏，以为不能加也，遂辍笔焉。"[25]

南方谓北为"索虏"，北方指南为"岛夷"。南人北人之间相互敌视，北人对南人之鄙视之态度溢之言表，"吴儿"一词在南北朝时期，明显带有贬义，此适为"儿"字作词尾的第一阶段。南北对峙时期，吴与非吴，起初专指江南旧族，随着晋室南渡，中原士族和江南土著士族逐渐合流，如王谢等侨姓士族也被等同为"吴儿"，或被视为吴儿之同类。最终，南北之辩演化为纯地域与政治问题，诚如周一良先生所言"及梁朝末年，不惟南境内百姓中侨旧之别渐减灭，即客观地北人吴人之别已远不如昔者之严。如羊侃，太山梁父人，梁书三九羊侃传：北人虽谓臣为吴，南人已呼臣为虏。又胡僧佑南阳冠军人，少仕魏，大通三年归梁，复陷于北，中大通二年又得归。自南人视之，故荒伧无疑，然僧佑与侯景将任约战，约呼之约：吴儿何不早降……皆足证其时在南即为吴，在北即为虏，吴虏之别为相对而非绝对"[26]，"此时吴虏之区分，似已由民族与地域概念发展而成南北政治阵营之概念"[27]。这一点和陈寅恪先生论唐代胡汉之别有异曲同工之妙。

三　隋唐时代的"吴儿"

隋炀帝平陈，结束南北对峙之局面，江南再次纳入北方政权的统一管辖，南北不再阻隔，所以南北的互相了解已较魏晋南北朝时期大为深入，故而南北的敌对情绪也随之消减。隋炀帝令诸臣撰风俗记，诸臣仍沿用旧规，对江南士人大加贬低，"尔等著其风俗，乃为东夷之人，度越礼义，于尔等可乎？然著述之体，又无次序，各赐杖一顿"，"又著《丹阳郡风俗》，以吴人为东夷，帝不悦，遣内史舍人柳陆宣敕责威等，别敕虞世基等修《十郡志》"[28]。可见隋炀帝对北方人将三吴风俗视为东夷的做法，极为不满。虽然隋炀帝对江南文化素有好感，但也从一个侧面反映出关陇人士对南方的一种新认识和新态度。

事实上江南正如炀帝所言“自平陈之后，硕学通儒，文人才子，莫非彼至”，江南文化已有长足的发展，因此对南方的轻视态度也应随之改变。因此，在隋唐时期正史中几乎检索不到“吴儿”一词，“吴儿”一词只见于诗文之中。但由于历史的惯性和吴人的自身特点，吴人仍是当时特立独异之人群。隋唐时期诗文中的吴儿大抵仍是江左士人之代称，其污蔑性质随着时间的推移次第减弱，甚或成了吴人的自称。今勾稽文献，将唐代吴人典型特征归纳如下：

1. 好诙谐

从汉代朱买臣衣故衣怀印绶入郡邸[29]、吴人大书“会稽鸡，不能啼”于府门以戏弄贺太傅[30]来看，诙谐是江南人士的一大特征，故文献多言江南多轻狎、轻悍。入唐，此风不改，继之者不绝如缕，唐代最著名的两个诙谐人物贺知章与顾况均是吴人，这不应是巧合。而唐代小说及《太平御览》、《太平广记》等类书所收诙谐类故事也多与吴人有关。

李肇《唐国史补》载：“诙谐自贺知章”[31]。贺知章，越州山阴人。诙谐，是指好戏谑，谈吐有风趣，也就是今天所说的某某人性格幽默，好开玩笑。贺知章不仅在庄严的朝堂班行里不妄言笑[32]，而且对名未甚振的李白也大加调侃[33]，甚至对皇帝为其子赐名也不放过[34]。

吴人另一个著名的诙谐人士即顾况。顾况，吴人，词句清绝，杂之以诙谐，尤多轻薄。其最著名的诙谐事迹当属戏弄白居易之名字[35]。孙光宪在《北梦琐言》中有一例也能体现顾况的那种戏谑之言。一位本地秀才写了一句诗“驻马山上阿”，却一时想不出合适的续句。顾况为之接上口：“风来屎气多。”[36]此处秀才所用之“阿”为“山阿”之“阿”，《尔雅·释地》“大陵曰阿”，而顾况所接之“阿”却是俗语“阿屎阿粪”之“阿”。上下联句，其滑稽诙谐之气跃然纸上。顾况好诙谐，竟因此而丧命，真可谓本性难改。

吴人陆龟蒙、茶圣陆羽[37]、郑愔[38]等也是诙谐高手。尤其是陆羽，虽然生在湖北，但上元初，更隐苕溪，自称桑苎翁。苕溪即今湖州一带，也是三吴核心地带，长居于此即染此风，其诙谐本领竟能和东方朔齐名。

2. 长于经学与文学

虽然南北士人均治经学与文学，但南北的风尚不同，其特点亦大相径庭。《隋书》载：经学南北所治，章句好尚，互有异同。大抵南人简约，得其英华，北学深芜，穷其枝叶[39]。唐长孺先生认为《隋书儒林传》江南四人，均为土著，说明江南土著治经的多于侨人，江南土著学风更接近汉儒之旧[40]。江南士人，如颜之推、陆德明、谈助、陆质均是专研儒经且取得杰出成就者。

而文学方面，江左宫商发越，贵于清绮，河朔词义贞刚，重乎气质。气质则理胜其词，清绮则文过其意，理深者便于时用，文华者宜于咏歌，此其南北词人得失之大较也。南北文人在文体的选择和优长方面也互有异同，根据李浩等人的统计[41]，江南散文家 191 人、诗人 623 人，山东散文家 532 人、诗人 751 人，关中散文家 286 人、诗人 312 人。故有“长江之南，世多词人”[42]、“吴中多诗人”[43]，“先是神龙中，（贺）知章……吴、越之士，文词俊秀，名扬于上京”[44]。安史之乱后，江南文坛因有大批北方士族的迁徙、地方官员的加盟及原来南方土著的鼓噪，更加兴盛。“吴中盛文史，群彦今汪洋。方知大藩地，岂曰财赋疆”[45]。江南文人和山东关中士族相比，他们在政治上无所作为，却将中原文艺发展得精湛细腻，使文学的形式美得到充分体现[46]。

3. 长于音韵训诂

《唐语林》载：有人检陆法言《切韵》，见其音字，遂云：“此吴儿，真是翻字太僻。”不知法言是河南陆，非吴郡也[47]。这虽是一个误解，但是却明明白白地反映出当时人们对吴人的一个重要的认识，那就是长于音韵和识别生僻字。这里所误解的吴郡陆氏，就是隋唐时代著名的训诂音韵学家陆德明。据其本传：陆元朗，字德明，以字行，苏州吴人。

撰《经典释文》三十卷等著作。太宗后尝阅德明《经典释文》，甚嘉之，赐其家束帛二百段[48]。《经典释文》三十卷，共为《周易》、《尔雅》等十四部经典的经文及其注文作音义，按经文及其旧注的顺序，摘出需要解释的文字来注音。唐张参《五经文字·序例》云“陆氏释文，自南徂北，偏通众家之学，分析音训，特为详举”。它一经问世就成为音韵训诂学的经典之作[49]。

再如：唐冀州参军曲崇裕《送司功入京》诗曰：“崇裕有幸会，得遇明流行。司士向京去，旷野哭声哀。”司功曰：“大才士，先生其谁?”曰：“吴儿博士，教此声韵。”司功曰：“师明弟子哲。”[50]

这几个例子都说明在唐代人眼里，声韵、训诂之类的学问是吴人的长项，因此一旦发现某人在这些方面有特异之处就立即会联想到“吴儿”，甚至直接归于吴人名下。

4. 事鬼神好淫祀

所谓淫祠，按唐人的说法是：“虽岳海镇渎、名山大川、帝王先贤，不当所立之处，不在典籍，则淫祀也；昔之为人，生无功德可称，死无节行可奖，则淫祀也。”[51]吴俗事鬼，以淫祀废生业[52]，这也是唐代江南人或者吴人的一大特征，唐代两次著名的清理淫祀的运动都和江南有关。

第一次为发生在垂拱四年。狄仁杰为冬官侍郎，充江南安抚使。吴、楚之俗多淫祠，仁杰奏毁一千七百所，唯留夏禹、吴太伯、季札、伍员四祠[53]。

第二次发生在长庆三年十二月。第二次主张废淫祀者为李德裕，据其本传载：江、岭之间信巫祝，惑鬼怪，有父母兄弟厉疾者，举室弃之而去。（李）德裕欲变其风……属郡祠庙，按方志，前代名臣贤后则祠之。四郡之内，除淫祠一千一十所[54]。

前举四点大致是唐代北方人士对南方人的一些基本看法，和魏晋南北朝时期相比，污蔑轻视的态度已经大大减弱，甚至有一些看法如长于音韵训诂等特点已是带有明显的羡慕和嫉妒之情。安史之乱后，北方大部分地区陷入藩镇割据的状态，而江南则成了唐帝国的“财富疆”，此时的帝国命运系于东南一隅，北方士人对江南的鄙视自然再无从谈起，南方士人自然也不再自觉惭愧。就连过去认为湿热难耐的江南景色在北方人眼里也变得优美异常，并对此赞不绝口。如“人谓尔从江南来，我谓尔从天上来”[55]、“江南佳丽地，山水旧难名”[56]等诗句对江南不无夸奖之词。佳丽地过去有很多处，但值得注意的是，入唐后似乎已成了江南的专利[57]。甚至孟浩然宣称“山水寻吴越，风尘厌洛京”[58]。因此皮日休有诗云“古来伧父爱吴乡，一上胥台不可忘”[59]。总之随着南北交流的增强，尤其是安史之乱后南方经济文化的大力发展，吴人已经不但不再受到北人的鄙视，甚至有了羡慕之心。吴儿一词也不再是一个贬义词，极有可能只是吴人的同义词而已。如瓦棺寺一僧人就自称“小僧是吴儿”[60]。如果带有贬义，断没有自我贬低之理。再如：贞观永徽间，颜师古、欧阳询、沈越宾住此坊（通化坊），颜即南朝旧族，欧沈又为江左士人，时人呼为吴儿坊[61]。此事在《御览》也有记载。颜、欧等人均为一时硕学之士，并无恶迹，这一俗称的来历可能只是对其籍贯的一种归纳，并无恶意。当然南北人的口音差距此时依然存在，不是也闹一些笑话出来。在此仅举一例，以说明。《太平广记》载（长孙玄同）其仓曹是吴人，言音多带其声，唤粉粥为粪粥。时肴馔毕陈，蒸炙俱下。仓曹曰：“何不先将粪粥来。”举座咸笑之，玄同曰：“仓曹乃是公侯之子孙，必复其始，诸君何为笑也。”坐中复大笑[62]。

四　宋代的吴儿

入宋以后，吴儿一词只出现在文学作品中，并且多是吴人、南方人的代称，已不再有调侃意味。如苏轼在诗词中多次用到吴儿一词：“空使吴儿怨不留，青山漫漫七闽路”[63]；“吴儿鲙缕薄欲飞，未去先说馋涎垂”[64]；“吴儿生长狎涛渊，冒利轻生不自怜”[65]；“谁将射御教吴儿，长笑申公为夏姬”[66]；“沙河塘上插花回，醉倒不觉吴儿哈”[67]。“欲随楚客纫兰佩，谁信吴儿是木肠”[68]。但这些句子里的吴儿一词显然已没有任何贬义。检索《全宋词》里面也有多处用到吴儿一词，现举几例如下："龙头舴艋吴儿竞"[69]；"为向吴儿道，听我扣舷歌"[70]；"吴儿不怕蛟龙怒"[71]；"好是吴儿飞彩帜"[72]；"羡吴儿，呼吸湖光"[73]；"红旗会踏吴儿浪"[74]；"还看吴儿胥涛上，高出浪花几许"[75]等。这些句子里的"吴儿"不但不是蔑称，多少还带有一点让人喜爱的感情色彩，这适好是"儿"作为虚词词尾第四阶段。

五 结语

如前所述，吴儿一词在魏晋南北朝是北方人对南方人的蔑称，隋平陈以后随着南方势力的崛起，这一词汇就不再出现在正史中。唐代前期该词尚有一定的调侃意味，但安史之乱后不但不是一个贬义词，而且出现了"似木吴儿劲，如花越女姝"[76]的赞美之词。因此我们可以说，吴儿一词到晚唐五代之后就不再带有贬低的色彩，而褒义的色彩逐渐增加，宋代就不再有任何贬义色彩了。

这一词汇含义的变化轨迹，看是简单却折射出南北人士之间的互相认同的一个过程。这个过程实际上是东汉以后南北分治，而隋唐大一统帝国的建立，南北交流加强，南方人士不但被北方接受，而且逐渐占据优势的过程。既然北方接受了南方文化，南方经济也已和北方齐头并进，并有后来者居上之势头，其区域内之人民理当受到尊重而不是蔑视，故而吴儿一词的贬义色彩在唐代随着南北交流的深入而逐渐消减。

注释：

[1]《九家集注杜诗》卷十八，《四库全书》集部别集类汉至五代。

[2] 杨善群：《吴国在西周至春秋前期的发展》，《学术月刊》1992年第3期。

[3]《史记》卷四十一《越王句践世家》，中华书局1959年，第1751页。

[4]《史记》卷六《秦始皇本纪》，中华书局1959年，第234页。

[5]《汉书》卷二十八《地理志》，中华书局1959年，中华书局1962年，第1590页。

[6]《汉书》卷三十五《吴王濞传》，中华书局1959年，第1903页。

[7] 王力：《汉语史稿》，山东教育出版社1984年，第229页。

[8] 林霞：《南宋时期的词尾"儿"》，《语言研究》2002年特刊。

[9] 竺家宁：《中古汉语的"儿"后缀》，《中国语文》2005年4期。

[10]《北齐书》卷二十四《杜弼传》，中华书局1972年，第347页。

[11]《南史》卷八十《侯景传》，中华书局1972年，第1996页。

[12]《晋书》卷九十四《夏统传》，中华书局1974年，第2430页。

[13]《晋书》卷一百一十八《姚兴载记》，第2996页。

[14]《北史》卷八十一《李兴业传》，中华书局1974年，第2724页。

[15]《梁书》卷四十六《胡僧佑传》，中华书局1973年，第640页。

[16]《三国志》卷五十七《虞翻传》，中华书局1959年，第1320页。虽然孔融是以欣赏口吻称赞虞翻。但据原问仍可知当时人对江南的认识，仍以地理物产特异为特点。原文为：融答书曰："闻延陵之理乐，睹吾子之治易，乃知东南之美者，非徒会稽之竹箭也。"

[17] 杨衒之著、杨勇校笺：《洛阳伽蓝记》卷三，中华书局2006年，第136页。

[18] 杨衒之著、杨勇校笺：《洛阳伽蓝记》卷二，第113页。

[19] 杨衒之著、杨勇校笺：《洛阳伽蓝记》卷二，第112页。

[20] 葛洪著、杨明照校笺：《抱朴子外篇》卷二十六《讥惑篇》，中华书局1997年，下册第2页。

[21] 此点唐长孺先生有论述，参见《读抱朴子论南北学风的异同》，《唐长孺文集魏晋南北朝史论丛》，中华书局2011年，第338—368页。

［22］《晋书》卷五十四《陆机传》，中华书局1974年，第1480页。
［23］《魏书》卷九十六《僭晋司马叡传》，中华书局1974年，第2093页。
［24］张学锋：《菰菜莼羹鲈鱼脍与吴人的乡思》，载《汉唐考古与历史研究》，三联书店2013年，第7页。
［25］《晋书》卷九十二《左思传》，中华书局1974年，第2377页。
［26］周一良：《南朝境内之各种人及政府对待之政策》，载《魏晋南北朝论集》中华书局1963年，第82—83页。
［27］周一良：《南朝境内之各种人及政府对待之政策》，载《魏晋南北朝论集》中华书局1963年，第192页。
［28］李昉等编：《太平御览》卷六百零二，文部十八著书下，中华书局1960年影印，第2710—2711页。
［29］《汉书》卷六十四上《朱买臣传》，中华书局1962年，第2792页。
［30］徐震堮著：《世说新语校笺》，政事第三，中华书局1984年，第91页。
［31］李肇：《唐国史补》卷下，中华书局2002年，第60页。
［32］范摅：《云溪友议》卷下《杂嘲戏》，见王宁：《云溪友议校注》，厦门大学2009届博士论文，第237页。
［33］王定保：《唐摭言》卷七，中华书局1960年，第81页。
［34］郑綮：《开天传信记》，见丁如明辑校：《开元天宝遗事十种》，上海古籍出版社1985年，第53—54页。
［35］辛文房著、傅璇琮主编：《唐才子传校笺》卷六，白居易条，中华书局1990年第3册，第3页。
［36］孙光宪著、贾二强点校：《北梦琐言》卷七，中华书局2002年，第164页。
［37］赵璘：《因话录》卷三商部下，中华书局2002年，第86页。
［38］张鷟著、程毅中点校：《朝野佥载》卷4，中华书局1979年，第89页。
［39］《隋书·儒林传序》卷七十五，中华书局1972年，第1705页。
［40］唐长孺：《魏晋南北朝史论丛》，三联书店1955年，第381页。
［41］李浩：《唐代三大地域文学士族研究》，中华书局2008年，第59—60页。
［42］陶翰：《送惠上人还江东序》，见《文苑英华》卷七二〇，中华书局1966年，第3725页。
［43］白居易：《马上作》，顾学颉校点《白居易集》，中华书局1979年，第152页。
［44］《旧唐书·贺知章传》卷一百九十中，中华书局1975年，第5035页。
［45］韦应物著、孙望编著：《韦应物诗集系年校笺》卷九，中华书局2002年，第424页。
［46］李浩：《唐代三大地域文学士族研究》，中华书局2008年，第113页。
［47］赵璘：《因话录》卷五徵部，上海古籍出版社1979年，第106页。
［48］《新唐书》卷一百九十八，并参阅《经籍志》。
［49］万献初：《经典释文研究综述》，《古籍整理学刊》2005年第1期。
［50］张鷟著、程毅中点校：《朝野佥载》卷二，中华书局1979年，第49页。
［51］赵璘：《因话录》卷三徵部下，中华书局2002年，第109页。
［52］《旧唐书·于頔》卷一百五十六，第4129页。
［53］《旧唐书·狄仁杰传》卷八十九，第2887页。
［54］《旧唐书·李德裕传》卷一百七十四，第4511页。
［55］任华：《怀素上人草书歌》，见《全唐诗》第八册，卷二百六十一，中华书局1960年，第2013—2014页。
［56］孟浩然著、赵桂藩注：《孟浩然集注》卷七《送袁太尉豫章》，旅游教育出版社1991年，第303页。
［57］张伟然：《唐人心目里的文化区域和地理意象》，载李晓聪主编《唐代地域结构与运作空间》，上海古籍出版社2003年，第371—384页。
［58］孟浩然著、赵桂藩注：《孟浩然集注》卷六《自洛至越》，旅游教育出版社1991年，第266页。
［59］皮日休：《吴中言情寄鲁望》，见《全唐诗》，第18册，卷二百六十一，中华书局1960年，第7078页。
［60］李昉：《太平广记》卷一百六十，中华书局1961年，第1148页。
［61］李健超：《增订唐两京城坊考》卷四通化坊，三秦出版社2006年，第167页。（宋）李昉等撰：《太平御览》卷一八〇《居处部·宅》引韦述《两京记》曰："通化方东南郧公殷开山宅，西北颜师古宅，又有欧阳询宅，时人谓之'吴儿坊'。"中华书局1960年，第

879 页。

［62］李昉：《太平广记》卷二百四十，中华书局 1961 年，第 1928 页。

［63］苏轼著、王文浩集注：《苏轼诗集》卷七，《送张职方吉甫赴闽漕六和寺中作》，中华书局 1982 年，第 334 页。

［64］苏轼著、王文浩集注：《苏轼诗集》卷八，《将之湖州戏赠莘老》，第 396 页。

［65］苏轼著、王文浩集注：《苏轼诗集》卷十，《八月十五看潮》，第 485 页。

［66］苏轼著、王文浩集注：《苏轼诗集》卷十一，《戏书吴江三贤画像三首（范蠡）》，第 564 页。

［67］苏轼著、王文浩集注：《苏轼诗集》卷十三，《惜花》，第 625 页。

［68］苏轼著、王文浩集注：《苏轼诗集》卷三十七，《次韵滕大夫三首・沉香石》，第 1997 页。

［69］张先：《木兰花》（乙卯吴兴寒食），唐圭璋编《全宋词》，中华书局 1965 年，第 1 册，第 75 页。

［70］李处全：《水调歌头・冒大风渡沙子》，《全宋词》第 3 册，第 1729 页。

［71］辛弃疾：《摸鱼儿・观潮上叶丞相》，见邓广铭：《稼轩词编年校注》卷一，上海古籍出版社 1978 年，第 34 页。

［72］吴琚：《酹江月》，见《全宋词》第 3 册，第 2205 页。

［73］林正大：《括贺新凉》，见《全宋词》第 3 册，第 1451 页。

［74］刘克庄：《满江红・端午》，见《全宋词》第 4 册，第 2617 页。

［75］刘辰翁：《金缕曲・叠韵》，见《全宋词》第 5 册，第 3245 页。

［76］元稹：《春分投简春分作》，见《元稹集》卷二十六，中华书局 1982 年，第 313 页。

抄本《北上日记》的作者及其史学价值

李 军（苏州博物馆）

内容摘要：本文通过对抄本《北上日记》内容的考订，推定其作者为撰写《六合纪事》的南京人周长森，并从多个角度对日记本身的文献价值作简明揭示。

关键词：《北上日记》 周长森 太平天国运动 捻军

日记作为重要的史料，久为学者所重视。前年中华书局出版了《姚锡光江鄂日记》（外二种），收入六合籍官员周长森的《莅官日记》一种，主要记录周氏在江西崇义县任上的活动。其实，周长森作为太平天国运动的直接经历者，他的《六合纪事》[1]早已被史学界所熟知。此外，他在江西任上所作另一种日记，同样具有重要的历史价值，却尘埋已久，不为人知。兹以复旦大学图书馆藏佚名《北上日记》抄本为主要对象，考订其作者为周长森，并对其历史价值作简要介绍。

《北上日记》，抄本二册，写于紫格稿纸上，半页十行，正文每行十八字。版心双鱼尾，上题书名“北上日记”四字，下记卷数，再下记页次。上册凡十七页，下册三十一页。字迹为工楷。馆藏著录为“钞本，不题撰人”。日记所记，始于丁卯孟春，终于同年八月廿一日，卷上止于四月十六日。正文前有作者题诗八首，末署“同治六年丁卯秋九月跋于江右寓斋”[2]。从日记的内容看，作者是咸同时期一位在江西任职的官员，他于同治六年丁卯（1867）三月到八月之间，奉命从江西押解固本军饷往京师。固本京饷是在清代同光中所出现的中央专项经费之一，始征于同治初年，是用于保卫京师的直隶练军和神机营的军饷。日记对从江南到京师沿途的风物人情都有所记录，尤其是他在记录景物的同时，还将当时的见闻与太平天国运动之前的情况作比较，间接反映了太平天国运动对江南及山东各地的影响。

一 《北上日记》的作者

由于《北上日记》前后所记时间较短，而且多记录沿途所见所感，对本人身世涉及不多，关于作者姓名等信息，只能从字里行间搜集线索。首先，日记正文之前有序记云：

> 丁卯孟春，江右需次时饷需孔亟，奉方伯檄委解固本军饷万金。固本者，京师召募团防，仿前朝三大营之例，饷则分派各省，此其创始也。余奉委系第三次。先二日，与李小圃别驾同奉粮道委运驳船，经费十二万四千两，克日束装。时小圃差次饶防，迟之又久，始获同行。募船添仆，船则文家班红船，仆则新旧六七人。预日装鞘，司事者苛派陋规，踵门需索，参谒辞饯，日不暇给。将行之前一夕，同乡狄曼农大令招饮，极欢。[3]

以上对北上的目的及出发前的准备工作加以解释，紧接着记“次日微雨，登舟。泊广运门外，时三月十二日也。翌日巳刻解缆，行十五里，抵扬子洲，天色晴明，西风渐紧。与小圃登岸闲步。归舟，阅《说唐》野史全部，漏四下始就枕。”[4]从地名上看，当时的始发地应该是江西南昌，确切的起始日期是同治六年（1867）三月十一日。其中提到同行的李小圃当时正担任江西上饶的防务之职。而前来送行的同乡狄曼农名学耕，系江苏溧阳人，为狄葆贤（平子）之父。狄学耕曾任江西都昌、进贤、赣县等县知县，故作者呼作“大令”。由此可见作者本人虽不一定是溧阳人，但至少应该是江苏籍的，这一点从后文中不断得到了验证。

当作者一行从江西经安徽，到达江苏境内后，他对风物的记载、个人的感触也渐渐多起来。如四月初八日记：

> 黎明解缆，行五十里，将至殷窑口，风逆，退停通江集。先饬仆人陆路至六合，附书戴注堂、马季良两处。通江集与观音门对，江北行二十里即瓜埠。故乡在迩，先垄久荒，公事羁身，欲归不得。忆童试时买棹渡江，岸上居民稠密。今沧桑劫转，十室九亡。与小圃登岸茶话。时天久不雨，遗黎望泽孔殷。询邑令贤否则不答，盖小民畏官，由来已久矣。[5]

由文中“故乡在迩”一句，可知作者祖籍是六合县。同月十一日，作者一行“抵维扬钞关，入城谒何悔余师、程运宪尚斋，适黄观察冠白先一日至，僦居朱子典观察意园。子典仍住汉上，主人留一饭，遂至田佑之处，素琴女史殷勤款待，出所携酒筒新茗数种赠之。复与粤东陈汉池寓包家花园，黄昏出城。悔余师定翌日觞酒之会”[6]。次日“辰刻以悔余师招饮，金翥云大令亦至，适晤刘子恕（诚忠），别十年矣。子恕昔在六合为文字交，昕夕过从，咸丰壬子入庶常，不数年，擢守河南汝宁，调任开封。今奉讳旋里，握手喜极，各谈往事，感念旧游，晨星相望，观其齿与发衰矣。而眉宇间犹露精悍之气，盖子恕以寒士为同乡赘婿，艰苦备尝，卒能树立，官况甚贫，操守概可想见。”[7]作者记到在扬州停留期间，拜访了自己的老师何悔余，好友田佑之，在老师的宴席上还遇见了十年未见的老友刘诚忠。在追忆与田佑之相关的往事时，曾作绝句八首，其二有“同住长干各妙年，多情相见更相怜”[8]一句。按：长干里，位于江宁城南，其地有长干塔，即著名的大报恩寺塔。由此可见，作者童年和青年时期应该是在江宁度过的。作者南归以后，经过扬州，八月初十日“复至东圈门夜何廉师，呈京物数种”，很明显，何廉师与何悔余应该是同一个人。按：悔余乃何栻别号。何栻（1816—1873），字廉昉，又字莲舫，江苏江阴人。道光间进士及第，授编修，官至吉安府知府。曾国藩门生，有诗才而无官运。著有《悔余庵诗稿》、《文稿》、《乐府》、《尺牍》等。

日记中最重要的一条关于作者身份的线索，是他回南方后，曾于八月初五日专程到无锡去扫墓，日记对此记述颇详：

> 摇船出北关，晤陈春帆国学，设肆于桥口。相见道故，延至茶楼小憩。绍傅亦至，遂买棹赴惠山，一波不兴，峰峦如画。日午登岸，迤逦行二里许，过周家巷，又百余步，则先严墓在焉。榛芜没人，荒冢侧卧，春帆为具楮币酒肴，命从者刈草设奠，匍伏痛哭。盖先严自咸丰九年寓居无锡，四月间小病，遂致不起。时森远游江右，含敛未亲。今萍梗一官，室家完聚，而先严独不能享一日安闲之乐。自十年三月归祭墓，所复苏杭继陷，音问杳然。上年冬游维扬，闻棺椁暴露，亟寄数金，属陈春帆葺以砖石，今又颓圮矣。绍傅为谋之坟佃，重加修葺，赠费十余千，定于秋后兴工。墓道迎西南，以锡山为向，去山麓约二里。祭毕，过周姓村居，颓屋数椽，乱后景象。[9]

文中“时森远游江右”一句中自称“森”原作小字，关于作者姓名的材料，此为全书所仅见。

结合上文作者本人的记录来看，我们可以获得有关其生平的线索如下：（一）作者原籍江苏六合县，早年生活在南京，后到江西为官。（二）他师从江阴何栻，名字中有一“森”字。

检阅何栻《悔余庵诗文稿》[10]中，不难发现《余辛集》前有周长森序，末署“同治元年壬戌秋八月下浣受业周长森百拜撰”，在序文中周氏言及：

> 戊午春避乱游钟陵，读《我愧》之集，潸潸泪下，始知夫子出守建昌，　　甫逾月而室家灰烬，铭诔诸篇哀感顽艳，私幸文章窥见一斑矣。越明年，投谒章门，取拙作《六合殉难记》、《章门新乐府》二首执贽门下，夫子笔削不少贷。[11]

而且，文中自称也以“森”小字标出，如“去年夏季，森侨寓石阳，适夫子来典斯郡”。但仅凭这些线索，似乎还难以断定《北上日记》的作者就是周长森。从前文看，作者应是南京六合，而其父却葬在无锡，这一疑问，有待进一步解释。

通过对周长森生平加以考察，可知他别字莲叔，咸丰初年以廪生办本邑团练，奖训导。同治元年（1862）投奔曾国荃，保用知县，分发江西，历任崇义、进贤、安远、上饶等县。据《江苏艺文志·南京卷》[12]，共著录周长森著作三种。其中日记六卷，始于咸丰三年（1864）正月，终于八年（1869）八月。其体例仿效封氏《见闻录》、李氏《南来录》，杂记太平天国时期六合时事，后毁于火。《江苏艺文志》根据周长森《六合纪事》自序拟目，原稿已不存。无独有偶，在《北上日记》正文前题词八首中，最后一首云："文字颓唐面目黧，年来足迹惯东西。莫夸李氏《南来录》，此亦飞鸿爪上泥。"[13]可见作者写《北上日记》，也是对李翱《南来录》的效法，此其一。

周长森《六合纪事》自序提及："咸丰戊午冬，舟泊兰溪，霜寒月皎，闻谯楼鼓吹声，潸然泪下，其时殉节诸君夜辄入梦。明年冬，游万安亦如之。乃追叙旧事，灯昏漏永，执笔欷歔。稿成，藏诸行箧。"[14]《北上日记》三月二十四日云：

> 辰刻抵安庆，入城晤同乡石子嘉（昌猷）大令。石以任南康罣误，谪新疆，羁留皖省三载矣。己未仲冬，余飘泊万安，苦无归计，适子嘉摄邑篆，款留至再，继以归志甚决，赠川资百千。次年始返锡山，苏常告陷，挈眷以出，穷途知己，此其一也。今子嘉年逾半百，罹此罪罟，一子侍侧，而平生故旧无能为援手者，为之恻然。解囊得二十金，遂以赠之，珍重握别。[15]

其中，作者与周长森在万安的时间一致，都是咸丰九年（1870）己未，此其二。

另外，可以和《日记》相印证者，还有何栻《题周莲叔（长森）慈航出险图》（莲舫改字莲叔）诗，其文有云：

> 回乌转鹍神之令，周生奉母无使惊。自生举家潜避兵，旅人号咷忧患并。茕茕失恃矜鲜民，百无所有惟一身。此来迎母姑苏城，烽火彻宵疑昼明。前麾招摇后欃枪，居无完土行无程。慈颜蹙蹙心怦怦，此时性命鸿毛轻。矛头坐立剑脊行，左狼右玃不敢撄。百无所恃惟一诚，入坎出坎百险平。引之翼之如有神，片帆无恙过重瀛。母呼儿唯吁更生，江革巨孝谁能名。嗟予母老家綦贫，挈家避劫依荒汀。于陵仲子真罪人，批图三叹颜汗赪，曷不浮海从吴舲。[16]

诗中记述了周长森一家的避难情形。而在《北上日记》中，作者也曾回忆自己家中事，如四月初六日云：

> 旋至武定桥访刘宝之（家善）孝廉兄弟，未晤。刘故姻家也，宝之设帐他所，盛之（家炘）以胞叔菊庄柩至省城料理丧事。菊庄孺人张氏近由兴化返故居，孀妇幼女，艰窘可伤。咸丰十年四月，余由上海至姑苏迎眷之时，菊庄夫妇携两女一孙僦居郡城。贼骤至，阊门火起，仓猝寻余舟，冒雨，遍体沾湿。家慈亟舍舟之半以居之，舟小不能容，遂露立蓬侧，飞棹出葑门，赴上海，复同渡钱塘。菊庄流寓萧山，自此永诀矣。张孺人追述往事，感慨系之。

其中提及作者从上海返回老家，迎接母亲先到苏州，再到上海的惊险情状，与何栻题诗所述时间、事件也都吻合，此其三。

从《北上日记》所记有关六合之事看，也与周长森的身份相符合。如四月十四日记"风利，直过邵伯镇，晚泊高邮。途中露筋祠如故，余与同里朱恬士（祺安）旧游处也。咸丰六年夏，六合筹团练经费，转运淮网，由邵伯赴天长之秦栏，陆挽而至，余偕恬士首创此举。舟过此间，纳凉高阁，近挹湖光。金陵李君善昆腔，恬士工吟咏，余亦题诗，盖当时逆氛虽巨，而沧桑之变未尝亲历之。今河山如故，而恬士不及见，旧作茫然，盛游难再，怅惘久之。"这里直接记述办理六合团练事。

到京后，七月二十日记有："午后晤赖蟠舟军门、廖静山都戎于舟次。军门名镇海，粤东人。咸丰六七年间归驻江南，由军功荐升，摄乍浦提督，入都陛见后分发福建。曾执贽温北屏都转门下，谈六合往事甚悉。”其中，温北屏即六合知县温绍原，周长森撰有《温庄勇公六合殉难事略》，并在《六合纪事》中对其守城事迹大加褒扬。

从以上种种吻合，可以推定，《北上日记》的作者为周长森。周长森著作除了上述日记及《六合纪事》四卷之外，《江苏艺文志·南京卷》据民国《六合县续志稿》著录尚有《甘菊簃诗集》八卷《文集》五卷，并认为都已佚而不存。但据柯愈春《清人诗文别集总目提要》所记，《甘菊簃诗集》八卷有光绪十二年禾阳署斋刻本，书前有同邑汪世泽为之序，中国社会科学院文学研究所、广东中山图书馆都有收藏[17]。此外，南京图书馆藏有周氏《莅官日记》（同治八年至九年），稿本一册；周长森所辑《江南会馆义园征久录》十卷，同治间南昌江南会馆刻本；周长森著《两图征诗合刻》附《禾阳咏事》，光绪十二年禾阳官廨刻本；周长森还与俞敦培共同编选了《恬园唱酬集》，同治十三年刻本。这几种为《江苏艺文志·南京卷》所失收。

二 《北上日记》的史学价值

《北上日记》作为一种新发现的史料，真实记录了太平天国运动前后的历史，具有相当高的史学价值，兹简单介绍如下。

首先，日记类文献本身具有相当高的可信度，周长森虽然以《六合纪事》一书为太平天国运动的研究者所熟知，但其本身的家世生平知者甚少。《北上日记》所记虽然前后不到半年，且偏重于记录旅途的经历，但我们从中还是能对他同治六年（1867）之前的事迹作一些补充。从前文所述，周长森原字莲舫，后改莲叔，可能是避与老师何栻同字之嫌。他早年事迹不详，后因太平军攻打江浙等地，周长森作为六合人，积极参与保卫家乡的活动，办理团练事务，他曾与朱祺安一起出外筹集团练费用。关于保卫六合的过程，详见《六合纪事》。

咸丰八年（1858）春，周长森曾到江西钟陵，这年九月十八日六合被攻陷时，周长森一家出逃。据《北上日记》八月初七日云：“自毘陵行八十里，日晡泊舟丹阳东门外，寻咸丰八年避难处，荒草蒙茸。入城则河干瓦砾积如山阜，昔之廛市落落如晨星。”[18]他作《感旧》诗四首：

> 十年辽海鹤归来，满地蓬蒿间绿苔。一片凄凉山上月，了无人见只空台。
>
> 东水关前僦屋时，汪伦情重竟何之（戊午十月，到丹阳戚人汪永林处留住，以屋狭，假寓客舍，时仅孑身。未几，眷属逃至，遂赴锡山，汪姓死丧略尽）。薄衾单枕荒寒夜，梦里哀吟醒亦痴。
>
> 故人相见总悲愁，我更辞家断梗浮。难得团圞天作合，车声槛槛过桥头（时遣仆迎眷逾期望断，忽闻车声，而老母至矣）。
>
> 江淹失路共征帆（老友江禹门同舟赴无锡），行李萧条有破衫。头白故人今在否，重来惟听燕呢喃。[19]

从第二首自注中可知咸丰八年（1858）十月，周长森先到丹阳亲戚汪永林处，后因父母亲及家眷到后，地方太小，于是又往无锡。次年，在江西周长森拜何栻为师，四五月间，周长森父亲因病在无锡去世，当时他人在江西万安，迫于生计未归，由友人代为经理丧事。在万安期间，周长森开始撰写《六合纪事》。此后因得到同乡石昌猷的接济，他才得以再回家。

咸丰十年（1860）三月，周长森先到无锡祭扫父亲之墓。四月，苏州告急，周长森又从苏州接家人往上海。《北上日记》八月初三日记“逆风大作，移泊山塘。竟日闷坐，无书可读。因念七年前由江右至此，贼氛惊急，而居民晏然，未几乱作，仓猝逃散。今南濠一片焦土，皆当时延烧者也。”[20]即追记其事，当时情势危急，所幸安然脱险，这就是周长森《慈航出险图》的本事。咸丰十一年（1861），周长森到江西石阳谋食。同治元年（1862）起，到江西任职，与何栻等人往来密切。同治三年（1864）曾回南京，何栻有《和门人周莲叔（长森）经历乞假回籍原韵》四首。从《六合纪事》自序知，他曾在南京拜见曾国荃时，将《纪事》呈阅。次年到江西赣州，文翼（辅卿）和黄冕（南坡）对《纪事》评价颇高，这年六月周长森作《呈六合纪事禀》。同治五年（1866），据《北上日记》知，他曾去过湖北武汉，日记三月十五日云："回忆去冬十一月夜舟泊鄂渚，清光烂然，今四阅月矣。"[21]五月初三日记："忽忆去年端阳寄寓汉上，留连风景，枨触诗怀，即和江都汪子宪题壁元韵。"[22]皆是明证。而同治六年（1867）时，周长森身在江西南昌，日记最后云："二十一日，冒雨渡河。未刻入德胜门，抵家。"以上是咸丰八年（1858）以后十年间周长森大致的行踪。

其次，《北上日记》作为一部目的性比较明确的纪程日记，从一个侧面反映了真实的历史面貌。先从押运的路线上来说，南北往来由于当时受到外部因素的影响，北上的时候先是水路经江西、安徽至江苏，再经从清江浦陆路进京，南下时则是到天津坐轮船，经烟台，到上海，继而经水路回江西。时间从三月十一日出发，四月廿六日改陆路，五月廿八日抵京，共计两个多月。在京师处理缴验事务，七月初二日引见，十二日出京，在津逗留至廿一日乘轮船南下，二十四日到沪。既而经昆山到苏州、无锡、常州、扬州，又过安庆、九江、德安、建昌，最后八月廿一日回到南昌。

在一路北上的过程中，虽然太平军起义已经失败，但北方的捻军活动仍然活跃，这直接影响到周长森他们的行程。同治六年（1867），东捻军先后攻打山东的兖州、泰安。随后，赖文光、任化邦率军经益都县北境，到达潍县，后被李鸿章淮军围困于黄河南岸、运河东岸、胶莱河西岸和六塘河北岸等地区内。《北上日记》三月廿五日云："黎明风息，舟行八九里，浪大作，急返故处，询之土人，则地名大拐，去桐城县百二十里。今春二月捻风逼近，居民迁徙安庆。"[23]这是在安徽境内时的情况。一个月之后，四月廿七日记云："桃源曾令（惠）签役护送，仍派原车前往，循运河而北。长堤加筑土墙如雉堞状，为捻防记也。"[24]这是到达江苏泗阳附近时的情形。五月初一日"午过新安镇，自清河以北，凡大镇皆筑堡。新安本牛马镇，居民八百家，捻逆构乱，寨主刘月驹潜谋内应，经僧邸督兵剿洗，居民零落，市井寥寥。"[25]这是到今江苏新沂附近，看到当地颓败的景象，追记僧格林沁剿洗事。

由于捻军活动频繁，加上当时天气干旱等原因，周长森等四月二十二日在清河县，遇到"前次押运饷差之卫官朱芝侯（维弼），由京都至，备言雇人之难，不如驰驲，遂定计传谕县役，仍用小车正站驰解，限二日就道"[26]，但由于人力难觅，延期至二十六日才上路。五月廿一日"将行，值直隶制军刘长佑过境，时新设六军，为固本计，制军赴河间校阅。县令郑沂，山西人，以驿马不敷，请待明日。闻捻氛甚急，渡运河，窜长垣、汶上，黄河以南处处戒严。杨子于、许宽甫两君均由前路掣回，向使饷鞘未渡黄河，则岌岌殆哉，为之称幸者再"[27]。又七月初二日周长森入宫引见"江右彭学博遇于吏部朝房，谈中途遇捻，避居泰山七日。彭以孝廉截取湖口校官入都，年六十余矣"[28]。可见，北上经过山东时的情况十分危急，如果行程再晚几天，后果不堪设想。捻军活动频繁直接导致周长森南归的时候改坐轮船，经海路到上海，而七月初九日他出京"行期已定，以盐枭乱于固安一带，恐其东窜，遂停车缓行"，可见当时河北地区也并不安宁。

第三，周长森作为参加过抗击太平天国的人员，他对于咸同间江南的变迁深有感触，在《北上日记》中，随着他的旅行，陆续展示一地在战乱前后的变化。如《日记》三月二十二日"风和日暖，放船由湖口至彭泽县，县东别筑一小城，为粤匪新建，山口与小孤对峙，贼据为门户，今时平险失矣。日将晡，复行三十里，抵望江之华阳镇，至此入安徽界。中途见轮船驰若奔电，因念内地口岸为逆夷占踞将十年矣，无平不陂，天其或者待中原肃清，为荡穴扫巢之举，犬羊之性，方且梦梦。"三月廿八日泊铜陵县界内荷叶洲，日记称"洲本荒土一片。咸丰六七年间，徽宁避乱者踵至，遂成聚落，今则商贾辐辏，与大通夹江，而烟户多数十倍。"

四月初四日抵白河口，当时“长江水师提督驻南岸，炮船成队。江中八卦洲亘绵数十里，直达草鞋夹。昔金陵未复时难民蓬栖者数千家，对江棉花堤兵勇云集，帆樯周匝，大营饷道也。今大胜关仍设厘局，粮台瓦屋如故，余则荒洲一片。南望山冈，曾沅帅驻节之地，营垒相望，当时廓清豺窟，不知费几许心力矣。”四月初五日由江东桥入水西门，“行青石街十余里，居民零星结屋，守兵跨桥扎营。盛时景象，百不存一，入城则街市渐复旧观。府署改为制军驻节之地。吴补愚大令（启英）时驻工程局，为藩司修复衙署，谈甚惬。”四月初六日拜见曾国藩，曾氏“询江西近状，并北上行迹，娓娓甚悉。驻节之地，即伪英王府也。出府至三山街谒潘伊卿观察，时总办粮台，叙上年汉上勾留情事。……由北门桥过卢妃巷，登鼓楼四望，钟山郁起，旷野荒凉，麦秀麦离，故宫瓦砾。鼓楼之南，有亭翼然，询之土人，则妙香庵也。遂下马寻路界，略一游览。台榭池沼依然旧观，主持僧月潭进茗饮，且言故屈子祠，粤匪窜踞，即以此为伪御花园。癸丑季秋，都人士建长生禄位奉曾沅甫中丞，两庑石刻，耆介春宫保、祁淳甫相国诸公手迹犹存。呜呼！金陵园亭，此为硕果。”四月初十日泊瓜洲内河，“从前漕艘北行必由之路。逆贼占踞，缘岸为营。同治五年，以金陵收复，盐运改道，此地新开一小河，西岸居民贸易成市，而瓜洲旧城则坍入江中矣。沧桑之变，此其一端。”四月十八日午后入清河县城，“至书肆，阅《清河县志》，乃吴仲宣漕督新修者，叙河防甚悉，惟人物指以韩信、枚乘为邑人。盖县界本析山阳为之，城则漕督创造。咸丰十年，土匪骤至，井邑墟荒。今居民较昔只十之五，而漕运中废，盛衰之理，有数存焉。”以上是北上期间所记，分别涉及江西彭泽县、安徽铜陵荷叶洲、江苏南京、瓜州、清河县等地。

南归后则多记沪宁间各城镇，《日记》七月二十五日“午后，偕谦三、子豫行马路，步洋滨桥，过新北门。岛夷楼阁千门万户，市廛环集，歌管喧杂，青楼妓女凭窗招客以千百计，视咸丰十年经过气象迥变，上洋自通商后外夷虎踞此地，累岁晏然，闻近来生息亦渐减矣。夷人环街市插架，燃自来火竟夕通明，灯下步至聚美园观女优演剧。漏四下始归，戏场一妓馆也。”此为同治六年周氏眼中之上海。二十九日“泊昆山西水闸，两岸田畴废为草宅。邑令以连岁兵荒，路多行劫，设闸支更。”八月初二日“巳刻泊阊门，入城游玄妙观。观外市肆骈列，宛然盛时，惟城隅僻径则弥望瓦砾。”初四日“至无锡南水关。入城，泊大市桥，寻旧时寓庐，则荒芜掩径矣。问余绍傅故居，街人指示，门庭犹在，居者杂沓。漏三下，绍傅始返，相携入茶肆，追叙遭乱景况，盖沧桑大变矣。”初五日祭扫父墓之后，周长森与友人“至秦园，则泉石芜没，弥望荒凉，狐兔丘墟，腥秽触鼻。又进而南入锡山寺，第一泉碑刻故在，泉流龙口，烹茗小饮。池中红鳞荡漾，右上为昭忠祠，李小泉制军督两江时以阵亡将士奏建专祠，楼阁焕然，高下相间隔，然非旧观矣”，“出寺门登舟，春帆备酒馔，舟中叙饮，舣棹小金山，旧游台榭毁于兵燹，今栏楯依然，而壮丽逊于当日，亦李宫保重建者也。登其上，四面周览，忆咸丰己未暮春偕同里夏萼楼赋诗于此，今景物变矣。泊舟北门外，灯下与春帆步至野庵，则二尼款客，乱后孑遗，犹见当时故态。”秦氏寄畅园乃明清以来无锡最著名的私家园林，经过战乱，面目全非。初六日“午后泊毘陵，河干花市，构屋数十家，入城则街衢零落，瓦屋稀疏，怅然而返。”十六日“自九江登岸，时夷酋税务司疑橐中江瑶柱为火药，遂攫去。赁居西门外旅寓，晤秦白眉、钱小溪、周小琴诸君，与夷酋关说橐中物始返。”当时周长森已经意识到外国列强势力侵略中国的事实，他在京师期间，专门到琉璃厂去购买了一部《瀛寰志略》，可见他并不是思想保守的人。

综上所述，可见周长森的《北上日记》纪事虽仅半年，文字不过数万，但正如《日记》最后一日所记“往返五月余，跋涉一万里，去路乘危，归途触险，然而帝京景物，齐鲁山川，揽胜津门，畅游沪渎，略一涉想，如在目前。”足见他写日记的目的已经达到了，可惜这部稿本在作者身后一直没有刊印问世，最后连作者的姓名身份也被人所遗忘。兹对其作者及价值略作考察，希望能引起广大清史研究者的注意。

注释：

[1] 周长森：《六合纪事》，清同治七年刻本。

[2]《北上日记》，抄本，复旦大学图书馆藏，下同。

[3]《北上日记》，抄本。

[4]《北上日记》，抄本。

[5]《北上日记》，抄本。

[6]《北上日记》，抄本。

[7]《北上日记》，抄本。

[8]《北上日记》，抄本。

[9]《北上日记》，抄本。

[10] 何栻：《悔余庵诗文稿》，清同治四年刻本。

[11] 何栻：《悔余庵诗文稿》。

[12] 南京师范大学古籍所编：《江苏艺文志·南京卷》，江苏人民出版社1995年，第1174页。

[13]《北上日记》，抄本。

[14] 周长森：《六合纪事》，清同治七年刻本。

[15]《北上日记》，抄本。

[16] 何栻：《悔余庵诗稿》卷七。

[17] 柯愈春：《清人诗文别集总目提要》，北京古籍出版社2001年，第1748页。

[18]《北上日记》，抄本。

[19]《北上日记》，抄本。

[20]《北上日记》，抄本。

[21]《北上日记》，抄本。

[22]《北上日记》，抄本。

[23]《北上日记》，抄本。

[24]《北上日记》，抄本。

[25]《北上日记》，抄本。

[26]《北上日记》，抄本。

[27]《北上日记》，抄本。

[28]《北上日记》，抄本。

苏州博物馆馆藏谢家福档案选辑校释（六）

——凌淦（等）致谢家福（等）函稿

徐钢城（苏州博物馆）

一　凌淦致苏、沪扬诸君子函（光绪四年五月二十日）

苏、沪、扬诸君子大人阁下：

顷得四月三十日十号惠书，知苏局第四批、申局第五批赈银将到，核计此批到后，已及六万之数，可以暂时放胆。现在济邑已经查放者：计邵原镇五甲一千六百廿三户五千三百六十七口，王屋村上五甲四百廿三户一千四百八十九口，西阳里九甲八百十三户二千五百三十九口，距初查时死亡已千余。核照烟户册名口，死亡实十之八九，可深慨哉！刻下西阳已放毕，再放邵原一次、及王屋一次，月杪可告竣。余尚有未实数地，处万山之中，查户转运，人力两穷。亳州钱款至今未集，万不得已将宝熔碎搭放，种种迟钝，问心殊觉不安，然亦无可归咎。弟等辗转思维，决计将济事赶完，全移原、修。且幸东乡近水，北山一带，宋霞翁已身任其事，亦不至于向隅。至为灾民计久远，则此时已赈者尚可支一月之久，其余未赈各县旦夕难延者，正不知凡几！势亦不得不去而之他，所冀以后之易而速、补前此之难而迟，聊慰诸公廑念耳。弟淦本拟日内赴原，因弟其英同诸君入山后，局中仅存谈、江两君，实难分身。谈任翁真众孩之母，江清翁人极谨饬，堪以报慰。局中小孩，共收四百余名，日给小米粥两顿，约米三合，以济源米价十三千计，每名每日须三十文。张步翁之意，拟于成熟后送归；无依者交各行学业，俾安故土而延生计。至于灾民之中，寒士最苦。书院停课，巨室停馆，生计已尽。卖男鬻女之风，今偏士族为多，盖平民之家早已卖尽也。前此欲速不能，故赈款不觉其少，未上告急之书；此后事半功倍，势必五万金一扫而光，务祈源源接济，俾弟等放胆行事，不致有后顾之忧，切祷切祷！至托至托！此布，即请台安。

弟淦顿首启

五月二十日

（据原稿副本录）

按：甲者，宋以后各朝均设立保甲制度，为当时基层户籍编制单位。明洪武十四年（1381）下诏规定以一百十户为一里，推丁粮最多之十户为长，其余一百户为十甲，每甲十人。又有一说：甲为清代田地计算单位。《清史稿·食货志一》有："浙江新涨沙涂，民、灶皆承领，百亩为号，十号为甲，十甲老农导耕。"烟户册者，户口簿也。烟户即人烟户口。《清会典·户部·尚书侍郎职掌五》有："正天下之户籍，凡各省诸色人户，有司察其数而岁报于部，曰烟户。"清·袁枚《随园随笔·烟户册》有："今州县造男女口数号烟户册。"北山者，济源地名，为传说中移山愚公之故乡。向隅者典出汉·刘向《说苑·贵德》有："今有满堂饮酒者，有一人独索然向隅而泣，则一堂之人皆不乐矣。"后因以称惠不及众或孤独失意。南朝梁·徐悱《赠内》诗有："岂忘离忧者，向隅心独伤。"《唐律疏议·长孙无忌进书表》亦有："一夫向隅而责躬，万方有犯而罪已。"

截至1878年5月底，江苏和上海助赈局通过各种方式与途径，开展遍及社会各阶层的民间慈善募捐运动，共募集到赈款约六万余两，并以钱庄汇票邮寄和现银镖局押送两种方法，用最快速度向河南输送救灾款。而在赈灾最前线济源，凌淦、熊其英等的查户放赈工作，也正如火如荼地铺开。邵原、王屋、西阳三地，累计普查19甲2859户，幸存人数为9395人，较之5月初瞿家鑫等初查时的人数，又有一千多人因灾死亡。而据济源县令宋梦翰所提供的户籍资料，济源全县人口为十三万余口，至1877年底，因灾死亡、外逃者超过一半，则从中可知：自1877年底至1878年5月底，仅济源一地，就有五万多人非正常死亡和外逃，幸存人口不足十分之一。另外，尚有王屋山中数地，因为地处崇山峻岭之中，住户彼此相距遥远，查赈艰难，尚未覆及；另有沁阳东乡、济源北山两地，由宋梦翰负责承揽。在这个节骨眼上，从亳州兑换的制钱又迟迟未到，凌、熊等人只能先将4月24日张松云从天津带来的97只元宝（合计六千两），委托当地银匠熔碎后搭放。凌淦预计6月末济源赈事即可告一段落，受赈灾民可凭此布施暂缓一段时间，赈局亦准备全部移往原武、修武等地。慈幼方面：由于熊其英等大部人马均已入山，济源县城中只留下谈国樑、江振恒二人，谈君一人要照顾局中所收四百多名孤儿，每天仅伙食耗费计十两有奇，分身乏术；江君则掌管账务，也是忙得满头大汗。随着赈务的广泛推开，凌淦估计赈款很快会出现缺口，因此他热切盼望着南方的捐款能源源不断寄来。此函书于1878年6月20日。

二 凌淦致谢家福函（光绪四年五月二十五日）

绥之尊兄大人阁下：

顷得惠函，知贵恙已平，忻慰忻慰。二十日所发公信，想已投览。此次办赈，先从济源下手，殊觉事倍功半。济源距汴梁实有五百余里之遥，出西门三十里即是山麓，盘旋曲折而上五十里为王屋，又三十里为邵原，又二十五里为西阳，又十里为蒲掌，又十五里白鹅，接山西界。此百余里乃被灾极重之区，地方辽阔，甲于河北诸邑；山势险峻，奇峰矗天，非腰脚轻健者断难从事；人家又零落散处，穷一日攀跻之力，所查无几。非得瞿星五、张松筠二君之奋勇，此篇文章如何交卷！星五带写手两三名，即皆病归，仆人顾福一病几殆；小队数名亦畏缩不前，加给口粮，方听指挥。刻下西阳已放毕，邵原放过三分之二，王屋尚未开放，月杪约可告竣。统济源之全境论之：东南近水，较修、原之灾为轻；北乡一带，现得宋霞翁将所领东漕查赈。霞翁人极明白，办事认真。现既赈款不多，不能不先顾修、原，惟济源愈查愈远，人手愈费。十五日熊纯翁率领大帮入山后，局中只剩任之、清卿两人，运钱熔银、照顾小孩，烦琐已极，且下人无一不病，反须以上事下。弟本拟稍迟一二日驰赴原武，至今亦无可脱身，又因修武云云，是以改候济源事毕，竟将全局移至原武。原令高云帆悃愊无华，状如村学究。聆其言论，条理井然，非世俗所谓迂夫子，惜凡为邑令者，不能尽如高君也。汲令赵鹤翁设局收孩；新乡令胡云翁设厂收女；灵宝令方庆翁办赈一年，不遗余力，须发尽白；汤阴令杨亦翁为民请命，至为急切；孟县令李珍翁官声甚好，丁忧回藉，灾民攀留，竟不成行，现仍寓孟；总戎崔季芬，不但倡捐巨款，又极为留心赈务，此数君子皆能尽心民事者。熊纯翁初来济源时，昼则躬亲琐屑，夜则悲悯天人，几无一日不哭，精神顿减，形容顿瘦。今既复原，又即入山，勇哉！谈任翁仁厚长者，难孩之慈母也，与弟商榷，欲于原武设福幼抚教局，仿青州之例而变通之，拟请南中筹款之外，募化《弟子规》、《二十四孝学堂日记》、《小学千家诗》，以备课孩之用，并请赵松翁到原同办。闻松翁将到获嘉，已函致严佑翁矣。抑弟更有请者，大荒之后，寒士最苦，书院停课、富家辞馆，日来卖男鬻女，转惟士族为多。书香之后，沦为奴婢，闻之可哭！弟偶于局中小孩放粥时，见三孩举止异常，急命之来前，一则姓王名锡祉，年十四岁，住牛舌村。父名凤仪、号石坡，孝廉也，病故已三年。家有祖母，年七十余。姐于三月间卖与河南县皇甫家。继悉其家世，赠米送还，现始由刘绅作伐，嫁于士族矣。一为李福印，十一岁，读《诗经》；一为李福翰，九岁，读《孟子》，乃同年李庆昌号世香之子也，住栲栳村。询之：其父于去夏病故，大哥继殁，大嫂抚两侄，在家以榆皮度日。二哥名福荣，年十六，在西乡课蒙以养母，母病月余矣。且泣且语，弟亦下泪，亟送还其家，各赠银数两。两孝廉皆济邑敦品积学之士，我辈甚足寒心。今日接公函中有“淞溪渔人来银五十两，欲救衣冠中之不能自存者”，与鄙见适相符，敬当照办。惟淞溪渔人究系何人，请明以告我。弟此行除捐款外，另携银二百两，专办此等事，早已告罄，能否遍告同人，另筹此项捐款，由弟与纯翁、佑翁经手，访查确实，决不稍有冒滥，将来另行造册报销。学校中善士尚多，倘能设法，最为近切，亦兔死狐悲之意也。承询带来不饥丸，吴福堂兄曾试食一丸，饱闷异常，因之卧病，至今方愈。久病之人，肠胃浅薄，断非所宜，万万不可再来！江浙得免水患，蝻子不至为害，未始非善气挽回，可喜，亦甚可危。严佑翁处自当有无相通，同办此事，岂有畛域可分！弟与诸同事幸皆和衷共济，不致稍涉意气之私、卤莽之见，至或失之迟钝，则时势限之，无可如何已。日来天气渐热，昼则苍蝇声如牛，夜则壁虱猛于虎，幸顽躯托庇粗安，堪以告慰耳。此间寄书由济至汴，难于由汴至苏，曾致玉书兄信，有迟至十余日者、有竟未达到者，驿递甚不足恃也。兹有崔镇专足之便，拉杂书此，聊布胸臆，如有未是之处，仍望随时指示为幸。诸君子及舍弟处实无暇写信，祈将此纸专达为幸。此布，即请筹安。

五月二十五日

小弟凌淦顿首启

（据原稿副本录）

按：蒲掌、白鹅者，皆地名。属山西省绛州直隶州垣曲县域，分别归蒲掌乡、英言乡所辖。修武云云者，指凌淦无意中看到的修武县令刘济臣函稿，其中言辞支吾、有拒而弗纳之意。悃愊无华者，诚朴而不浮华。悃愊，至诚貌。《汉书·刘向传》有：“河东太守（周）堪，……论议正直，秉心有常，发愤悃愊，信有忧国之心。”颜师古注：“悃愊，至诚也。”又宋·苏轼《苏潜圣挽词》有：“悃愊无华真汉吏，文章尔雅称吾宗。”赵鹤翁者，赵集成（字鹤舟），卫辉府汲县县令。胡云翁者，胡燕清（字云耕），卫辉府新乡县令。方庆翁者，方胙勋（字庆甫），陕州直隶州灵宝县令。杨亦翁者，杨钦琦（字亦韩），彰德府汤阴县令。李珍翁者，李待时（字珍聘），怀庆府孟县县令。总戎者，即总兵。明代开始设立总兵官、副总兵官之职，以统领军务。后总兵官统军镇守，渐成一方常驻武官，遂简称总兵官为总兵，副总兵官为副将。清代沿袭旧制，又于各省设置提督，为地方武职最高长官。其下设总兵、副将等职。清人习称总兵为总戎。又因为总兵所辖的部队称镇、副将所辖的部队称协，故亦有称总兵为总镇、副将为协镇者。清·黄宗羲《明夷待访录·兵制二》有：“有明虽失其制，总兵皆用武人，然必听节制于督抚或经略。则是督抚、经略将也，总兵偏裨也。”赵松翁者，赵翰（字松甫），镇扬助赈局同人。蝻子者，蝗的幼虫。孵化而未能飞时叫做蝻。《太平广记》卷四七九引五代·范资《玉堂闲话·蝻化》有：“己酉年，将军许敬迁奉命于东洲按夏苗上言，称于陂野间，见有蝻生十数里，才欲打捕，其虫化为白蛱蝶，飞去。”壁虱者，虫名。属蜘蛛类，体如蓖麻子，靠吮吸人畜鲜血以活。《太平广记》卷四七九引前蜀·杜光庭《录异记》：“壁虱者，土虫之类，化生壁间，暑月啮人。”“其状与牛虱无异。北都厩中之马，忽相次瘦劣致毙，……乃壁虱所嚼也。”另有一说：壁虱即臭虫。

最先赶到济源的熊其英等人，于1878年5月14

日在济源县城正式挂牌设立赈局，15日开始分路普查。27日，凌淦也赶来增援。虽然苏州赈绅几乎全部云集此地，但济源险恶的地形还是让他们估计不足，因此查放工作进行得磕磕绊绊、极为艰难。出县城三十里，前面就是险峻的山道；在其间羊肠小道盘旋而上五十里，方抵王屋乡；再攀行曲折三十里，才到邵原镇；从此又向前二十五里，即为豫晋交界的西阳；再走十里，入山西境内绛州直隶州垣曲县蒲掌乡；又十五里，到垣曲县英言乡白鹅村。这一百余里山路蜿蜒曲折，落差极大，沿路皆是壁立千仞的险峰、或深不见底的峡谷；人烟罕至，鸟飞不前，为自豫北平原进入山西高原的要冲，地理位置极其险要，史书称之为轵关陉，乃"太行八陉"之首陉，自古为兵家必争之地。《北齐书·斛律光传》有："筑勋掌城于轵关西，仍筑长城二百里，置十三戍。"如此艰险的路程，如此艰辛的剔查，对于体能和意志都有着极大的挑战。而现实是：只有瞿家鑫与张松云（从天津押款来此，临时帮赈）能担当此任，这在很大程度上使济源首赈进展缓慢、举步维艰。再加上瞿、张二君所带抄手、仆人纷纷病倒，而查赈范围却越来越远，因此6月15日熊其英等亦入山帮忙，18日邵原开始放赈，局面才渐趋顺手。因为济源东南部临近沁水、济河等河流，水源相对较为充裕，旱情较轻；而济源北部则由县令宋梦翰率人自行查赈，加上身边赈款不敷，故赈局同仁欲将此二地一笔带过，直奔下一站修武。本来曾听吴江同乡任友濂对修武县令刘济臣赞不绝口，但凌淦偶然在怀庆府城看到了刘的一封信函，其中语句让他颇感心寒，遂起良禽择木而栖之念，临时决定义赈第二站改为原武。在助赈行动中，凌淦还特别关注到当地普通知识分子（士绅阶层）朝不保夕的窘状，专门加以优待抚恤。保留知识的火种，就是保留文明的火种；挽救本地的贫穷士绅，就是挽救本地的文脉薪火。在凌淦心中，礼义廉耻、文明教化是和衣服食物、房屋田地同等重要的，所以他决定除青州赈灾中创立的慈幼抚教局之外，再设抚善局，专救名儒士绅、书香门第。早在赴豫时，凌淦即特意携带二百两，专门用于此事。惟因钱款太少，瞬间即尽，故他在信中向谢家福建议：能否就此专门设立一个募捐项目，多方筹款，由他、熊其英、严作霖三人亲手负责，绝不马虎敷衍。6月正当南方黄梅雨季，江浙一带幸而风调雨顺，可河南灾区情况却越发糟糕：久旱之外，又兼天热，瘟疫肆虐，疾病流行。即便是在助赈局中，也是白天苍蝇嗡嗡、挥之不去，夜晚壁虱猖狂、辗转难眠。熊其英初到此地，日间为灾民惨状心痛流泪、为查户散赈奔波辛苦；入夜要回复南方诸君信件账目、要筹划次日行动计划，更添蚊虫之扰，没多久便形销骨立，但他仍然坚持亲自入山赈灾。其他同人，亦莫不如此。此函书于1878年6月25日。

三　凌澍致谢家福函（光绪四年六月九日）

绥翁仁兄大人阁下：

叠接手函，并《铁泪》、《福幼》各廿册，玩本十册，刻信卅套。《收赎章程》拜读一过，此事煞有关系。尊议条理周密，钦佩之至！少安病已痊，而家中走不出。兹有翰翁之友宋静斋可以帮办，已托梁先生关照静斋矣。昨由航寄奉一函，中有致家兄信，收到希示。《四省铁泪图》望多发几纸，乡间要发贴也。五月十五公信再寄十套。此复，即请近安。

弟澍顿首

初九日复

（朱丝栏笺，一纸八行）

按：翰翁者，即凌氏兄弟之友徐翰波。

当初跟随凌淦赴皖北购粮的陈常、潘少安二人之间，早在清江浦时，由于受小人挑拨蒙蔽，已经产生龃龉。随着嫌隙的不断加深，渐成水火不容之势，这给急需精诚合作的助赈队同仁心里蒙上了一层阴影。从救灾大计出发，凌淦和熊其英决定：让两人一同赴皖，办理钱粮转运事宜（其中也含有相互牵制之意）。不料5月底潘少安忽然染病，随即南归（除身体原因外，或亦有话不投机半句多、道不同不相与谋之意），只留陈常一人支撑局面，此举出乎所有人的意料之外。至7月上旬，虽然病已经痊愈，但仍推脱家中有事走不开，不愿再次北上赴豫。而前方人员奇缺，急需帮手，因此凌澍又向谢家福推荐了同乡宋静斋作为替补人选，并积极接洽中。同时在江南一带，大范围的民间募集善款活动，还在有条不紊的继续中（诸如在各乡张贴《河南奇荒铁泪图》等举）；另外，谢家福还着手起草《（孤儿）收赎章程》，意图在南方寻找愿意收养灾区儿童的善男信女，开展孤儿收赎抚养事宜。此函为凌淦之弟凌澍所书，此函书于1878年7月8日。

四　原武助赈局同人致苏、沪诸君函（光绪四年六月十一日）

苏、沪诸君子先生阁下：

昨晚接到五月初九日十一号、廿二日十三号公函，并药物等件，承蒙关注，今谨条覆如左：

一、济事已竣，弟于廿八日启程，六月初二日仝谈任翁赴原。原邑素称贫瘠，地多沙砾，为通省第一苦缺，丰年尚赖各县津贴，目下民不聊生，当厄之施刻不容缓。

一、瞿星翁、程福翁于初九日到原，今晨往东南两乡，分路查户。

纯叔诸君尚未来原，大约雇车不得。盖济源山僻，素鲜车辆，近署中车马，都往杨柎湾运粮。弟此次与瞿、程两君，均由河内要车来济（赖崔季芬招呼），然后动身。

一、原武给助耕种一层，归屿芝诸君承办，我局仍办查户。粮食由马渡口运仓，不过二十里，尚不大费事。原武城中难换五两银，粮食甚少，且贵。拟钱米并放。

一、慈幼局已经开办，陆续收五百余名，在火神庙内。每日放粥两次，有家者归家，无家者留养。另有恤黎局，在西关官房，共二百余名。

一、原武城中无宽厂房屋，现住署中。大令高云帆朴诚耐苦，爱民如子，甚相得也。

一、零碎好事一层，甚好。盖名门旧族往往顾惜颜面，不肯于稠人广众中求嗟来之食。寒士以笔耕为业者，生计绝望，霖雨虽甘，不泽砚田。非格外从优体恤，如何过活？至于儒寡，更惨不忍言矣！

一、药物到原共九箱，余由玉翁在汴施送。豫省自初夏至今，疫气大行，而难民得药者，全活颇多，盖此等人素不服药，分外灵验。

一、弟自四月廿六日到济后，共发函五次：四月廿八、五月初一由马递发，十四、二十、廿三之函由挑单发，度先后均可达览矣。

六月十一日原武助赈局同人顿首

（朱丝栏笺，一纸二十七行）

按：屿芝者，孙传鳳。

1878年6月底，苏州助赈局在河南救灾的第一站：济源的行动，已告大体结束。凌淦等开始准备着手下一站：原武的救助活动。6月28日，他和谈国樑二人率先启程，7月1日到达原武。原本主持慈幼事务的张文炳，在从赵庄购粮返回济源后，也马不停蹄赶奔原武。瞿家鑫、程以约两人，6月30日刚结束邵源、西阳的放赈，稍事休整，就于7月8日步其后尘赶到原武。由于济源地处偏僻山区，车辆奇缺，凌和瞿两次赴原，都是托崔季芬打招呼，雇车从河内县先到济源，再折返东往原武，颇费周折。而熊其英、江振恒、陈春岩等，则因车辆实在难觅，迟至7月10日才姗姗来迟。凌淦作为急先锋束上启下，担负着普查的艰巨任务。原武地处黄河北岸，境平沙窄，斥而不广，多为沙砾盐碱地。随着下乡查户的进行，凌淦了解到：原武县虽地势平坦，靠近省城，却素称贫瘠，即使是在丰年，当地居民仍要于粮食中掺杂树叶充饥。原武县令也被视作全省第一苦缺，并依赖其他各县财政补贴维持生计。因而大灾一来，死者过半，其苦难悲惨之状，甚至比地处山区的济源还要有过之无不及。正当凌淦、熊其英等在济源赈灾时，苏州方面向河南派出的第二批人员严宝芝、孙传鳳，于4月29日赶到开封，投入义赈前线。他们二人最早奔赴原武，并于7月5日开始紧急散赈，向灾民发放捐款，俾使百姓购买麦籽农具，以期速速播种。但由于当地货币奇缺，极难兑换，兼以粮食缺乏，粮价昂贵，所以救助效果很不理想，饥民仍是奄奄一息，垂死挣扎。故凌淦改弦易辙，决定钱米并放，赈粮系李海帆自曲兴集所购高粱，经黄河水路运抵原武东南的赵庄，然后折回郑州以东的马渡口，再过河北上二十里至原武。而实际上 7 月 20 日正式开始放赈时，又有所变化，改成全部发放高粱，若粮食不足则凑之以钱。灾民成人每人发高粱一斗，儿童每人五升。共计救助原武难民人数达二万九千余人，取得了相当明显的效果。据时任原武县令的高云帆估计，当地黎民已到山穷水尽地步，若没有江南义绅这雪中送炭、及时出手之举，因灾死亡人数最起码还要再增加一万。同时，随着 7 月夏令高温季节的到来，加上当地糟糕的卫生状况，传染病大规模肆虐，十人九病，灾区一变而为疫区。助赈队又担当起临时医疗队的角色，共计散发太乙丹、正气丸等防疫避暑药物十多（大）箱，均在发放赈粮时一并给发，病患灾民因此得救者不计其数。另外，虽然原武县城内较之他处更为破陋，缺少宽敞房屋，可谈国檥、张文炳诸君依然在火神庙开设慈幼局，暂时收养难童五百多名，每天施粥两次；并加以甄别，使有家者归家，留无家者抚养。又于西关官房设置恤黎局，收容流浪难民二百余人。自 5 月 27 日抵达济源，截止到 7 月 10 日，凌淦共向南方发函五次：5 月 29 日、6 月 1 日（本文函 9）、6 月 14 日（本文函 10）、6 月 20 日（本文函 14）、6 月 23 日。此函书于 1878 年 7 月 10 日。

五　凌淦致费延釐、谢家福、王伟桢函（光绪四年七月八日）

芸舫、绥之、仙根仁兄大人阁下：

一、六月廿七日在修武马界地方（在北山根）得六月初五惠函（由原武来），七月初二日又得六月十六日惠函（张如兄带来）。连日栗六，未遽裁答。兹原、修两邑均已告竣，除纯翁另覆外，谨将目下办理情形略陈左右：

一、原武开办情形，曾于六月十一日缮覆，弟即于廿二日仝瞿星翁、尹莨臣分办修武北山，适严佑翁等办毕获嘉，亦至修武，专查山外各乡。北山亦与山西毗连，属河南界者：南北六十余里、东西三十余里，视济源之山小而略平。兵荒之后，民不聊生。廿四日入山，至初一日查竣，初二日放讫。大口银一两、小五钱，统共折宝大口二千百十四口，放银二千一百十四两。刻于初五日抵怀庆矣（各处山内苦于山外）。

一、纯叔来函，原武于初一日放毕，共计大口一万九千八百五十五口、小口一万零七百廿八口，大口放原武斗高粱一斗（比仓斗加二）、小口五升。仍住原武署中，就近办原、武接壤之区：属荥泽、武陟、郑州三处交界地方。该处地尽赤卤，素称贫瘠，现补种无几，亦当厄之施也。

一、收赎妇女一节，前数月间贩子充斥，地方官不之禁，我辈亦不敢顾问，以贩子皆身带凶器也。涂中丞抵五月余，始出示禁，正闻此风近日稍息。章程已交赵菘翁，嘱其设法妥办。菘翁聪明精细，弟甚敬服。

一、慈幼一节，殊属费事，因张步洲与谈任之积不相能，弟亦不能曲为调停。不得已，与纯叔、菘甫再四熟商：原武之慈幼局，归步洲经办；菘甫与任之专收无依孤孩，现于修武城外大王庙设局，已收百余名，皆生死而肉骨者。将来尚拟移局怀庆。

一、名门旧族一层，得此巨款，可以格外施恩，当随时随地留心查访。弟于修武访得十家，共送银四十两（另有一单呈览，此系瞿星兄覆查），并嘱赵菘翁再行访查。原武归纯翁经办。

一、河北连得透雨，各县补种不少，尤异者去年下种未出之地，雨后忽生稻孙，天心大有转机。惟此七月中青黄不济之时，当厄之施刻不容缓。来书云："局面不求宽，时日宜稍长"，洵为笃论！闻济源、孔山一带，秋种不甚佳，今晨星兄策马赴该处查看。前此办毕邵、西两里，舍之而去者，以粮食已运至原武，势难兼顾也。正在裁答间，适崔季翁由汴回署，云林县于六月十四、十六两日大雨雹，田禾损伤殆尽，秋收绝望，令人辄唤奈何！鄙意拟将各处粗了，赶紧驰往，以全力注重林邑，并会同镇扬局，通力合作。盖林县在万山之中，周围有二百余里之广，非人手与款子齐集，恐难了事。

一、续到同事四位：如馨与书绅仝往济源，春生、瑞生往原武（陈少兰亦至），正在疲乏之时，得此生力军，可以更番替换矣。

七月初八日弟淦顿首

诸同事嘱笔道候

函中据事直书，如有窒碍之处，敬求改正，然后出示同人，千乞千乞。又及。

日上河内要车甚难，约初十日抵孔山矣。

另启者：拨款一节，明知与前议不符，惟五月中，正当补种之时，睹此哀鸿遍野，实不忍坐视！且所拨地方，皆被灾较重之区，其有司皆结实可靠之人，如：汲县赵鹤舟集成、灵宝方庆甫胙勋（现调南阳县）、孟县李珍聘待时（丁忧留办赈务）皆芸兄所深悉者；新乡胡云耕燕清，潘辛翁甚称其为人（此款交卫静翁办），弟亦见过，人甚朴诚；汤阴杨亦韩钦琦（太仓人），与瞿星翁素习，纯翁亦见过。此数君皆能实惠及民，有此一番拨款，全活实在不少，尚祈于乐善诸君前婉达下情。再：弟等之所以不愁苦境者，一则家乡款子源源而来，一则河北各属秋种尚好，一到七八月之间，秋收可望，灾黎即有更生之庆。弟等自邵、西办毕后，诸事求速，以六七两月正青黄不济之时，万分吃紧。现又闻林县雹灾，更须赶办，以便驰救。惟是查户诸君日奔走于烈日之中，眠食之苦，不堪言状！且疫气盛行，十家九病，非精神充足，恐致沾染。我局推瞿星翁为健者，近亦精神稍乏；程福田、张步洲患病未愈，弟患痢十余日，幸精神尚能应事，现已全愈，顽健如常，差堪告慰耳。

（所附名门旧族访查清单）

成浮氏　住县东京里村，廪生成宽之妻。夫亡，无子，两女均亡。

成李氏　住县东京里村，生员成捷之妻。夫亡，无子。

李卢氏　住东关，廪生李秉矩之妻。夫亡，子幼。

孙谢氏　住西关西头路北酒店对门，廪生孙元书之妻。夫亡，子幼。

李徐氏　住城内宅东，生员李友周之妻。夫亡，子幼。

侯张氏　住北门里路东中间，生员侯廷槐之母，年七十五岁。夫、子均亡。

吴秦氏　住北门里，生员吴松鹤之妻，年老多病，夫、子俱亡。

王陆氏　住城西王庄，生员王莲溪之妻。莲溪逃亡在外。

蒋海　住西门里，恩贡生蒋焕之孙。年十二岁。

翟王氏　住东关内，廪生翟畏三之妻。家中寡媳二人，孙女二人。

此上各户，其窘万状：或将卖男鬻女、或将悬梁投井，当厄之施，功德无量。

（七．廿八到）

（朱丝栏笺，四纸，首纸三十三行；二至四纸每纸八行，笺纸左下角有"长泰斋"）

按：山外者，太行山以东地区。赤卤者，赤，空无一物。宋・王安时《读诏书》诗有："日射地穿千里赤，风吹沙度满城黄。"卤，碱性土壤，不宜种植。《周易・说卦》有："兑为泽，为少女，为巫，为口舌，为毁折，为附决，其于地也，为刚卤。"此指寸草不生的盐碱地。生死而肉骨者，《左传・襄公二十二年》有："吾见申叔，夫子所谓生死而肉骨也。知我者如夫子则可，不然，请止。”又《左传·昭公二十五年》有：“平子曰：‘苟使意如得改事君，所谓生死而肉骨也。’”言使死者复生、白骨长肉。引申为恩施的深厚。稻孙者，刈稻后，其根得雨再生之余穗。宋·叶寘《坦斋笔衡·稻孙》有：“米元章为无为守，秋日与寮佐登楼燕集，遥望田间青色如剪，元章曰：‘秋已晚矣，刈获告功，而田中复青，何也？’亟呼老农问之，农曰：‘稻孙也。稻已刈，得雨复抽余穗，故稚色如此。’”又宋·刘攽《彭城集》卷十二《晨兴》诗有：“水涸看鱼族，田收长稻孙。”天心者，原指天帝之心意。《书·咸有一德》有：“克享天心，受天明命。”《汉书·杜周传》亦有：“宜修孝文时政，示以俭约宽和，顺天心，说民意，年岁宜应。”此处特指天气情况。如馨者，张如馨，字馨如。书绅者，司马书绅。春生、瑞生者，张叔洲、张瀛洲兄弟。窒碍者，障碍。指行事或议论不通顺、不可取之处。宋·苏辙《栾城集》卷四十二《北使还论北边事劄子五道》之一《论北朝所见于朝廷不便事》有：“伏乞下户部，令遍问三路提转安抚司，详讲利害，如无窒碍，乞早赐施行。”

凌淦等完成在原武的下乡查户之后，赈局即于7月20日开始放赈，直至7月30日全部放毕。受助灾民共计30583人，其中成年人19855人、未成年人10728人；发放高粱25219斗。完成此地的救助工作后，熊其英等继续留守原武县署，就近查办原武县与武陟县交界处的黄河滨河地区。这一带分属河北的武陟、河南的荥泽、郑州，共有近三十个村庄（乔庙、富下、善下、中牟、王禄营等），犬牙交错，为三县交界之区（故亦是三不管之地）。该处全是盐碱地，因此灾情严重，瘠苦万状。当助赈队从高云帆口中得之此情，严宝芝、孙传鳯二君跃跃欲试，但因故未果。所以原武之役一了，熊其英立即顺带赶往查放。而凌淦同瞿家鑫、尹莨臣二人，再次作为急先锋出征修武。其实早在济源时，义绅们就确定第二站选择修武，可凌淦无意中在怀庆府城看到修武县令刘通的函稿，言辞间似乎对来自南方的民间援助有拒而弗纳之意。这种拒人千里的迂腐和冷漠，使终日奔波不辞辛劳的义绅们，感到自尊和热忱受到了很大的伤害。良禽择木而栖，顾虑之下，他们改而选择了原武。但是修武地处太行山东南麓，地势险要，灾况之重甚于济源，实在无法视而不见。念在无辜善良的灾民份上，赈局同人决定改弦易辙，仍走修武一趟。凌淦等三人7月21日动身，23日到达修武以北毗连山西的北山，入山查户。恰好获嘉赈局的严作霖诸君也同时到来，在太行以东放赈。两路人马一个山内一个山外，分头行动，彼此遥相呼应。熊其英还特意从后方寄来的苏、申赈款里分拨出一万六千两，供镇扬助赈局的义绅在山外普赈时使用，以示不分彼此。凌淦等所查北山山区属河南管辖者：南北长六十余里，东西宽三十余里，山势较济源略为平缓，受灾颇重，再加上前一年遭遇刀兵之燹，民不聊生（山内比山外更苦）。查访花了一周左右，至7月30日结束，放赈于7月31日结束。此地均发放银钱，成年人每人一两，未成年人减半，共计发放申银二千一百十四两。另外，凌淦还特意留心查访陷入困境中的名门望族和书香门第，共访得十家，每户给银四两，以解燃眉，并叮嘱镇扬局的赵翰继续查访。慈幼方面，谈国樑和赵翰在修武城外的大王庙临时设局，收留孤儿百余名（由于张文炳的意气用事，他与谈国樑之间渐生矛盾，积不相能，同仁内部又一次面临着内耗。无奈之下，凌淦和熊其英、赵翰再三斟酌，决定将两人分开，原武慈幼局仍归张文炳经办）。赵翰脑筋聪明，办事精细，深得凌淦赏识信任，所以临走时又把收赎妇女章程交给他，让其设法妥办。修武事甫毕，凌淦一行马上于8月3日赶回怀庆府城河内，与熊其英会合。他们商定：将济源、原武、修武各处的慈幼局陆续遣散，在怀庆府城统一设立慈幼局，由赵翰主持，以固定之局，收无定之童。之所以选中怀庆，一来因为有同乡崔季芬照应；二来河内地区较为富庶，就地筹款较为方便；三来府城宽敞房屋较多，药品衣物采买便利。六七两月，河北地区连降透雨，旱情大为缓解，受灾各县抓住这一有利时机进行夏季播种，所有人都祈祷着：光绪四年的秋天，能迎来一个丰收的季节。远离家乡奔走他乡已快半年的义赈士绅们，也无日不在思念着遥远的江南，期盼着能在深秋时分圆满完成救援善举，平安返回千里之外的故乡。但是天不遂人愿，先是济源及其东北的孔山播种情况不佳，闻听此讯，凌淦急派瞿家鑫于8月6日一早赶去查看。他自己正准备在8日前往孔山，孰料人还没走，就从崔季芬那里得到另一个坏消息：7月13日、15日，位于太行山东麓、彰德府的林县，连续两次遭到暴雨冰雹的袭击，田间刚刚播下的禾苗损失殆尽，眼看秋天就要绝收，苦难深重的当地百姓旧创未愈、又逢新痛，再次陷入绝境。而连日东奔西走、殚精竭虑，加上烈日高温、疫气盛行，饮食休息条件又极差，赈局诸君纷纷病倒：7月初熊其英后脑勺生了一个大热疖，脓肿溃烂，疼痛无比；7月21日凌、瞿二人驱车急赴修武时，凌淦正患赤白痢，腹泻不止，瞿家鑫则因邵原、西阳连日查访，体力透支，萎靡不振；然后程福田、张文炳相继染疴。但他们均咬牙苦撑，准备待目下所查各县大致结束后，就与镇扬助赈局联合奔赴林县，开展救援。此函书于1878年8月6日。

文徵明的《兰亭修禊图》与“兰亭文化”

单国强（故宫博物院）

内容摘要：《兰亭修禊图》是文徵明多次描绘的图像，并从不同角度来阐释这个闻名遐迩的文人雅集历史故事，同时赋予了新的时代文化内涵。现今存世的文徵明《兰亭修禊图》所知有三幅，即辽宁省博物馆和北京故宫博物院所藏的《兰亭修禊图》卷、台北故宫博物院所藏的《兰亭修禊图》轴，其不同的类型即反映了上述特色。

关键词：文徵明　兰亭修禊图　兰亭文化

文徵明在“吴门四家”中，是最典型的文人画家，他的创作带有深厚的文人情结，闲逸、清雅、文静、蕴藉，其中《兰亭修禊图》堪称典型。他多次描绘《兰亭修禊图》，从不同角度来阐释这个闻名遐迩的文人雅集历史故事，并赋予了新的时代文化内涵，即他反映的已不是纯粹的、具体的东晋王羲之等人在兰亭修禊雅集的故事，而是后世衍变而形成的“兰亭文化”，并与明代的其他文人雅事相结合，如“别号图”，从而延伸或丰富了“兰亭文化”的内容，使“兰亭文化”进一步得到普及和拓展，成为独特的一种文化现象。现今存世的文徵明《兰亭修禊图》所知有三幅，即辽宁省博物馆和北京故宫博物院所藏的《兰亭修禊图卷》、台北故宫博物院所藏的《兰亭修禊图轴》，其不同的类型即反映了上述特色。

“修禊”原本是一次传统的修禊雅集活动，即三月三日上巳节，为除灾祛邪而举行祭祀仪式，亦称“祓禊”，是日士民皆出江渚池沼间，临水消灾，并作流杯曲水之饮，文人亦借此节日雅集，遂为“修禊雅集”。此类活动在西晋时已出现，张协在《洛禊赋》中就记载了洛水修禊盛事。“兰亭修禊”则是指东晋穆帝永和九年（353），王羲之与谢安、孙绰等四十二位文士名流，在会稽山阴（今浙江绍兴）兰亭修禊雅集，并举行一系列文化活动，包括“曲水流觞”，即在庭院九曲十八弯河流水池中，放上酒杯，顺水漂流，文人们沿岸而坐，遇杯停即饮酒；“饮酒赋诗”，即喝酒后要作诗，这已是一种文学创作；“乘兴挥毫”，即酒酣之际，即兴挥毫，从事书法创作，王羲之的“兰亭序”就是在这样情景下写就的神来之笔。这些文化项目紧密结合，前后连贯，营造了浓郁的文人雅集氛围，“兰亭修禊”遂成为文人雅集中的重要模式。以后随着王羲之《兰亭序》书法和王羲之本人的名扬天下，“兰亭修禊”也扩展成为“兰亭文化”，核心内容是“兰亭序”书法，被尊为“天下第一行书”，摹临仿拓不绝，成为习字者的楷模；其次是“修禊雅集”和“曲水流觞”原为文人雅集的一种重要形式，时间非“上巳”，地点非“兰亭”，然都冠以“兰亭修禊”之称；三是围绕着王羲之和“兰亭序”，演绎出很多传奇式的故事，广为传颂，成为“兰亭文化”的重要内容；四是诸多艺术门类，从不同角度选择“兰亭文化”的相关内容作为表现题材，尤其是绘画、书法，使“兰亭文化”得到形象化的表现；最后是对“兰亭序”和相关问题的研究，使“兰亭文化”成为学术领域的一项重要课题，如对“兰亭序”各类摹本和法帖的考证，对王羲之“兰亭序”艺术特色乃至真伪的评鉴，对相关的“肖翼赚兰亭”、“兰亭陪葬昭陵”等史事的辨析等。至于“兰亭文化”越来越拓展的内容，是经历了几个阶段的，即晋唐时期的滥觞，两宋时期的昌盛和元明清时期的普及。其中明代是十分重要的时期，主要表现为：《兰亭》拓本的大量翻刻，尤其纳入丛帖之中，如文徵明的《停云馆帖》、邢侗的《来禽馆帖》、董其昌的《戏鸿堂帖》、王旨堂的《郁冈斋帖》、冯铨的《快雪堂帖》等，从而使“兰亭”书法得到更广泛传佈；“兰亭”的临写本越来越多，几乎所有书法名家都临写过《兰亭序》，并且从忠于原作的“临”发展到追求神韵的“写”，从而使“兰亭序”衍化出多样风貌；“兰亭文化”的许多内容更多出现在绘画上，如以兰亭雅集为题材的《兰亭修禊图》，有关王羲之传说的《肖翼赚兰亭图》、《羲之爱鹅图》、《右军书扇图》等，从而使“兰亭文化”打破了以承继“兰亭”书法为主的局面，呈现出丰富性和多样性。

文徵明多次创作《兰亭修禊图》，正是基于上述的历史背景，反映的也是明代“兰亭文化”的丰富内涵，而非单纯的描绘东晋王羲之等兰亭雅集的一次具体故实，辽宁省博物馆藏的《兰亭修禊图卷》，画面中心展现的是主要情节“曲水流觞”，诸文士盘坐两岸，河中数流杯顺水而下，有持书者，有展纸者，有视杯者，有沉思者，还有围坐切磋者，是很典型的兰亭修禊场景。然而，水亭中又有一士挥毫书写，这显然是王羲之酒酣兴发后在写“兰亭序”，这是在流觞、饮酒、作诗后发生的事情，文徵明将它与“曲水流觞”置于同一时间的场面中，显然是要突出“兰亭序”与“兰亭修禊”的紧密关系。另外，在修禊同时，还增添了弹阮、下棋、观瀑、竹林闲话、策杖漫步等活动内容，以及童子汲水、煮茗的饮茶情节，无疑是为了加强“雅集”的性质和氛围。因此，本图选取的是“兰亭修禊”题材，表现的却是明代已经形成的“兰亭文化”内涵，即集修禊、流觞、饮酒、作诗、书写“兰亭”以及琴棋、品茗于一体，展现了明代以兰亭修禊为形式的文人雅集活动，它显然已不是一幅纯粹的前贤故实画，如《西园雅集图》、《竹林七贤图》、《饮中八仙图》等，拘泥于具体的人物和情节。另一幅台北故宫博物院藏的文徵明《兰亭修禊图轴》，也属于这一类型，中心情节是“曲水流觞”，然亭中也有人在执笔挥毫，板桥、山路上亦有闲步、观景者，河畔也有小童汲水。另外，在本幅左上角，文徵明还以极精细的工整小楷，书写了“兰亭序”全文，书风纯是自家本色，属于“不求形似求神韵”的“写”。画面的这些因素，显然已是拓展了“兰亭修禊”的“兰亭文化”内容。从这两幅画中可以看出，明代文人画家，已经从“兰亭文化”视角来理解和表现“兰亭修禊”题材了。

故宫博物院藏的文徵明《兰亭修禊图卷》，则属于另外一种类型，即将《兰亭雅集图》与《别号图》合而为一了，一方面借用兰亭修禊的形式来表现文人别号的清雅含意，另一方面又扩大了兰亭雅集的文化内涵，进一步丰富了“兰亭文化”的内容。刘九庵先生有专文论述明代“别号图”，在《吴门画家之别号图鉴别举创》（故宫博物院编《吴门画派研究》，紫禁城出版社，1993 年出版）中指出：“别号图”是明代吴门画家创造的一种绘画表现形式，与吴门绘画的兴起、发展、衰落相始终。文人“别号”古已有之，往往赋以本人的志向、情趣、秉性等，明代文人的“别名”更多赋予身居闹市、向往山林的隐逸思想和情感，而明代吴门画家创作也特别擅长表现这样的情思，因此“别号图”也风靡一时，吴门画家从早期到晚期均有创作，尤以中期为盛。较早有吴门前驱画家杜琼的《友松图卷》，稍后有沈周《邃庵图卷》，吴门绘画盛期有文徵明《少峰图卷》、《深翠轩图卷》、《兰亭修禊图卷》、唐寅《事名图卷》、《双鉴行窝图册》、仇英《沧溪图卷》等，其中文徵明创作的《别号图》最多，《兰亭修禊图卷》为其晚年精品。

文徵明《兰亭修禊图卷》是为其友曾潜画的“别号图”，如自题所曰：“曾君曰潜，自号兰亭，余为写流觞图，既临禊帖以示之，复赋此诗发其命名之意。”后纸有王榖祥、陆师道、许初、文彭、文嘉、周复俊诸家题诗。曾潜生平不详，然从诸家诗题中，可知其为高雅闲逸之人，与前贤王羲之有相同志趣。文徵明诗解释曾君命名“兰亭”之意曰：“猗兰亭子袭清芬，环重山阴迹未陈。高隐漫传幽谷操，清真重见永和人。香生环珮光风远，秀茁庭階玉树新。何必流觞须上巳，一簾芳意四时春。”诗句介绍曾潜是位传幽谷情操的高隐之士，清高真率犹如重新见到了王羲之，并解释要表现曾潜的高蹈之情，何必选择上巳节作曲水流觞，因为幽芳的春意四季都会存在。也就是说以兰亭修禊为情节，主要是反映曾潜宛如王羲之的品操，而非着意描绘王羲之兰亭雅集故事。许初的题诗也表达了类似的意思："引觞随曲汎，列坐本无期。何必山阴是，为亭寓所思。"指出列坐岸边、随曲水流杯引觞的雅集，本来是没有固定日期的，只是借兰亭修禊来寄寓所思罢了。因此，文徵明此图，画的并不是王羲之兰亭流觞的历史故实，也不是曾君曾有修禊雅集的真实活动，而纯粹是借此情节来阐释曾潜"兰亭"别号的寓意，与其他的"兰亭修禊图"和"别号图"比较，都是颇具新意的。当然，画面展现的主要情节，依然是"曲水流觞"，也有一座水亭，文人聚会其中，但红衣主人公已不是在写写，而是与友人闲话，也显然不是王羲之，而是曾潜，故而这是一幅"别名图"。但既以兰亭修禊为铺叙情节，就必定掺入"兰亭文化"的相关内容，文徵明在后纸配以临写的《兰亭序》全文，就表现此画也属于"兰亭文化"的一部分。同时，别名称"兰亭"，就一定是与兰亭修禊相联系的，这类"别名图"就可以归入"兰亭文化"。诚如后纸文彭题诗所曰："忆昔山阴会，临流汎羽觞。文章真绝世，翰墨有辉光。雅志谁能匹，名流亦擅场。秖应馀馥在，羡尔绍前芳。"指出昔时山阴聚会、临流羽觞、作诗唱吟、书写兰亭，这样的名流雅志，后世尚有余馥，要绍继前贤的芳泽，也就是点明了曾潜别名"兰亭"之本意。其实，在明代，出于这样的心意，取"兰亭"别名的不在少数，据《明人室名别称字号索引》（杨廷福、杨同甫编，上海古籍出版社，2002年出版）记载，即有三人，李芳馨，鄞县人，号兰亭；秦卫周，辉县人，字兰亭；陶允宜，会稽人，号兰亭，可见"兰亭文化"在明代已普及到社会各阶层，影响十分广泛。同时，借兰亭修禊的题材来表现明代文人的雅集活动或高雅心态的绘画也时见出现，如万历年间书画家许光祚的《兰亭图并书序卷》（北京故宫博物院藏），画了《兰亭修禊图》，书写了《兰亭序》全文，画面也以曲水流觞为中心，水亭亦有文士按桌挥毫，但增添了许多兰亭雅集所无的内容，如有人上举双手似在养神练气功，有两人在喝交杯酒，有一人袒胸盘坐，有一士倚栏观鹅，掺入了羲之爱鹅情节，与会的人物数量和服饰也不类昔时的兰亭雅集景况。可见，这是一幅借托王羲之兰亭修禊而表现当代文人雅集的创作，也如"别号图"一样拓展了"兰亭文化"的内容，其主题已不同于传统的《兰亭修禊图》。

从文徵明的三幅存世《兰亭修禊图》可以看出，"兰亭修禊"已拓展成为内涵丰富的"兰亭文化"，并普及到社会各阶层，尤其在文人阶层。"兰亭修禊"也成为他们表现自身文人雅集或高雅情操的重要载体，与"别号图"或"雅集图"相结合，从而进一步丰富了"兰亭文化"的内容。文徵明的创作具有代表性，并对"兰亭文化"在明代的发展起了重要作用。因此，文徵明的几幅《兰亭修禊图》具有重要的历史价值，其艺术价值自不待言。

文徵明与元人书画

任道斌（中国美术学院）

内容摘要：文徵明是明代复兴文人画的重要人物，他的秉性与环境决定了自己的艺术旨趣。他崇仰元代文人书画家，从钱选、高克恭、赵孟頫、赵雍父子，到“元四家”，以及方从义、王冕、杨维桢、柯九思、陈汝言，都是他心仪的对象，而对赵孟頫尤为钦佩，因而画风、书风及书画旨趣皆与赵氏相类，甚至家庭教育也颇相似，文氏一门亦如赵氏一门，书画人才辈出。本文从文献及书画遗存对此作了考察，指出元人书画对文氏的深刻影响，从而既明了文徵明艺风的渊源，又揭示了文氏在改变宫廷院体与浙派占艺坛主流的风气、恢复与弘扬文人画地位中的历史作用。衡山仰止，此言不虚。

关键词：文徵明　传承　元代文人书画

文徵明是明代中叶振兴文人画的重要人物，他出生官宦家庭，在“吴门四家”中是一位较有个性的画家。他与乃师沈周一样，书画为娱，注重修身养性及家庭情感，但沈周崇尚的是孝道，是有名的孝子，而文徵明崇尚的是子孙教育，文氏数代爱好书画，人才辈出，文徵明应是远近闻名的好丈夫、好长辈，这点仇英与他有一些相似。文徵明与师兄唐寅一样，皆是试图从仕而不遇，然后专情于丹青的才子，但唐寅风流，而文氏并不风流。这些与文徵明私淑元人书画、欣慕元人品行不无关联。

如果从存世书画作品来看，文徵明当在“吴门四家”中最为丰富。他书法篆、隶、楷、行、草无所不能，尤以行书见长，有二王遗风；诗文书画无所不精；绘画则山水、人物、花鸟无所不善，青绿、水墨、工笔、意笔无所不佳。而更为明显的是，他善于从元代书画家的身上汲取创作发展的正能量。历代论文徵明者，如明之王世贞、董其昌、陈继儒，清之恽南田、钱松壶等，虽有所谈及，但并无专论析其关系。本文试图从文氏书画诗文遗迹等文献中，对此进行考察，以加深对文徵明艺术生涯的认识，进而能窥见“吴门画派”源流之一斑。

一　文徵明与元初之钱选、高克恭

钱选、高克恭皆是元初画坛的名流。钱选为吴兴（今浙江湖州）人，宋末任小官，元初隐居不仕，丹青终老。他曾与赵孟頫讨论文人画，并共同复兴晋唐五代北宋之古。所作青绿山水《山居图》颇有顾恺之遗风，设色层次错落，以见山峦起伏的立体质感，淡雅却富有装饰趣，皴法颇简。而花卉《八花图卷》则更为精工具体，造型生动却不失放逸，得典雅堂皇之象。但文徵明最欣赏的是钱选山水画中那天真平淡、天人合一的隐逸意境和自然野趣，尤其在仕途失意由京师南归后，文徵明的山水情结更为深邃，他曾作诗《追和钱舜举山居韵》（见文徵明《甫田集》卷五）称：

深翠山带屋，绿净水通门。
泉石情还重，丘园道自尊。
种莎添野色，留竹护篱根。
乐事惟心会，休逢俗子论。

从诗中可见，文徵明向往的是钱舜举山居图那山翠水净的环境，幽竹野园的居所，可游可居、可观可赏、可止可安、可登可涉的文人画意境。而这些主观的追求，却成为文徵明山居图造境中的重要元素，如他创作的《木泾幽居图》、《兰亭修禊图》、《真赏斋图》等，皆以修竹掩屋、清流潺潺、山峦苍翠、野趣四溢而引人入胜。文徵明受钱选的影响，既可在他的诗中，也可在他的画中得到明显的反映。

高克恭虽为色目人，生于大都（今北京）房山，但他对绘画有较高的悟性，自从到江南任职后，他努力向赵孟頫等人求艺，所写墨竹，潇潇有出尘之致；所绘云山，得米家意韵，烟云流布，山峦浑厚，如《云横秀岭图》、《春云晓霭图》等，既有整体质感，又有生动气韵，虚实相生而气势撼人。文徵明曾欣赏过高克恭的《云山图》，乃欣然作《题高房山横轴》（见《甫田集》卷六）云：

春云离离浮纸肤，翠攒百叠山模糊。
山空云断得流水，只尺万里开江湖。
依然灌莽带茅屋，亦复断渚迷菰蒲。
冈峦出没互隐见，明晦阴晴日千变。
平生未省识匡庐，玉削芙蓉正当面。
宛转香炉霏紫烟，依稀梦泽分秋练。
未遂扁舟梦里游，酒醒独展灯前卷。
问谁能事夺天工？前无画史推高公。
已应气概吞北苑，未合胸次饶南宫。
南宫已矣北苑死，百年惟有房山耳。
只今遗墨已无多，窗前把卷重摩挲。
世间吮笔争幺么，扫天畦径奈尔高公何！

文徵明在这首诗中欣慕高克恭《云山图》的率放生动，对山色空濛、雨景模糊的绰约之景尤为嘉许，称其山水既有董源山峦厚重、草木华滋的江南气概，又有米芾逸笔墨戏的雅趣。文徵明曾作《飞岚叠图》、《游玄墓诗画》，就颇有高克恭的意趣，讲究山水的烟云流布；而《仿米云山图》，则更是强调云山的雄浑质感，与高克恭相仿，虽用米氏横点，但予以弱化，而是以块面的变化取代点面的变化，学米而有自己的面目，可谓与高克恭的仿米云山有异曲同工之妙。

二　文徵明与元代文人画宗师赵孟頫、赵雍父子

赵孟頫是开元代文人画风气的书画大家，诗文俱佳，丹青皆妙，且注重家庭艺文教育，是文徵明心仪的人物。文徵明的艺术生涯中皆有赵氏的影响，从下述诗文中即可见一斑。

一是仰慕赵孟頫的书法艺术，如《题赵松雪千文》（以上均见《甫田集》卷二十一）云：

永禅师书《千文》八百本，赵魏公所书，当不减此。此卷大德五年为韩定叟书。定叟，会稽人，与公厚善，集中赠定叟及留别诗可考。公以大德三年为江浙儒学提举，此当是为提举过会稽时书。是岁，公四十有七，正中年书也。跋者四人：韩性字明善，定叟诸侄。道德文学，为元中世名儒。宇文公谅，字子贞，元统进士，为史官。张伯雨，茅山隐道士，所谓句曲外史也。三公并有盛名。而祖铭亦禅宗大老，所著有《四会语录》。其字石鼎，杭州径山僧，其云四明者，本奉化人也。

《跋家藏赵魏公二体千文》（以上均见《甫田集》卷二十一）云：

右赵魏公《二体千文》，后有跋语，而无名字。验印章，为方公孝孺。永乐初禁藏其书，故当时人刮去名氏，以避祸耳。最后则高公逊志，二公皆题为叶夷仲所藏。

夷仲，临海人，名见泰，博学善草书，仕国朝为刑部主事。此书或疑其笔弱，予始亦以为然。而出规入矩，有非馀人所能。舒卷数日，见其波发转折皆仿智永，因取永石本比观，了无差别，遂定为临永书。按柳文肃称公蚤年喜临智永《千文》，与之俱化。入朝后乃自成家，不区区泥古，而无一毫窘束之意。此帖正少时书也。宋中书谓中年笔，恐未必然。

文徵明还有《题赵魏公二帖》（以上均见《甫田集》卷二十一）云：

右赵魏公与丈人节干、月窗判簿二帖。节干即公舅氏管公直夫，月窗不知何人，意亦管之姻家。当时跋者十有三人。陆友仁谓兵部时书。帖意以除授未定，欲遣二姐归侍。二姐，管夫人仲姬也。公以至元丙戌入京，除兵部郎中。后二年戊子始以夫人北上，不应先有是语。或是元贞元年，自济南赴史馆时。而公是岁竟归吴兴，此是未归时所遣，不可知也。

二帖行笔秀润，与他书殊不类，是蚤年学思陵书如此。其署名犹袭宋人，或谓出《圣教

序》者，非也。管公无子，公奉之甚至。及殁，建孝思道院以主其祀，亦厚矣哉！

又有《跋赵松雪四帖》（以上均见《甫田集》卷二十一）称：

右魏公四帖，中一帖与鲜于太常，有“南来会晤”之语，盖至元丁亥，为兵部郎中奉使还家时所发。是岁公年三十有三。尝闻故老云：“公早年学思陵书，及入仕后，与鲜于公往还，始专法二王。”此帖殆初学晋人时邪？若与进之三帖，皆率易而作，莫不精妙。虽无岁月，要为晚年书无疑。且其中有“邓善之签浙”之语，邓公签浙在延祐间，公时年六十馀矣。观者或疑此书如出两手，故为详疏其事。

从上述文徵明的题跋中，显而易见他对赵孟頫书法艺术的兴趣十分浓厚，不仅赞叹赵书“行笔秀润”、“精妙”，而且析其创作年代、书风渊源、交游情况、藏家大要；这些题跋也说明了文徵明对赵氏的研究颇有深度，包括对赵氏早年、中年、晚年的活动甚为了解，所谓知人论世，有感而发也。

二是作为画家，文徵明对赵孟頫的绘画艺术也是兴趣盎然。他曾作《松雪花鸟图》（见《甫田集》卷二）诗云：

疏篁颤叶风回枯，老枝点玉梅花初。
韶华暗度人未识，幽鸟得气鸣相呼。
鸟呼花舞春舒舒，仿佛生意当庭除。
青红历乱粉墨渝，坐久始觉开珍图。
印文依稀大雅字，知是王孙吮笔馀。
王孙玉雪天人如，写生不数江南徐。
高斋日暮松雪暗，野亭何处鸥波虚。
百年手迹谁与辨，一笑且看行间书。

诗中对赵孟頫花鸟画中那冬去春回之生机，以及赵氏文化气质之高雅，殊为赞许。文徵明还有《跋赵魏公马图》（见《甫田集》卷二十一）称：

右赵魏公画马，元人自张绅而下，诗之者四人。绅字士行，青州人，号云门山樵。洪武初，仕终浙江布政使。郑元祐，字明德，遂昌人，以脱揄任左臂，号尚左生，任元季浙江儒学提举。钱惟善，字思复，号心白道人，以赋《罗刹江》得名，又称钱曲江，仕终儒学副提举。王畦，字季畊，福清人，仕江浙行省宣使。士行所称季野都司，即季畊之兄，名畛。畛与畦俱参政王都中之子，与张、郑诸公皆尝流寓吴中。此图盖王氏物也。转而为吴人沈孟嘉氏所有，寻又失去。其孙世应购复之，目为《玩德图》，而使余题其后。魏公尝云：“郭祐之赠余诗：世人漫说李龙眠，那知已出曹、韩上。曹、韩固不敢望，使伯时尚在，当与之抗衡也。”夫魏公自许如此，后人尚敢置喙其间哉？顾世应之所贵，有不专在于马者，而祝君希哲已详之。余无可言，姑疏四人本末，俾观者可考焉。

文徵明以自己曾治历史的学问根底，将赵氏马图流传情况及藏家梗概作了疏注，从另一个侧面反映他对赵孟頫画马技艺及马图意境的钦佩。

三是对赵孟頫因仕元遭后人非议感到不平。如文徵明尚有《题赵松雪书洪范并图》（见《甫田集》卷二十三）云：

右赵文敏公书《尚书·洪范》，并画箕子、文王授受之意为图。画既古雅，而小楷精绝，殆无遗恨。但无岁月可考。尝见公所书《庄子·马蹄篇》，乃初被召为兵部郎中时书，其笔法与此正同，疑此亦当时之作。

维公以宋之公族仕于维新之朝，议者每以为恨。然武王伐纣，箕子为至亲，既受其封，而复授之以道，千载之下，不以为非。然则公独不得引以自盖乎？

公素精《尚书》，尝为之集注。今皆不书，而独书此篇，不可谓无意也。因崦西徐公出示，为著此语，以备折衷，不知公以为何如？

在这篇题跋中，文徵明据史实来为赵孟頫的仕元辩解，可谓崇赵之情，刻骨铭心。他还对赵孟頫之子赵雍（字仲穆）所作马图作了评点，认为赵氏父子的马图一脉相承，实际上是生不逢时的象征，写出了无可奈何的纠结之情。如《题王侍御敬止所藏仲穆马图》（见《甫田集》卷一）云：

苹苹才情与世疏，等闲零落傍江湖。
不应泛驾终难用，闲看王孙骏马图。

其实文徵明在这首题画诗中，也抒写了自己仕途不遇的牢骚，千里马无用武之地，不能征战沙场，只能零落江湖，肥哉肥哉空老死。

以上文徵明的若干题跋、诗文，无不反映出他对赵氏的敬仰，事实上文徵明也处处以赵氏为师，诗文书画全面发展，家庭中洋溢着艺文气氛。赵孟頫这位元代文人画的祖师，在“吴门四家”，尤其是在文徵明重振文人书画的历程中，起到不同凡响的积极作用。今故宫博物院藏有文徵明《临赵孟頫兰石图》[1]，即为明证。

三 文徵明与“元四家”

赵孟頫的外孙王蒙（字叔明）是一位善于画隐居山水的大家，他崇尚自然，向往自由，而且也善于用诗文表达自己的旷达情感，所作见于《草堂雅集》卷十二。文徵明曾作《追和王叔明溪南醉归诗》[2]寄托自己对王蒙的欣慕，诗中写道：

荆南山前花满溪，山空独有春风知。
春风几度吹花落，溪上花飞春亦归。
溪女歌残桃叶渡，相思几绿江南树。
思君欲济川无梁，千片桃花溪路长。
春风桃李秋空月，人生易得头如雪。
万里才看北雁来，一樽又与东风别。
对酒当歌秋月明，摘花酿酒春杯冽。
溪翁不见草堂闲，无限春光付啼鴂。

沈周曾临王蒙山水小景，文徵明见后作《题沈石田临王叔明小景》[3]云：

石田先生风神玄朗，识趣甚高。自其少时作画，已脱去家习，上师古人。有所模临，辄乱真迹。然所为率盈尺小景。至四十外，始拓为大幅。粗枝大叶，草草而成。虽天真烂发，而规度点染，不复向时精工矣。

汤文瑞氏所藏此幅，亦少时笔。完庵诸公题在辛卯岁，距今廿又七年矣。用笔全法王叔明，尤其初年擅场者，秀润可爱。而一时题识亦皆名人，今皆不可得矣。

文徵明自己也临仿过王蒙的山水画，有《仿王蒙山水》[4]，题曰：“嘉靖壬子八月既望，仿叔明笔意写于玉馨山房，徵明时年八十又三。”[5]可见他对王蒙的挚爱，非同一般。

倪瓒（字云林）也是文徵明的学习对象，文徵明曾作《追和倪元镇先生江南春》[6]云：

象床凝寒照蓝笋，碧幌兰温瑶鸭静。
东风吹梦晓无踪，起来自觅惊鸿影。
彤帘霏霏宿馀冷，日出莺花春万井。
莫怪啼痕栖素巾，明朝红嫣鏖作尘。
春日迟迟春波急，晓红啼春香雾湿。
春华一失不再及，飞丝萦空眼花碧。
楼前柳色迷城邑，柳外东风马嘶立。
水中荇带萦柔萍，人生多情亦多营。

除对倪瓒的萧散旷达之情有所眷恋外，文徵明对倪瓒的高洁人品及书风亦颇为钦佩，在《跋倪元镇二帖》[7]中云：

倪先生人品高轶，风神玄朗，故其翰札，语言奕奕，有晋、宋人风气。雅慎交游，有所投赠，莫非名流胜士。

右二帖，一与慎独有道，一与寓斋先生。慎独为陈植叔方，寓斋为袁泰仲长，皆吴人。陈之父曰宁极先生，名深，字子微。袁之父曰静春先生，名易，字通甫。二父皆先宋遗老，抱渊宏之才，高不仕之节。故二公渊源之学，皆岿然为吴中师表。特与倪公相善。倪游吴中，多于二陈氏及周正道家。二陈，其一为陈惟寅汝秩，其一即慎独也。慎独之孙绍先，尝仕为王府教授。袁之孙某，尝仕为都察院检校，三十年前犹存。余雅不及识，然闻其人，皆有前辈典型。今其子孙零废，理言遗事，往往散落，人皆得而宝之。此则吾友黄郡博应龙所藏。间征予题，为疏其略如此。

文徵明自然也欣慕倪云林山水的清雅高洁意趣，曾作《仿倪瓒江南春诗意图》[8]、《仿倪瓒山水》[9]、

《仿倪山水》[10]。

对于“元四家”中的另二位画家黄公望、吴镇，文徵明亦甚心仪之，有《摹黄公望溪阁闲居图》[11]及《仿梅道人山水》[12]。

四　文徵明与元末书画家方从义、王冕、杨维桢、柯九思、陈汝言

元季社会动荡加剧，促使更多的文人以书画为寄，除“元四家”外，文徵明的心仪对象还有方从义等人。

方从义，号方壶，江西贵溪人，为龙虎山道士，所作山水别具一格，笔墨诡岸而洁清。文徵明曾见过方从义所作雨后山水图，乃题诗以识钦佩之感，有《方方壶画》[13]云：

烟沉密树苍山瞑，波卷长空白鸟回。
细雨斜风蓑笠具，钓船何事却归来？
新波猎猎弄风蒲，雨后云山半有无。
一段胜情谁领略，欲从画里唤方壶。

善作花鸟画的王冕（号煮石山农），也是文徵明的敬仰对象，这位浙江诸暨的画家尤长于墨梅，一改前人疏枝浅蕊之状，变而为繁花满树，千丛万簇，风神绰约，珠胎隐现，有别开生面之功。文徵明曾欣赏到王冕之画，并有《次韵题王山农墨梅》[14]云：

西湖老树凌风霜，敷英奕奕先群芳。
贞姿不作儿女态，炯然冰玉生寒芒。
穷寒袭人肤欲裂，幽人自咏孤山雪。
至今秀句落人间，暗香浮动黄昏月。
却恨无人续高韵，墨痕聊寄江南信。
不关素质暗缁尘，刚爱铅煤点新鬓。
恍疑寒影照昏缸，刻画无盐谁滥觞？
逃禅已远嗣者寡，仿佛尚记山农王。
山农何处骨已冷，展卷令人双目醒。
何因为唤玉妃魂，极目晴波湖万顷。

王冕的同乡、书法家杨维桢（号铁崖），善以粗头乱服的行草书抒写胸中块垒，也工于诗，词妙意雅，朗朗上口。文徵明于正德九年六月，应友人王履约之邀，为书《小楷铁崖诸公花游倡和诗》[15]，并对前辈诗人的风流文采大加赞许，以为“可为湖山增气”。

文徵明对元末擅长画竹的浙江天台人、奎章阁博士柯九思（字敬仲）也深为钦佩，且对其画竹法有所研究，曾有《题陆宗瀛所藏柯敬仲墨竹》[16]云：

文湖州画竹，以浓墨为面，淡墨为背。东坡谓此法始于湖州。柯奎章此幅颇奇，人多不知其本，盖全法湖州也。虞文靖云：“丹丘虽师湖州，而坡石过之。”但时世所传湖州竹绝少，余两见又皆小幅，无坡石可验。用书伯生之论，以答宗瀛，聊当评语。

敬仲，名九思，号丹丘生，天台人。仕元，文宗时为奎章阁鉴书博士，颇见宠礼。画有“训忠之家”印，盖文宗题其父墓有“训忠之碑”，故云。

元末吴中的山水画家陈汝言，以善鼓琴，多才艺，与王蒙、倪瓒有较深的友谊，倪瓒《清閟阁集》中，就有许多诗与他唱和。陈汝言的山水还被倪瓒称为“秀润清远，深得赵荣禄（即赵孟頫）笔意”[17]。对于这位前辈同乡，文徵明较为佩服，曾为陈汝言之作写下《溪山秋霁图跋》，称陈汝言“尤倜傥”，并为此图的二十三位题跋者作考，达一千余言，用心良苦，可见一斑[18]。

五　余论

通过上述考察，说明文徵明与元代较为著名的文人书画家有着不解之缘，他既知晓元代书画家的艺术，也了解他们的历史，而且还带着深厚的情感去临仿赵孟頫及“元四家”的作品。其实仅从文徵明遗存大陆博物馆的书画目录来看，他崇尚二王书风，好临行书《兰亭序》，善写楷书《前、后赤壁赋》、《常清净经》、《金刚经》，行书《胡笳十八拍》、《乐志论》、《醉翁亭记》、《归去来辞》，草书《千字文》，善画《枯木竹石》、《兰竹》、《老子像》等，皆与赵孟頫的旨趣相类。尽管文徵明的书画风格、创作题材较为丰富，但元代文人书画家对他的影响却是不容轻视的。

众所周知，由于蒙元的特殊政治背景，造成文人画的兴起。而至明初，朱元璋、朱棣父子对文人自由思想的压制及镇压，如王蒙、徐贲下狱死，陈汝言坐罪死，赵元被杀等，使得文人画趋向低潮，而为后来的宫廷趣味所取代。直至明中叶，随着言路的开放，经济与文化较为发达的苏州，便萌生了复兴文人画的艺风，沈周、文徵明便是先锋，成为传承元代文人画的主流。作为具有历史修养的“文太史”文徵明而言，他自然明了文人书画变迁的来龙去脉，自觉地学习元代文人书画，既与他向往自由的秉性相合，也与他儒雅的修养相吻，而那些曾活动于太湖流域、苏杭之间的元代文人书画家，自然成为文徵明学习古人的首选。无论从《甫田集》诗文中，还是从文氏书画遗存中，都反映了这样的史实。可以说，元代文人书画家的魅力，尤其是赵孟頫，打动了文徵明的心弦，成为文徵明追慕不已的榜样。

正因为如此，所以后人在评价文徵明时，往往将他与赵孟頫做些比较。如明人何良俊《四友斋画论》云：

> 衡山本利家，观其学赵集贤设色与李唐山水小轴，皆臻妙，盖利家而未尝不行者也。

明人何乔远《名山藏》称：

> 沈周博学善画，徵明师之，得其仿佛，以神采更出周上。人称其兼有赵孟頫、倪瓒、黄公望之体。

明人谢肇淛《五杂俎》卷七称：

> 文徵仲远学郭熙，近学松雪，而得意之笔，往往以工致胜。至其气韵神采，独步一时，几有出蓝之誉矣。

明人王世贞《弇州山人续集》卷九《书赵松雪集后》称：

> 余尝谓吴兴赵文敏公孟頫，风流才艺，惟吾郡文待诏徵明可以当之，而亦少有差次。其同者，诗文也，书画也；又皆以荐辟起家。赵诗小壮而俗，文稍雅而弱，其浅同也。文皆畅利而乏深沉，其离古同也。书，小楷赵不能去俗，文不能去纤，其精绝同也。行押，则赵于二王近，而文不能近，少逊也。署书，则文复少逊也。八分古隶，则文胜。小篆，则赵胜，然而篆不胜隶。画，则赵之入唐宋人深，而文少浅，其天趣同也。其鉴赏博考，复同也。

明人董其昌《题文太史仙山图轴》[19]称：

> 余家有赵伯驹画《后赤壁图》及赵子昂《鹊华秋色图》，两卷并观，觉伯驹稍逊子昂。盖精工不如萧远，是为神品、妙品之辨。今观文太史此卷，全学《鹊华秋色图》笔意。子昂虽学吾家北苑，至《鹊华图》出入王右丞、李将军。文太史悉力血战，故当独步。文休承所云时用宋、元人粉本采取，正是漏泄家风。

董其昌还在《画旨》中称：

> 文太史本色画极类赵承旨，第微尖利耳。同能不如独胜，无取极肖似，所谓鲁男子学柳下惠。

清初王时敏《烟客题跋》卷下《题文待诏仿赵承旨》云：

> 文徵仲……旁及画道，博综古人，于赵文敏尤所雅慕。长缣巨帧，每多仿效，然但采掇其高华，而挺劲孤峭之致仍自己出，更有加于人一等者。

清人徐沁《明画录》称文徵明：

> 其山水出入赵吴兴、叔明、子久间，兼得北苑笔意。合作处神采气韵俱盛，单行矮福更佳。

清人方薰《山静居画论》卷下云：

> 衡山太史书画瓣香松雪，笔法到格，骎骎乎入吴兴之室矣。

清人钱杜《松壶画忆》称：

> 山水中人物，赵吴兴最精妙，从唐人中来，明之文衡山全师之，颇能得其神韵。赵文敏之细攒点，文衡山全师之。用之青绿山石甚宜，水墨者亦深秀可喜。房屋，文衡山最精，皆自赵吴兴得来，而吴兴则全自唐人画中酝酿而出。

清人范玑《过云庐画论》亦称：

> 写兰以明文门之法为正宗，可以追溯鸥波而上。此外过高则难攀跻，稍下又流入时派矣。

以上明清学者的种种评论，都说明了文徵明虚心向元人学习的情况，而且借古开今，自成一格。他“用笔设色，错综古人，闲逸清俊，纤细奇绝，一洗丹青谬习”，改变明初以来院体、浙派审美倾向，去矫揉造作及狂野躁乱之风，将元代文人以画为寄、以书入画、以画养生的雅逸之趣，恢复并弘传光大，终如明人吴宽所云，“文徵仲书画为当代宗匠”[20]（《吴宽题文徵明关山积雪图卷》）。衡山仰止，在中国古代书画史上留下了不朽的篇章。

注释：

[1]《中国古代书画图目》第二十册，第227页。
[2]《甫田集》卷九。
[3]《甫田集》卷二十一。
[4] 四川大学藏。
[5]《中国古代书画图目》第十七册，第129页。
[6]《甫田集》卷一。
[7]《甫田集》卷二十二。
[8] 上海博物馆藏，《中国古代书画图目》第二册，第313页。
[9] 天津博物馆藏，《中国古代书画图目》第九册，第74页。
[10] 重庆中国三峡博物馆藏，《中国古代书画图目》第十七册，第169—170页。
[11] 广州市美术馆藏，《中国古代书画图目》第十四册，第22页。
[12] 上海人民出版社藏，《中国古代书画图目》第十二册，第25页。
[13]《甫田集》卷二。
[14]《甫田集》卷四。
[15] 江西省博物馆藏，《中国古代书画图目》第十八册，第207页。
[16]《甫田集》卷二十一。
[17] 倪瓒：《清闷阁集》卷九《题仙山图》，转引自陈高华：《元代画家史料汇编》，第874页。
[18]《甫田集》卷二十三。
[19] 高士奇：《江村销夏录》卷一。
[20] 吴升：《大观录》卷二十。

从浙博馆藏《四体千字文》浅谈文徵明的摹古追求

陆　易（浙江省博物馆）

内容摘要：浙江省博物馆藏祝允明与文徵明合作之《四体千字文》，祝书真草二体，文书篆隶二体，为展示他们壮年时期书法面貌的难得之作。祝文两人为明中期吴中最杰出的书家，他们都师法赵孟頫习书的路子上追晋唐。特别是文徵明，有意恢复古法，在篆隶的传承与推广方面着力尤多，但在实际书写中却仅取了篆隶的结体，笔法依旧是行楷帖学的路子，观者感受到的是雅而不古的书卷气。他虽然受到画史上仿古风气逐渐盛行的影响，但摹写方式趋于自由，重点借古人的精神、气韵作深入发挥，形成自己的创作语言。

关键词：文徵明　四体千字文　摹古

书画领域原没有文人与非文人的界限，直到宋人将人品与画品混为一谈之后，文人地位极大提高，特别与政、宣之际的仿古相翼而行，历元、明、清三代，形成诗、书、画、印四位一体的特点。于是文人画有了自己的审美壁垒，有了自己的倡导领袖，也逐渐形成自己的完整理论。它们区别于非文人画的一个显著特点就是文人群体寄情于书画的私人化取向，而这在元代赵孟頫（1254—1322）身上有意识的表现尤甚，并引领明清两代文人之先锋。“篆、籀、分、隶、真、行、草书，无不冠绝古今”诸体皆擅的赵孟頫针对“今人”袭南宋以来“用笔纤细，傅色浓艳”的弊端，强调了笔线的价值和地位，并以“书画同理”原则规范绘画。也正是因为书法的线条就表现力而言，有绘画的诸多元素所不能企及之处，行云流水的和畅、奋笔疾书的悲愤等等情绪，都可以通过书法线条的干湿浓淡疾徐粗细来表达。所以赵孟頫企图用“书写性”来缔结书与画。同时，又使得书法能够像绘画一样，除去常用的公文、碑文、书信等实用性之外的撰写，能够纯粹从审美角度去欣赏，成为私人情感的寄托。这种私人化的取向，在赵孟頫“古意”的创作宗旨下，学习篆书、隶书并将之运用于实际生活也逐渐成为一种文人趣味，虽然，元明书家笔下的篆书隶书，大多与秦汉篆隶法貌合神离，看上去只是像一件仿古的器物。

明代的文徵明（1470—1559），一生临写《千字文》数百件，就像最初的智永和后来的赵孟頫一样，智永为了传播王氏家学，模仿王羲之的书风，抄写《千字文》施诸江南寺院。“永禅师书《千文》八百本，赵魏公所书，当不减此。”[1]文徵明学习他们，自己收藏、过眼、借摹古今各种书家各种藏家各种书体的《千字文》[2]。书写之余，也多赠予他人。清人顾复在《平生壮观》里描述他：“《千字文》，小楷，曾见四卷。闻其晨起必端写一篇，书学之勤如此。”[3]李日华（1565—1635）说他在八十大寿时甚至“亲朋远来者，每书一本酬之”[4]。也正是因为他的勤笔多书，《千字文》盈至数箱，而传世伪作也以《千字文》为最。

王世贞（1526—1590）在《艺苑卮言》中评价文徵明的四体书《千字文》：

> 待诏以小楷名海内，其所沾沾者隶耳，独篆笔不轻为人下，然亦自入能品。所书《千文》四体，楷法绝精工，有《黄庭》、《遗教》笔意；行体苍润，可称《玉版圣教》；隶亦妙得《受

禅》三昧；篆书斤斤阳冰门风，而皆有小法，可宝也。

文氏书法向以楷、行最负盛名，传世也最多。然现在可以见到的文徵明四体《千字文》抑或只是篆隶二体的，则并不多见。浙江省博物馆藏有文徵明45岁与祝允明合作的《四体千字文》中的篆隶部分；台北故宫博物院藏有文徵明在73岁时花了六年时间写的《四体千字文》；朵云轩亦藏文徵明在78岁至81岁期间写的《四体千字文》等等。北京故宫博物院的研究院肖燕翼先生曾经写过《陆士仁伪作文徵明书法的鉴考》[5]一文，详细阐释论证了浙博卷与朵云轩卷，甚至天津市艺术博物馆藏的文徵明《行书千字文》，皆属陆士仁，即文徵明的弟子陆师道[6]的儿子伪作。李日华（1565—1635）在《味水轩日记》中多次提及文徵明死后五十年间艺术市场上所谓“文徵明之作”的流传情况，他曾寓目过的伪作“遇戴生者，邀看书画，多文、沈（周）杂迹，俱赝物，不足属目。”鉴定真伪不在本文探讨的范畴之内，若我们今天看到的这些款文徵明的卷子真为后人所伪作，这正好反过来说明了两个问题：一是文徵明成为十六世纪吴门后学在风格上的标尺；二是他们成功地将文徵明从风格上进行了文献保存，使后人得以一窥时代之风。

文徵明的儿子文嘉（1501—1583）在《先君行略》一文中回顾其父：

> 少时，外若不慧，然敦确内敏，虽在童稚，人不敢易视。稍长，读书作文，即见端绪，尤好为古文词……少卿李公应祯，博学好古，性刚介难近，少所许可，而独重公。公亦执弟子礼惟谨……少拙于书，遂刻意临学。始亦规模宋、元之撰，既悟笔意，遂悉弃去，专法晋、唐。其小楷虽自《黄庭》《乐毅》中来，而温纯精绝，虞、褚而下弗论页。隶书法钟繇，独步一世。[7]

可知文徵明小时候书法并不出众。李应祯（1431—1493）作为他的启蒙书法老师，曾给予他有力的指导，他自己亦有对老师的书法观念的论述：

> 凡运指、凝思，吮毫、濡墨，与字之起、落、转、换，大、小、向、背，长、短、疏、密，高、下、急、徐，莫不有法。盖公虽潜心古法，而所自得为多，当为国朝第一。其尤妙能三指尖搦筦，虚腕疾书，今人莫能为也。

> 自书学不讲，流习成弊，聪达者病于新巧，笃古者泥于规模。公既多阅古帖，又深诣三昧，遂自成家，而古法不亡。尝一日阅某书有涉玉局笔意，因大咤曰：“破缺工夫，何至随人脚踵？就令学成王羲之，只是他人书耳。”按张融自谓“不恨已无二王法，但恨二王无已法”[8]，则古人固以规矩为耻矣。

这里我们可以看到李应祯在提倡“书学”与“古法”的同时，亦强调了要留有自己的风格面貌，这对文徵明的影响很大。

另有一则《题祝枝山草书月赋》，文徵明大力推崇了李应祯的女婿祝允明（1460—1526）的书艺成就：“枝山先生，武功外孙，太仆之婿也。早岁楷笔精谨，实师妇翁。而草法奔放，出于外大父。盖兼二父之美，而自成一家者也。”[9]祝枝山随丈人李应祯习小楷，随其外祖父徐有贞（1407—1472）习草书。时人多称其为“草圣”，而不知他早年楷法之精。比他小十岁的文徵明敬佩其才华，多次与他酬唱诗作、书信来往以及在他的多幅书法作品后面题跋作赋，他们二人亦被称为“吴中四才子”——另两位是唐寅和徐祯卿。

浙江省博物馆藏款为祝允明与文徵明的《四体千字文》，是四段完整内容的《千字文》抄录，从卷首起，分别为祝允明在壬申夏五月（1512）书于宜逸堂的小楷、草书；文徵明在甲戌夏五月（1514）书于玉兰堂的隶书、甲戌十月五日（1514）书于停云馆的篆书。

后段分别为王宠（1494—1533）、彭年（1505—1566）、程绍嵩三人的跋文。

> 云庄先生与希哲、徵仲交甚笃，诗酒文辞，无日不相徵逐。暇日偶出所藏蜀中冷金纸，索二公书四体千文。书成索题于余，余谓希哲是

我朝真草第一手，而徵仲是篆隶第一手。今一旦骈得之，可称吉光全裘矣。雅宜山人王宠

国朝书家首称希哲，至于小楷尤为艰得。此卷骨肉停匀，姿态具足，更得文太史篆隶配成之，可以无遗憾矣！隆池山樵彭年题

有明三百年来真草推京兆为第一，篆隶称太史为绝艺，人间求其一体已不可得，况四体全备，各尽所长乎！王雅宜彭孔加弇州三跋皆妙，尤为爽心悦目，真墨林神物也！回忆昔年所购两家真迹亦复不少，今仅存此卷更加珍重。已卯年孟夏程绍骞

此三人为文徵明的学生及好友，皆点明祝允明为当朝真草第一人，而文徵明为篆隶第一手，今四体备全，借由手卷的持有者也即受赠者云庄先生之撮合并珍藏。

祝允明和文徵明一直被鼓吹为吴中最杰出的两位书家。特别是文氏父子费时多年汇刻《停云馆帖》，在当朝书家部分故意只选择文祝二人的书迹及其所附题跋摹勒上石刻帖，还分别单独成卷，可见文徵明有意将他们二人的书法列入经典法书的排列之序，以期传世。他们俩都是师法赵孟頫习书的路子从上追晋唐开始。祝允明所学极多，面目也多样。王世贞《艺苑卮言》中讲到他的书法渊源和特点时说：

京兆楷法自元常、二王、永师、秘监、率更、河南、吴兴，行草则大令、永师、河南、狂素、颠旭、北海、眉山、豫章、襄阳，靡不临写工绝。晚节变化出入，不可端倪，风骨烂漫，天真纵意，真足上配吴兴，他所不论也。

他的小楷端正严谨，又风骨秀逸；至于草书则在法度内神采飞动，遒媚宕逸，此种变化万千也符合他豪迈不受羁绊的性格。文徵明本人重在刻意学古，规模宋元。小楷学习二王，参用褚遂良、欧阳询笔法，行书仿《圣教序》及苏轼、黄庭坚和米芾，草书则学怀素；他的篆书学李斯、李阳冰，隶书法钟繇，他对自己的隶书，也颇为自负。在由他集韵，祝允明校韵的《汉隶韵要》中陈继儒（1558—1639）与朱之蕃（1548—1624）分别有序言：

文太史篆书刻本盛行，惟隶书少有珉镌，外无闻者。今得名笔钩摹，而藻生又为寿梓以传。

好古者探求于篆籀，不若取正于隶书。盖其去古未远，通今尤易……国朝隶书，祝文二公究心最得，笔力遒劲，真足以存汉代典刑。

在明代近三百年书学不景气的客观历史大环境下，这两位晚明后生的评价略显夸张，但却足见文徵明对于恢复古法，特别是隶书的传承与推广，着实下了一番苦心。这还是学习了赵孟頫，元代隶书复苏，赵会六体，为后世立了标杆，文祝二人也朝着书法多面手发展。不仅在《千字文》上模仿，文徵明还学习赵孟頫写《兰亭》、画兰竹和枯木竹石[10]等等，可见文徵明一直在审美理想上朝赵靠近，在赵孟頫所能达到的艺术境界的追求上，有着明显的自觉性。赵孟頫是他摹古的起点和参照。

但我们看文徵明的篆隶二体，或者说是弟子后人模仿他的字体，感叹的都只是扑面而来的书卷气，雅致清秀，工整有余而气力单薄，细看这些字仅取了篆隶的结体，笔法还只是行楷帖学的路数。这是他作为文人身份无法摆脱的一种内在风格，亦是他自己的面貌。雅而不古，也是有明一代书家们的总体特征。这里有多遭后世诟病的馆阁书风不良影响的原因，也有帖学大盛致使过分迷信与真迹相去甚远的帖本之故。唐兰在《中国文字学》一书中说："明代是文字学最衰颓的时候，连一本始一终亥的《说文》都没有刻过。"[11]唐时普通人就已经不会写篆字，而宋代亲近篆书的大多都是研究文字学的学者非书家，到元明承接宋人崇尚古篆的风气，书家只是用篆书题写碑额、墓志盖、画卷书册的引首等，很少用此文体写整篇幅的文章。唐代李阳冰中兴篆籀，还是由书法得来，他们将隶书变体统一，唐玄宗开元二十三年作《开元文字音义》自序说："古文字唯《说文》、《字林》最有品式，因备所遗缺，首定隶书，次存篆字，凡三百二十部，合为三十卷。"

这里的隶书，也早已不是原来意义上的秦隶和汉隶，就书体已是楷意多隶意少。道咸时人钱泳在《履园丛话》的《隶书》篇中客观陈述："唐人习者虽多，实与汉法愈远，何也？唐人用楷法作隶书，非如汉人用篆法作隶书也。五代、宋、元而下，全以真、行为宗，隶书之学，亦渐泯没。"[12]唐之后的各代隶书大多没有出此樊篱，文徵明的努力也跳不出赵孟頫的范围。钱泳更是称之："至文待诏祖孙父子及王百穀、赵凡夫之流，犹剿袭元人之言，而为钟法，似生平未见汉隶者，是犹执曾玄而问其高曾以上之言，自茫然不知本末矣，曷足怪乎？"[13]直到清代碑学意识兴起，学隶书的人才大反唐隶而宗汉隶，最忌隶书中夹杂"唐气"，篆隶中对更远的"古"的追求才被放到作品的鉴赏标准里来。特别是阮元的《南北书派论》中唐人将伪王书风格垄断导致北碑笔法失传的观点在之后由何绍基进一步阐述，强调从"篆分"溯源理解古法笔意，并由邓石如在实践中汲取汉隶和秦篆的古意进行创作。

同时，也是承接画史上对仿古风气逐渐盛行的影响，摹写方式也逾趋自由，重点借古人画中的精神、气韵作深入发挥形成自己的创作语言，并且此种画法最受文人画家的喜爱。书画转入文人手中，学术思想便在其中开始起领导作用，从孔子时代"法先王"的崇古观念到元明学者的维护宋代理学，再至明末清初提倡的秦汉之学，崇古的对象、手法虽然不尽相同，但以复古为创新的精神却是古今一致。摹、临和仿，大致代表三个学习层次，至明中叶，糅合古意和新意的仿，已经发展成熟。加之每个时代审美情趣的不同带动笔墨趣味的改变，文人书画家渐趋职业化及吴门地区的商品经济给社会和人的思想意识的影响，都使得艺术作品在情感表达和形式表现上发生很大的变化，这在吴门后代徒孙们的作品上宣泄尤甚。所以明代的模仿古人不过是假借古人之盛名以表现自己的成就罢了。

也许出于谦虚，文徵明还是在《祝希哲草书赤壁赋》（1534）一跋中自叹不如：

> 今世观希哲书，往往赏其草圣之妙；而余尤爱其行楷精绝。盖楷法既工，则藁草自然合作。若不工楷法，而徒以草圣名世，所谓无本之学也。余往与希哲论书颇合，每相退让，而余实不及其万一也。自希哲亡，吴人乃以余为能书，过矣。[14]

可能因此在祝书写了真草之后的两年，他各取所长地选择了隶篆。将四种书风集中展示，通过合写在同一种经典文书中，并经过反复抄写来传播流世，其意图与智永可谓一脉相承，特别是此种形式在当下带有文献保存和风格保存的双重性质。"他们通过抄书、刻书的方式使书籍不仅在文字上而且在风格上得以流传，也可以通过钩摹、拓印、发行字典的方式使得前人和自己的书法同时得以传播，成为后人学习的范本。"[15]文氏一族在画风上的摹古追求亦然，用高水平的复制与模仿，特别是融入文徵明自己的风格来表现之后，也在不经意间传播了"文家山水"。以致到了万历年间的《顾氏画谱》能够一步概括出来文徵明的风格，并且用木刻印刷的方式使其得到更加广泛的复制传播。

不管文徵明的摹古追求最后是否如愿，起码他一再强调基础，溯源之重要性。并通过各种方式来表达、宣扬他的观点，包括书法、绘画、诗文，甚至于刻帖。除却个人的艺术经验总结，更有他对于吴中文艺风尚的一种控制之心。

注释：

［1］文徵明：《题赵松雪千文》，《甫田集》卷二十一，西泠印社 2012 年，第 290 页。

［2］见《甫田集》第 284 页《跋家藏赵魏公二体千字文》，第 299 页《题李西台千文》；《文徵明集》下卷第 1351 页《跋怀素草书千字文》，

第1376页《题祝希哲真草千字文》，第1382页《跋薛子熙草书千字文》等。
[3] 顾復：《平生壮观》，上海古籍出版社2011年，第168页。
[4] 周道振、张月尊：《文徵明年谱》，百家出版社1998年，第590页。
[5] 肖燕翼：《陆士仁伪作文徵明书法的鉴考》，《故宫博物院院刊》1997年第3期。
[6] 文徵明与陆师道的关系可以追溯到文徵明"少游学官"时与其父陆廷玉的相交，见陆廷玉妻子六十大寿所作《贤母颂》，《文徵明集》下卷，上海古籍出版社1987年，第1295页。
[7] 文徵明：《甫田集》，第540页。
[8] 文徵明：《跋李少卿帖》，《甫田集》第281页。
[9] 文徵明著、周道振辑校：《文徵明集》下卷，上海古籍出版社1987年，第1374页。
[10] 文徵明按照赵孟頫兰竹图石刻拓本进行临摹。《临赵松雪兰竹图》现藏故宫博物院。
[11] 唐兰：《中国文字学》，上海古籍出版社2004年，第21页。
[12] 钱泳：《履园丛话》，中华书局1979年，第286页。
[13] 同[12]。
[14] 文徵明著、周道振辑校：《文徵明集》下卷，上海古籍出版社1987年，第1341页。
[15] 郭伟其：《停云模楷——关于文徵明与十六世纪吴门风格规范的一种假设》，中国美术学院出版社2012年，第150页。

去留两文翰

——反映文徵明朝野心态的册页考释

鲍艳図（山东博物馆）

内容摘要：山东博物馆有两件身份特殊的册页，都是文徵明的代表作，反映了文氏完全不同的心情：一个信手书就，沮丧至极；一个精心临摹，满心欢喜。本文通过对两件册页内容的考释，揭示文徵明内心思想的起伏变化，力图对他辞官原因和辞官后的生活情境提供可靠的史实依据和真实诠释，以透过其书法艺术再现一个真实全面的文徵明；同时梳理两件册页辗转流传的脉络，让名不见经传的收藏者获得足够的重视。

关键词：文徵明　辞呈册页　正书册页　鉴藏者脉络

文徵明（1470—1559），初名壁，字徵明，别号衡山居士，人称文衡山，斋名停云馆，长洲（今苏州）人。私谥贞献先生。“吴门画派”创始人之一。文徵明德才兼备，博学多能，诗文书画俱工，领袖群彦。诗文方面，其前期为“东庄十友”之一，与祝允明、唐寅、徐祯卿并称“江南四大才子”。与沈周、唐寅、仇英合称“明四家”。后又于吴中“主风雅数十年”。他是明中期吴中诗文书画界承前启后的关键人物。

文徵明是位典型的儒者。早年积极入世，就像他诗里所说：“少壮不待老，功名须及时。”（文徵明诗《寂夜一首》）虽然文徵明很早就已经有了一定的知名度，但一旦成功，社会地位的提升对他仍然具有很大的诱惑力，于是他积极参与科举。“最是世心忘不得，满头尘土说功名”（文徵明诗《金陵客楼与陈淳夜话》），既直接表明了自己对于功名的渴求，又表现了他第六次参加乡试仍旧未能中举的委顿情态。社会规范和习俗，是人们不能不接受的，人们怎样选择人生目标，也会受到社会共认价值的制约。如果是一个缺乏敏感的人，他会觉得人生本该如此，无所谓外力的驱迫。相反，如果是一个敏感而个性强烈的人，他会处处与外界力量相对抗。文徵明则代表了另一种情况：他很随和，并不是一个常常与外界力量相抗衡的人；但他又很敏感，总是在寻常的生活事件中意识到被外力驱迫的无奈。随和其实是他对驱迫的顺应。所以，便有了之后第七次到第十次锲而不舍地参加科举。

文徵明一直考到嘉靖元年（1522）五十二岁，一直未能考取，白了少年头。对于这一点，他的心态经由信心高昂一直到意志消沉：

> 江上时情传警报，樽前壮志说登科；帝京烂漫江山在，满目西风抚剑歌。[1]
>
> 明经三十载，潦倒雪盈簪；疾病乘虚入，摧颓觉老侵。安心方外药，适趣个中琴；淡泊穷生计，高人独赏音。[2]

嘉靖二年，文氏五十四岁那年，受工部尚书李充嗣的推荐入京做了翰林院待诏，他自然是感恩不已，想成就一番事业。虽然由于非科班出身，受到同事的嘲笑[3]，但基本还是能得到大多数人特别是杨慎的推重，他是首席阁臣杨廷和之子、当时朝廷中年轻一辈的代表人物。而且文徵明受命为待诏后就入史馆参与编修《武宗实录》。这个工作虽关系不到经国大业，但依照常例，完成后应该可以得到迁官的报酬。但居官三年后，他却不去参加吏部的考核，“逡巡不往，数次上书乞归”，轻易放弃了千载难逢的上升机会。山东博物馆有两件册页，内容反映了他从仕途到归隐以及隐逸后的心情。

一　文徵明辞呈册页

该册页表现了他辞官过程的心情变化。纵33厘米，横20厘米，纸本。该册页用笔流畅，洒脱不凡，具有实用功能。虽然只是当时的草稿，却是他感情最真实的流露，从文献的历史、从文学和书法的各个角度来说都有重要价值（图一—图一二）。

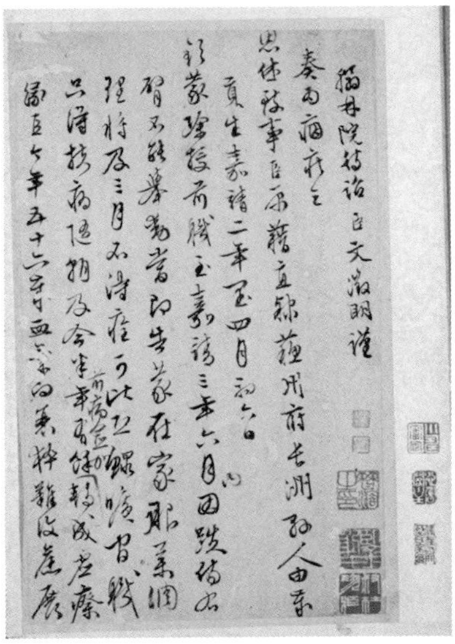

图一　文徵明辞呈册页（一）

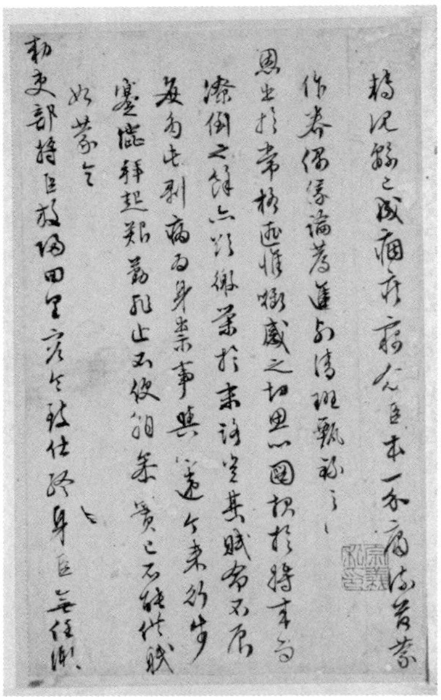

图二　文徵明辞呈册页（二）

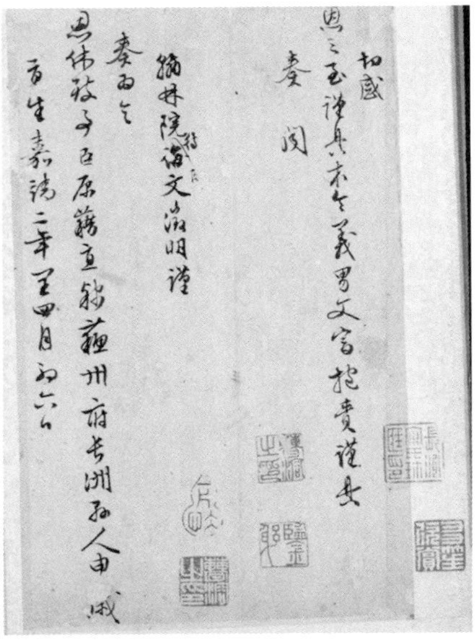

图三　文徵明辞呈册页（三）

释文如下（图一—图三第三行）：

翰林院待诏臣文徵明谨奏，为痼疾之思休致事。臣原籍直隶苏州府长洲县人，由奉贡生，嘉靖二年闰四月初六日，钦蒙除授前职。至嘉靖三年六月内因跌伤右臂不能举动，当即告蒙在家，服药调理。将及三月，不得痊可，比恐鳏旷官职，只得扶病随朝及今，半年有余。前病愈加，转成虚瘵。缘臣今年五十六岁，血气向衰，猝难复旧。展转沉绵，已成痼疾。窃念臣本一介庸流，荷蒙作养，偶缘论荐，进列清班，甄录之恩出于常格，匪惟衔感之切，思心图报，于将来而潦倒之余亦欲徼荣于末路。岂其赋命不辰，每多此剥，病为身祟，事与心违。今来行步蹇涩，拜起艰难，非止不便朝参，实已不能供职。如蒙乞敕吏部将臣放归回里，容令致仕终身，臣无任谢切感恩之至。谨具本令义，则文当抱赉，谨具奏闻。

写完初稿后文氏大概不满意，并没有递交，又重新写了一遍（图三第四行—图五）：

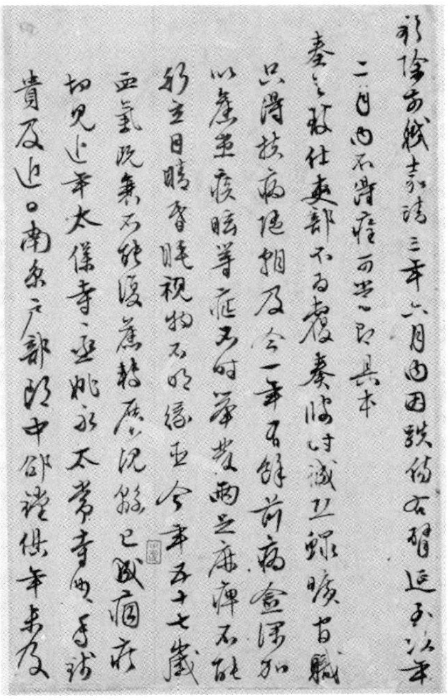

图四　文徵明辞呈册页（四）

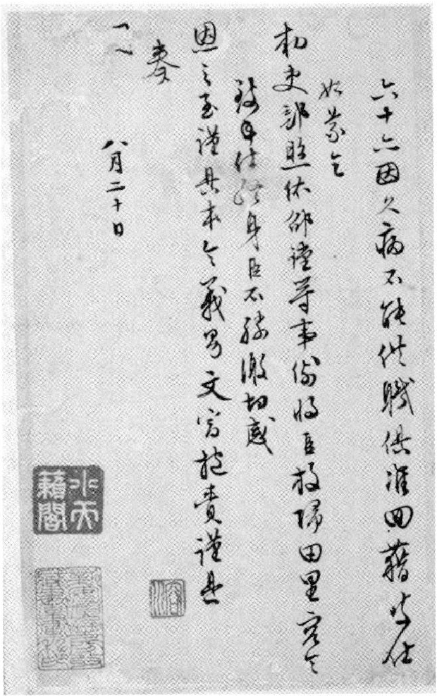

图五　文徵明辞呈册页（五）

翰林院待诏臣文徵明谨奏，为乞思休致事。臣原籍直隶苏州府长洲县人，由岁贡生，嘉靖二年闰四月初六日，钦除前职。嘉靖三年六月内因跌伤右臂，延至次年二月，不得痊可，当即具本奏乞，致仕吏部，不为覆奏。彼时诚恐鳏旷官职，只得扶病随朝及今，一年有余。前病愈深，加以旧患痰眩等症不时举发，两足麻痹不能行立，目睛昏眊，视物不明。缘丞今年五十七岁，血气既无，不能复旧，转展沉绵，已成痼疾。切见近年太仆寺寺丞姚永、太常寺典簿钱贵及近日南京户部郎中邵镗，俱年未及六十亦因久病不能供职，俱准回籍致仕。如蒙乞敕吏部照依邵镗等事例，将臣放归田里，容乞致仕终身，臣不胜谢切感恩之至。谨具本令义，则文当抱赍，谨具奏闻。八月二十日。

递交第一次辞呈后，没有回信，于是文氏在六日后第二次递交辞呈（图六—图九第一行）：

翰林院待诏臣文徵明谨奏，为再乞天恩恳求休致事。臣此缘患病不能供职，于本月二十日具本陈乞致仕，寻奉圣旨。吏部知道本部以臣年未及期，不为覆矣。窃惟七十致仕乃古今之恒典，而因疾求退亦臣子不得已之至。转伏念臣本一介凡庸，忝旧侍从，圣恩往岁出于故常。臣理至愚，亦知循资迹进取，庶图起补。惟是痼疾已深，势难平复。苟改顾籍，必至类论，且古人所以七十致仕者以七十阳道极耳。目不总明，不可以执事趋走极也。今丞目昏足蹇，趋走不前，难未及致仕之期，而实有可退之道。窃见近日臣僚有因疾乞归者，朝廷怜惜其才，不令遽去，至于客死道路，深为可悯。臣若不去，诚恐一旦暴露中野，上负朝廷生物之仁，下失臣子自全之节，实切怀惧。如[4]敕吏部查照，先今事理将臣放归田里，俾得尽其余年。臣无任谢切感恩之至，谨具本令义，则文当抱赍，谨具奏闻。

八月廿六日。

递交两次辞呈后，还是没有得到朝廷立即答复，于是文氏在十天之后第三次上辞呈（图九第二行—图一二）：

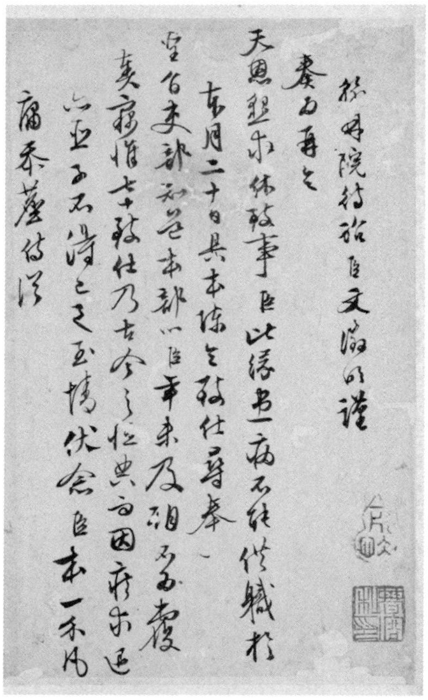

图六　文徵明辞呈册页（六）

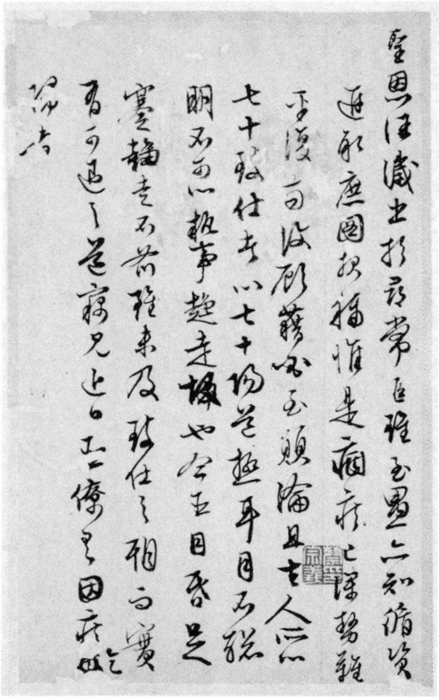

图七　文徵明辞呈册页（七）

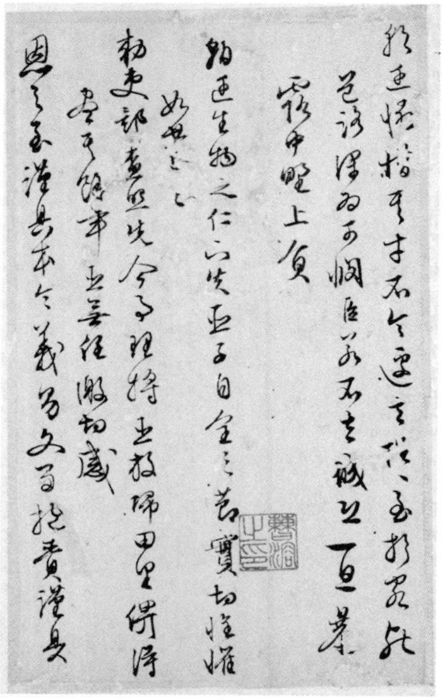

图八　文徵明辞呈册页（八）

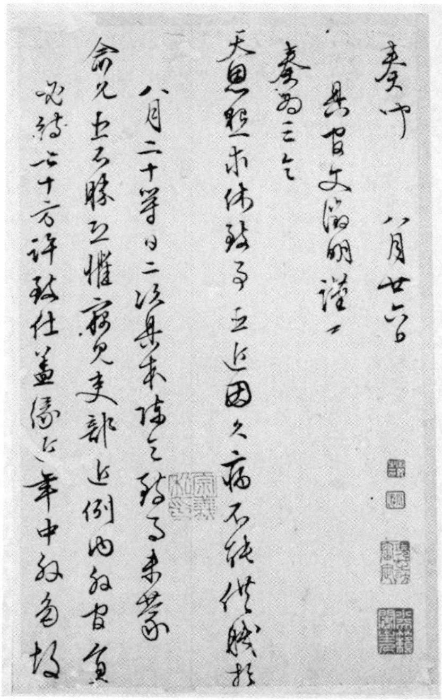

图九　文徵明辞呈册页（九）

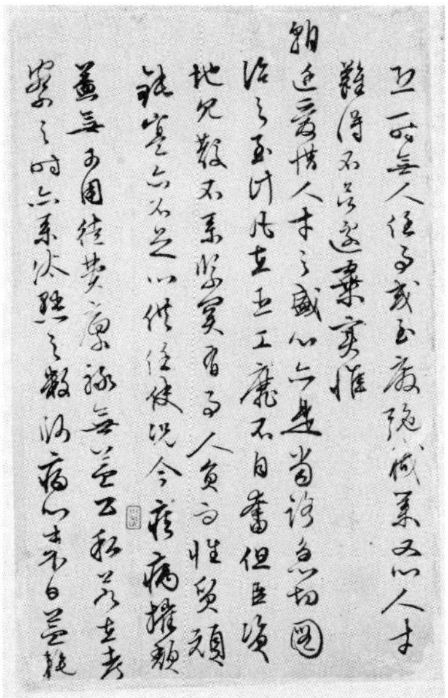

图一〇　文徵明辞呈册页（一〇）

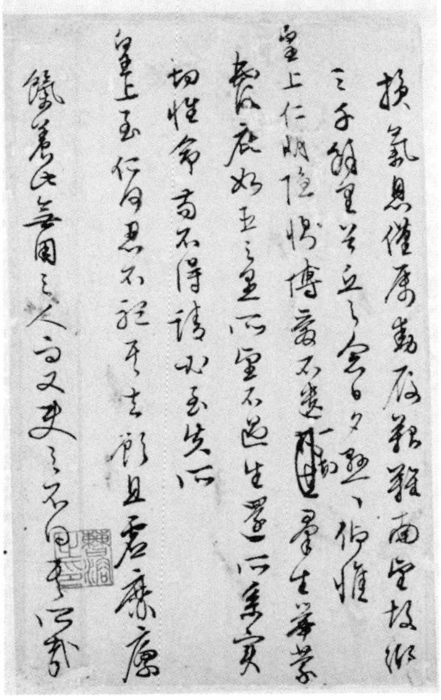

图一一　文徵明辞呈册页（一一）

具官文徵明谨奏，为三乞天恩恳求休致事。臣近因久病不能供职，于八月二十等日二次具本陈乞致事，未蒙俞允。臣不胜恐惧，窃见吏部近例，内外官员必待七十方许致仕，盖缘近年中外多故，恐一时无人任事，或至废施职业，又亦人才难得，不欲遽弃，实惟朝廷爱惜人才

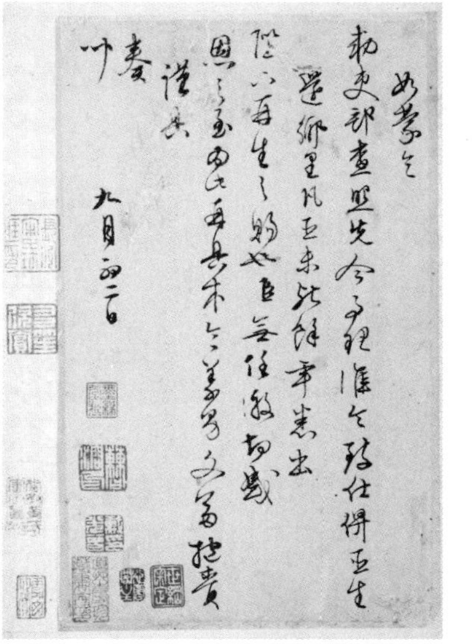

图一二　文徵明辞呈册页（一二）

之盛心，亦是当路急切图治之至。此凡在臣工，靡不自奋，但臣资地见散，不系紧矣。有事人负，而性质顽，钝蹇亦不足以供任，何况今疾病摧颓，盖无可用。徒费原禄，无益公私，若在考察之时亦系汰黜之数。卧病以来，日益耗换，气息仅属，动履艰难。南望故乡之千余里，首丘之念，日夕悬悬。俶惟皇上仁明，隐恻博爱，不遗一切群生，举蒙覆庇，如臣之里，所望不过生还，所系实切性命，苟不得请，必至失所。皇上至仁，何忍不礼其去？顾且虚靡瘝饩，养此无用之人，而又吏之不得其所哉。如蒙乞敕吏部查照先今事理，准令致仕，俾臣生还乡里，凡臣未死，馀年悉出陛下再生之赐也。臣无任谢切感恩之至，因此再具本令义，则文当抱赍，谨具奏闻。九月初二日。

文氏54岁时以岁贡生诣吏部试，授翰林院待诏，故称文待诏。以上他的三次辞呈写于嘉靖五年(1526)，大致内容都是在反复陈述自己由于身体原因无法正常胜任翰林院的工作而提出乞休还乡。从一乞的“将臣放归回里，容令致仕终身”，到二乞的“臣若不去，诚恐一旦暴露中野，上负朝廷生物之仁，下失臣子自全之节”，再到三乞的“所望不过生还，所

系实切性命，……凡臣未死，馀年悉出陛下再生之赐也”，言辞一次比一次恳切，三乞结尾处说如果不让他致仕归乡，他就无法继续生存下去。如果能有余生，全倚仗皇上的恩赐。“南望故乡之千余里，首丘之念日夕悬悬。”可见其怀念故乡愿望之强烈！究竟什么原因导致文氏任职不过三年就萌生无论如何也要乞休的念头？甚至以死相逼？在他任职内究竟发生了什么事情？关于这一点，学界较为统一的一个解释是当时的“大礼议”事件和由此引发的左顺门哭谏。

文氏入京前，礼议事已经发生。据记载，所谓“大礼议事件”是指嘉靖登基后至嘉靖三年九月之间的围绕着如何给嘉靖本生父母议定尊号而展开的一场皇帝与大臣间的政治斗争。武宗卒后无嗣，其父孝宗一系亦再无嗣人可续，孝宗次弟兴献王亦卒，故按皇室谱序，其长子朱厚熜当立，即明世宗嘉靖帝。依阁臣杨廷和、毛澄等人的意见，拟改孝宗为皇考，改兴献王为皇叔父，兴献王妃为皇叔母，以示嘉靖继统孝宗一系，然而这种易父母的做法为嘉靖所坚决不接受，故而展开了一场长达数年的斗争，最后以嘉靖的胜利即称孝宗为伯考为“大礼议事件”为结束。随着皇帝一派的胜利，发生了一系列的朝臣人事变动。嘉靖三年七月十二日，他在紫禁城左顺门召见群臣，宣诏生母章圣皇太后是其生母兴献王妃的尊号，去“本生”二字引起群臣上疏反对。十五日有朝臣229人跪伏左顺门，群情汹汹，跪伏不起，激怒了嘉靖。193人被下诏狱。几天后开始处理此事，将为首者戍边，四品以上夺俸，五品以下官员180余人被廷杖，17人杖死。九月，终于决定改其生父为“皇考恭穆献皇帝”。其生母为章圣皇太后，而称孝宗为皇伯考，其妻为皇伯母。

对这样一个惊天动地的左顺门事件，文氏竟然没有参与。依第一乞休中“嘉靖三年六月内因跌伤右臂不能举动，当即告蒙在家，服药调理，将及三月，不得痊可，比恐鳏旷官职，只得扶病随朝及今，半年有余……”这个解释可能只是推托之词，真正不参与左顺门哭谏的原因，一方面是他性格极为持重，一向不热衷于同事间的活动；另一方面，文氏对议礼持有折中的态度。认为“孝”与“礼”必须兼顾，而将兴献帝改称为“恭穆献皇帝”便能符合世宗“孝”道的要求；在尊衔前加“本生”二字，以别于仍称“皇考”的孝宗，也可以照顾到礼臣所坚持的礼制，对大礼的争议也算有个理想的解决。“议礼事件”问题的症结在于武宗暴卒，根本没有亲诏，所谓的遗诏根本就是暧昧，无法令激进的诸臣不疑；而对于保守派来说，遗诏之出本与新政重臣杨廷和、蒋冕等有关，自不肯否认遗诏的权威性。“因此之故，当时争辩的双方已无妥协的余地，激进派遂于六月上疏论礼官欺罔十三事，且斥为朋党，而保守派诸臣则于七月戊寅有左顺门的哭谏”[5]。

文氏在议礼的态度在当时朝廷中、特别是在士气激昂的翰林院里被认为是妥协立场，受到同僚的排挤，文氏心中悒悒不乐。而在之后的日子里，朝廷对官员的评判总是不时地用其在礼议事件中的态度来衡量，致使文氏一直心有余悸。

导致文氏乞休也和他的性格有关。他生性清介，不善交际，更不会趋炎附势，很难在仕途上有大的发展。嘉靖五年宰辅杨一清入阁，他与文氏之父文林有交情。五月至京师，朝中诸官皆来谒见，文徵明独不见[6]。“大礼议”事件之后，激进派主要人物张璁被任命为翰林学士，他与桂萼权倾朝野，两人都曾拉拢过文徵明，结果遭到拒绝。张璁本为文氏之父文林于温州所拔，算是与文氏有些渊源。张璁亦曾考虑提拔文氏，但他却不愿投靠议礼的新贵，他之所以无法积极运用他与张璁的关系，虽与他在左顺门事件的态度有关，但也有他清高的原因，正如他规避杨一清。与其说他失去了，毋宁说是他放弃了一次次升迁的机会。

文氏在京一段时间后虽自觉“宦况不佳”，但未立即兴起致仕归家的念头。然而，左顺门事件之后，朝政的腐败、严酷与护礼派人物的下场，使他感到失望和心悸：皇权的唯一性、强大性以及不容克己的狭隘性使他的心态发生了很大的变化。等到事件有了处理结果之时他终于借身体不适，于嘉靖五年（1526）八月后三次上疏乞休，是年十月终于辞官，放弃了他经世的梦想，从此过着清贫自娱的生活，陶醉于诗文书画之中。

文氏深受传统儒道文化的影响，历来坚持作为知识分子的文化本位立场。虽然儒家强调“士以道自任”，士要通过“仕”来达到一定的政治目的，或推行自己的学说，或为政施教以兼济天下，但文人的“仕”却需要一定的条件，若其政治理想与专制制度发生矛盾时，往往采取隐逸的处世态度。文氏尊崇儒学，怀安邦之志，却功名难成，而且他认识到政治斗争的无情，但忠君思想却阻滞他反抗。而文徵明对此解决的办法一是完善自我，追求人格的完整；二是将精力放在诗文书画的艺术创作上；三是借释道思想来求得解脱。八年后的《文徵明正书册》正是文氏心态发展到这一阶段的产物。

二　文徵明正书册

纵28.5厘米，横14厘米，纸本花绫裱，共五开十帧，二级文物（图一三—图一七）。款识：“嘉靖十三年春三月既望，衡山文徵明书。”钤印：“徵明”（白文）、“征仲父印”（白文）；引首印：“停云”（朱文）、“衡山”（朱文）。

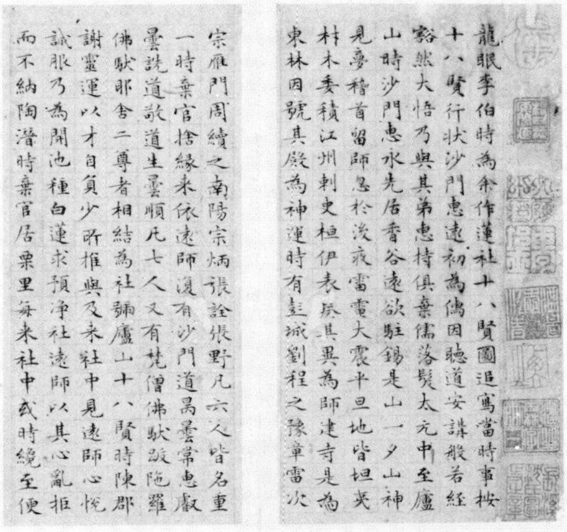

图一三　文徵明正书册（一）

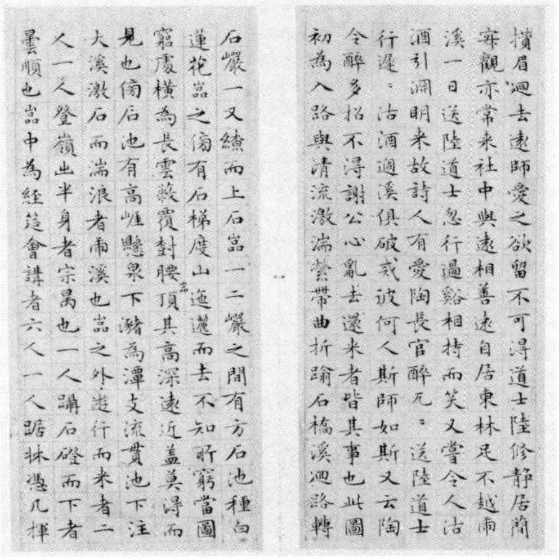

图一四　文徵明正书册（二）

图一五　文徵明正书册（三）

图一六　文徵明正书册（四）

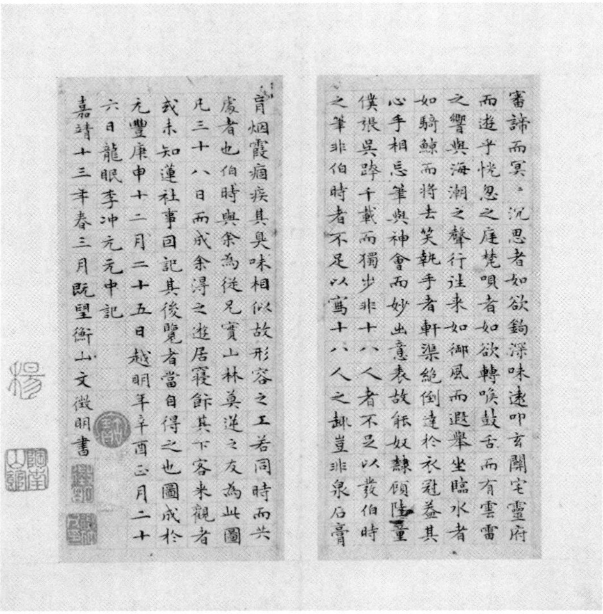

图一七　文徵明正书册（五）

文徵明行、草、篆、隶各体皆工，但最有成就的是小楷，有“小楷名动海内”之誉。小楷，乃自隶书增加提按顿挫而来，以钟繇、王羲之等为典范。钟繇小楷，古质宽绰，但犹带隶书的味道；王羲之小楷，则变为妍美劲挺，下启唐楷尚法之先。文徵明的小楷，堪称一家，其风格早期宽绰，中期修长，晚年则简质。相传，文徵明晚年神明不减，尤能写蝇头小楷而不辍。他的小楷青劲秀雅，“深得智永笔法”。此件小楷写于 1534 年，文徵明六十四岁。他在六十岁之后潜心钻研晋唐书法，以钟繇《宣示表》、王羲之《黄庭经》和欧阳询《九成宫》等为典范，力求古朴苍劲，以传达魏晋小楷端庄流利、刚健婀娜的气韵。由于取法广泛，这一时期文氏的小楷逐渐显示出自己的面貌，从而奠定了他在楷书发展史上特殊的地位和他对后世书法的影响。王世贞称赞他：“书法无法不规，仿欧阳率更、眉山、豫章、海岳，抵掌睥睨。而小楷尤精绝，在山阴父子间。八分入钟太傅室，韩、李而下所不论也。”[7]

《文徵明正书册》也叫《莲社图记》，内容是北宋诗人李冲元为李公麟作品《莲社十八贤图记》作的跋文，对这幅画作的情况作了详细的记述：首先叙述东晋惠远法师在庐山结社，然后描写画中人物的布景巧妙，最后称赞李公麟画法的高妙。文徵明非常喜爱这幅画，曾经至少三次临摹过这件小楷，可见他对《莲社图》的喜爱。第一次是和友人潘朋在正德十五年（1520）合作临摹过这幅画之后；这件小楷应是文徵明第二次临摹作品后书写的；第三次从明末清初著名书画商人吴其贞的《书画记》中可以得知：他赞李公麟此画为“神品第一”，其卷五著录“李伯时《莲社图》绢画一幅”，介绍此画时有这样的记载：

> 为神品第一，名著当代，价值千金。上面隔首有徽宗题六字曰：“李公麟莲社图”，用宣和小玺及吴廷图书。下段副纸，上有文衡山小楷《莲社记》，识曰：“嘉靖丙午二月既望书，时年七十有七。”

《莲社图》为李公麟的代表作品之一，描绘了东晋元兴年间，著名僧人慧远在庐山东林寺同十八位贤士建白莲社，并与陆修静、陶渊明、谢灵运相善的故事。莲社，东晋的一个民间组织，其成员以高僧慧远法师麾下的一批僧侣精英和社会上的名流居士组合而成。公元 402 年，慧远邀集僧人居士 123 人建斋立誓（著名的有十八高贤），共期往西方极乐净土。东林寺当时在慧远手上种了一池白莲，于是指花为名，将该僧团命名为白莲社，简称莲社。画意和文氏此时的心境十分吻合。文氏归里后，一心一意从事诗文书画的创作，过着“杜门不复与世事，以翰墨自娱”的稳定的文人闲适生活。当初的“老去马迁心尚在，不妨书剑事遨游”[8]的经世之雄心化为乌有。“达则为孔明，穷则为渊明”，这种典型儒家知识分子的处世态度在文氏身上表现得淋漓尽致。因退而自全，其精神何以寄托？《莲社图》记是否能说明他的“闲居适志”？儒家的敬，道家的静，佛家的净导致他极端重视个人修养，私人性的感怀成为他创作活动的最主要的动机。

对文氏而言，1527 年以后的日子特别有意味，因为这一年春天，他致仕还乡，完全放弃了政途发展的期待。在1531年为他的至友王宠所作的一首诗中，说道：

春来日日雨兼风，风过春归绿更稀；白首已无朝市梦，苍苔时有故人踪；……[9]

诗中风雨后的平静春意，虽可能出自当时实况，但也是他心情的一种期待，这种期待正是他在抛弃“仕途梦”后，希望经由“苍苔时有故人踪”的简约生活能赋予他平静的未来。人的尘心与俗目可以得到净化，使人与造化的存在取得和谐，达到与道合一的境界。文氏在其诚挚的信念之中有着绝对的自信。

文徵明矜持的性情决定了他温润秀劲、稳重老成、法度谨严的书风。也许仕途坎坷的遭际消磨了他的英年锐气，而大器晚成却使他的风格日趋稳健。综观文字，他似乎都是在谨守法度，不愈规矩上用意。他的书法审美属于“优美”的美学范畴，主要体现出“法”“精”“润”“雅”“清”等方面的特征。文徵明小楷自《黄庭》、《乐毅》中来，温纯精绝，愈小愈精，老而益妙。此件册页是他小楷中的精品，行笔劲挺秀润，气息深稳，有学钟繇的倾向：结构平正精密，有隶书风味，但笔法比钟繇劲利；还近似倪瓒题画的小字楷书。秀整于小楷尤为重要，文徵明正是在小楷上达到了登峰造极的成就。和前面的辞呈册页信笔挥就相比较，这件小楷精心临摹，中规中矩，一点儿也不草率。它行距分明，气息通达，呈现出清雅端庄的气息。从一个侧面表现了他书写时的心情是极其宁静的。

文徵明立足于晋唐之间，以一种新的认识，把小楷艺术推向了又一个高峰。它的小楷特点是格调高雅，法度严谨，工整精致，往往以似欹反正的空间效果，把整体之间的每一个字通过揖让、向背甚至夸张的手法使飘逸灵劲和工整细致有机地结合在一起，创造出独特的文氏书法。明朝谢在杭《五杂俎・卷七》称赞：“（历朝）无真正楷书……至本朝文徵仲先生始极意结构，疏密匀称，位置适宜。如八面观音，色相具足。于书苑中亦盖代之一人也。”可见其小楷成就之高。明王世懋称赞：“衡山先生时作小楷，多偏锋，太露芒颖，年九十时犹作蝇头书，人以为仙”。李祖年也说：“文所书《离骚》、《九歌》、《七发》，则现在敝麓，皆小楷工整耳”。

文徵明晚年小楷从结体到篇章，表现出一种端庄、工稳的美，反映出他解脱科举之累以后的心情旷达。在我国文化艺术史册上，文徵明算得上是少见的高寿艺术家了。虽然一生经历坎坷，仕途不顺，但也没有消磨一个艺术家的高贵品格。由于其勤奋刻苦钻研文艺，因此所作诗、文、书、画数量巨大，他是继赵孟頫之后书家之集大成者，其艺术成果很少有人能与之媲美。由于德高艺博与长寿，在沈周去世后独领吴门书画艺坛三十余年，使文人书画步入了一个崭新的时代，吴门画派主要是在他的领导之下，真正发扬光大，达到全盛，成为明代画坛的主流，影响深远！

文徵明一生，如王穉登所言：“公之一身，山河灵淑，海胡之肆，悬黎结缘。发为文章，日星光焰……咀翠含香，冰霜齿颊。发为丹青，蓬莱石气，千龄并秀，虎头之技。”王世贞说：“吴中诗述徐祯卿，书述祝允明，画则唐寅伯虎，彼自以专技精诣哉，则皆文先生友也。而皆用前死，故不能当文先生。人不可以五年，信夫，文先生盖兼之也。”可见他一生的为人处世、诗文书画无不为人所仰慕。正是“书画遍海外，芳名垂千古。”

三　鉴藏者考证

两件册页都曾被一些著名藏家鉴藏过，可谓弥足珍贵，从一个侧面看出它们身世的煊赫。文徵明辞呈册页的图一、图三、图八、图一一的“曹溶之印”，图三的“鉴躬”、图五的“溶”、图六的“曹溶私印”、图一二的“曹溶印”，都是明末清初收藏家曹溶的印章。曹溶（1613—1685），字洁躬，亦作鉴躬，号秋岳，花尹，别署倦圃，金陀老圃等，浙江秀水（今嘉兴）人。工诗词，精鉴别，嗜藏书，尤好收宋元人文集。明崇祯十年（1637）进士，官至御史。入清朝，官至户部侍郎，后降为广东布政使，又降至山西阳和道。康熙十七（戊午）年举博学鸿词，以丁忧之故未赴。在他编纂的《学海类编》这部丛书中收录有《文待诏题跋》。这是由唐、宋以至国初诸书零篇散帙裒辑而成，统为正续二集，分为经翼、史参、子类、集馀四类，而集馀之中又分行诣、事功、文词、纪述、考据、艺能、保摄、游览八小类。在《学海类编》中，《文待诏题跋》分上、下两卷，上卷二十八篇，下卷二十篇，被收在第九十八册，列作“集馀考据”类。曹溶在明末清初文坛有着重要的地位。“四方之士倚为雅宗者四十年”[10]，他更是当时浙西文坛的领袖，后一辈的朱彝尊等浙西文人都受他的影响。他曾走遍南北，和清初各方人士都有交往。龚鼎孳、陈之遴等清初的大官僚、顾炎武、李因笃等明末清初的遗民，都和他交好。其藏书处称“静惕堂”，在其别业“倦圃”园中。此地即为岳珂所居的金陀坊旧址。《池北偶谈》中记载，“曹侍郎秋岳好收宋元文人集，尝见其静惕堂书目所载宋集自柳开河东集以下凡一百八十家，元集自耶律楚材湛然集以下，凡一百十五家，可谓富也。”叶德辉在《静惕堂书目序》中称“此本宋自徐铉奇省集以下，凡一百九十六家，元自元好问遗山集之下，凡一百三十九家，较王文简所见又多四十家。”朱彝尊《竹垞诗话》称曹溶“博征文献，集三百年名公卿手书墨迹，装潢成册，多至七百家。”其藏书之盛，足可抗衡宁波范氏天一阁。史学家谈迁之所以可写出《国榷》等作品和曹溶为他提供丰富的书籍是分不开的。曹溶亲自编订书籍流通的规则《流通古书约》，是我国最早的关于书籍流通的约定，为中国藏书史上重要文献。

明抄本《书画萃苑》中钤有“听雨楼查氏有析珍赏图书”、“小涛秘藏”、“愿学斋”、“赐砚堂图书印”、“偶在白门蔡氏家藏”、“石桥估求”、“小涛审定”等印记，乾隆时此书为书画收藏家查莹所有。图一的“小寿审定”、“偶在白门蔡氏家藏”，图四和图一〇的“小寿”，图九的“小涛”是清藏书家查莹的印章。查莹（1743—?），字韫辉，号映山，别号竹南逸史，祖籍山东海丰，入籍浙江海宁，查升之孙。乾隆三十一年（1766）进士，官文渊阁校理、武英殿提调官，乾隆五十一年（1786）升为山西道御史，吏科给事中。家有“澹远堂”，书法秀逸，尤精小楷。他精于鉴藏书画，日游琉璃厂“延庆堂”中，遇到异书，必购至家，考校诸本，并有题跋以记。有藏书楼曰“听雨楼”、“圣雨楼”、“赐研堂”、“学山堂”等。收藏影写宋抄本、明本和当代稿本甚多，其中以文集类为特色。如抄宋本《庆湖遗老诗集》、影写宋刊本《分门纂类唐歌诗》、明本《元诗遗音集》、《剡诗漫笔》、《高太史大全集》等，名家批注较多，皆为精审之本。乾隆三十八年（1773）四库全书馆向全国民间藏书家征书，他家进呈图书数种。

图一的“项源私印”和“汉泉”，图五的“小天籁阁”、“新安项芝房收藏书画私印”，图九的“项芝房审定”、“小天籁阁主人”是项源的印章。项源，字汉泉，号芝房，安徽歙县人，乾隆至道光年间的著名收藏家，因与项元汴同姓，故室名小天籁阁。他搜集明清画以精、新、奇为主。

图三和图一二“长洲宋氏珎藏印”，据尹光华为嘉德2010年秋拍的唐寅《野亭霭瑞图》写的鉴定文章中有“长洲宋氏蓉塘珎藏印”可推知两印为同一位收藏者的印章，即宋蓉塘之印。宋蓉塘名灿，号蓉塘，又号匡庐居士，长洲（苏州）人，乾嘉时的一位文人，尝居庐山，其别业有“怀白楼”、“玉液山房”、“翠微山馆”等。宋蓉塘不以鉴藏著称，更为后世忽略而不见史乘，所以都不是好事者关注和作伪的对象，为这件作品的可靠性作了一定程度的证明。

图三“一片冰心”为乾嘉时期文学家沈复的印章。据陈毓罴先生《沈三白年谱》“道光五年、乙酉、1825、六十三岁”条中，谈到沈复所绘《水绘园旧址图》时，有以下叙述：“张虬公藏有沈三白画一，对联一。画作梅花，三白题有一诗：‘水边篱落自清幽，雪里香魂月影浮；昨夜刚醒高士梦，几分春色到枝头。’无上款，角边有‘一片冰心’印章，下款署‘长洲沈三白’，有沈复二印章……”沈复

(1763—1825)，字三白，号梅逸，著有《浮生六记》。工诗画、散文。据《浮生六记》来看，他出身于幕僚家庭，没有参加过科举考试，曾以卖画维持生计。少年随父游宦读书，奉父命习幕，曾在安徽绩溪、上海青浦、江苏扬州、湖北荆州、山东莱阳等地做幕僚。

图一二的“戴光曾印”是清人戴光曾的印章。戴光曾，字松门，号谷原、瞉园，浙江嘉兴人。清代藏书家、书法家。嘉庆九年（1804）岁贡生，官至河工同知。少时家贫，书法出入欧虞，腕力清劲。能诗，善古文，亦擅画松。他生性耿介，不谙迎来送往之事，以明经藏书终老，曾与黄丕烈有私交。

图一二“墨缘堂藏”为清人蔡世松的印章。蔡世松（？—1843），字伯乔，号友石，一号听涛、寿公。江苏上元人。嘉庆十六年（1811）进士。出任安徽庐凤道，升安徽按察使，内调顺天府府尹，左迁太仆寺少卿。工书法，善模仿名人笔迹，曾刊《墨缘堂法贴》。

图一和图一二“沁香阁主”是近代人李函秋的印章。李函秋（1874—1923），名应章，号韵花，别署沁香阁主人。扬州人。12 岁从李石泉、李国柱习古文词章，能下笔千言。17 岁于扬州宛虹桥沁香阁设帐授徒。20 岁中秀才，致力古文词章。民国十年赴上海，主编《小时报》，兼为《小说时报》及《快活林》等报刊撰写小说。次年秋，辞职返扬州，未几病逝。

由该帖钤盖的历代收藏印可知，《文徵明辞呈信札》历经曹溶、查莹、项源、宋灿、沈复、戴光曾、蔡世松、李函秋等人收藏，最后由金石学家陈介祺的曾孙、毛泽东的秘书陈秉忱从上海购进，后转归山东博物馆。

16—17 世纪的浙江嘉兴地区，曾经活跃着一个著名的文献世家——长溪沈氏。《文徵明正书册》中图 13“长溪沈氏图史之章”，说明该册页曾在沈家收藏过。沈氏家族先世于宋时自汴京来浙会稽，久之徙嘉善，又徙秀水之长溪（今浙江嘉兴市区）。长溪之沈，自沈谧而下至沈自邪，起家进士三世。当其极盛时，“累世鼎贵，僮奴数千指，江以南名家，屈指长溪沈氏。”[11] 沈氏家族成员先后辉映，长稚齐名，一门风雅，彬彬称盛，至沈德符而集其家族文化之大成，以一部“明代野史，未有过焉者”[12] 的《万历野获编》而在历史上享有盛誉。嘉兴素称人文荟萃之地，生活于其中的长溪沈氏家族，不仅曾以文采风流见称于世，而且藏书家辈出，成员众多，延绵五代之久，有功于我国的藏书事业。

图一七“季沧苇图书记”是季振宜的藏书印。季振宜（1630—1674），字诜兮，号沧苇，明末清初泰兴县季家市（今靖江市季市镇）人。他不但是著名的藏书家，而且是版本学家、校勘家。文物出版社 1997 年出版的《古书版本鉴定》（李致忠著）曾多次论及他对百家、经、史、诗赋等典籍的校勘之功。父季寓庸，明天启进士，官吏部侍郎，喜好书画和收藏，曾建造藏书画处“嘉树园”。常熟毛晋，建“汲古阁”藏书，其中多宋、元刻本，毛家没落后，其后人将藏书多卖给了季振宜。著名学者钱谦益建“绛云楼”藏书，顺治七年，该楼和七十三大椟书被火烧毁，幸存于家中的宋、元刻本以后给了其族侄钱曾。钱曾也是明末清初著名的藏书家，单《述古堂藏书目》和《宋版书目》就有 2295 种之多，以后又将陆续所得之书与“述古堂”藏书合辑为《也是园书目》，共收 3800 余种。钱曾死后，藏书也归了季振宜。精本佳椠极多。编《季苍苇书目》一卷，分《延令宋版书目》、《宋元杂版书》、《崇祯历书总目》、《经解目录》四部分，著录 1200 种，27000 卷。

图一三“杨氏海源阁藏”、图一七“杨”和“陶南山馆”说明该册页曾在海源阁和陶南山馆收藏过。山东聊城杨以增“海源阁”是我国近代著名的私人藏书楼，与江苏常熟瞿氏“铁琴铜剑楼”、浙江湖州陆氏“皕宋楼”、浙江杭州丁氏“八千卷楼”，并称为清末四大藏书楼。海源阁藏书，自 19 世纪 30 年代开始大量购藏，前后历经百余年，其藏书时间之久，数量之多，版本之精，在中国私人藏书史上是不多见的。后历经战乱，迭遭破坏，所藏图书大

部分散失，只有一小部分辗转收入北京图书馆和山东省图书馆。据李泉《海源阁藏书今何在》（《文史知识》2006 年第 10 期）考证，杨以增在山东肥城西华跗庄建有乡间别墅，名曰“陶南山馆”。杨氏之书十分之四藏聊城祖宅阁中，十分之六藏陶南别墅。咸丰十一年（1861）二月初捻军至肥城西境，占据陶南山馆一昼夜。其书焚毁十之四五，其中宋元旧刻最多，经部尤甚。载于《藏书家（第 16 辑）》（齐鲁书社 2009 年版）和《海源阁研究论集》（中国社会科学出版社 2010 年 9 月版）的丁延峰《杨氏陶南山庄记往》对别墅有较为详细的考证，叙述学界知之不详的海源阁另一个重要藏书处肥城陶南山庄，填补了这方面的空白。考证的结论是陶南山庄在肥城西南陶山之阳的杨庄。杨朝亮《海源阁藏书楼问题探析》（《聊城大学学报》2010 年第 5 期）对陶南山馆考证：其建立至少应在杨以增（1787—1855）时期，或早于杨以增，因为在杨以增之时，陶南山馆已经是藏书中心。

由该帖钤盖的历代收藏印可知，《文徵明正书册》历经季振宜、长溪沈氏后人、海源阁，最后由山东省立图书馆转入山东博物馆。

（本文所附图片均为周坤摄影）

注释：

［1］文徵明：《甫田集》中《金陵客怀》诗。

［2］文徵明：《甫田集》中《病中》诗第三首。

［3］谢肇淛：《五杂俎》，台北新兴书局 1975 年，卷 15，第 51、52 页。

［4］此处原文缺字。

［5］石守谦：《嘉靖新政与文徵明画风之转变》，《艺术学》1988 年第 2 期，江苏美术出版社，第 111—140 页。

［6］黄佐《泰泉集》卷五十四《衡山文公墓志铭》：“杨邃安一清起用至京师，止都门外，倾朝往见。公独不往，曰：‘尚未面君，吾何往焉？’及会，谓曰：‘余，汝父同年相好，何相见之晚也？’公曰：‘生非敢后，自先君之殁，有一字见及者，未尝不答。’杨曰：‘此余之罪也。’闻者为之缩舌。”

［7］王世贞：《文先生传》，转引自《文徵明集》附录五，上海古籍出版社 1987 年，第 1627 页。

［8］王世贞：《文先生传》，载《甫田集》，第 10 页。

［9］此诗题于《停云馆言别》（藏于 Dr. Franco Vannotte，Lugano）之上。此画图版可见于《文人画粹编》，《沈周·文徵明》，图版 48。

［10］沈季友：《槜李诗系》，四库全书本。

［11］冯梦祯：《沈母王孺人墓志铭》，《快雪堂集》卷十五。

［12］朱彝尊著、姚祖恩编、黄君坦校点：《沈德符》，《静志居诗话》卷十七，人民文学出版社 1990 年，第 515 页。

“扇中文氏风骨”

——故宫博物院藏文徵明画扇研究

李天垠（故宫博物院）

内容摘要：作为享誉美术史界的明代“吴门四家”中的重要人物——文徵明早在所处时代即已声名煊赫，成为了与其师沈周并驾齐驱的吴门画派领袖。文氏书画造诣全面，涉猎的范围遍及山水、人物、花卉、兰竹等，无一不工。文氏书画扇在文徵明的传世作品中所占比重不高，显得格外珍贵，在故宫博物院众多文徵明作品中，文氏书画扇也仅有数十件，其中画扇仅为33件，而这33件文徵明画扇却涵盖了文氏擅长的几乎各个题材的绘画——包括江南山水、山水人物、高士人物、竹石、历史史地、花鸟；同时也涵盖了文氏绘画的不同时期；从中亦可发现文氏作品的流转以及作品的真伪考辨。

关键词：文徵明　书画扇　真赝比较

引言

故宫博物院收藏的文徵明扇面中，仅有5件为清宫旧藏（其中一件在民国时期流出宫外，新中国成立后又重新入藏故宫），其余近30件扇面均为新中国成立后故宫博物院通过收购、调拨、捐献等方式入藏的；可见在清内府对文徵明作品的收藏取向上是以立轴、手卷作为主要征集对象。新中国成立后的故宫博物院于20世纪50年代末、60年代初入藏了数十件文徵明画扇，奠定了现在故宫藏文徵明画扇的基础（表一）。透过这些画扇我们可以看到蕴藏其中的文徵明绘画的风格特点，以及清代帝王对于文氏作品的收藏与心得，颇耐人寻味。

表一　故宫藏文徵明画扇列表

成扇与扇面藏品列表	级　别	来　源
故6901 文徵明画虎丘图颙琰书诗成扇	二级乙	旧藏　无影像　留33805
故6902 文徵明画山水颙琰安澜园十咏成扇	未定级	旧藏　有　留33806
故6903 文徵明画山水于敏中临蔡襄诗帖成扇	二级乙	旧藏　无　留34238
故8663 文徵明兰竹成扇	二级乙	旧藏　有　腾九八
新16697 文徵明雪山图扇页	三级	调拨自文物局
新16879 文徵明山水扇	三级	收购自1955年第五次
新56078 文徵明山水扇	三级	调拨自文物局
新77469 文徵明墨竹扇页	二级乙	收购自1957年第十五次
新82157 文徵明山水人物扇页	三级	收购自1958年第四次
新86371 文徵明竹石扇页	二级甲	收购自1958年第五次
新86372 文徵明柏石扇页	二级甲	收购自1958年第五次
新86273 文徵明山水扇页	二级甲	收购自1958年第五次

续表一

成扇与扇面藏品列表	级　别	来　源
新86374 文徵明赤壁图扇页	三级	收购自1958年第五次
新86375 文徵明风竹扇面	一级乙	收购自1958年第五次
新86376 文徵明兰石扇页	二级甲	收购自1958年第五次
新86377 文徵明桃柳春燕扇页	三级	收购自1958年第五次
新86378 文徵明观瀑扇页	三级	收购自1958年第五次
新121258 文徵明松阴论古成扇	二级甲	调拨自北京市文化局
新133423 文徵明红杏桃石扇面	一级乙	调拨自文物局
新133424 文徵明兰花扇面	一级乙	调拨自文物局
新137747 文徵明山水人物扇	二级乙	收购自1962年第二次
新147616 文徵明山水扇	三级	调拨自文物局
新147617 文徵明山水扇	三级	调拨自文物局
新147618 文徵明山水扇	三级	调拨自文物局
新147619 文徵明菊石扇	三级	调拨自文物局
新147620 文徵明秋山远眺扇	三级	调拨自文物局
新147621 文徵明松溪谈道图扇页	三级	调拨自文物局
新147622 文徵明山水扇	三级	调拨自文物局
新150481 文徵明柏石扇页	三级	收购自1963年第二次荣宝斋
新150654 文徵明山水扇页	三级	收购自1963年第三次孙邦治
新155684 文徵明山水扇页	三级	收购自1965年第四次
新169874 文徵明仿倪山水图扇	二级乙	捐献1971年12月
新169886 文徵明墨笔兰竹图	二级乙	捐献1971年12月

一　清内务府收藏的文氏画扇及体现出的清代宫廷的艺术品位

1. 文徵明画虎丘图颙琰书诗成扇（编号故6901，二级乙，旧藏，留33805）

本幅题："胜地名公赏……毂祥书春游虎丘旧作一首，附呈凤峰年兄请教"，"徵明为凤峰作"，钤："徵明"（白方）。

金笺的扇面上，所绘山水为中央式构图，茂密树林的掩映下、古塔建筑矗立于山上。扇面营造出悠远空灵之感，是文氏细笔的完美之作。典型文徵明山水建筑（图一）。

2. 文徵明画山水颙琰安澜园十咏成扇（编号故6902，未定级，旧藏，留33806）

本幅自题："杨柳阴阴弄晚风，远山漠漠映边红……徵明"，钤："徵明"（白方）。

洒金笺的扇面上，所绘山水采用对角式构图，左下角为茂密树林的掩映下、一高士驾船垂钓；右上为远山。扇面中大量留白，营造出悠远空灵之感，是文氏细笔粗笔的完美结合之作。山石块垒的笔墨表现尽管简略，却形神兼备；扇中树木为典型的文徵明式的绘树法，极见精神，树身扭转得宜，树枝描绘得根根精细有序，层次分明，应为文徵明中年以后的代表之作。

1

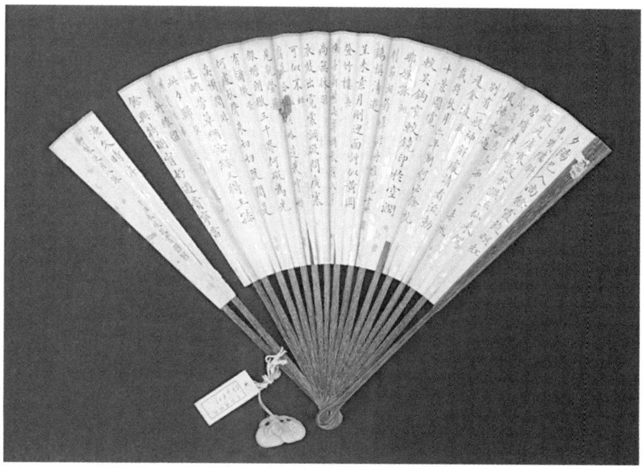
2

图一　文徵明画虎丘图颙琰书诗成扇

1. 正面　2. 背面

此图在清乾隆年间进入内府收藏，并加装扇骨，为乾隆皇帝弘历所爱，扇子背面更是有时为皇子的颙琰所书乾隆皇帝的御制诗《安澜园十咏》，从中还可领略嘉庆皇帝年轻时的书法。安澜园位于圆明园福海西北，是乾隆皇帝南巡之后在圆明园先后仿建的四处江南名园之一。乾隆二十七年南巡时，曾以浙江海宁陈阁老的隅园作为行馆，并赐名“安澜园”。该园巧妙的结构颇得乾隆皇帝喜爱：“喜其结构致佳，图以归”，回京后在圆明园修葺四宜书屋，按陈氏隅园的布局全部仿建，园成之后因其“左右前后，略经位置，即与陈园曲折如一无二”，亦将这园中之园题名为“安澜园”。颙琰在文徵明这把成扇背面题此诗，大概是觉得图中所绘场景意境与安澜园有几分相似吧（图二）。

1

2

图二　文徵明画山水颙琰安澜园十咏成扇

1. 正面　2. 背面

3. 文徵明兰竹成扇（编号故8663，二级乙，旧藏，腾九八）

本幅自题："徵明"，钤："徵明"（白方）。

金笺的扇面上，所绘兰竹近远详略有致，营造出飘逸空灵之感，是文氏写意风格的完美体现，为文徵明兰竹题材作品的代表之作（图三）。

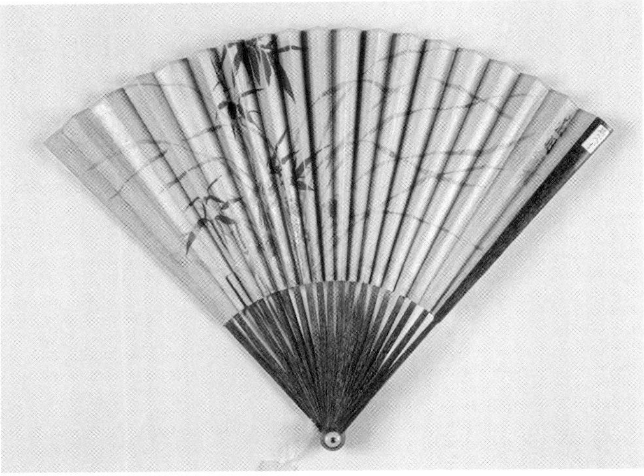

图三　文徵明兰竹成扇

此图在清乾隆年间进入内府收藏，并加装扇骨，为乾隆皇帝弘历所爱。

4. 文徵明松阴论古成扇（编号新121258，二级甲，调拨自北京市文化局）

本幅自题："徵明制"，钤："徵明"（白方）、"乾隆御览之宝"（朱长圆）。

洒金笺的扇面上，所绘青绿人物山水扇面，为文徵明中年之后画扇的经典之作。此成扇的扇骨即为明代工艺品，是典型的明代成扇。美术史界曾有一种提法——晚年文徵明笔下的众多人物聚集在一起必是其所亲身经历，文徵明每画必人，画中人物为园林小景的主角，是画中文人生活场景的绝对中心。此扇所绘高士于山林之中、蜿蜒溪流畔，坐而论道，风格高雅，人物刻画细腻生动；所绘松树带有强烈的装饰性和形式感，干、枝、叶的摆布精致，干与枝的姿态，舒展遒曲，多样优美，繁密有致。对树叶的描绘，讲求整体外轮廓及内在结构的有机组成，层次分明（图四）。

此成扇为明代精品，又钤有乾隆皇帝的收藏印，在当时定为清内府文玩中的珍爱之一。由此我们可以看出，清内府对于文氏作品的收藏以兰竹、山水类题材为主，而其中以高士山水类尤甚。清代乾隆皇帝在艺术品位上，既追求奢华、又不愿失却高雅，从绘画作品到瓷器、玉器、漆器、玻璃器等都是如此；而此成扇又何尝不是乾隆皇帝多重艺术追求的集中体现呢？

1

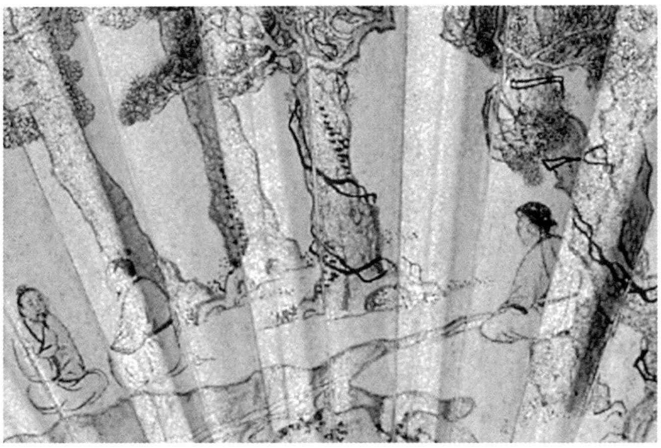

2

图四　文徵明松阴论古成扇

1. 正面　2. 正面局部

二　文氏扇面的真伪对比研究

1. 兰竹图、竹石图、兰石图一类风格题材的真赝比较

兰竹、竹石、兰石题材是最常在文氏款扇画中出现的题材，同时也是文氏熟练掌握并应用自如的题材。在描绘这一题材的过程中，文氏注重画面构图与空间感的控制，通过留白与布局的有机结合，营造出空灵之感，品味优雅，意境高远。

在文徵明的此类作品中，多采用的是细腻的写意风格——而这种合理的细腻需要恰到好处，否则过于强调山石块垒的表现，会使画面显得琐碎，导致山石的脉络不畅；文氏真品在山石结构的表现上尤其注重整体感，这体现了大师对于画面置陈布势的能力。伪作中的山石结构细碎、支离，有的圆软而无形，有些地方则突兀且不合理，山石形态的表现尖厉、刻意，缺乏平和文雅的气息。

而对于竹叶、兰叶的描绘，文徵明真迹也颇具特点。文氏在描绘叶子的时候，注重近、中、远景的层次推进，通过浓淡的不同来设置不同的景深；在每个景深层面中，又通过墨色浓淡的晕染效果，营造出了自然婉约的叶子效果。反观伪作中的叶子，没有层次递进的位置关系，应该有的近、中、远景都集中到了一个层面上；每个层面上的枝叶变化更是无从谈起了。以下我们就以故宫博物院收藏的真伪文徵明作品为例，进行图像学意义上的分析比对。

真迹：

①文徵明兰竹成扇（编号故8663，图五）

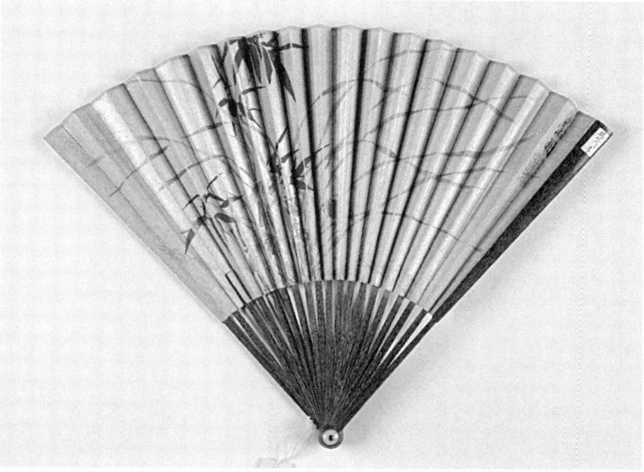

图五　文徵明兰竹成扇

②文徵明风竹扇面（编号新86375，图六）

本幅文徵明风竹真迹自题：“疏影半囱月，秋声一枕风。徵明”；祝允明题：“淇园一枝春雨足，渭川千亩秋风高。先生青眼对君子，撚落吟髭如风毛。允明”。一个扇面，同时具有两位明代书法大家的题诗，也使本幅扇面的艺术价值大增。

③文徵明兰石扇页（编号新86376，图七）

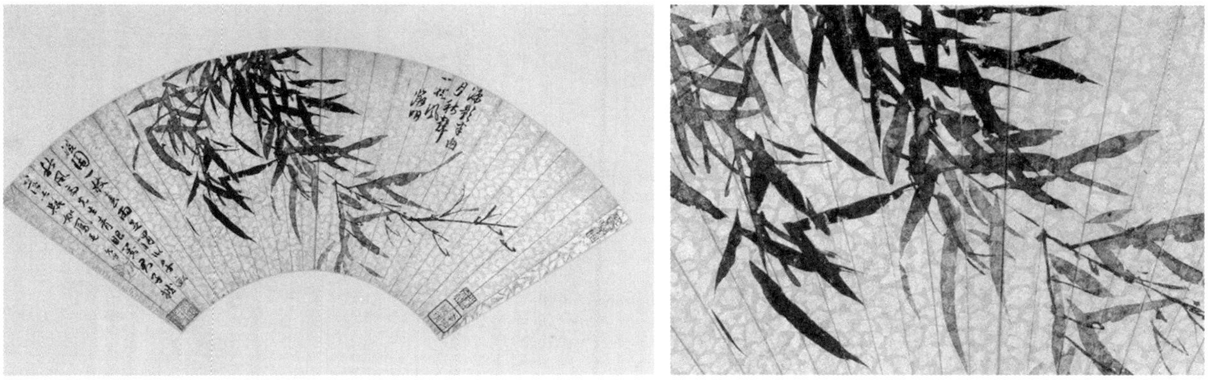

1　　2

图六　文徵明风竹扇面

1. 扇面　2. 扇面局部

本幅自题："缺月摇珮环，微风汎晴馥。何以寄所思，佳人在空谷。徵明"。钤："徵""明"（朱方）；王穀祥题："幽兰何猗猗，紫英汎秾馥。吾将采芳韵，谱作瑶琴曲。穀祥"。钤："穀祥"朱方。文徵明在本幅扇面中彰显简约功力，描绘枝干与兰叶的时候，既注重近、中、远景的层次推进，通过浓淡的不同来设置不同的景深，在每个景深层面中，又通过墨色浓淡的晕染效果，营造出了空谷幽兰的效果。

④文徵明兰花扇面（编号新133424，图八）

本幅自题："离离水苍珮，居然在空谷。虽多荆棘枝，春风自芬馥。徵明"（白方）。

⑤文徵明墨笔兰竹图（编号新169886，图九）

本幅自题："徵明"钤："徵明"（白方）、"惠均长寿"（白方）、"晴庐"（朱方），收藏者题："一冬晴日拥茆蒼，习静添香闭毳簾。窗内盆兰窗外竹，竭来春意露纤纤。停云馆所画兰竹，自足风致，戏题一绝。辛卯立春后一日，晴庐。"钤："雪渔"（朱葫芦印）、"孝同秘玩"（朱方）、"晴庐藏扇"（白方）等。

⑥文徵明红杏桃石扇面（编号新00133423，图一〇）

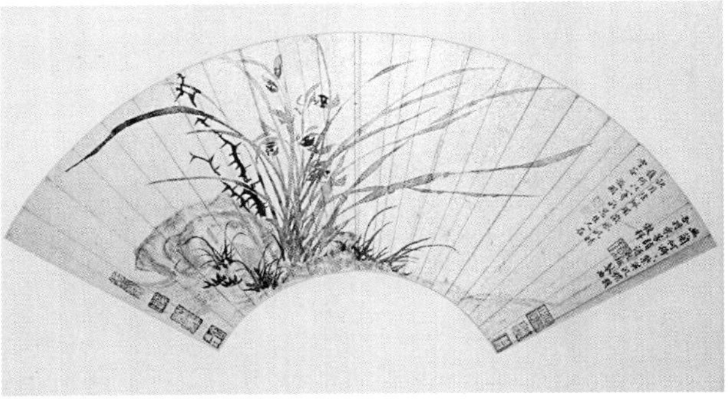

1

2

图七　文徵明兰石扇页

1. 扇面　2. 扇面局部

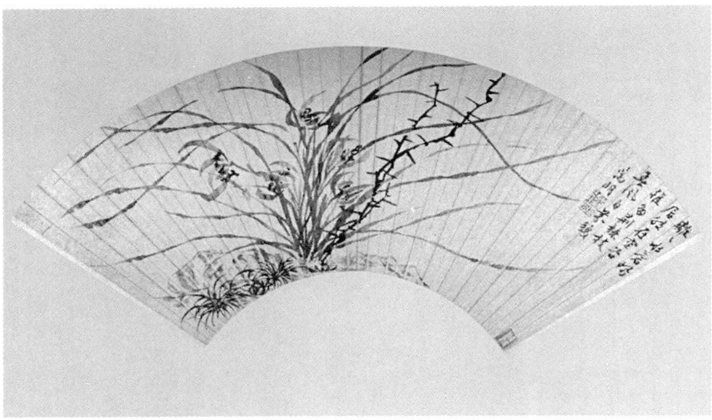

1

2

图八　文徵明兰花扇面

1. 扇面　2. 扇面局部

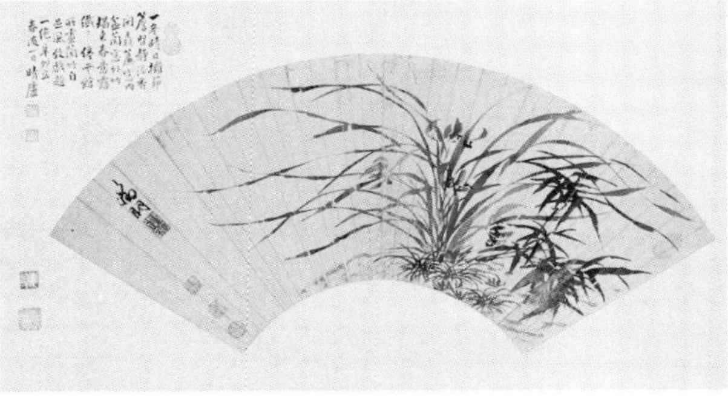

1

2

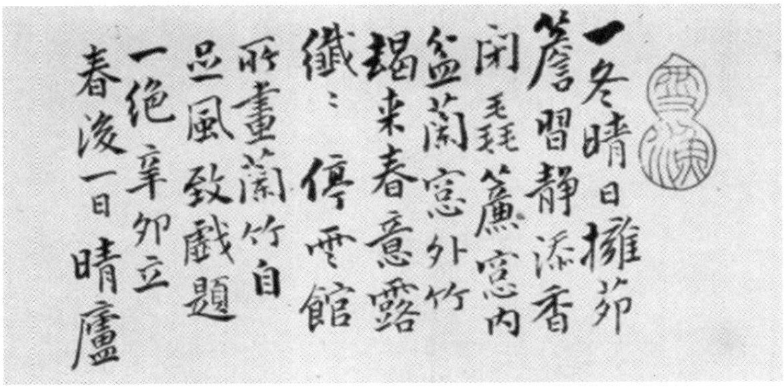

3

图九 文徵明墨笔兰竹图

1. 扇面 2. 扇面局部 3. 收藏者题字

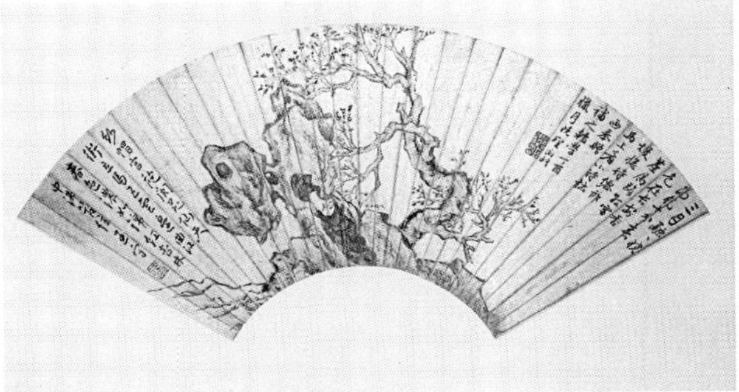

1

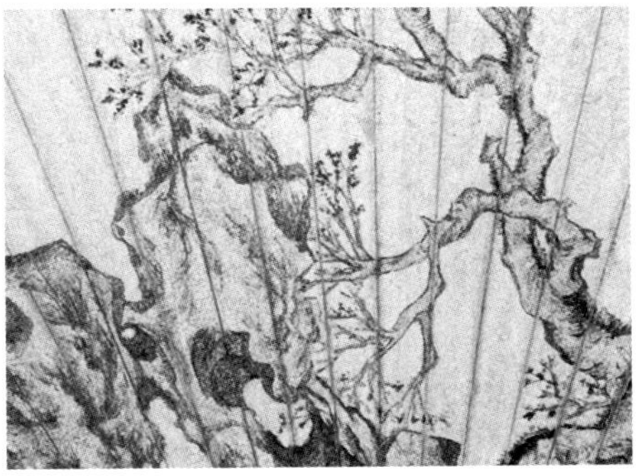

2

图一〇 文徵明红杏桃石扇面

1. 扇面 2. 扇面局部

本幅自题："三月融融晓雨乾，十分春色在长安。香尘属路虹云暖，捻待仙郎马上看。小诗拙画奉赠補之翰学，丁酉腊月既望，徵明"。钤："徵明"（白方）；扇左侧王守题："纱帽官袍阆苑仙，天街立马五云边。曲江春色浓如锦，红杏林中沸管弦。王守"。扇中所绘太湖石结体明快有型、将太湖石的瘦露透展现得淋漓尽致；所绘桃树转曲遒劲，与金笺材质相结合，尽显华美。

待商榷作品：

①文徵明墨竹扇页（编号新00077469，图一一）

本幅作品所绘竹叶没有主次层次之分，空间感不强，笔势较弱，值得商榷。

②文徵明竹石扇页（编号新00086371，图一二）

本幅作品所绘竹石，竹子不分层次、垂头无神，石头结体松软无形，值得商榷。

③文徵明柏石扇页（编号新86372，图一三）

本幅所绘柏石，僵化刻板，了无生气，没有层次感，犹如版画一般。

④文徵明菊石扇（编号新00147619，图一四）

1　　2

图一一　文徵明墨竹扇页

1. 扇面　2. 扇面局部

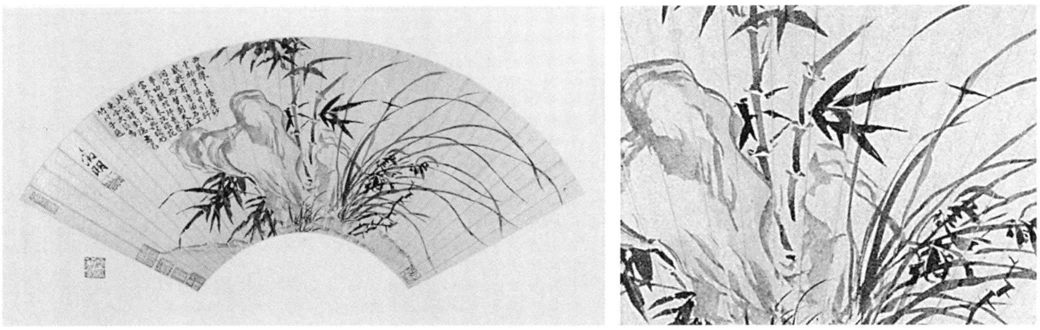

1　　2

图一二　文徵明竹石扇页

1. 扇面　2. 扇面局部

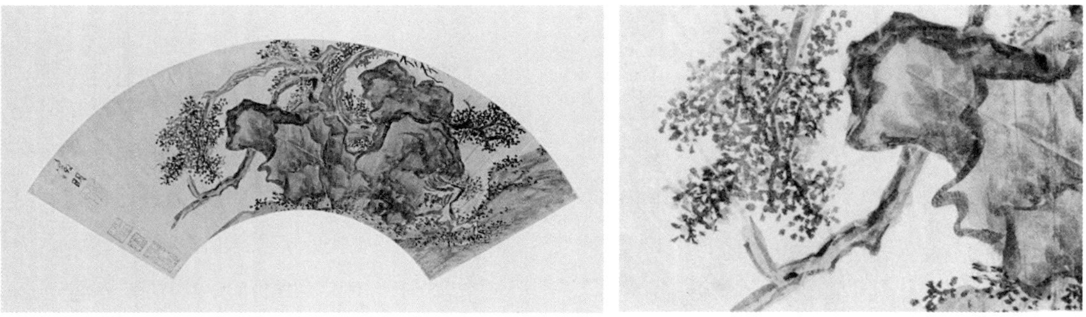

1　　2

图一三　文徵明柏石扇页

1. 扇面　2. 扇面局部

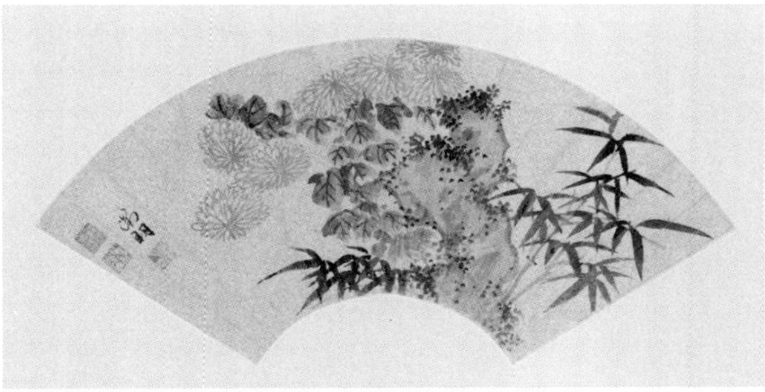
1

2

图一四　文徵明菊石扇

1. 扇面　2. 扇面局部

1

2

图一五　文徵明柏石扇页

1. 扇面　2. 扇面局部

本幅所绘菊石，结体软弱、无神，空间感弱，缺乏层次，值得商榷。

⑤文徵明柏石扇页（编号新00150481，图一五）

本幅所绘柏石，笔法粗拙刻板，毫无空间感，值得商榷。

2. 山水人物图题材的真赝比较

所谓山水人物题材画即指人物在画面中所占比例、幅面较大的那类山水画；由于扇面画幅不大的特点，人物往往占据画面大部分位置，这一类型的绘画在扇画中还颇为常见。由此，我们就可以通过鉴定所绘人物的风格与技法来判断作品的真伪。

文徵明真迹的人物具备以下特点——人物线条简洁、人物形态圆润、灵动有神，充满卡通感、同时结构准确，人物之间有相互交流，是互动的有机组合体。也有一种说法认为文徵明笔下的文士集会是其亲身经历之事，画中的人物是文人生活场景的中心。

伪作人物的造型以及勾勒的线条显得呆板，缺乏生动的意趣，人物形体结构不合理、松散臃赘，人物与人物之间的呼应关系松散无联。

真迹：

①文徵明画松阴论古成扇（编号新00121258，图一六）

②文徵明山水人物扇（编号新00137747，图一七）

待商榷作品：

①文徵明观瀑扇页（编号新00086378，图一八）

②文徵明山水扇（编号新00056078，图一九）

③文徵明山水扇（编号新00147616，图二〇）

④文徵明秋山远眺扇（编号新00147620，图二一）

⑤文徵明山水扇页（编号新00150654，图二二）

1

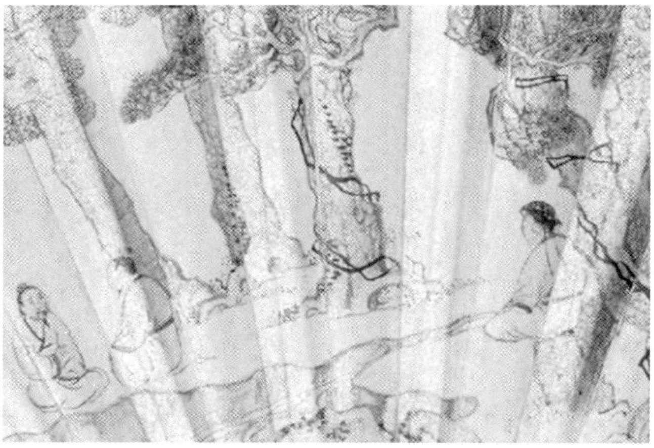

2

图一六　文徵明画松阴论古成扇

1. 扇面　2. 扇面局部

1

2

图一七　文徵明山水人物扇

1. 扇面　2. 扇面局部

1

2

图一八　文徵明观瀑扇页

1. 扇面　2. 扇面局部

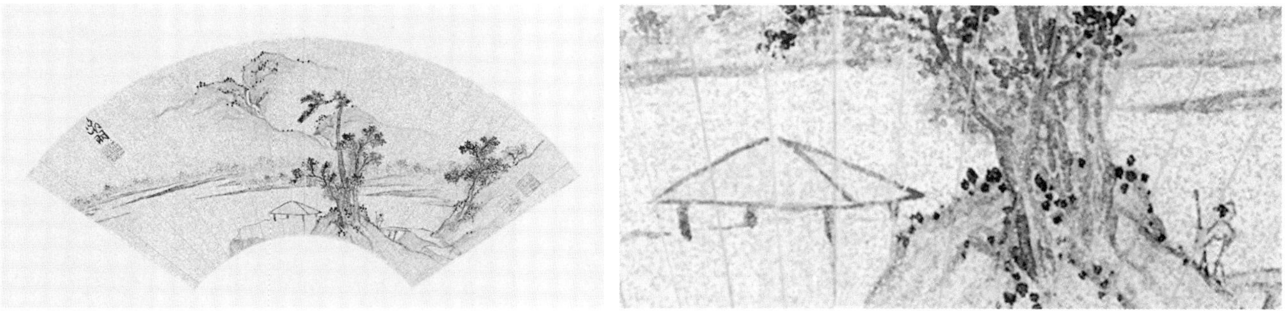

1　　2

图一九　文徵明山水扇

1. 扇面　2. 扇面局部

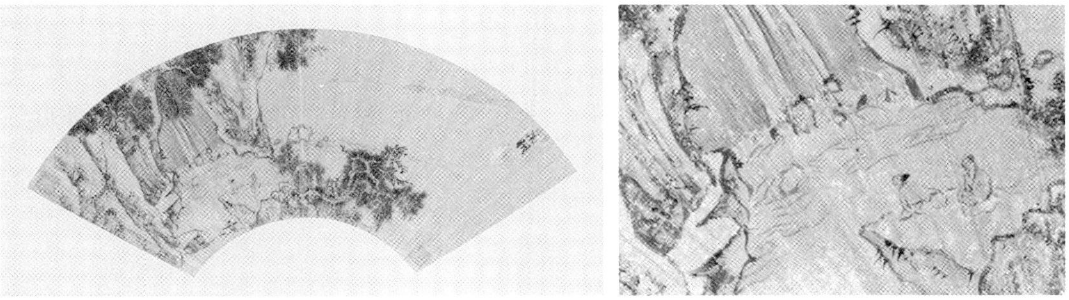

1　　2

图二〇　文徵明山水扇

1. 扇面　2. 扇面局部

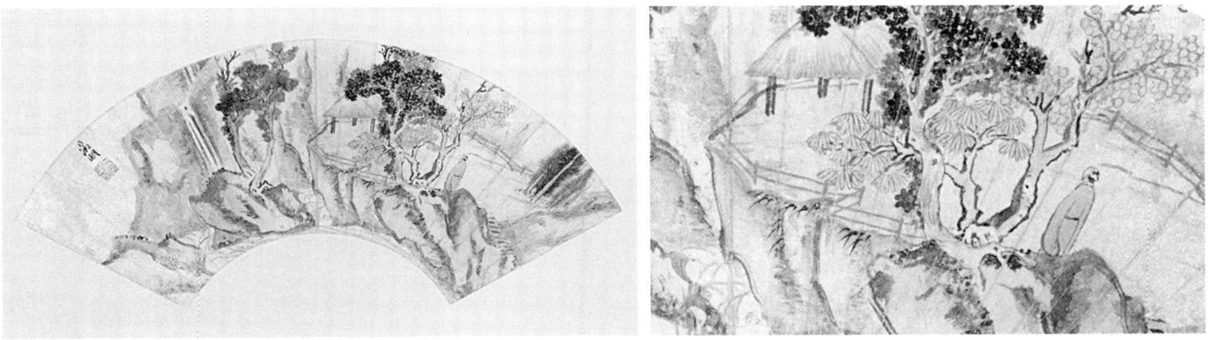

1　　2

图二一　文徵明秋山远眺扇

1. 扇面　2. 扇面局部

1

2

图二二 文徵明山水扇页

1. 扇面 2. 扇面局部

3. 独立山水图题材的真赝比较

在美术史上，通常会评价文徵明山水、人物、花鸟无一不精，但以存世作品总量来看山水画还是占了重要比重。从风格学上分析，文徵明早期风格以粗放简括为主，但并不失稳健、凝练、醇和、朴拙，到了中晚年，画风呈精细和粗放两种面貌，且愈到晚年愈趋向于工细一路，笔法尖细，皴法细密，呈工细文雅之气；在书法方面，晚期更显苍老，风格变得苍劲秀逸。

究其原因，其早年师事沈周，后致力于赵孟頫、王蒙，山水自成一格。粗笔源自沈周、吴镇，兼取赵孟頫古木竹石法，笔墨苍劲淋漓，又带干笔皴擦和书法飞白，于粗简中见层次和韵味，而伪作则是草率粗疏，一味狂放。

文氏后来在追摹郭熙、赵孟頫、倪瓒、黄公望诸家之后渐渐参悟到自己的笔墨习性与赵孟頫最为接近，于是细笔取法赵孟頫、王蒙，文徵明中晚年画作得赵孟頫意蕴颇多，在题材上与赵孟頫一样多取自吴江一带的风物景致，在用笔和设色上也都布景繁密，造型规整，时见棱角和变形，设色多青绿重彩，间施浅绛，清丽秀润、劲健雅逸、鲜丽又不失清雅。

①文徵明山水画中的树法

文徵明的树法注重装饰性和形式感，干、枝、叶构图布置精致，颇具美感。文徵明真迹中的树干与枝姿态丰富，舒展遒曲，多样优美，繁密无乱。文氏树叶的描绘，团簇有致，讲究外形与内在结构的有机结合。文氏的松树法特色鲜明，树身扭转得宜，松针精细有序，有扇形、五针松或马尾松形，有所谓“攒三聚五”之称。

伪作中的树法则通常用笔细弱，有浓淡而少疏密，层次简单而混乱，树叶缺少团簇感；树枝纷乱无序，线条刻露冗杂；伪作中的松树，通常树干出枝笨拙、委琐、困顿，不成体系。

②文徵明山水画中的胡椒点

文徵明的山水画中时有出现干笔胡椒点，文氏通过运用笔墨、以点的笔触构建出精妙的结构和层次，从而显现出茂密而又松透的林木结构和笔墨意趣，伪作则会体现出点线的无序、乏味，既无质感，也无层次。

③文徵明山水画中的建筑

文徵明真迹中对于建筑的描绘注重建筑的透视布局、空间立体的营造，注重与画面的整体关系，与所绘山水精粗协调一致，所绘墙屋、城郭、桥梁、寺院、台阁、屋内陈设均描绘精细，线条沉稳、坚实、劲健。

伪作的建筑则屋宇和篱笆的线条显得刻板，笔力软弱，尤其是茅屋顶的线条更显机械，没有茅屋的质感，感觉凌乱，既不遵守近大远小的透视关系，也不讲究结构合理，置放随意、组织松散。

真迹：

①文徵明画虎丘图题琰书诗成扇（编号故00006901，图二三）

②文徵明画山水题琰书安澜园十咏成扇（编号故00006902，图二四）

③文徵明山水扇页（编号新00086373，图二五）

④文徵明仿倪山水图扇（编号新00169874，图二六）

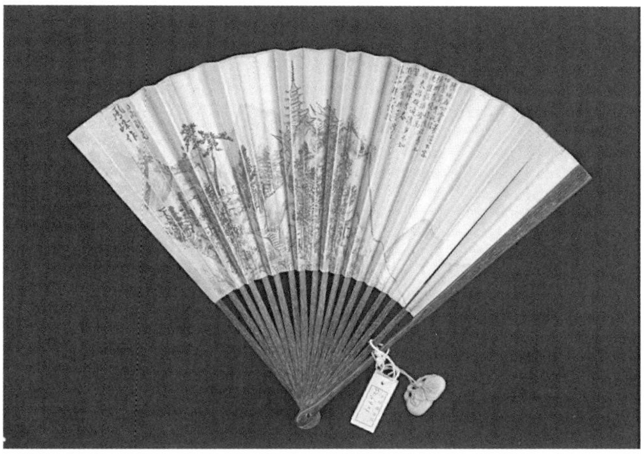
1

2

图二三 文徵明画虎丘图题琰书诗成扇

1. 扇面 2. 扇面局部

1

2

图二四 文徵明画山水题琰书安澜园十咏成扇

1. 扇面 2. 扇面局部

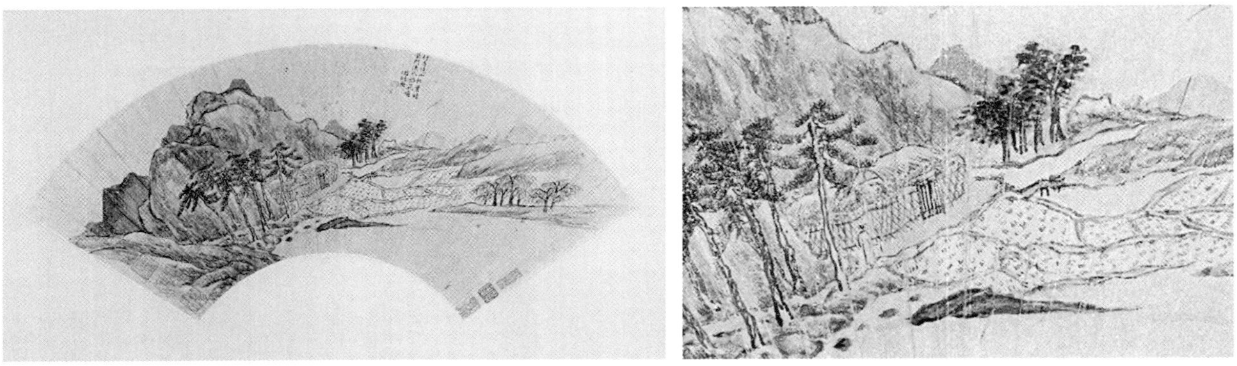

1　　2

图二五　文徵明山水扇页

1. 扇面　2. 扇面局部

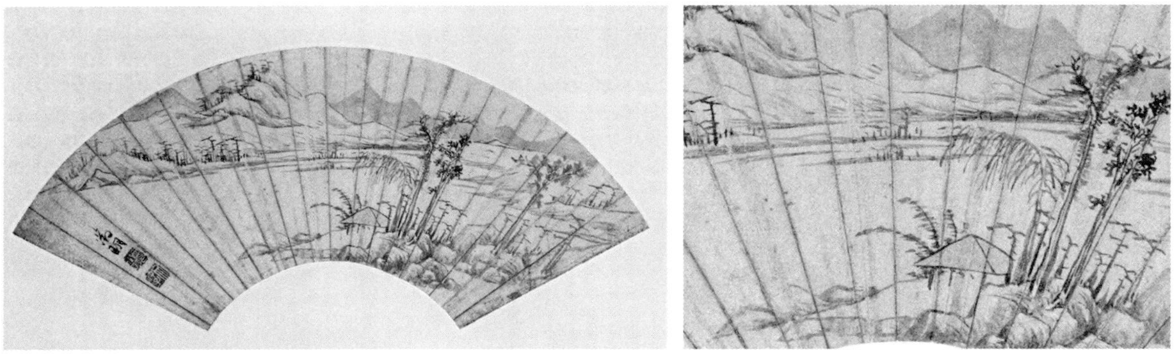

1　　2

图二六　文徵明仿倪山水图扇

1. 扇面　2. 扇面局部

待商榷作品：

①文徵明山水人物扇页（编号新00082157，图二七）

本幅扇面对开有翁方纲题："吴下有粗文细沈语，文画粗笔者至不易得也。笔笔皆篆隶法。北平翁方纲审定神品。"裱边又有张朝坡题："闭关却扫世情稀，几日潮痕没钓矶。任是乱流终有定，前程不用问知机。寿帅新收此册，辄为题句。七十老民张朝坡。"本幅画面所绘场景，笔触过于琐碎，房屋之间透视关系不合理，人物风格较软。

②文徵明雪山图扇页（编号新00016697，图二八）

③文徵明山水扇（编号新00016879，图二九）

④文徵明赤壁图扇页（编号新00086374，图三〇）

⑤文徵明桃柳春燕扇页（编号新00086377，图三一）

⑥文徵明山水扇（编号新00147617，图三二）

⑦文徵明山水扇（编号新00147618，图三三）

⑧文徵明山水扇（编号新00147622，图三四）

⑨文徵明山水扇页（编号新00155684，图三五）

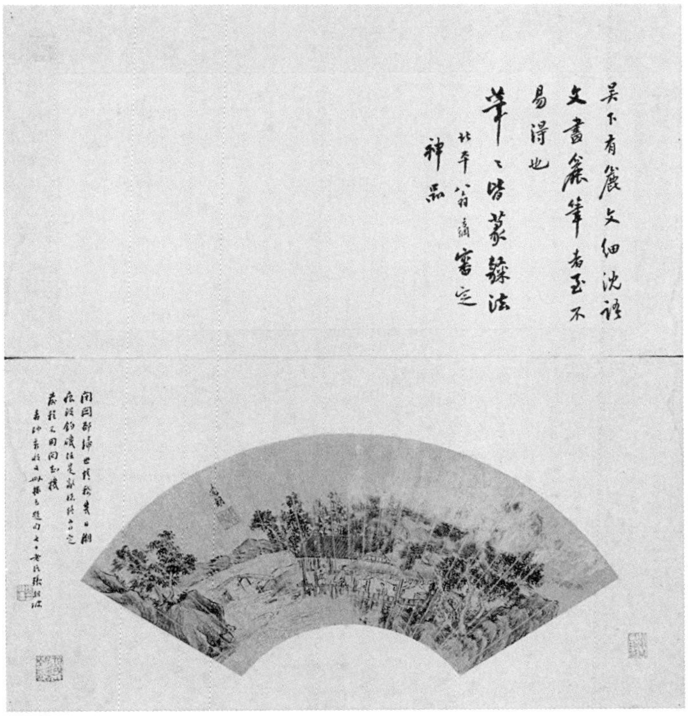

1

2

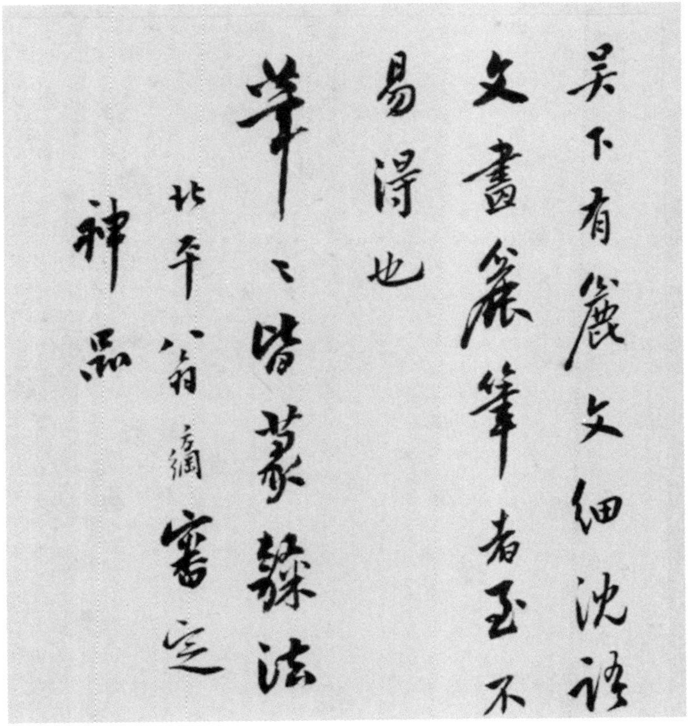

3

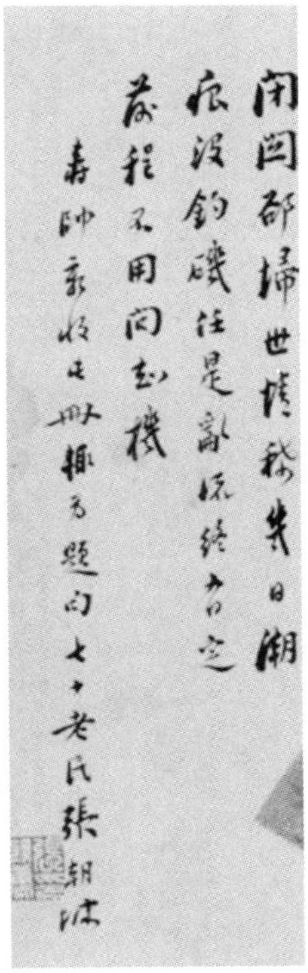

4

图二七 文徵明山水人物扇页

1. 扇面 2、3、4. 扇面局部

1

2

图二八　文徵明雪山图扇页

1. 扇面　2. 扇面局部

1

2

图二九　文徵明山水扇

1. 扇面　2. 扇面局部

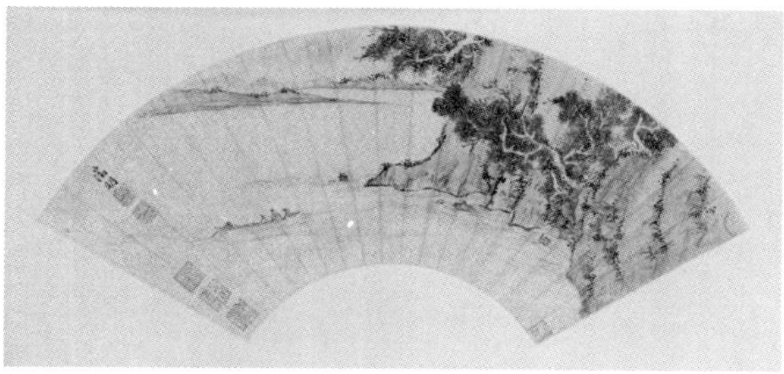

1

2

图三〇　文徵明赤壁图扇页

1. 扇面　2. 扇面局部

1

2

图三一　文徵明桃柳春燕扇页

1. 扇面　2. 扇面局部

1

2

图三二　文徵明山水扇

1. 扇面　2. 扇面局部

1

2

图三三　文徵明山水扇

1. 扇面　2. 扇面局部

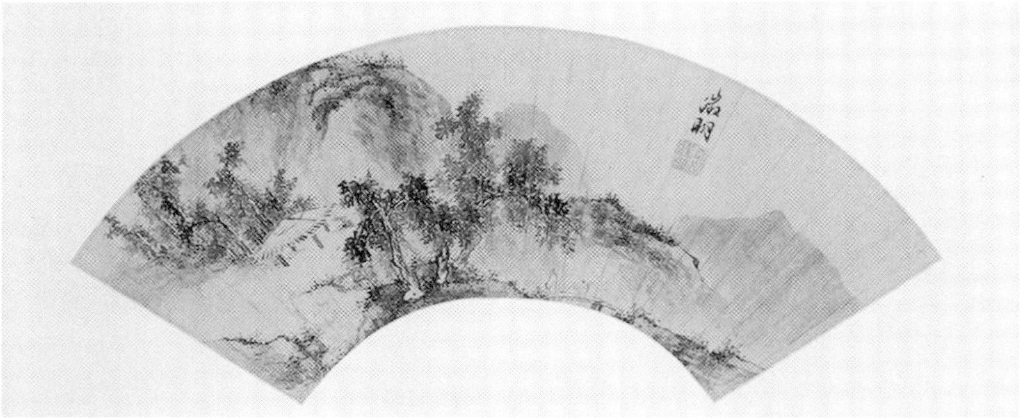

1

2

图三四　文徵明山水扇

1. 扇面　2. 扇面局部

1

2

图三五　文徵明山水扇页

1. 扇面　2. 扇面局部

4. 题跋和署款

尽管文徵明的题款有多种写法，如“文壁”、“文徵明”、“徵明”、“文壁文徵明”、“衡山文壁”、“衡山文徵明书”、“徵明写”、“衡山文徵明记”、“衡山文徵明识”等，但是在文徵明画扇中的题款目前仅见“徵明”、“徵明画”、“徵明制”三种，字体以行书为主，兼有楷书。其中“徵明”的“明”字，有的为“目”字旁，有的为“日”字旁。其晚年行书画款工稳遒劲，笔法于自然中显苍劲婉畅之风，笔画中顿挫较多（图三六、图三七）。

伪作款识用笔迟疑不定，起笔处臃肿，笔道明显细弱，从以下的比对中即可得知（图三八、图三九）。

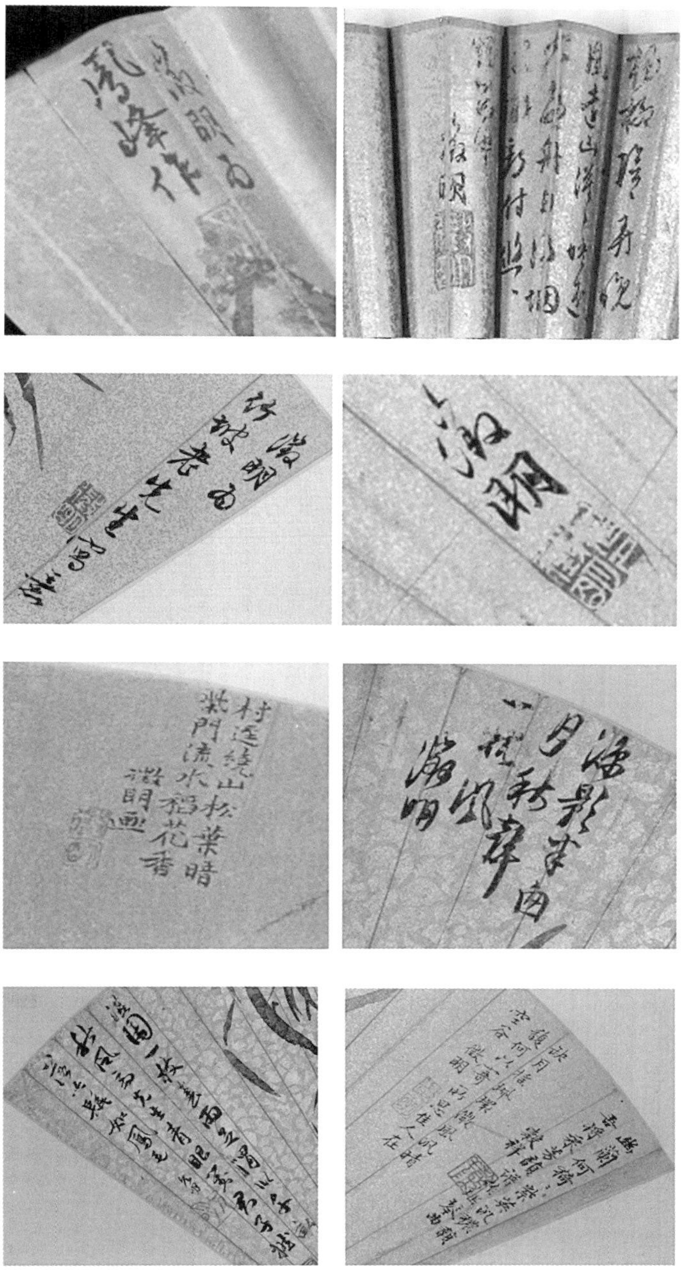

图三六　真迹款识（一）

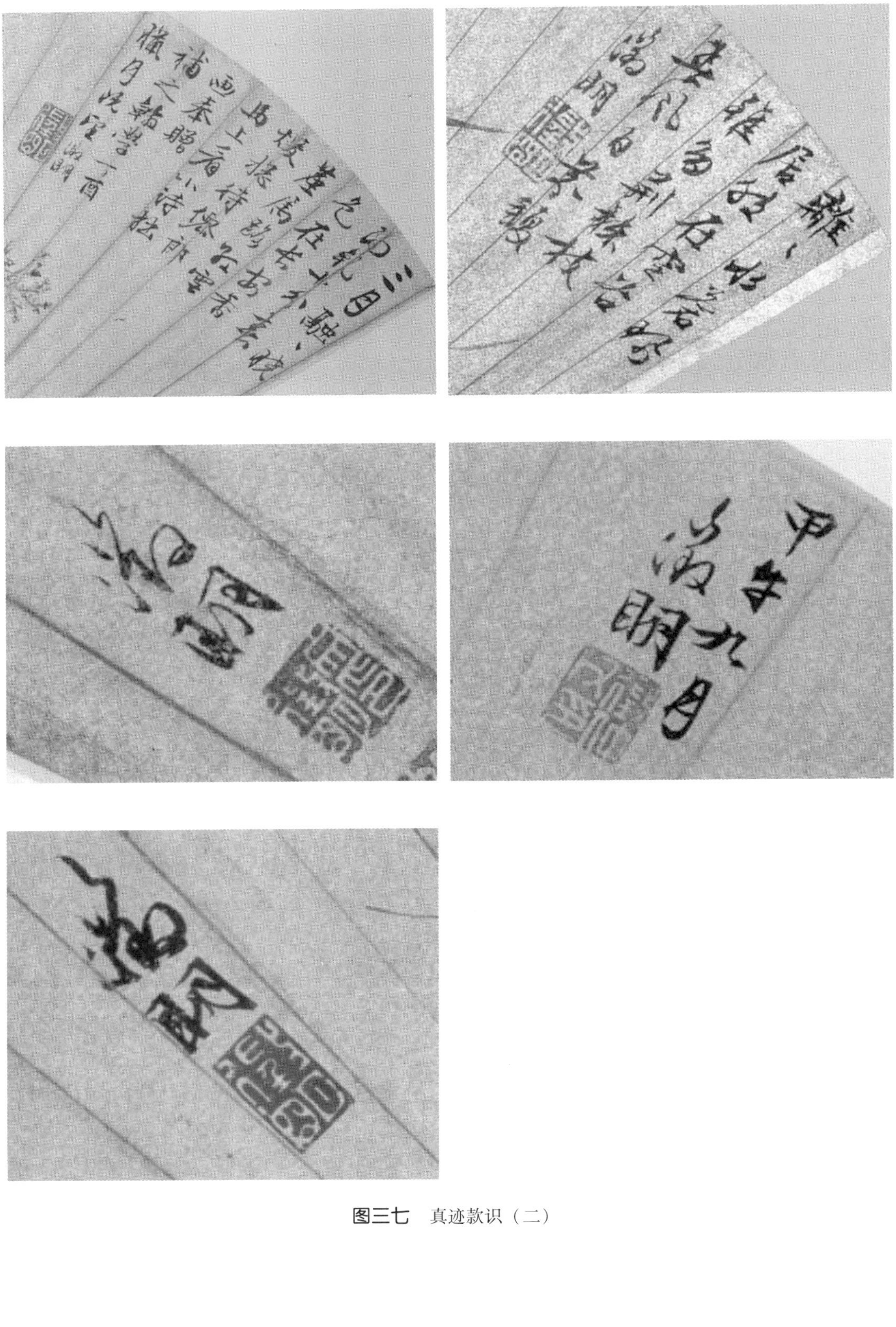

图三七　真迹款识（二）

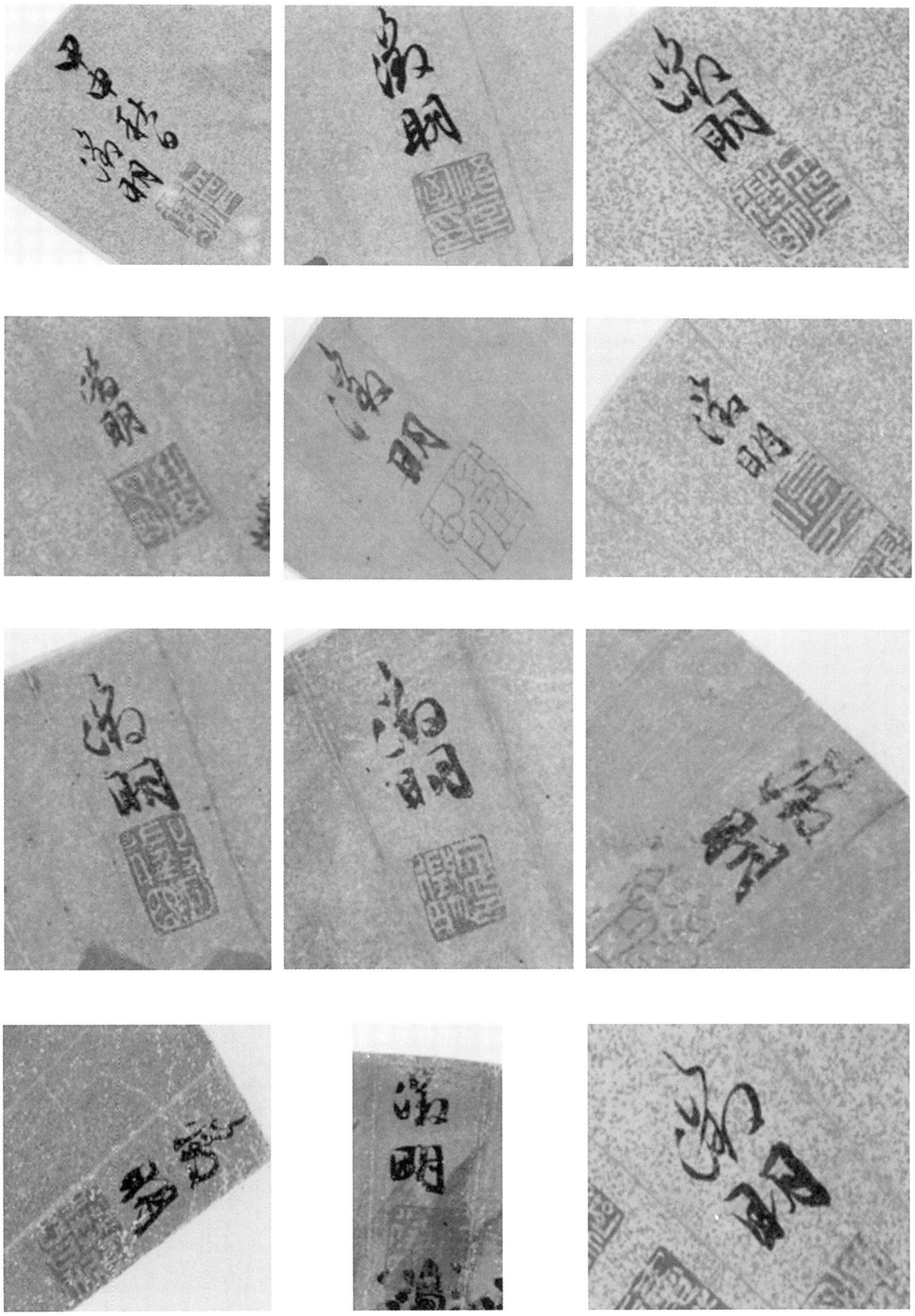

图三八　待商榷作品款（一）

图三九　待商榷作品款（二）

三　结语

通过对故宫博物院收藏的文徵明书画扇进行图像学研究分析，运用风格学寻找规律，结合传统的法书释文经验，本文大体上掌握了文徵明扇画的鉴定规律。

同时，由于文氏作品在所处年代就大受欢迎，所以文氏作品的赝品在当时即已非常流行——文徵明的绘画赝品由于各方临仿、伪造、代笔等情况十分复杂，这就为鉴定带来了很大难度。有鉴于文氏书画造诣全面，涉猎的范围遍及山水、人物、花卉、兰竹等，故本篇文章用于图像风格学分析的这 33 件文徵明画扇特意选取涵盖了文氏擅长的几乎各个题材的绘画作品——包括江南山水、山水人物、高士人物、竹石、历史史地、花鸟；同时也涵盖了文氏绘画的不同时期；以确保从中发现的文氏作品的流转以及真伪考辨具有学术意义上的样本性。由于本篇论文中涉及的很多故宫博物院藏文徵明画扇是首度刊布，新的材料将会为美术史研究注入新的活力，成为未来文徵明研究的重要材料组成部分。

文徵明竹石幽兰画及相关问题

邵　彦（中央美术学院）

内容摘要： 文徵明的竹石幽兰题材画被认为继承了赵孟頫以来的文人墨戏画法脉，体现了“以书为画”的理念，但大多数传世作品以飞舞的兰花长叶和干笔飞白画石为特征，用笔飞扬浮滑，不可能是文氏亲笔所画。比较可靠的只是少量的应酬小品，画风沉静秀雅，石法全学沈周。与之相应的是，关于文徵明画兰的原始文献很少，却随着时间流逝而层累递增，并在晚清形成“文兰”一说。首要的作伪嫌疑人是文徵明的书法弟子周天球，很可能是他最早形成了兰石飞扬的风格面貌，并在早年以文氏伪款行世。周天球属于以文艺谋生的晚明下层文人。下层文人的谋生需求与文徵明本人的纵容态度，共同推动了文徵明的伪作风行。后续的作伪者除了苏州本地画家，可能还有明末清初的武林派画家、清代的扬州画家。兰花长叶与飞白画石两种技法的成熟与结合，实为吴门派后期画家陈淳、文嘉、王穀祥、周天球等人递相探索的结果。其艺术渊源包括浙派与方外绘画，后者可能启示周天球尝试了特殊的工具。从这个角度看，可以说是吴门后期画家将元代出现的“以书为画”实践推上了高峰。

关键词： 文徵明　竹石幽兰 以书为画 真伪 用笔 飞白 周天球

一　问题的提出

文人墨戏画中常见的枯木、棘竹、兰石之类题材，可以组合形成《竹石幽兰》、《枯木竹石》、《兰竹石》等画名，造型和空间表现较为自由，技术难度不高，其艺术史价值实际上依托于它们背后的“以书为画”或曰“书画同笔”观念。

“以书为画”观念是文人画的基本特征之一。其渊源甚早。唐人张彦远就曾提出“书画用笔同”；北宋郭熙提出王羲之论书法用笔“正与论画用笔同”，绘画用笔可以“近取诸书法”[1]，这都还是比较笼统的说法。元末明初人谢应芳（1295—1392）为王蒙（1308—1385）所写的题画诗称赵孟頫“以书为画”[2]，大致同时的曹昭在其《格古要论》（成书于洪武二一年，1388）中引录了赵孟頫的两句题画诗“石如飞白木如籀，写竹应须八法通”[3]，具体提到赵孟頫采用了飞白书、籀书（大篆）、八分法（隶书）等书体的用笔来画枯木竹石。经过近百年的沉默，明代中晚期著录又开始频繁引录这首诗，并从二句变成四句[4]，对如何“以书为画”的解释进一步细化与坐实[5]。如果将宋代墨花墨竹画视为文人画实践的开端，元代竹石画为其初步成熟形态，一部文人画史正可以视为“以书为画”观念从模糊到清晰、实践从萌芽到成长的发展史。赵孟頫的诗也成了文人画的旗号。然而比较谨慎而合理的表述是：和文人画历史上的许多激进口号一样，“以书为画”从观念的提出到视觉效果的完成，应当经历一个漫长的发展过程。

在文徵明（1470—1559）笔下，这些作品数量不算太多，又可以细分为两类——枯木竹石和竹石幽兰，画法有较明显区别。前者学沈周，以湿笔为主；后者则被认为融合了赵孟頫的枯木竹石和赵孟坚等人的墨兰、水仙之类题材的画法，形成独特的面貌，也使文徵明站到赵孟頫身后，构成了从宋代墨花墨竹、元代墨竹画延续而下的文人画法脉。

这些竹石幽兰画上通常会出现茂密的大丛兰叶，偶见双钩画法，大多则为墨叶，叶子形细而长，线条匀称，以柔和的弧度弯曲，表现迎风舞动；中间或有间断，表现长叶的转折。石法狂纵，造型往往向外鼓胀，以屈曲的轮廓线加上明显的破锋飞白用笔画成；此外多点缀棘竹。以2013年苏州博物馆的文徵明个展《衡山仰止》的展品为例，枯木竹石的

图一　上海博物馆藏文徵明《双柯竹石图》轴局部

代表作是《双柯竹石图》轴（上海博物馆藏）（图一），竹石幽兰的代表作是《漪兰竹石图》卷（辽宁省博物馆藏）（图二）。竹石幽兰画从清代以来就被视为文徵明的一种代表性题材与风格，但仔细比较后会发现传世文徵明款竹石幽兰画的形式风格、笔墨水平有很大差异，款识题跋大多也有问题，与文献记载中的文徵明画兰也关系不明。本文讨论的首要问题就是这些文徵明款竹石幽兰画的真伪。

画中最具特色的两个要素是随风翻飞的修长兰叶和干笔飞白画出的石块，似乎强烈地表现了“以书为画”的特点。但是，如果以《漪兰竹石图》卷为例，和文徵明子弟辈画家如王穀祥、仇英等人所画的兰叶和石块相比，《漪兰竹石图》的兰叶和石块的造型更巧妙，视觉效果更优美，更富装饰性、符号性甚至做作感，书写性反而更弱（图三）。许多兰叶的弧线明显是用侧锋在纸上拖出来的，是典型的“画”而非“写”，这一特点不但见于《漪兰竹石图》卷，还见于台北故宫博物院所藏的几件文徵明款作品：《兰竹》册中的一页，兰叶与竹枝用柔软弧线拖笔画出（此页有蔡羽伪题）；《兰竹》轴和《兰竹》扇的兰叶用柔软弧线拖笔画出（图四）。此外，这些画石画兰的特点也广泛存在于文徵明款的竹石幽兰画中，比如《兰竹图》卷（上海博物馆藏）、《兰竹石图》卷（故宫博物院藏）等（图五）。

这些作品看似面貌接近，实际上手法和水平存在明显差别。其中哪些是符合文徵明用笔特点的？正面处理的方法自然是先确立真迹的样板，然后一一对照，判定真伪。然而人画人殊，哪一件、哪一种堪当样板之任？我们甚至要怀疑，文徵明到底有没有画过这种笔法潇洒的竹石幽兰？在这种情况下，笔者不得不另辟蹊径，先从分析文徵明的性格与笔法特征入手，看看他的树石画法的粗细变化可能在怎样的一个范围之内。

图二　辽宁省博物馆藏文徵明款《漪兰竹石图》卷局部

1

2

3

4

图三　《漪兰竹石图》与陈道复《葵石图》、王穀祥《松梅芝石图》、仇英《蕉荫结夏图》局部对照

1. 辽宁省博物馆藏文徵明款《漪兰竹石图》局部　2. 陈道复《葵石图》轴局部

3. 王穀祥《松梅芝石图》局部　4. 仇英《蕉荫结夏图》局部

1

2

图四 台北故宫博物院所藏的《兰竹》轴局部与《兰石》扇局部
1. 台北故宫博物院藏《兰竹》轴局部
2. 台北故宫博物院藏《兰石》扇局部

二 文徵明的性格、笔法特征与可能的真迹

从同时代人的记载来看，文徵明的性格持重谨慎，道德标准甚严[6]。例如，他有一位长期密友兼儿女亲家钱同爱，性格放任自适。从钱的角度观察和总结，文徵明的性格既令人肃然起敬，但也比较沉闷：

> 有钱同爱者，美才华，有侠气，与公最相善。……公尝谓：不见同爱令人想杀，见同爱令人气杀。同爱亦谓：不见公令人敬杀，见公令人闷杀。[7]

历史上当然不乏艺术家表面个性与艺术个性大相径庭的例子，即将日常生活中压抑的一面通过创作宣泄出来；但更常见的情况则是创作者个性与艺术个性的高度契合，文徵明正属于此类。他的个性与其书法、诗文风格是高度契合的：

> 其小楷……温纯精绝，……诗兼法唐宋，而以温厚和平为主。……为文醇雅典则，其谨严处一字不苟。[8]

他的个性与绘画风格也是高度契合的。徐邦达先生指出，文徵明的真迹书画“用笔清刚秀丽，平中有奇……凡是过分平庸板滞或剑拔弩张之作，大都非他人代笔即是伪造”[9]，“清刚秀丽，平中有奇”是在温厚、平和、谨严、淳雅的基调中，时见锋棱骨力，具体来说是用笔以中锋为主，时见侧锋，以求变化，但运笔的变化顺其自然，并不刻意控制。

传世文徵明款竹石幽兰画的用笔面貌虽不平庸板滞，但是机巧做作，与“清刚秀丽，平中有奇”大相径庭；尤其是飞白画石法，几乎自始至终要铺毫及不断扭动，所谓书法效果是制造而成的，已尽失平淡自然之趣，说是剑拔弩张也不为过。它们的画法属于文人墨戏，与山水、花卉有较大区别。但既然是以书入画，那么竹石幽兰画与文徵明的书法，以及同样以书入画的山水、树石画的笔法就应具有可比性。

文徵明的书法以行书和小楷见长，兼擅草书，虽然存在丰富多变的面貌，但在笔法特征上却保持着内在的一致性。他的运笔以中锋为主，偏侧和提按的变化幅度较赵孟頫明显，但审美取向仍是中庸、内敛的。这符合“清刚秀丽，平中有奇”的特征。

文徵明山水画的粗笔代表作为《绿阴草堂图》

1

2

3

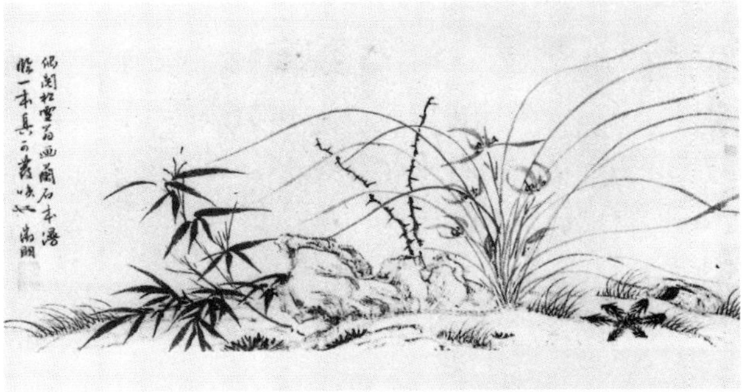

4

5

图五 徵明款竹石幽兰画局部

1、2. 上海博物馆藏《兰竹图》卷局部 3. 故宫博物院藏《兰竹拳石图卷》局部

4. 故宫博物院藏《临赵孟頫兰石图》卷局部 5. 故宫博物院藏《兰竹图》册页之《双钩兰》

（台北故宫博物院藏），作于四十七岁，画法学王蒙，使用秃笔，中锋作枯笔干皴，画出细碎繁密的牛毛皴，构成山石的表现肌理。这种皴线行笔速度并不快。更常见的面貌则更细致，可以将《烟江叠嶂图》（辽宁省博物馆藏，未署年份）作为代表，在染前先作细笔干皴，但并不刻意追求枯笔效果；多用短线，但组织疏密得当。

他晚年的山水画多沿袭细笔一路而有所发展。绢本《洛原草堂图》和纸本《猗兰室图》（皆故宫博物院所藏）皆作于六十岁，山石皴法都接近《烟江叠嶂图》而稍见放逸，并去掉了《烟江叠嶂图》中的湿染，更显苍劲。

在文徵明的山水画中，干笔始终是围绕造型来呈现的，只有在为了表现某些部位的形体与质感时才使用，飞白效果偶尔出现，也控制在造型的合理范围内，决不会故意制造干笔飞白效果。

树石画中的粗笔代表作要数上海博物馆所藏的《双柯竹石图》轴（六十二岁作）和《枯木竹石图》扇（八十九岁作），二图皆属枯木竹石题材。前者比较工致，接近台北《桧木泉石图》；后者画于金笺上，用笔湿、滑，墨色浓重，更显苍劲。这两图的共同点是学沈周，湿笔浓墨，行笔缓慢凝重，毫无飞扬灵动之致，飞白自然是全无踪影。实际上，文氏的粗笔枯木竹石基本上都采用沈周的路子。

树石画代表作为《虞山七星桧图》卷（美国火奴鲁鲁艺术博物馆藏，六十三岁作）和《古柏图》（美国堪萨斯城纳尔逊——艾金斯博物馆藏，八十岁作）（图六），时隔十七年，树皮的皴法和石块的皴法高度一致，无明显变化，都是以中锋作披麻皴，以无数线条组合来表现树石表现的肌理效果。这种中锋积线画法与本文所要谈的“石如飞白”距离甚远，可比性不高，之所以在此论及，是因为运用中锋积线造成肌理变化的手法，实为元代到明中期普遍的风气，在沈周、唐寅的画中都有典型的表现。文徵明虽然是影响深远的大师，却不是领先于时代的探索者，在这方面不可能超越时风。这种用笔习惯，贯穿于他多种门类的创作中，比如用湿笔浓墨工笔画树干的《冰姿倩影图》（南京博物院藏）。总而言之，文氏山水和树石画中，画石的用笔特色是组织细致而速度较慢，通常线条短、小；墨法干湿皆有，变化过渡自然。粗笔细笔的用笔与组织形态并无本质差别，只有程度差别。“细”不仅指画得较深入，

图六 美国纳尔逊－艾金斯博物馆藏文徵明《古柏图》卷

更指笔触痕迹细，原因是所用的毛笔头小毫硬，以中锋运笔，这与飞白所用的兼毫大笔、扭动运笔是有矛盾的。运笔速度慢，符合画家个性和时代共性。笔墨皆以表现山石形态为目的，偶见使用飞白，也是出于自然的、偶发的效果，没有单纯的、展示书法性的飞白，更不会通过制作性手段有意追求飞白效果。这些特征在中年定型，晚年更见强化。符合这些特征的才可以初步接受为文氏真迹。

传世“文徵明竹石幽兰图”整体上都不符合上述用笔特征。兰叶的长线条，有些是拖笔画成，绵软无力，徒具弧弯的形态；画石则是铺毫破锋，干笔飞白画成。最重要的是，干笔飞白不是自然、偶发的效果，而是人为的、连续性的，运笔过程中对笔锋尤其是破锋状态的关注和调整成了首要的任务，书写性（书写的自然与偶发性的变化，其关键点是用力节奏与方向的自然变化）反而不受关注。这种破锋飞白的画石法看起来最符合赵孟頫那首诗开头的四个字“石如飞白”，这几乎也成为文人画“书画同笔”的另一种表述方式，但也正是这种“石如飞白”使得所有符合这些特征的“文氏竹石幽兰”都相当可疑，因为它们与文徵明本人的笔法特征存在深刻的矛盾。

那么，文徵明这类画是否存在真迹？在海外收藏中，倒能发现一些竹石幽兰画比较符合文徵明的画风特点，有可能为其真迹，其中较为可靠的有两件。

一是王季迁旧藏《诸名贤寿文徵明八十诗画册》中文徵明所画的一幅《幽兰图（兰竹坡石）》单页（A14－049）（图七）[10]，坡石用秃笔湿墨，中锋作短线皴，点苔略带侧锋，学沈周而更显温润；兰叶和竹叶的提按都很自然，并不刻意追求优美的形态，富于书写笔意，兰叶画出了迎风飞舞之态，但与那种做作的圆弧线完全不同。自题：“清芬出群卉。拟子固笔意。”所钤“徵明”白文连珠印似仅见于此页，但与其晚年自用印的风格一致，可信为真印。此页与全册中其他书画的材质、风格、体例不同，不是册中原有的，但从画风、书风看，都体现出八旬老人的苍劲笔力，创作时间应距八十岁（1549）不远。

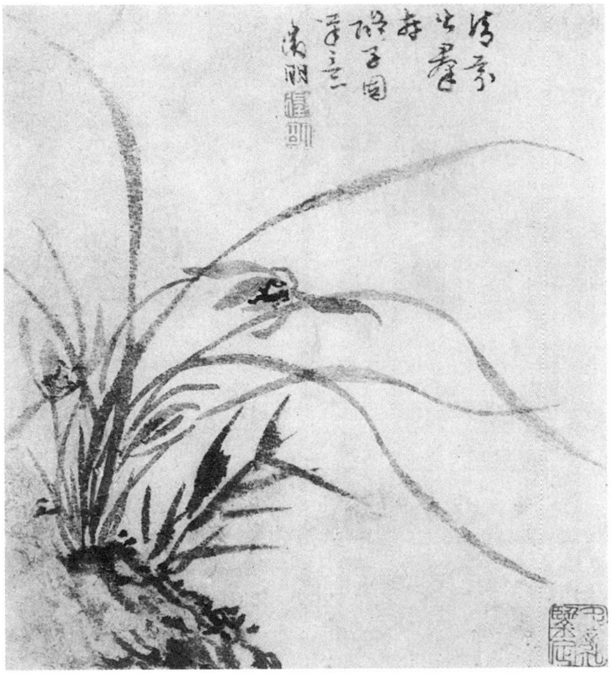

图七　文徵明《幽兰图》册页

二是日本原田氏松茂山庄旧藏的《芝兰石图》扇面（图八）[11]，兰叶兰花的画法与王季迁藏《幽兰图》相近，石形方中有曲，笔法亦出自沈周，石上生有灵芝，用不太匀称的中锋用笔勾勒，可能施有颜色。

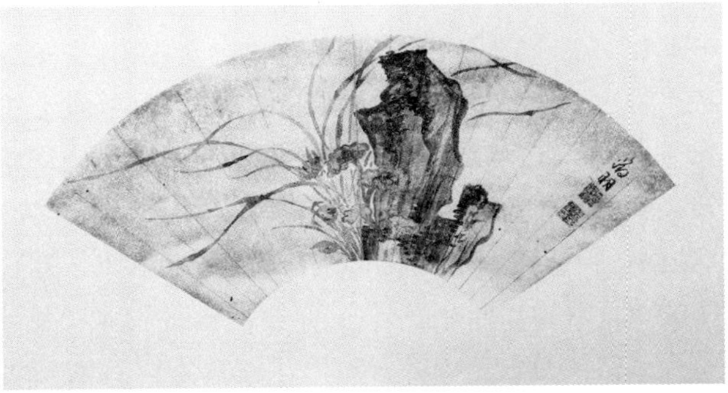

图八　文徵明《芝兰石图》扇面

这两件作品中的“徵明”二字款比较近似，为其六十岁以后常用写法，“徵”字左边近似三点水旁，中间“山”字高耸，右边反文旁压低，撇笔回圈，与捺笔近乎交叠。这种写法在《石湖诗画自题卷》（台北故宫博物院藏，甲寅1541），以及《行书幽兰赋卷》（乙巳1545）、《行书鹤林玉露轴》（嘉靖二十七年1548）、沈周《采菱图卷》题跋（甲寅1554）中都可以看到[12]。不过，很多可疑作品中的款印都能达到类似水平，所以款印只能当做参考。

从这两件作品中可以看出共同的用笔习惯：兰叶都用湿笔，线条粗壮，一片长叶中的粗细变化也很明显，并不均匀，起笔收笔处都较尖，运笔过程中有提按转折的变化，都很自然，既不是又细又匀的长弧线，又不是偶尔出现的故意折笔，而这正是大多数传世"文徵明竹石幽兰图"中兰叶的典型画法。他的兰叶姿态也是疏简的，不会长得很密，每一片叶子的伸展方向都有变化，不会按一个弯弧角度画很多片叶子。石法就学沈周，可以归为"粗文"，但比沈周更显温润。

总而言之，在这些画中，"以书为画"体现在兰叶走笔过程中有力度的自然变化，多用湿笔，力量粗重，"石如飞白"则根本未见。兰竹这种题材，仅出以小页小扇，正合"墨戏"的本义。

又见香港承训堂藏《兰石》扇面，画风与上述二件类似，但水平稍差，字画的笔速都有点偏快，石下的小草叶也较死板。这件扇面可能是有底本的、很忠实的临摹之作。类似画风的作品还有《修篁丛菊图》轴（美国私人藏，《中国绘画总合图录》[以下简称《总合》] A18－002）、《墨兰图卷》（王蔼云藏，《总合》S22－023）、《兰花图扇面》（香港艺术馆藏，《总合》S36－040）。在文徵明的其他题材墨戏杂画中，与这路风格接近的有《书画合璧册卷装》（美国普林斯顿大学博物馆藏，《总合》A16－073）中的首页双钩水仙及墨石、《修篁丛菊图》轴（美国私人藏，《总合》A18－002）、《黄华幽石图》轴（日本大阪市立美术馆藏，《总合》JM3－055）、《梅石水仙图》单页和《松树图》扇面（小听帆楼藏，《总合》S34－001和032）等。这些画因笔墨水平上的差距，暂时都还不能接受为真迹。

文徵明的枯木竹石画基本就是学沈周一路画风，除了最典型的《双柯竹石图》轴和《枯木竹石图扇页》（上海博物馆藏，《中国古代书画图目》[以下简称《古代》] 沪1－0551和0585），较为可信的还有《树石图》轴（台北兰千山馆旧藏，《总合》S4－009）、《枯木竹石图》轴（日本大阪市立美术馆藏，《总合》JM3－056）等。

更丰富的名单可参见本文附录。笔者已作了初步清理，根据图片业已否定的作品就没有列在正文中，上述作品尚可供进一步研究，或有可能发现更多真迹[13]。

总之，文徵明的墨戏画，不论是枯木竹石、竹石幽兰还是其他题材，画风与其山水画都有内在一致性。文徵明主要是山水画家，枯木竹石偶尔还作有大轴，竹石幽兰题材则只用于扇面、单页之类小型作品，而且数量很少。这一群组中同样存在伪作，但数量少得多，说明它们不太受关注。也许是因为它们太平淡，"创新性"不足，视觉冲击力不强，因而不被视为典型的文徵明风格。其实，文徵明的特点正在于平淡之中。

三　关于文徵明画兰的记载

对传世"文徵明竹石幽兰画"的质疑的另一个出发点是可靠文献的缺位。最直接的文献来源是文徵明别集，其中涉及画兰的材料只有一条——可能作于嘉靖二十四年（1545，文徵明七十六岁）的《画兰寄吴射阳》[14]，受画人是小说《西游记》作者吴承恩（1500—1582），号射阳山人，嘉靖二十三年以岁贡生官长兴县丞，与文徵明有过直接交往。在文徵明挚友祝允明和唐寅的别集中，也无法找到题咏文氏画兰的诗文。甚至于自题画兰也几乎不见，唐寅存世一首自题《画兰》七绝，见于晚清一部不太可靠的著录[15]。

在同时代著录中记载文徵明画兰作品的仅见于都穆（1459—1525）[16]《铁网珊瑚》卷六《寓意下》，一是画兰花赠顾清甫（名源，号"宝幢居士"，应天人，明嘉靖间诸生）；一是兰竹赠盛仲交（南京人，诸生），并自称"画兰草草涂抹"，两幅画上都有文徵明自题诗[17]。但《四库全书总目提要》已考证详明，《寓意上》为都穆著作，而《寓意下》（以及《铁网珊瑚》在这之后的内容）皆为伪托[18]。即使这两件赠人之兰画都是真实存在的，但所有这些题画诗（都是七言绝句）的内容都是典故陈套，根本无法反映画风特点。

总之，根据现有材料，无法认为在文徵明生活的时代，他的画兰已经为友人所关注，甚至无法认为当时墨兰是一种受到重视的绘画题材。

从《甫田集》中的材料来看，文氏与友朋之间多次以盆兰作为酬酢的礼物[19]，他有一首《题兰》诗中描写的就很像是盆兰[20]，他所画的也当以案头清供的盆兰为主。明末清初人曾两次提及文徵明的《盆兰》小幅。李日华（1565－1635）于万历四十三年（1615）四月六日在寓居嘉兴的歙人吴德符家见到此画：

> 文徵仲《盆兰》一幅，极有吴兴笔趣，上作汉隶书题语百余字，精妙不可言，系公少年笔也，款云“文璧”。[21]

姜绍书（17世纪人）《无声诗史》文徵明传后有附记：

> 予购得待诏墨笔盆兰小幅，上题五言古十四韵，尾云：“丁卯初秋文璧书。”皆八分书。重题云：“片纸流传五十年，断痕残墨故依然。白头展卷情无限，何止聪明不及前。嘉靖戊午五月四日重题。’于是距丁卯五十二年，徵明年八十有九矣。”计五十五字，蝇头细者，笔法娟秀可爱，上寿而神明不衰，犹勤笔墨。此幅重题，亦艺林一则佳话也。子中书。[22]

这段文字是康熙时藏书家李子中的跋语[23]。李日华和李子中提到的《盆兰》很有可能是同一件，皆作于丁卯（1507，三十八岁），题诗为八分书（隶书），嘉靖戊午（1558）重题为小楷。李日华云“极有吴兴笔趣”，意为接近赵孟頫风格，但缺乏可靠的参照；李子中没有提到画风特点，如果此画可靠，作为文徵明早期作品，不太可能有放逸的面貌。更为可疑的是，两条记载都说款识写的是“文璧”，而文徵明早年名“壁”，与其兄文奎，其弟文室的名字皆取自二十八宿名，书为“文璧”的应是伪品[24]。这两条记载，如果不是李日华和李子中误记，就恰好可以反过来证明明末流传的这幅“文徵明盆兰”已经是伪品。

此外，晚明著录中提到文徵明画兰的只有汪砢玉《珊瑚网》，清初则有卞永誉《式古堂书画汇考》，再晚而且数量较多的就是清中期的《石渠宝笈》，以及晚清的一批私家书画著录[25]。晚清人还总结出“文兰”的名称：

> 元僧觉隐云：“吾尝以喜气写兰，以怒气写竹。”文衡山以风意写兰，以雨意写竹。文衡山喜写兰，世有“文兰”之目。[26]

并将文徵明接续到宋赵孟坚、元赵孟頫之后，形成画兰的文脉：

> 善画兰者，宋推子固，元推子昂。……明推衡山，嗣此竟成绝响。[27]

前述王季迁旧藏《兰竹坡石》小页上的自题“拟子固笔意”，即学赵孟坚；此外文徵明确实仰慕并师法赵孟頫，同时代人常常将他与赵孟頫相提并论：

> 公生平雅慕元赵文敏公，每事多师之。论者以公博学，诗词、文章、书画，虽与赵同，而出处纯正，若或过之。[28]

拟声华于寰区，则韩吏部、赵文敏之匹[29]。

总体上看，关于文徵明画兰的文献材料愈到晚近愈丰富，符合“古史辨”派所谓“层累地造成”[30]之势。这些文字记载和传世作品相印证，构成了今人对文徵明画兰的总体印象。不过，如果这些竹石幽兰画大多不可靠，将文徵明排到赵孟頫之后也就成了后人一厢情愿的想象，甚至迎合市场的旗号。然后，通过文的子弟和学生，降至晚明、清代画家中，面目各异却盛行不衰的竹石幽兰画俨然构成了从赵孟頫到文徵明，再到晚明和清代画家的一条“以书入画”的文人墨戏画法脉。这条法脉虽然没有山水画“南宗”那样显赫，也缺乏相应的理论宣扬，但在明确和强化文人画语言范式和审美标准方面，却自成蹊径。

四 可能的作伪者——周天球

如果文徵明的大部分传世竹石幽兰画并不可靠，从赵孟頫到文徵明的“法脉”就会从中间断裂。那么环环相接的流畅表象又是如何造就的呢？或者说，赵孟頫又是如何与文徵明的子弟建立联系的呢？

一件面貌酷似文徵明传世作品的《丛兰竹石图》卷（故宫博物院藏）（图九）的公布，使一个过去并不受人注意的文氏弟子周天球（1514—1595）从迷雾中浮现出来[31]。

图九 故宫博物院藏周天球《丛兰竹石图》卷局部

《丛兰竹石图》卷前有引首，后有《幽兰赋》，皆为周天球自书，颇具文徵明“三绝”风范。更重要的是，此卷表现了丛竹、石块、兰叶、兰花、荆棘等元素，石块拖笔飞白，兰叶翻飞灵动，用笔中有明显的书写感，与传世的文徵明竹石幽兰图放在一起，不但面貌近似，而且属于第一流的上乘之作（图一〇）。据自题，此卷是在“长安次舍”为“詹事墖村先生”作画并书。由于受画人是地位较高的官员，此卷选用了精美的洒金笺，并且画得颇为精心。

《丛兰竹石图》卷与文徵明同类题材作品的近似，造成了孰为鸡、孰为蛋的困扰。按理说应当是周天球受文徵明影响并传承了其师的风格，但仔细梳理材料就会发现不那么简单。前文已经论述，文徵明的用笔特征与大部分传世兰石画中的飞白画石笔法相矛盾；从周天球这一方面来说，则没有足够的证据表明他的这种画法来自文徵明。

现知海内外博物馆所藏周天球绘画作品带有年款的有以下几件：

作于隆庆四年的（1570）《丛兰竹石图》卷（故宫博物院藏，《古代》京1－1794）。

作于万历七年（1579）五月的《兰花》扇面（四川大学藏，《古代》川2－014）、冬仲的《兰花图》轴（南京博物院藏，《古代》苏24－0119）。

作于万历八年（1580）的有三件，分别是闰四月的《墨兰》卷（台北故宫博物院藏，《故宫书画图录》故画甲01.10.01071）、中秋三日的《墨兰图》卷（上海博物馆藏，《古代》沪1－1079）、冬日的《兰花图》轴（故宫博物院藏，《古代》京1－1796）。

作于万历十三年（1585）的两件，分别是画于春月的《兰图》扇面（柏林国立博物馆东亚美术馆藏，《总合》E18－186）、十月既望的《兰蕙图》卷（广东省博物馆藏，《古代》粤1－0107），作于万历十七年（1589）秋月的《墨兰图》卷（密歇根大学博物馆藏，《总合》A5－023）。

此外还有少量无纪年作品，如柏林东亚美术馆所藏另一件《墨兰图》扇面（《总合》E18－185），风格与前述几件纪年作品相近，创作时间也应相差不远。

纵观以上作品会发现，周天球的绘画题材集中于竹石幽兰。他的纪年作品出现得很晚，已知最早的就是《丛兰竹石图》卷，作于五十七岁。实际上《丛兰竹石图》卷也是他画得最复杂的作品，六十五岁的《兰花》扇面（四川大学藏）和两件无纪年的《墨兰图》扇面（图一一）（一为上海博物馆藏，一为日本岡山美术馆藏，《总合》JM24－011－016）都用笔粗厚，墨法湿润，是从文徵明上追沈周的画法。其后所作则在《丛兰竹石图》的基础上大大简化，有的甚至仅画墨兰数叶，坡石几线。比较来看，那些不系年作品也不会早于《丛兰竹石图》，而且更接近晚年作品。可以说，《丛兰竹石图》卷和晚年作品

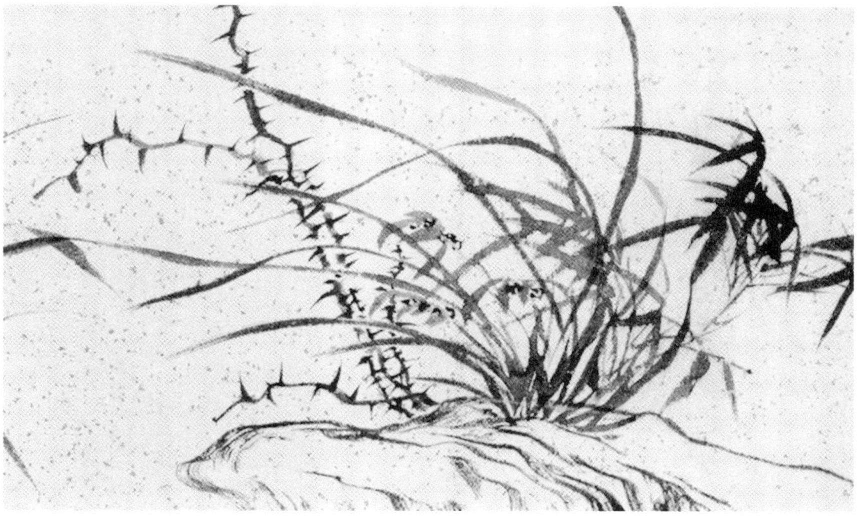

1

2

图一〇 周天球《丛兰竹石图》与文徵明款《兰竹拳石图》局部对比

1. 周天球《丛兰竹石图》局部 2. 文徵明款《兰竹拳石图》局部

在时间上和面貌上都有明显距离。如果说《丛兰竹石图》卷是周天球继承文徵明风格的作品，为何在亲炙于文徵明的岁月里不见留下这类作品，却在文徵明百年之后横空出世？如果说周天球在五十多岁之前不作画，又何以一举画出了如此成熟的作品？又为何不延续、强化这种画风，而在晚年趋向简化，呈现出明显的"成熟—衰变"轨迹？如果那些晚年作品才是周天球的本来面目，那么一派"文徵明"面貌的《丛兰竹石图》只能是已经去世的文徵明为弟子代笔之作了！

图一一 上海博物馆藏周天球《墨兰图》扇面

周天球比文徵明年轻四十四岁，少年时入文徵明门下学书，文徵明现存竹石幽兰画，凡有年款者皆作于六十岁以后，这与周天球入文氏门下的时间大致相符，两者之间似乎存在吊诡的联系。是否存在这样的可能，即周天球青年和中年时期的作品通过代笔或作伪的途径进入了文徵明名下？传世“文徵明竹石幽兰图”中有一些与《丛兰竹石图》卷的笔法非常接近，如《兰竹拳石图》卷（故宫博物院藏），与周天球《丛兰竹石图》卷的图片并置时（见图一〇），如出一手，卷后的文徵明自题行书，用笔软弱，也接近周天球的面貌，其中关节引人遐想。

周天球字公瑕，号幼海，长洲人（一作太仓人，随父徙吴），少从文徵明学书，颇受欣赏。初为诸生，不喜帖括（八股），弃去，闭门自习古文辞和书法。他的书法有了一点名气后，曾多次出游各地，南至浙江天台、绍兴、杭州，西至湖北，北到南京和山东，登泰山[32]。自学和旅行期间的生活和出行费用应当是个不小的数目，除了卖字，还需要其他进项。

周天球的出身并不低微，他的家族中出过吏部尚书周用（1476—1547）这样的高官。周用去世后，借同族之便，夫妇二人的墓志铭及盖都由周天球撰文、书写和书篆[33]，这应该会带来一定的收入。在古代，墓志铭、寿序、学记、祭文、像赞、小传及诗文集序等各种应用文体都会带来收入[34]。不过，在人文荟萃的吴中，这一市场的竞争肯定是相当激烈的，文徵明去世（1559）以前，对年轻的周天球来说，此类机会不会太多[35]。

根据文献记载，周天球从文徵明所学者为书法而非绘画。周天球的“兰石墨花”或“墨兰”画法另有来源。好友张凤翼说“松雪作兰，杂而不越；所南作兰，简而有文。公瑕为碧兰作此，殆兼之矣”[36]；胡应麟跋说他画兰“真足争胜吴兴”[37]，姜绍书《无声诗史》说他“画兰石墨花颇佳，写兰尤得郑思肖标格”[38]，徐沁《明画录》则谓“墨兰一种，自赵松雪后失传，惟天球独得其妙”[39]。重要的不是赵孟頫抑或郑思肖，而是没有证据表明周天球跟从文徵明学过画兰石墨花。在师承不明的情况下，不如相信兰石墨花是周天球参考了郑思肖、赵孟頫名款的传世作品，自学成才的。文徵明在兰石墨花的传承谱系中并非重要一环，但他的名声却是一种宝贵资源，适合充当代笔甚至作伪的对象。

反过来说，在文徵明的全部创作中，偶一为之的墨兰也不占重要分量。晚年的文徵明即使发现了弟子在伪造他的竹石幽兰画，也很可能默许甚至亲笔署款。这种所谓“代笔”关系并不是由于文徵明不能应付竹石幽兰画，需要弟子帮忙，而是他留出空间帮助弟子谋生；也不是他需要通过剥削弟子的才华开拓一种自己不曾达到的新风格，而是他默许与自己相异的风格系于自己名下。他性格宽厚，经常宽容甚至纵容作伪，与其有直接交往的何良俊（1506—1573）记载说：

> 同时有假先生之画求先生题款者，先生即随手书与之，略无难色。则先生虽不假位势，而吴人赖以全活者甚众。[40]

晚一辈的冯时可有类似记载：

> 有伪为公书画以博利者，或告之公，公曰：“彼其才艺本出吾上，惜乎世不能知；而老夫徒以先一饭占虚名也。”其后伪者不复惮公，反操以求公题款，公即随手与之，略无难色。[41]

再晚一辈的姜绍书则记载了一则关于他与代笔人朱朗的趣事：

> 朱朗字子朗，文徵仲入室弟子。徵仲应酬之作，间出子朗手。金陵一人，客寓苏州，遣童子送礼于朗，求作徵仲赝本。童子误送徵仲宅中，致主人求画之意。徵仲笑而受之曰：“我画真衡山，聊当假子朗，可乎？”一时传以为笑。[42]

目前还没有找到像文徵明致朱朗书札那样的材料来证明周天球曾经伪造文徵明的竹石幽兰画[43]，但从作品的相似性与文献中的间接材料来看，周天球是某些年代最早、水准最高、面貌最接近“文徵明”的竹石幽兰画最有可能的作者。

五 周天球的中晚年生活

文徵明的去世，既造成了市场需求的转移，也使其周边人群的作伪活动失去了靠山，推销会变得困难，必须另谋出路。周天球的生活在数年之后出现了转机。嘉靖四十四到四十五年（1565—1566），他远赴山东微山参加“漕运新渠”工程，即嘉靖末年至隆庆四年的京杭运河“南阳新河”工程[44]。这项水利工程历时四年、耗银四十万两，为他这样的下层文人提供了短期的就业机会，也创造了与官场中人交往的机遇，而诗文书画就是他的交游本钱。他交往的涉及河务官员，除了地方官，还包括工部尚书朱衡（1512—1584）以及首辅徐阶（1503—1583）这样的上层人物。工程伊始，他就为工程主持人朱衡精心书写了小楷《朱司空河工序》[45]；工程过程中，他在微山与地方官刘贽唱和并立石于夏镇[46]；工程结束后，他书写了与南阳新河有关的一件重要作品《漕运新渠记碑》。碑文由徐阶撰，周天球书写，加上吴鼒刻石，并称三绝。全碑计1257字，碑高近六米，故称“三绝高碑”，曾为夏镇八景之一[47]。周天球一变秀雅书风，使用标准的颜体大字书写《漕运新渠记》，气势雄强，与碑文所记录的伟大工程相得益彰。

隆庆四年（1570）周天球由朱衡邀请来到了北京[48]。前述《丛兰竹石图》卷即是这次在京期间为“�村詹事”画的。不久他成了高官朱希孝的门客[49]。朱希孝（1518－1574）系明初靖难功臣成国公朱能六世孙，其家族世居武备要职，希孝与其胞兄、成国公朱希忠（1516—1573）皆为嘉靖后期至万历初年的宠臣[50]。按照朱希孝的出身与仕宦经历，他的鉴赏趣味应当偏好院体浙派，周天球至多只是以诗文为他增添风雅。尽管周天球自称在京时交游酬酢，几无虚日，春风得意[51]，“燕集唱酬之作，一时词客皆为让坐”[52]，不亚于嘉靖末年客于大学士袁炜门下的王穉登（1535—1612）[53]，但“诗名颇为书法所掩”[54]，大概终于没能以文侍词客的身份站住脚跟，不久返回了苏州。

万历元年（1573），成国公朱希忠卒，次年朱希孝以重金请周天球赴京书写墓志铭。这是周天球第二次赴京。谁知到京后，朱希孝亦已去世，门客皆散。周天球只得自谋出路，曾至戚继光（1528—1588）镇守之地（蓟州或山海关），寻求充当“帅府山人”的机会[55]，回京后，据说也有几位官场旧友试图推荐他入仕，但是最终皆无果。他“曾受阉人气”[56]，大约也是在这次钻营过程中发生的。未几只得返回家乡，仍然靠出卖诗文字画为生[57]。

他回乡后经济状况不恶，修筑宅园，招聚雅集，并以私家美食闻名[58]，但晚年连丧二子[59]，以无子终，遗一幼女，由弟子之子抚育遣嫁[60]。

如果说中年时期的京师之行提高了他在江南的声誉，那么晚年的徽州交游就有利于市场的开拓。徽州从沈周时代就已成为苏州文人、书画家的重要市场，至晚明尤甚[61]。文徵明去世那年（1559），周天球就曾经去过徽州[62]。他晚年“词翰妙天下，亦遍天下”[63]，以出卖诗文书法为主，但这并不妨碍他迎合徽州人的需要，开拓墨兰这一新品种。万历八年（1580）所作《墨兰》卷（台北故宫博物院藏）有汪道昆、道贯兄弟，大学士许国等十三名徽州人题跋，当是在徽所作[64]。万历十三年（1585）他加入了汪道昆（1525—1593）组织的诗社——白榆社[65]，晚年因诗社中人的关系前往徽州是相当方便的。他的本款墨兰画在万历七年以后再次出现且数量相对较多，很可能就是用于向徽州人出售，或用于交际应酬，这也是山人谋生之不可或缺的手段。即使是流寓外地的徽州籍收藏家也对周天球的墨兰很感兴趣。明末人著录其兰花图仅见于汪砢玉《珊瑚网·画录》卷二十一和朱之赤《朱卧庵书画目》，前者仅一件，后者则多达四件，其中有一件名为《兰谱》，可以想见为内容丰富的长卷或册页。汪砢玉为流寓嘉兴的徽州人，朱之赤则是流寓苏州的休宁人。

周天球七十岁那年（万历十一年，1583）举行了盛大的寿庆，刘凤（1517—1600）[66]、王世贞（1526—1590）、张凤翼（1527—1613）等人皆为做寿序。这次寿庆由“其同会诸大夫以社谊共谋所以”[67]，可能正是由白榆社诸友出面发起的，出资操办的“张生”曾向周天球请过序，很可能是一位徽商富家子弟。

总而言之，在徽州市场需求的刺激下，晚年周天球绘制了较多的兰花图。这时他已经不需要附骥于文徵明，而将自己的风格渊源直指赵孟頫和郑思肖。周天球晚年好友胡应麟（1551—1602）跋周天球画兰卷的一段话就道出了个中奥妙：

> 公瑕虽出文待诏门，而生平未尝作绘事，晚岁忽吴中盛以兰畹归之，歙人重购，书笔几为减价。此卷清绝楚楚，真足争胜吴兴。第作此时年已望八，越数载，游岱矣。其披拂散落人间，不过百余本，恐异时无复知者，聊识卷中。因忆曩岁宿公瑕天池，方为一粤客团扇，余迫欲得书小楷，遂无暇近兹。今其书画尚可得，乃其人不可得矣，弛笔三叹。[68]

至此我们可以回到上一小节的原点，《丛兰竹石图》卷显然不是周天球学习文徵明的成果，而是他终于以自家面目示人的本款画之始，因而可以反过来将它当作文徵明的某些兰石墨花画出于周天球之手的证据。

周天球的名字在明末就和这种画法联系在一起，《十竹斋书画谱》中就有一幅叶线如线、弧线柔媚的兰花，称为“临周天球晴兰”（图一二）。

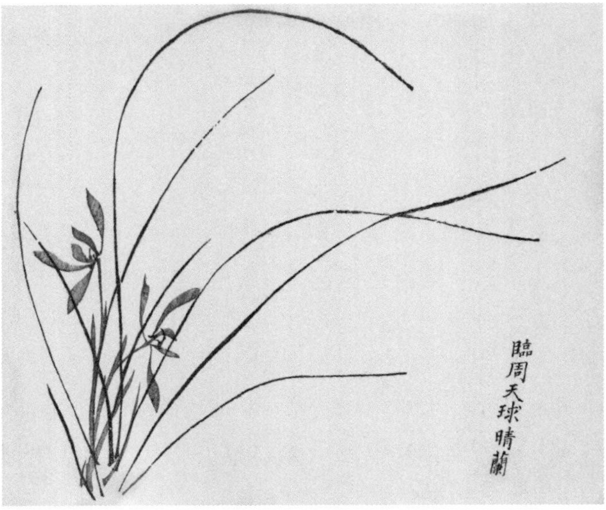

图一二　《十竹斋书画谱》卷五《临周天球晴兰》

六　伪作产生的环境与后续积累

回顾周天球的一生，可以发现他是一名典型的“山人”。嘉靖晚期，许多没有功名和产业的文人形成了“山人”这一特殊群体[69]。他们的才华能力不能售于帝王家，只得求售于市场和权门，利用一切可能的手段谋生糊口，甚至享有较为奢侈的生活。

文徵明和沈周一样被视为道德文章（诗文书画）皆高于流俗的完人，这会造成一个想当然的误解，即他们的子弟门人会围绕在楷模周围，构成一个道德纯正、心地淳厚的人际交往圈子。实际上，文徵明的同龄人唐寅已经具备了“山人”的基本特征[70]，文徵明的其他友朋和子弟也有不少可以归入“山人”一类，其中较为长寿而活跃的周天球和王穉登都是典型的“山人”，王穉登生前已被视为万历前期“山人”的代表人物[71]。

万木春早就注意到：“隐君”、“山人”或“徵君”之类下层文人“普遍的情况是生活没有保障，许多人必须靠塾师、行医、鬻古、卖画、刻书以至占卜等职业来谋生，还有些人号称‘以诗游’，实际上是以代写文牍游幕于官宦之家。当他们汲汲于这些俗务时，他们的表现与他们自诩的清高完全不相称。像冯权奇那样和作伪者联手经营书画，或像陈继儒那样与书商联手出版劣质书的情况，在下层文人中比比皆是”[72]。他还指出，下层文人的书画才能和道德水准的落差，导致了万历年间书画伪物的泛滥成灾，尤以苏州和南北两京为甚[73]。

这些“末技游食之民”以书画古玩谋食的手段不一而足，包括利用自己的知识优势兜售书画古董[74]，以并不见得高明的眼力为收藏家或“好事者”掌眼[75]，甚至自己亲自参与作伪。“山人”性格率易，为人见多识广、头脑灵活，在这一领域大有用武之地。

王穉登所撰《吴郡丹青志》（嘉靖四十二年，1563）文徵明小传中直言

> 晚岁德尊行成，海宇钦慕，缣素山积，喧

溢里门，寸图才出，千临百摹，家藏市售，真赝纵横；一时砚食之士，沾脂浥香，往往自润，然慧眼印可，譬之鲁目夜光，不别自异也。年龄大耋，神明不凋，断烟残楮，篝灯夜作，故得者益深保爱，奉如圭璋。[76]

与之相印证的是王世贞《文先生传》的记载：

然诸所欲请于先生，度不可，则为募书生、故人子、姻党，重价购之。以故先生书画遍海内外，往往真不能当赝十二。而环吴之里居者，润泽于先生手，几四十年。[77]

其中恐怕也有王穉登本人的一份“功劳”。王出售假古董在当时已经是公开的秘密[78]，作为入室弟子，亲自操刀伪造乃师书迹似乎并不存在障碍。

文徵明去世后，周天球和王穉登都努力成为苏州诗文和书法界的核心人物[79]，自然会在诗文声誉和卖文卖书市场上形成竞争，这可能是他们一度素不相得甚至结成“深仇”[80]的深层动因。然而，他们和文徵明的两个儿子一样，都生活在文徵明的阴影或者说余荫下，自己难以发展成艺坛巨擘，文徵明倒成了可资利用的资源。

周天球的影响力不如王穉登，名声不恶，在作伪方面也不引人注目。但他书画兼能，作伪嫌疑绝不亚于王穉登。周天球生前友人、万历首辅申时行（1535—1614）说他“为人和易真率，好奖引后进，立义重然诺”，但“其卒也，田园庐舍，及图书珍玩所积，覆荡如洗，不知所归。生平知交散落殆尽，有过而不睨者”[81]，这就非常奇怪了。从死后孤女无依的情况看，他没什么可以承祧争产的宗族近支，申时行话中似有难言之隐，这或许与周生前遗下的经营纠纷有关。虽然没有找到像文徵明委托朱朗代笔信札那样的明显证据，反而是周天球晚年也留下了请人代笔的尺牍[82]，不过，这些书信都能从侧面反映出，在文氏师徒心目中并没有严格的真伪之防。

在周天球生前和身后一段时间，这种竹兰幽石画还是他的独家绝技，他人难以仿作，《明画录》记载金陵有一位叫作强存仁的画家仿效他，但“风味殊减”[83]。其他较早跟进者都以细弱画风为主。比周天球略晚一些的画兰名家，如长洲人陈粲（字兰谷，号雪庵）、陈元素，南京的马湘兰，画风都比较秀雅而单薄，没有画过雄健的飞白石，兰叶则纤细柔软，某些疏简风格的“文徵明墨兰画”近于陈、马的风格，或出于这些晚明名家的追随者。比如翁万戈经藏的《水墨写生图册》（A13-046）画风混杂，当出于明末清初人之手，其中有两开墨兰就接近陈元素的面貌。这提示我们，对文徵明竹石幽兰画的作伪首先是在苏州地区开展的。

饶有意味的是，名气远逊于文徵明的周天球也成了作伪的对象。笔者曾见一套私人藏周天球《兰竹石》十开画册，笔法狂放，画风极似蓝瑛，末开有款“周天球”三字，行笔亦颇飞动。初见时以为是吴门派影响蓝瑛的证据，后来梳理了围绕文徵明的竹石幽兰图问题，方悟该套册页很可能是蓝瑛辈伪造的周天球[84]。无独有偶，广州市美术馆所藏的一套周天球《兰石图》八开册（《古代》粤2-053），无款，仅有周天球二印，与前述十开册极度相似，如出一手[85]。仔细比较后会发现，这两套册页笔法比蓝瑛还要狂放，应当出于明末清初人的伪造，作伪者不见得是蓝瑛本人，但与武林派深有渊源。

又见翁万戈经藏的一件蓝瑛《竹石图卷》（《总合》A13-030），实为兰竹石图，兰叶修长，用笔或纤细，或提按转折富有书写之意，颇近周天球《丛兰竹石图》卷，但运笔速度过快，连拖带甩，石作飞白，用硬笔偏锋，显出蓝瑛本色。翁氏的另一件藏品文徵明《杂画册》里有一开树石颇似蓝瑛，一开兰花也用笔刚硬，下部有一条飞白石的轮廓线，偏锋铺毫画成。该册中还有学沈周、学倪瓒的山水，皆用偏锋画出。此册中的树石、兰花两开，甚至全册，很可能也是蓝瑛辈的伪造。与之相似的还有日本京都国立博物馆的一本十五开《停云馆图册》（《总合》JM11-128），画法近似明末清初的近蓝瑛、许初，其中有兰二页，画法似蓝瑛，水仙一页，石法亦近蓝瑛。

根据上述痕迹，可以把明末清初的武林派画家列入文徵明款竹石幽兰画的伪造者的嫌疑名单。在武林派中，蓝瑛本人笔法刚劲，形象鲜明，他的子孙则更向吴门派靠拢，笔法趋于温和；他的追随者中有不少画家早已形成了自己的面貌，笔法也不那么刚劲。他们学习周天球一路的竹石幽兰画，更容易达到鱼目混珠的效果。

根据著录作品随时代递增的情况，可以推知大部分“文徵明竹石幽兰画”产生于清代，这意味着清代前期到中后期，有更多的人加入到伪造文徵明竹石幽兰画的行列中来。有清一代，墨竹兰石画日益成为流行题材，仅在扬州一地，先后就有石涛、华喦、李鱓、李方膺、郑燮、汪士慎和罗聘等名家，当地学习他们画风而无法成名成家的小画手为数不少。扬州又是书画仿古及伪作市场的后起之秀，地方“人才”为伪造文徵明乃至赵孟頫等古代画家提供了强大“后备军”。而且这类“人才”的分布还不限于扬州一地，比如清代后期的松江画家改琦也能画茂密而秀丽的丛兰（例见香港叶承耀藏《花果图册》中兰花二页，《总合》S19－012），又会引起一批当地画家效仿。最终这些新产的作品都在大师的名头下站稳脚踏，赫然进入艺术史，鉴赏收藏家则“自然而然”地接受了这种“文徵明画竹石幽兰”的面貌，并在晚清总结出“文兰”的名目。

七　可能的风格渊源

行文至此，“这一位”画竹石幽兰的“文徵明”已经俨然成了“千手观音”，真正的文徵明隐藏在最后几乎不见踪迹，排在中间的大队“演员”也都不以自家脸面示人，我们能看到的只是排在队首的“领舞者”周天球[86]。要探讨这种迥异于文徵明本人的“新风格”到底是从哪里来的，实际上也就是探讨周天球的兰石墨花画的风格渊源。

从内容方面来看，“文徵明竹石幽兰”或周天球兰石墨花，实际上是元人枯木竹石和其他画家的墨兰、水仙之类题材的融合。长叶翻飞的兰花可以追溯到南宋末年赵孟坚的《水仙图》，以及禅僧雪窗普明（？—约1352后）著名的“雪窗兰”。赵孟頫款的传世兰石图姑置不论，但其子赵雍（1289—1360）与雪窗大致同时，其《青影红心图》是公认的真迹。鉴于赵氏一门与禅僧中峰明本（1263—1323）的密切关系，赵氏父子的兰石题材画有可能是受禅僧影响的结果。

《青影红心图》和雪窗画兰都可以作为元初兰石画的范式。《青影红心图》（上海博物馆藏）（图一三）石块用线空勾轮廓，未见干笔飞白，轮廓内略加侧锋擦笔及淡墨染色，兰叶与竹枝、竹叶都用柔韧的弧线，竹枝尚带有文同的“纡竹”笔意，兰叶的圆转线条也富有装饰性。雪窗《悬崖幽芳图》（日本宫内厅藏）（图一四）[87]和《兰石图》（日本私人藏，至正五年［1345］为息庵作）画石使用侧鋒粗笔，有飞白效果，兰叶柔软地下垂或上扬，有随风飘荡之势。如果元初已经有了“石如飞白”的观念，这两件雪窗作品可以代表其面貌。

图一三　上海博物馆藏赵雍《青影红心图》

明代早期的可靠作品有江苏昆山人夏昶（1388—1470）的《白石苍筠图》轴（故宫博物院藏）（图一五）和明宣宗（1398—1435）《鼠石图》卷（故宫博物院藏）中的石块都已经使用了飞白笔

图一四　日本宫内厅藏雪窗《悬崖幽芳图》

图一五　故宫博物院藏夏昶《白石苍筠图》轴

法，而且不是偶发效果，而是有意控制的结果，只是远远没有达到某些“赵孟頫墨竹兰石画”及“文徵明竹石幽兰画”那种刻意夸张并富有装饰性的效果。

如果将那些文徵明款竹石幽兰暂放一边，明代中期吴门画坛上最早将飞白石块与细长兰叶结合于一图的人是陈淳（1483—1544），其晚年作品如《墨花十二种图》卷（1540，上海博物馆藏）、《墨花八种图》卷（1540，首都博物馆藏）、《花果图》卷（1541，上海博物馆藏）中都出现了细瘦修长的兰叶，《花果图》卷中的墨兰一段已经出现了干笔飞白画的土坡（图一六），《洛阳春色图》卷（1539，南京博物院藏）（图一七）中的两块大石明显用曲折的线条画出石块的轮廓，并用铺毫制造干笔飞白效果。

更年轻一些的继起者有文嘉（1501—1583）与王穀祥（1501—1568），他们在嘉靖庚申（1560）合

图一六　陈淳《花果图》卷局部

作《九畹春风图》卷（图一八），由文嘉画石，已经具有成熟的飞白画法；王穀祥画兰，颇具长叶翻飞的动势[88]。文嘉的其他作品，如晚于《九畹春风图》卷仅一年的《竹石幽兰图》卷（美国波士顿美术博物馆藏），坡石飞白就不明显，主要用中锋画

图一七　南京博物院藏陈淳《洛阳春色图》卷局部

成；无纪年的《兰竹石》扇页金笺（四川省博物馆藏，《古代》川 1－053）兰叶用笔粗厚，粗细变化自然，石法学沈周，全是其父文徵明的本色；《杂画十开》册中的第九开《兰石》则画出了更潇洒灵动的长叶与较为明显的飞白。这样不稳定的面貌证明他处于风格探索阶段，尚未定型。

联系起来看，在陈淳、文献和王彀祥笔下，出现了尚不成熟的飞白石与兰叶画法。如果文徵明晚年已经发展出了这两大元素的成熟手法，他的三大传人却皆未受到影响，还在孜孜探索，在逻辑上很难讲得通。只有把陈淳作为这一轮实验的起点才比较合理。可以说，在陈淳笔下，绘画笔法的书法化已经呼之欲出；到了文嘉笔下，周天球的那种兰石墨花画法已具雏形。

干笔飞白的产生很可能并不是来自吴门派和文人画内部抽象的“创新动力”，而是借助了外部的启示，包括两个方面——浙派和方外画家。让我们再回到陈淳。他的写意形式中明显具有来自浙派绘画的元素，来源可能是活动于南京的浙派画家。如《花果图》卷“竹菊蛱蝶”一段的石块，用笔方折粗硬，线条短而碎，显示运笔速度很快，虽用湿笔淡墨，但也时时带出飞白；《兰竹石图》轴（广东省博物馆藏，《古代》粤 1－0077）中的石块虽作干笔飞白，但全用侧锋，转折处也皆方折，极具浙派面目；《秋林独步图》轴（上海博物馆藏）中的近景石块全用湿笔，运笔快速而带颤动，近似于史忠（即徐端本，1438—1519）《仿黄公望山水图》轴（台北故宫博物院藏）和《杂画》册（上海博物馆藏）、郭栩《杂画》册（上海博物馆藏）中山水的

图一八　文嘉、王彀祥合作《九畹春风图》卷局部

笔法，甚至颇近吴伟（1459—1508）《长江万里图》卷（故宫博物院藏）中“骷髅皴”的用笔神韵，蒋崧的《无尽溪山图》轴（上海博物馆藏）也与之近似。

在明末以前，苏州画家与所谓的“院体浙派”并无矛盾，前辈文人画家如夏昶、杜琼、王绂画中都多少融入了浙派笔法。文徵明晚年小友何良俊已经提出了“宗宋”、“宗元”之辨，“利家”、“行家”之别[89]，但苏州职业画家仍然从浙派绘画中吸取灵感。在传为戴进所作的《春酣图》轴（明中后期人作，台北故宫博物院藏）（图一九）就出现了运笔快速的干笔飞白画石法，同时期苏州画家谢时臣（1487—1567）的笔法与之颇为近似。

图一九 台北故宫博物院藏传戴进所作《春酣图》轴局部

另一方面，方外画家中一直存在狂放画风的特殊传统[90]，如南宋邓椿和元代庄肃记载的数位道士（及一位僧人）画家，或“放笔如草书法”，或“枝梗极遒健”，或“古木老棘殊峭劲”[91]。现存元末道士邹复雷的《春消息图》（美国华盛顿弗利尔美术馆藏）[92]，即可作为此类风格的代表作。此图运用了狂放的渴笔飞白，尤其是画卷最后部分的长笔出枝，历来为人所称道。《春消息图》上的飞白只见于同一方向的出枝，而不见于转动扭曲的弧线，所以还算不上刻意。或许当时道士之中有独特的技法传承，与禅僧画体系不同，而精神实有相通处。

邹复雷《春消息图》中过分坚硬的笔触和便于长线条操作的特性，可能使用了特殊的工具，比如棕笔、竹丝笔之类。据记载，北宋末年的文人画家米芾就进行过特殊工具的探索：

> 米南宫……其作墨戏，不专用笔，或以纸盘，或以蔗滓，或以莲房，皆可为画。[93]

只是不知作品面目如何。南宋到元代的方外画家中，类似尝试可能更为普遍，如南宋末年的禅僧画家法常“多用蔗渣、□（草?）结，又皆随笔点墨而成，意思简当，不费妆缀”[94]。周天球画中的“飞白石”的特殊效果很可能受到了这些特殊工具画成的僧道画的影响，甚至也使用了一些特殊工具，比如加了硬质纤维的笔，或者对笔头进行修剪、沾胶之类特殊加工。

不过，元初文人庄肃对法常评价不高：“枯淡山野，诚非雅玩，仅可僧房道舍，以助清幽耳。”[95]元末人夏文彦也评他“粗恶无古法，诚非雅玩”[96]，夏文彦评元代禅僧雪窗画兰和柏子庭画枯木菖蒲也是“止可施之僧坊，不足为文房清玩”[97]（参见图一四）。由于文人对禅僧画的贬抑，造成这些画在中国流传不广。而身为“山人”的周天球走南闯北、见多识广、头脑灵活，这可能是他获取多种图像资源并加以创新的一个条件。

八 初步结论与扩展讨论

以上的分析表明，文徵明生前极少提到画兰，他的传世兰石画中可能只有极少量是真迹，它们用笔湿润而粗壮，具有沈周遗意，兰叶疏简，为应酬小品，符合“墨戏画”的定位，但其重要性显然大大逊色于另一类“墨戏画”枯木竹石。目前所知绝大部分传世“竹石幽兰画”的作者不可能是文徵明。这些画中画所体现的笔法特征不但出自文徵明的子弟辈画家，而且就是通过他们的递进式努力而创生的。陈淳、文嘉、王穀祥融合了多样的传统，不断探索和变革，逐渐将书写性的兰叶用笔（它比竹叶更适合表现书写性用笔）和飞白画石两大元素发展成熟，并最终由更年轻的周天球形成了今人所见并视为”文兰“典型面目的竹石幽兰画。”

文徵明与周天球的师生关系中从未包含竹石幽兰的内容，但在文徵明晚年及刚去世的岁月里，周天球很可能通过代笔或伪作文徵明款的竹石幽兰来谋生，这种弟子作伪活动通常会得到文徵明的默许甚至纵容。文徵明去世数年后，周天球通过山东运河工程进入北京官僚圈子，才开始以本款兰石墨花画示人，晚年回乡出卖诗文字画为生，更以本款兰石画受到徽州市场的欢迎，但风格已极度简化。他早年所画的“文徵明风格竹石幽兰图”只通过他在北京所画的《丛兰竹石图》留下惊鸿一瞥，但也正是这幅画卷露出了冰山一角，剥开一层层的逻辑证据并对文徵明到周天球时代苏州文人生活史进行部分复原，一个利用文徵明名号帮助他周边的下层文人谋生的小型“产业”浮出了水面。

明代中晚期著录开始大量引用赵孟頫“石如飞白木如籀”诗句，可以看出，此期文人鉴赏家对“书画同笔”观念的重视，和陈淳、文嘉、周天球等人“以书为画”的实践是同步呼应的，甚至可以说是吴门后期画家将元代出现的“以书为画”实践推上了高峰。“书画同笔”观念虽然在元代已经出现，但其技巧实践却在晚明才成熟。观念与实践存在时间差，这在文人画史中不是偶然，而是常态，类似的例子包括“文人画”概念本身。

20世纪书画鉴定学从标型学发展出基准作品的概念，从层位学发展出风格演变的概念，这都获益于考古学理论。以考古学的眼光来看书画鉴定，大师名家的作品就像书画鉴定家要发掘的“墓葬”，所有的误传误定都可以比拟为“层位打破关系”。在考古学中它是指后人正常的生产、生活造成的文化层打破，例如挖土建屋、凿井打洞，打破深度往往有限。伪作则是文化“盗洞”，使后来的痕迹以一种非正常的方式突进到距离久远的文化层中。与现实中的盗墓者不同，作伪者不须从墓中掠走金银财宝，只要带走“墓主人”的名号，就可以大发不义之财。而且，他还为“墓葬”留下了一些东西，使大师名下出现了与其时代、风格或水准不相符的作品，就好像在汉代墓葬中出现了玉凳，在宋代墓葬中留下了烟斗。在考古实践中，后人造成的扰动和盗洞都很容易引起警觉。而在书画鉴定中，由于扰动和“盗洞”早已被时间掩盖并长上了萋萋芳草，“墓”中的东西统统披上了名家名作甚至基准作品的外衣，研究者往往丧失应有的警惕，全盘接受。哪怕这些“出土文物”纷乱芜杂，莫衷一是，也要编织出“薪火相传”、“超越时代”之类理由来加以解释。“赵孟頫”和“文徵明”这两座距离遥远的大墓，都已经从底下被凿得千疮百孔，并且打通了一条叫作“文人墨戏画法脉”的通道。后人如周天球辈正坐在距“文徵明”盗洞不远处的出口窃笑，而他的底下也已经被凿空，不远处还有如蓝瑛辈的后人正在窃笑。

附录：文徵明墨戏题材作品简表

说明：本表仅据数种目前所见资料整理而成，尚不全面。所列以馆藏品为主，包含少量私人藏品和下落不明仅见图片的作品。有年款的作品排列在前，未特别注明者材质皆为纸本墨笔。“出处”中《总合》指《中国绘画总合图录》正、续编（东京大学出版会，1982年，2000年），《吴派》指《吴派九十年展》图录（台北故宫博物院，1975年），《古代》指《中国古代书画图目》（文物出版社，1986—2001年）。“附注”中的意见系笔者个人看法，除注明《衡山仰止》展出者外，大多未经寓目原作，有些根据较清晰图片可作出初步判断，有些则难以确定。

表一 竹石幽兰画

编号	名 称	尺寸（厘米）	年 款	收藏地点	图片出处	附 注
1	兰竹图卷	纵 17.6 横不详	正德十四年 1519	日本大阪市立美术馆	《总合》 JM3－096	兰叶乱，竹叶弱，字不好，年款五十岁，为最早者。
2	兰竹册	纵 47 横 22.3	估 1530	台北故宫博物院	《吴派》图 115	兰叶与竹枝用柔软弧线拖笔画出。有蔡羽题，伪。
3	画兰卷	不详	嘉靖十三年 1534	不详	《艺林月刊》第 37—39 期连载	双钩墨兰，石法粗硬，自题在卷首，字较软。《文徵明年谱》系该年下。
4	兰竹图卷	纵 33.1 横 278.7	嘉靖十五年 1536	上海博物馆	《古代》 沪 1－0555	徐、傅：画不佳，存疑[98]。
5	兰竹石图卷	纵 25.7 横 357	嘉靖十五年 1536	故宫博物院	《古代》 京 1－1310	
6	停云馆图册，十五开册（兰石二页）	纵 31.5 横 39.8	嘉靖十五年 1536	日本京都国立博物馆	《总合》 JM11－128	近蓝瑛、许初画路，末页学沈周，不好，有兰二页，近蓝瑛，水仙一页，石近蓝瑛。
7	兰石并幽兰赋 册页九对开	纵 24.1 横 33.6	1542		纽约佳士得 1996 春拍图录，47 号	图见两开兰石，石干笔枯硬，一开画石方折近蓝瑛，书法笔甚硬。
8	兰竹拳石图卷	纵 27 横 636.5	嘉靖二十二年 1543	故宫博物院	《古代》 京 1－1321	画接近周天球《丛兰竹石图》，字不好。
9	竹石花卉册 八开（盆兰一页）	纵 24.7 横 28	1544		中国大陆某拍卖图录，126 号	叶长而细滑，有自题，用笔侧扁
10	兰竹轴	纵 62 横 31.2	估 1547	台北故宫博物院	《吴派》图 155	兰叶用柔软弧线拖笔画出，竹枝死板。
11	兰竹扇	纵 19.8 横 54.2	估 1547	台北故宫博物院	《吴派》图 158	兰叶用柔软弧线拖笔画出，密而乱，线条收尾不好，竹叶肥短而密。

续表一

编号	名　称	尺寸（厘米）	年　款	收藏地点	图片出处	附　注
12	诸名贤寿文徵明八十诗画册附单页	不详	嘉靖二十八年 1549 或稍晚	美国王季迁旧藏	《总合》A14－049	画风秀雅沉静，似真。
13	兰竹扇	纵17.6 横49.5	估1550－1559	台北故宫博物院	《吴派》图198	兰叶笔力不匀且有拖笔，字不好。
14	杂画册十开，部分绢本	纵21 横31.5	嘉靖三十一年1552	美国翁万戈	《总合》A13－044	画风近蓝瑛，首页为兰竹。
15	花鸟册十二开（双钩兰、墨兰各一页）	不详	嘉靖三十七年1558	台北历史博物馆		又有竹石、水仙各一页，竹石中石法飞白狂放，自题字不好。
16	双勾兰石图卷	纵26.8 横88.7		上海博物馆	《古代》沪1－0592	字不对。
17	兰竹图轴	纵100.8 横28.3		上海博物馆	《古代》沪1－0601	
18	兰竹图扇页，金笺	不详		上海博物馆	《古代》沪1－0616	兰竹柔韧，无石块。
19	兰竹图扇页，金笺	不详		上海博物馆	《古代》沪1－0617	兰竹柔韧，无石块，画法近陈粲。
20	兰竹图扇页，金笺	不详		上海博物馆	《古代》沪1－0618	无图。
21	临赵孟頫兰石图卷	纵28.4 横62.5		故宫博物院	《古代》京1－1345	
22	兰竹图册（兰石、竹石各一页）	2段，各纵32.2 横50.7		故宫博物院	《古代》京1－1346	《衡山仰止》展出
23	墨兰扇页，金笺	纵17 横50.9		故宫博物院	《古代》京1－1354	无法判断。
24	兰石图扇页，金笺	纵18.9 横54.7		故宫博物院	《古代》京1－1373	楷书自题，王榖祥楷书题

续表一

编号	名　称	尺寸（厘米）	年　款	收藏地点	图片出处	附　注
25	漪兰竹石图卷	纵29.8 横2210		辽宁省博物馆	《古代》 辽1－116	《衡山仰止》展出，兰叶有书写意，石法狂纵，卷后王瀫祥字不好。
26	古木兰竹图轴	纵29.6 横59		海盐县博物馆	《古代》 浙9－01	
27	兰竹石图卷	纵28.5 横119.5		美国麻省沃切斯特博物馆 Worcester Art Museum	《雅债》图60	
28	兰石图轴	纵38.6 横24.9		广东省博物馆	《古代》 粤1－0060， 《雅债》图83	《雅债》称傅熹年疑伪[99]。
29	兰竹梅图	纵166 横22.2		美国翁万戈	《总合》 A13－024	小轴，似真。
30	水墨写生图册十四开	纵28.7 横39.3		美国翁万戈	《总合》 A13－046	明末清初人画风，有墨兰两开，近陈元素。
31	书画合璧册卷装	纵30.6 横52.7		美国普林斯顿大学博物馆	《总合》 A16－073	首页双钩水仙及石，无兰竹画，似真。
32	墨兰图卷	纵23 横113		台湾王蔼云	《总合》 S22－023	似尚可。
33	兰竹石图扇面，金笺	纵16.3 横51.1		香港小听帆楼	《总合》 S34－032	湿笔，笔画宽大力重，但非粗壮，无法判断。
34	兰花图扇面，金笺	纵18.8 横53.3		香港艺术馆	《总合》 S36－040	湿笔，粗，坡石飞白不甚明显。
35	兰竹图轴	不详		日本江田勇	《总合》 JP14－095	竹叶下有兰石，细弱。
36	墨兰图册四开	纵24.3 横33.9		日本山口良夫	《总合》 JP34－076	首页空白，兰石四页，五页书行草《幽兰赋》，字不好。
37	花鸟册四开（窠石兰竹、崖壁兰竹各一开）	纵29.4 横31.4			纽约苏富比1986年秋拍，19号	

续表一

编号	名称	尺寸（厘米）	年款	收藏地点	图片出处	附注
38	兰石扇面	纵17 横48		香港承训堂	承训堂私人收藏图录	湿笔，石用短线侧锋，风格似真，然字画用笔较快，不够沉静醇厚，疑忠实摹本。
39	兰石图扇面，似金笺	纵六寸三分，横一尺七寸		日本原田氏松茂山庄旧藏		湿笔，兰与王季迁藏《幽兰图》画法相近，石作方形，笔法亦出自沈周，石上有芝。似真。
40	山水花卉册十一开（兰竹一开），绢本	纵24 横19.4		纽约苏富比1989年秋拍，24号		画叶笔法太光洁。
41	竹兰图轴	不详		王季迁旧藏		兰叶竹叶单薄尖利，很晚的。

表二　枯木竹石及其他题材戏画

编号	名称	尺寸（厘米）	年款	收藏地点	图片出处	附注
1	双柯竹石图轴	纵76.9 横30.7	嘉靖十年1531	上海博物馆	《古代》 沪1－0551	《衡山仰止》展出。
2	竹石图轴	纵105.8 横32.7	嘉靖十二年1533	瑞典斯德哥尔摩东亚博物馆	《总合》 E20－006	画法近《双柯竹石图》，竹叶用笔似太光洁。
3	枯木竹石图扇页，金笺	不详	嘉靖三十七年1558	上海博物馆	《古代》 沪1－0585	《衡山仰止》展出，学沈周，苍劲。
4	杂画四段之二	纵32.8 横50.4		故宫博物院	《古代》 京1－1344	画鸟和枯枝笔粗，近陈嘉言。
5	竹石图扇页金	纵18.3 横51		故宫博物院	《古代》 京1－1372	
6	枯木竹石图轴，绢本	纵94.9 横44.9		辽宁省博物馆	《古代》 辽1－117	学沈周仿倪瓒风格，字不好。
7	枯木竹石图轴	不详		西安市文物研究中心	《古代》 陕2－02	苍劲，学沈周，字不好。

续表二

编号	名　称	尺寸（厘米）	年　款	收藏地点	图片出处	附　注
8	山水竹石图扇页十二册中（1）（4）（12）	纵 17.6 横 51		广州市美术馆	《古代》 粤 2－024	风格苍劲学沈周，傅熹年、刘九庵：内三开真，余明人仿本[100]，未详哪三开为真，（1）似尚好，（4）（12）字不好。
9	树石图轴	纵 103.5 横 32.3		台北兰千山馆	《总合》 S4－009	画竹树石，学沈周，石多平涂，平板无层次。
10	枯木竹石图	纵 103.8 横 31.7		日本大阪市立美术馆	《总合》 JM3－056	似尚好。
11	墨竹图扇页，金笺	纵 15.5 横 44.2		日本冈山美术馆	《总合》 JM24－011－25	似尚好。
12	（松菊犹存）书画合璧卷	纵 31.5 横 75.5	嘉靖二十年 1541	美国华府弗利尔美术馆	《总合》 A21－047	松竹菊石小卷，后行书归去来辞。松菊尚好，石飞白明显，竹叶用笔较扁平单薄，可疑。
13	松树图扇面，金笺	纵 16.6 横 48.0		香港小听帆楼	《总合》 S34－039－8	湿笔，墨色层次多，似尚好。
14	秋花图轴	纵 135.6 横 50.4		故宫博物院	《古代》 京 1－1348	《衡山仰止》展出，右侧植物用笔极差。
15	修篁丛菊图轴	纵 48 横 22.5		美国匿名私人	《总合》 A18－002	兰竹菊小轴，似尚好。
16	菊花图扇面金笺	纵 18.8 横 55.7		香港后真赏斋	《总合》 S1－038	画菊石，石用笔乱。
17	黄华幽石图轴	纵 131.6 横 45.4		日本大阪市立美术馆	《总合》 JM3－055	画竹菊石，湿笔。
18	梅石水仙图，单页	纵 31.8 横 29.1		香港小听帆楼	《总合》 S34－001	似尚好。

（本文写作过程中曾获得薛永年教授、张朋川教授、王耀庭先生、田洪先生、许力先生、李啸非先生等师友的学术和资料帮助，谨致谢忱！）

注释：

[1]《历代名画记·论顾陆张吴用笔》，吴孟复主编、张劲秋校注：《中国画论》卷一，安徽美术出版社1995年，第93页；《林泉高致集·画诀》，吴孟复主编、张劲秋校注：《中国画论》卷一，第469页。郭熙所说的意思更接近书画用笔相通。

[2]《王叔明〈云峰图〉》："王郎多学画最工，笔法似舅松雪翁。松雪之书妙天下，以书为画妙亦同。……"《龟巢稿》卷六，《四部丛刊三编》本，转引自陈高华编：《元代画家史料汇编》，杭州出版社2004年，第624页。

[3] 严格来说仅引用了二句，曹昭撰，王佐补：《新增格古要论》卷五，《书画一法》："古人云：'画无笔迹，如书之藏锋。'常见赵魏公自题已画云："石如飞白木如籀，写竹应须八法通，正谓书画一法也。"（此条为曹昭原有，浙江人民美术出版社2011年，第175—176页，又有《续修四库全书》第1185册收录明刊本《新增格古要论》卷五，第七页上，与此同）《格古要论》所录第二句"应须"，故宫藏本则作"还于"，用字有差异。

[4]"石如飞白木如籀，写竹应须八法通"两句（或仅第一句），除明初的《格古要论》外，见于王世贞（1526—1590）《艺苑卮言》附录四、高濂《遵生八笺》（1591）卷十五、张丑《清河书画舫》（1616）卷七下、朱谋垔《画史会要》（1631）卷五等书引用；"若也有人能会此，须知书画本来同"两句（或与前两句连用成七言绝句）见于朱存理（1444—1513）《珊瑚木难》卷三、郁逢庆《书画题跋记》（前集1634）卷六、汪砢玉《珊瑚网》（1643）卷三十二等书引用。各本文字常有小异，显示流传的所谓赵孟頫画作有多种复本。在当时流传的众多作品中，有一些流传至今，其中故宫博物院藏的《秀石疏林图》卷恰好拖尾带有赵孟頫写的这首诗。此图及类似作品（如台北故宫博物院藏的《疏林秀石图》页和《窠木竹石图》轴）的真伪还有待讨论，因而本文避免以它们作为立论的证据。

[5]《艺苑卮言》附录四加上了一段"画竹干如篆枝，如草叶，如真节，如隶……"的论述，《书画题跋记》则在诗后加上了一段"柯九思善竹石，尝自谓，写干用篆法，枝用草书法，写叶用八分，或用鲁公撇笔法，木石用折钗股、屋漏痕之遗意。"但据该书，此诗与跋是赵孟頫题在一幅柯九思的《墨竹》上的，而非自绘枯木竹石画上。

[6] 相关记载见文嘉：《先君行略》，周道振辑校：《文徵明集》下册，上海古籍出版社1987年，第1623页；黄佐：《将仕佐郎翰林院待诏衡山文公墓志》，《文徵明集》下册，第1630页。

[7] 冯时可：《文待诏徵明小传》，《冯元成选集》卷五十，页十五上一下，《原国立北平图书馆甲库善本丛书》第828册，国家图书馆出版社2013年。

[8] 文嘉：《先君行略》，《文徵明集》下册，第1622页。

[9]《古书画伪讹考辨》下卷，江苏古籍出版社1984年，第122页。

[10] 此册嘉靖二十八年（1549）为庆贺文徵明八十寿辰，文门弟子及吴中名贤所作的诗画册，首为彭年小楷书寿序，作画者包括谢时臣、陆治、钱穀、朱朗、陈栝，题诗者包括袁褧、袁袠、许初、皇甫冲、毛锡暇等，曾经王季迁收藏，后分拆三部分，中国嘉德2006年春拍（拍品号391）和2009年春拍（拍品号1217）各出现书画八对，另有书画七对及寿序二开为台北私人收藏，见于《悦目：中国晚期书画》图录，石头出版股份有限公司2001年，图09号。三部分书画共计四十八开。

[11] 原名《文衡山兰石图》扇面，黑白图片，见于《明四大家画谱》第五十八页，沈周等绘：《明四大家画谱》，[日本] 上野有竹斋等藏，内藤虎次郎辑，博文堂合资会社影印出版，日本大正十三年（1924）。

[12] 见上海博物馆编：《中国书画家印鉴款识》上册，文物出版社1987年，第180页。

[13] 限于条件，笔者在本文只能作出初步的判断。需要指出的是，从小图片上看颇为可信、并一直被视为文徵明代表作的《秋花图》轴（故宫博物院藏，京1-1348）经笔者观看清晰图片和原作后判断为笔墨低劣的伪作，这个例子提示本文初步归类为可信的作品中也许还应该淘汰掉很大一部分。

[14] 文徵明《甫田集》卷十三，出自中国国家图书馆藏文嘉抄本，诗云："楚江西望碧云稠，春草多情唤别愁。永夜月明湘佩冷，玉人千里思悠悠。"转引自周道振、张月尊：《文徵明年谱》，百家出版社1998年，第556页。

[15] 见周道振、张月尊辑《唐伯虎全集》补辑卷四引录清杜瑞联《古芬阁书画录》，中国美术学院出版社2002年，第447页。关于《古芬阁书画录》之不可信，见余绍宋：《书画书录解题》卷六，第二十二页下至第二十三页上，浙江人民出版社据1932年国立北平图书馆排印本影印1982年。

[16] 生年据王珍珠：《都穆考论》，苏州大学硕士论文，2009年。

[17] 都穆：《铁网珊瑚》第六卷，页八下，页十三上—十四上，《四库全书存目丛书》，子 117 册，齐鲁书社 1995 年。

[18]《铁网珊瑚》后附《四库全书存目丛书》，子 117 册，齐鲁书社 1995 年，第 743 页。

[19]《甫田集》（文渊阁四库全书本）卷八，第一页下《赋盆兰》，卷六页十三下《客赠闽兰，秋来忽发两丛，清香可爱》。

[20]《甫田集》（文渊阁四库全书本）卷十二，页二上。

[21] 李日华：《味水轩日记》卷七，《中国书画全书》第三册，上海书画出版社 1992 年，第 1240 页上。

[22] 姜绍书：《无声诗史》卷二，第 28 页，于安澜编：《画史丛书》第三册，上海人民美术出版社 1963 年。又见《无声诗史·韵石斋笔谈》，印晓峰点校本，华东师范大学出版社 2009 年，第 37 页。

[23]《无声诗史·韵石斋笔谈》，印晓峰点校本，《出版弁言》，第 2 页。

[24] 徐邦达：《古书画伪论考辨》下册，第 123 页。

[25]［美］福开森、［中］容庚编：《历代著录画目正续编》，北京图书馆出版社 2007 年，正编第 37—56 页，续编第 21—31 页。福开森所编（正编）所列作品分布于明中期到晚清著录中，容庚所编续编则全部出自清中晚期到民国著录。

[26] 缪荃孙：《云自在龛随笔》卷五《书画》，翟金明点校，人民出版社 2013 年，第 111—112 页。又见周道振、张月尊：《文徵明年谱》引用，百家出版社 1998 年，第 556 页。

[27] 端方：《陶风楼书画目·汪笠甫花卉册》，转引自《文徵明年谱》，第 465 页。

[28] 文嘉：《先君行略》，《文徵明集》下册，第 1623 页。

[29] 袁尊尼：《贞献先生私谥议》，《文徵明集》下册，第 1637 页。

[30] 顾颉刚编著：《古史辨》第一册，《自序》，海南出版社 2005 年，第 29 页。

[31] 在［英］柯律格的《雅债》中认为关于周天球的同时代材料太少，以致难以确认他是文徵明的门徒，邱士华、刘宇珍、胡隽译本，石头出版股份有限公司 2009 年，第 208 页。

[32] 于慎行：《周幼海先生小传》，《谷城山馆文集》卷二十七，页三十五上—三十六下，《四库全书存目丛书》集部 148 册，齐鲁书社 1997 年。

[33] 二碑现藏苏州大学博物馆，此条资料蒙张朋川先生赐告。

[34] 柯律格只讨论了文徵明为人写墓志铭的情况，见《雅债：文徵明的社会性艺术》，第 155—162 页。与周天球、王穉登大致同时的冯梦桢（1548—1595）通过卖文获得丰厚收入的情况，从其《快雪堂日记》中可见一斑，也可约略反映晚明这一市场的状况。见丁小明《真实居士的真实言》（代序）中“经济帐”一节，载冯梦桢：《快雪堂日记》，丁小明点校，凤凰出版社 2010 年，序言第 22—23 页。万木春讨论了冯梦桢及其学生李日华（1565—1635）的收入状况，并不认为卖文所得甚高，见万木春：《味水轩里的闲居者：万历末年嘉兴的书画世界》，中国美术学院出版社 2008 年，第 39—43 页。

[35] 申时行《周公瑕祠堂记》谓：“吴自文待诏衡山先生有盛名于当世，后乃推公瑕，邦君使者，屐履相错。四方之碑版铭碣，争乞公瑕书，里之庆祝赠送，笺素卷轴，不得公瑕诗若书，则不贵，海内闻人杰士，缄问相属与赓倡酬酢，靡不称公瑕诗若书”，《赐闲堂集》卷十六，页二十八上，《四库全书存目丛书》集部 134 册，齐鲁书社 1997 年；钱谦益：《列朝诗集小传·丁集中·周秀才天球》谓其晚年“丰碑大碣，皆出公瑕手”，上海古籍出版社 1983 年，下册，第 486 页。这些材料都说明文徵明去世后周天球才获得较多出售实用文及书法的机会。

[36] 张凤翼：《跋周公瑕兰》，《处实堂集》卷七，页四十七上—下，《四库全书存目丛书》集部 137 册，齐鲁书社 1997 年。

[37] 胡应麟：《跋周公瑕画兰卷》，《少室山房类稿》卷一零九，页九上，（《丛书集成续编》文学类，第 146 册，台北新文丰出版公司 1989 年）。

[38] 姜绍书：《无声诗史》卷七，第 120 页。

[39] 徐沁：《明画录》卷六，第 81 页，于安澜编：《画史丛书》第三册，上海人民美术出版社 1963 年。

[40] 何良俊：《史十一》，《四友斋丛说》卷十五，中华书局点校本（元明史料笔记丛刊）1959 年，第 131 页。

[41] 冯时可：《文待诏徵明小传》，《冯元成选集》卷五十，页十四下—十五上，《原国立北平图书馆甲库善本丛书》第 828 册，国家图书馆出版社 2013 年。

[42] 姜绍书：《无声诗史》卷三，第 45 页。

[43] 文徵明致朱朗信札：“今雨无事，请过我了一清债。试录送令郎看。徵明奉白子朗足下。”见《明贤尺牍》册，日本大正九年（1920）

博文堂合资会社影印本，载国家图书馆编：《明代名人尺牍选萃》，国家图书馆出版社2008年，第10册，第457页。

［44］姚汉源：《京杭运河史》，中国水利水电出版社1998年，第235—236页，第241页，第244页，第246页。

［45］胡应麟：《跋周公暇书朱司空河工序》，《少室山房类稿》卷一零七，页三下—四上。

［46］胡星、胡涛选注：《微山湖历代诗文选注》，周天球、刘贽《唱和诗》注释1，山东友谊书社1987年，第26页。此条材料亦蒙张朋川先生首先指出。周天球自书和刘贽诗碑现存微山县文管所。

［47］胡星、胡涛选注：《微山湖历代诗文选注》，徐阶《漕运新渠记》注释1，第114页。碑毁于“文革”，有拓本传世，字径寸许。

［48］于慎行：《周幼海先生小传》，《谷城山馆文集》卷二十七，页三十六下，《四库全书存目丛书》集部148册，齐鲁书社1997年。

［49］周天球的身份是门客，见沈德符：《玩具·淳化阁帖》，《万历野获编》卷二十六，中华书局1959年，第656页。

［50］朱希忠传见《明史》卷一百四十五，《列传三十三·朱能传附》，中华书局1974年，第4087页。朱希孝生平见张居正：《张太岳文集》卷十二，《朱公神道碑》，页二十一—二十二，据明万历刻本影印，《张太岳集》，上海古籍出版社1984年，第155页。

［51］于慎行：《周幼海先生小传》，《谷城山馆文集》卷二十七，页三十六下。

［52］钱谦益：《列朝诗集小传·丁集中·周秀才天球》，上海古籍出版社1983年，下册，第486页。

［53］《明史》卷二百八十八，《文苑四·王穉登传》，中华书局1974年，第7389页。

［54］钱谦益：《列朝诗集小传·丁集中·周秀才天球》，下册，第486页。

［55］戚继光“帅府山人”的情况见方志远：《“山人”与晚明政局》，《中国社会科学》2010年第1期，第207—208页。

［56］王世懋致周天球信札，上海图书馆编：《上海图书馆藏明代尺牍》，上海科学技术文献出版社2002年，第四册，第183页。

［57］于慎行：《周幼海先生小传》，《谷城山馆文集》卷二十七，页三十七上—三十八上。这里的“诗文”更像一个风雅的泛称，能卖钱的主要是各种铭功谀墓之文，文学创作类的诗歌和文章则用以提高自己的声誉。

［58］刘凤：《立春日集周公瑕止园序》，《刘子威集》卷十二，页二十下—二十三上，《原国立北平图书馆甲库善本丛书》第781册，国家图书馆出版社2013年；冯时可：《与周公瑕（尺牍）》，《冯元成选集》卷三十四，页三十四上，《原国立北平图书馆甲库善本丛书》第827册，国家图书馆出版社2013年。

［59］王世懋致周天球信札，屠隆辑《国朝七名公尺牍》卷八，《明代名人尺牍选萃》第6册，第688页。

［60］申时行：《周公瑕祠堂记》，《赐闲堂集》卷十六，页二十七下—二十八下。

［61］张长虹：《品鉴与经营：明末清初艺术赞助研究》，北京大学出版社2010年，第50—63页。

［62］见张长虹：《品鉴与经营：明末清初艺术赞助研究》，第56页。

［63］申时行：《周公瑕祠堂记》，《赐闲堂集》，卷十六，页二十八上。

［64］张长虹：《品鉴与经营：明末清初艺术赞助研究》，第57页。

［65］耿传友：《白榆社述略》，《黄山学院学报》，2007年第1期，第31页；李玉栓：《明代安徽文人结社稽考》，《安庆师范学院学报（社会科学版）》，2010年第10期，第48页。

［66］据钱茂伟：《明代学人刘凤行实著作考》提要，未刊稿，提要见钱茂伟新浪博客，http://blog.sina.com.cn/s/blog_4dade78b0101bpkx.html，最后访问日期2014年2月14日。

［67］张凤翼：《为诸大夫介周公瑕寿序》，《处实堂集》卷六，页十三上。

［68］胡应麟：《跋周公瑕画兰卷》，《少室山房类稿》卷一零九，页九上。

［69］关于“山人”，参见张德建：《明代山人群体的生成演变及其文化意义》，《中国文化研究》2003年夏之卷，第80—90页；李海燕：《明代嘉靖、万历年间山人研究》，暨南大学硕士学位论文，2007年。

［70］虽然沈德符《万历野获编》将唐寅列入“文人”而非“山人”，但唐寅出身微贱，科举失败，被迫以出卖诗文书画为生，并且曾投宁王幕下以求进取，实已具备了晚明“山人”的基本特征。

［71］《明史》卷二百八十八《文苑四·王穉登传》：“嘉、隆、万历间，布衣、山人以诗名者十数，……然声华煊赫，穉登为最。”（中华书局1974年，第7389页）又见冯保善：《在清浊之间——晚明诗人王穉登》，《文史知识》2007年第3期，第85页，第87页；祝燕娜：《晚明布衣诗人王穉登研究》，南京师范大学硕士学位论文，2010年。

［72］万木春：《味水轩里的闲居者：万历末年嘉兴的书画世界》，中国美术学院出版社2008年，第73页。

［73］万木春：《味水轩里的闲居者：万历末年嘉兴的书画世界》，第105—106页。

［74］沈德符：《万历野获编》卷二十六《玩具·假骨董》以嘲讽的语气记载了王穉登买到假画待售但“砸”在手里的事例，中华书局1959年，第655页。
［75］沈德符：《万历野获编》卷二十六《玩具·淳化阁帖》以同样嘲讽的语气记载了周天球为王世懋掌眼，将新翻刻的《淳化阁帖》当宋拓本买下的事例，而且该伪本上还有周天球昔日东主朱希孝的伪印，周却没有看破。这似乎也可以解读为周天球在朱希孝家并没有得到传说中的优遇，第656页。
［76］王穉登：《吴郡丹青志》，第3页，于安澜编：《画史丛书》第四册，上海人民美术出版社1963年。
［77］《文徵明集》下册，第1627页。
［78］沈德符：《玩具·假骨董》，《万历野获编》卷二十六，第655页。
［79］《明史》卷二百八十七《文苑三·文徵明传附》“（周）天球以书，（钱）谷以画，皆继徵明表表吴中者也。”卷二百八十八《文苑四·王穉登传》：“吴中自文徵明后，风雅无定属。穉登尝及徵明门，遥接其风，主词翰之席者三十余年。”中华书局1974年，第7364页，第7389页。
［80］沈德符：《山人·王百穀诗》，《万历野获编》卷二十三，第585页。
［81］申时行：《周公瑕祠堂记》，《赐闲堂集》，卷十六，第二十八页下，《四库全书存目丛书》集部134册，齐鲁书社1997年。
［82］“即日有二扇，寄一远人，特求过舍一挥，千万勿吝，更不可迟。故恃爱相渎，幸即降，重容谢谢。十九日，天球顿首，叔达老兄先生。”见梁同书辑《明人尺牍》卷二，又见黄定兰辑《明人尺牍》，《明代名人尺牍选萃》，第4册，第627—628页，及第695页。
［83］徐沁：《明画录》卷六，第81页。
［84］此册末有天启元年茅培观款，当作于万历年间（1573—1620）。
［85］《中国古代书画目录》粤2—053周天球《兰石图》八开册条后标刘九庵意见：“非宋旭画，款后添。”该册无款有印，当是刘对宋旭画的意见误植于此。见《中国古代书画图目》第十四册后附，文物出版社1996年，第284页。
［86］《千手观音》是中国残疾人艺术团演出的舞蹈名作，在几乎整个演出过程中，观众都只能看到领舞演员的全身形象，20名群舞演员在她身后站成一排，只露出双臂双手，在领舞者身后构成“千手”伸展如同圆形背光般的效果。
［87］宫内厅本见今泉笃男等编集：《日本美术全史》上卷《上古—室町》，东京：美术出版社昭和34年（1959），参考图1299。
［88］中国嘉德2011年11月12日《悦目——中国古代书画》专场拍卖，拍品号845。
［89］何良俊：《四友斋丛说》卷二十八《画一》、卷二十九《画二》，第255—269页。
［90］王耀庭先生赐示他为西雅图博物馆官网所写的日本画僧玉畹梵芳（1348—1420）《兰蕙同芳图》材料，对本文思路有重要启示。
［91］《画继·画继补遗》（中国美术论著丛刊），黄苗子点校，人民美术出版社1963年，《画继》卷五，第55页，第58页；《画继补遗》卷上，第2页。
［92］此卷自题画于至正二十年（1360），画家生平不详，据卷后杨维桢题，邹的身份为道士。
［93］赵希鹄：《洞天清禄集·古画辨》，文渊阁四库全书本，页五十上。
［94］吴太素：《松斋梅谱》卷十四《画梅人谱》，引自陈高华编《宋辽金画家史料》，文物出版社1984年，第779页。
［95］《画继·画继补遗》（中国美术论著丛刊），《画继补遗》卷上，第6—7页。
［96］《图绘宝鉴》卷四，第99页，于安澜编：《画史丛书》，第二册，上海人民美术出版社1963年。
［97］《图绘宝鉴》卷五，第141页。
［98］《中国古代书画图目》第二册后附《目录》，文物出版社1987年，第362页。
［99］［英］柯律格：《雅债：文徵明的社交性艺术》七《弟子、帮手、仆役》注42引刘纲纪《文徵明》（吉林美术出版社1996年）第310页引傅熹年看法谓此图“很可疑”，第282页。
［100］《中国古代书画图目》第十四册后附《中国古代书画目录》，文物出版社1996年，第283页。

小品大艺

——试论文徵明对书画折扇（扇面）艺术创作的推动和影响

赵幼强（浙江省博物馆）

内容摘要：该文对文徵明在书画折扇（扇面）创作上的特点和成就进行了分析概括，并阐述了文徵明在这一扇书扇画创作艺术领域的推动作用和对后世的深远影响，由此提出了文徵明及其“吴门四家”等对书画折扇（扇面）的艺术成就不仅仅是对书画艺术本身的拓展，更重要的是把中国书画市场化进程推动了一大步。

关键词：文徵明　折扇（扇面）　影响

说到中国古代书画艺术的发展，人们自然会想到诸多因素：一是社会环境——书画市场化逐步形成和鉴藏活动之兴盛；二是审美对象——书画艺术审美趣味的阶层下移；三是创作队伍——书画艺术的传承教育的普及化；四是兼顾实用——书画艺术趋于市场化、生活化等等。在这些因素中，书画艺术趋于市场化、生活化，在明代中叶兴起的“吴门画派”时期，尤为显得突出。其中在扇面上进行绘画书法创作，是当时推动书画艺术趋于市场化、生活化的重要因素之一。“吴门画派”的沈周、文徵明、唐寅和仇英是书画折扇（扇面）创作的高手，也是中国书画折扇（扇面）发展兴盛的重要推手。文徵明作为“吴门画派”的领袖人物，他在书画折扇的创作上堪称一绝。至今，我们从文徵明各种扇面作品和出版图录资料等信息中获知，其书画折扇（扇面）数量之多，质量之精，传播之盛，似列“吴门四家”之首。对于文徵明书画历代研究颇丰，大都对其纯艺术性的书画作品研究较多，而对其在生活实用性的书画折扇（扇面）创作上所起到的推动作用及后世影响，相对研究薄弱，有待深入。本文试就这一方面的问题，作些探究，抛砖引玉，不当之处，请方家斧正。

一　书画折扇（扇面）艺术兴起的社会背景

中国古代扇子既是人们引风纳凉的器具，在其扇面上写字作画，这是社会大众精神文化消费趋于生活化所致，也是书画艺术审美趣味、审美需求向下转移的社会反映。书画入扇既丰富了人与人之间的文化交流——往来应酬互赠扇子及在扇面上合作书画等，又开创了中国古代书画的创作新模式——特定空间范围中精思巧构的画面及技法的展示。扇与书画结缘具体始于何时，尚不清楚。但从扇与书画两者关系变化上来说，在宋之前，以“书画之于扇面”的工艺性、日用性的装饰扇为主，此时扇子是主体，书画艺术是作为装饰艺术为其所用。入宋以后，“扇面之于书画”，此时书画是主体，扇面是作为书画展示载体为其所用。北宋郭若虚在《图画见闻志》中写道：“彼（高丽国）使人每至中国，或用折叠扇为私觌物。其扇用鸦青纸为之，上画本国豪贵杂以妇人鞍马……谓之倭扇，本出于倭国也。”折扇作为日本、朝鲜舶来品始在北宋流传中国上层社会，因稀罕且昂贵，并未在百姓中流传，且书画入扇仍在团扇上。到了南宋，折扇的生产与使用已相当普及，临安城（今浙江杭州）还出现了专门制作折扇的店铺。但囿于传统观念的排斥，折扇最初被认为是下贱之物，“仆隶所执，以避尊贵之目”。当时的工艺也不够考究，折扇扇骨少，扇面用纸也比较粗糙，不适宜题字作画，故多为一般市民日常使用，未能登大雅之堂。元代是书画扇面创作的低谷期，团扇书画艺术呈现出一片寂然萧索的景象，书画折扇（扇面）则偶有人为之，不见书画大家所为。进入明代，书画扇面再度兴起，但与前朝不同的是，以纸为面的折扇逐渐取代以绢为面的团扇。明代中期以后书画折扇（扇面）创作大兴，几乎看不到书画团扇。明代折扇的兴起主要原因：一是与当朝皇帝的喜好有关。清代康熙年间的刘廷机《在园杂志》卷四载：“其扇本名折迭，亦谓之撒扇，取收则折叠，展则撒舒之义。明永乐中，朝鲜国人贡，成祖喜其卷舒之便，命工如式为之。自内传出，遂遍天下。”俗话说“上有所好，下必从焉”，明成祖朱棣的推广，为折扇的普及奠定了良好的社会基础。二是与当时书画界的积极响应有关。折扇的扇面为弧形状，在其上面创作书画，技法难度增大，其功能、审美等也随之变化。明中后期以后苏州地区的“吴门画派”的崛起，在其画派的代表人物中，沈周、文徵明、唐寅、仇英、祝枝山等都是书画技法全面、功力扎实的书画大家，他们对书画折扇（扇面）创作积极响应并倾力为之，成为折扇书画创作的高手，有大量精致的书画折扇（扇面）作品流传后世，在今日收藏拍卖市场上成为抢手的“佼佼者”。三是与中国书画市场化进入到兴发期有关。元代文人画的发展，使书画艺术重心从宫廷院体逐渐向民间地方画派转移，在元人的基础上，明代“吴门画派”对文人画体系进行了全面的充实和完善，由此“吴门画派”作为地方画派的影响力得到了迅猛扩大，从宫廷到民间书画界逐步被“吴门画派”的影响所征服，并取代了宫廷院体和“浙派”所占据的主导地位。从“吴门画派”崛起的根源看，最重要的是他们赢得了宫廷和朝野书画市场的认可和消费者的追捧。苏州书画市场的形成和繁荣，作为兼有生活和实用性的书画折扇（扇面），备受人们喜爱，买卖行情甚好，在书画市场化进程中充当人们追逐的热点之一。折扇小巧玲珑，可挟持在怀袖之间，易于携带，而在扇面上面题诗作画，更是风雅十足，于是书画折扇成为明代文人雅士的掌中之物，称之为“怀袖雅物”，并迅速风靡全国。

二　文徵明对书画折扇（扇面）艺术创作的推动

文徵明（1470—1559）出生于世官家庭，自幼习经籍诗文，喜爱书画，文师吴宽，书法学李应祯，绘画宗沈周。54 岁进京被授职翰林院待诏。期间因书画出名，求者甚多而遭同僚之妒，对官场心灰意冷，57 岁辞归苏州，潜心诗文书画，终不求仕进，以戏墨弄翰自遣。文徵明在书画造诣上极为全面，其诗、文、书、画无一不精，人称是“四绝”的全才，在画史上与沈周、唐寅、仇英合称“吴门四家”，在诗文上与祝允明、唐寅、徐祯卿并称“吴中四才子”。其书画技艺和成就，与他的年龄增长成正比，即越老越精道，至晚年声誉卓著，号称“文笔遍天下”、“海宇钦慕，缣素山积”，购求他的书画者踏破门坎，年近九十岁时，为人书墓志铭未完，“便置笔端坐而逝”。文徵明作为“吴门画派”的领袖人物，在他选择“弃官”到成为一位职业文人画家过程中，除他个人敢于冲破传统思想的束缚外，与当时的社会开始出现早期资本主义萌芽也有很大关系。明中后期，苏州书画市场活跃和人们对书画消费的增长，引发了文人画家进行书画创新和积极入市的欲望，这一积极入市现象也是明代文人画家与元代文人画家有所区别之处。画折扇（扇面）作为当时一种新颖的而又带有生活情趣的艺术形式，虽携带和欣赏方便，但要在上宽下窄、折痕凹凸上挥洒，用笔墨的技术难度增大，而在有限弧面空间进行精思巧构、苦心营造更属不易。所以书画折扇（扇面）佳作，在市场上润笔费要价高，价格比一般书画册页也要昂贵。文徵明所在的苏州，是当时中国折扇生产中心之一，其生产的泥金、洒金和冷金笺折扇（扇面）颇受文人欢迎，尤以泥金书画折扇（扇面）最为著名。明谢肇淛《五杂俎》中言：“吴中泥金最宜书画，不胫而走四方，差与蜀箑埒矣。明代宫中大内岁时发千余，令中书官书诗，以赐宫人者，皆吴扇也。”得益于这种良好的苏州书画折扇（扇面）声誉，在文徵明书画创作中，有很大一类是书画折扇（扇面）作品，且对书画折扇（扇面）创作的品位要求很高。据传当时苏州艺人“方氏”制作折扇很出名，文徵明对其情有独钟，非“方氏”之扇不书。文徵明是“吴门书派”的代表人物，篆、隶、楷、行、草各有造诣。尤擅长行书和小楷，温润秀劲，法度谨严而意态生动，既具晋唐书法的风致，又显“温厚儒雅”之个性风貌，有“明朝第一”之誉。他的“以书入扇”作品，行距错落有致，“竖行满字”相间“竖行二字”的书法布局，让人感到通透舒朗，如有一种行云流水般的韵律，其由书及人的那种“温厚儒雅”之个性风貌，油然而至。如此一把风雅自适的书法折扇（扇面）在手，真让文人雅士羡慕不已。“以画入扇”是文徵明最为拿手的绘画创作之一，他以精湛的技艺，将折扇（扇面）画艺术推向了极致，使其成为将扇面“小品”真正引入艺术殿堂——“大艺”之作的重要推手。文徵明绘画风格主要有两种，分为细笔画和粗笔画，以细笔画最能代表“吴门画派”之特有风格。在扇画创作上也存在着细粗两种风格。如，宁波天一阁博物馆珍藏文徵明85岁时所作《万壑争流图》扇面（图一），是典型的细笔“小品大艺”之作，在小小扇面上，似有千山耸立、万壑争流、层林竞秀之态，画面紧凑，气势宏大，画中山峰林立、壑流纵横、绿树相间等，是一般大幅山水画都较难达到的效果，此扇画真乃咫尺天涯。另一幅浙江省博物馆收藏的文徵明《青绿山水图》扇面（图二），此画构图较稀疏，画面中右侧高耸山峰和其左侧平低山峦用粗笔勾勒成形，再上色渲染，在弧形扇面右下角绘大

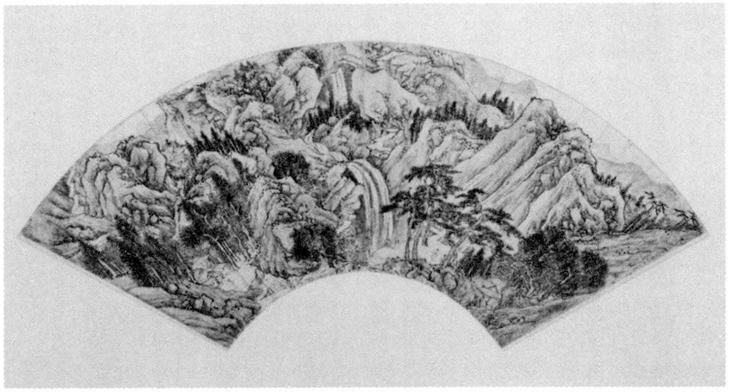

图一　文徵明万壑争流图扇页

图二　文徵明青绿山水图扇页

树掩映下一高台亭屋和坡石等，对角左上方是诗款：“芳草两堤三月暮，故人千里一书无”，整个扇画似学沈周一路的粗笔写意文人画的风格，显然与上面所述的《万壑争流图》扇面不同，更多的是一种写意诗的情感表现，以形简寓情取胜。文徵明在扇面上细繁、粗略两种不同绘画风格，满足了不同需求人的喜好，故他的书画扇面生意很好。在其所作的《文徵明集》中有这样一段记载：“扇骨八把，每把装面银三分，共该二钱四分。又空面十个，烦装骨，该银四分，共奉银三钱，烦就与干当干当。徵明奉白子郎足下。”从上述实物和文献的对照看，文徵明对中国书画折扇（扇面）创作的推动主要表现在：一是从书画折扇（扇面）艺术创作本身而言，文徵明的成就似最为显著。由于折扇的扇面形状特殊，将书法和绘画移植到这种弧形的扇面上，是一种新的探索和实践，为此文徵明成功的从技法和构图等方面，在小小扇面上将山水大画的气势和精细两者融于方寸之间，让人感觉出一种大画的气势和精巧的布局，给人一种“以小见大”艺术审美的享受。所以，就“吴门画派”整体而言，与文徵明同时期的唐寅、祝允明等虽对书画折扇（扇面）创作也贡献不小，但与文徵明相比，由于唐寅、祝允明等声色流连、放荡不羁，人品和艺品较文徵明都要欠缺，而文徵明高尚人品与完美艺格，在当时赢得了同仁和世人的认可。如唐寅致文徵明函曰：“徵仲遇贵介也、饮酒也，声色也，花鸟也，泊乎其无心，而能断在其中，虽万变于前而不可动者。寅长徵仲十阅月，愿例孔子，以徵仲为师，非词伏也，盖心伏也。

诗与画，寅得与徵仲争衡；至于学行，寅将捧面而走矣。”另就他们的艺术生命而言，文徵明比唐寅、祝允明分别要多从艺36年和32年之久，因而文徵明在书画折扇（扇面）创作数量、质量等方面似更胜文、祝一筹。1973年，江苏吴县洞庭山明墓出土了四百多年前文徵明、申时行的两把书画成扇，其虽在棺材尸水中浸泡，仍不失光泽，出土后开合自如，金光照人。此文徵明书画折扇（扇面）质量如此之好，令人惊叹。

三　文徵明书画折扇（扇面）创作的影响力

从传至现今明代书画折扇的类型来看，主要有两种：一是制成带扇骨可实用的成扇，此种数量较少；二是扇面册页，即将书画扇面直接装裱成册页，或为了更好的收藏，把折扇的骨和面分离，将扇面裱成册页，这类数量占了绝大多数。在文徵明书画创作中，书画折扇（扇面）占了相当数量，现存尤以书画扇面居多，因其所用折扇的材质考究，扇画扇书的技艺精湛，不仅深受时人的推崇和藏爱，而且对后世书画折扇（扇面）艺术创作影响深远。主要体现在三方面：一是其艺术传承影响。据2012年中华书局出版的《中国文化遗产研究院藏清末民国书画印本书目》上载，有《神州国光社》、《中华书局》、《民明书局》、《商务印书馆》、《北平故宫博物院》、《艺苑真赏社》、《博文堂》、《天真美术馆》、《有正书局》等出版过29种文徵明书画印本，资料显示其出版文徵明书画印本数量居明代书画家之首，而《神州国光社》最早在清光绪三十四年（1908）就出版文徵明书画印本了，其中部分为书画扇册。除上述这些正规有名的书局、出版社等之外，一些私人出版商也出版过文徵明的书画印本，如1921年美周出版社印制的《文徵明扇面双绝神品》等。由此可见，文徵明书画折扇（扇面）的精湛艺术受到后世追捧，上述各大传播书局、出版社不遗余力争相出版文徵明的书画印本是最好的例证。二是对鉴藏的影响。前面所讲到1973年出的文徵明书画成扇，墓主人选择文徵明作品随葬，说明墓主生前对文徵明的书画成扇的极为喜欢，死后才会拿它陪葬，同时也说明鉴赏和收藏文徵明书画折叠成扇早在当时已深受人们的喜爱。如今我们在有关博物馆或拍卖行常见的文徵明书画，亦多为文徵明书画扇面或折扇。1975年台湾地区邮政部门发行《扇面古画——折扇》邮票一套4枚，其中2.5元面值的邮票选用了藏于台北故宫博物院的文徵明山水扇面画。三是对中国书画市场化进程的影响。折扇本是方便人们携带的纳凉工具，它与书画艺术的结合，使折扇走入了书画艺术作品的行列，且在创作艺术技法上要求更高，故称之为“小品大艺”。因此从属性上讲，书画折扇具有生活实用与艺术鉴赏双重功用，因而它对书画市场的消费者更有吸引力。如文徵明给白子郎函购扇面曰：“……又空面十个，烦装骨，该银四分，共奉银三钱，烦就与干当干当……”，这说明当时名人书画折扇（扇面）销路很好。因此，可以说文徵明及其“吴门四家”等在书画折扇（扇面）的创作艺术成就上，不仅仅是对书画艺术本身的拓展，更重要的是通过一把小小的书画折扇（扇面），把中国书画市场化进程推动了大大的一步。

王世贞与文徵明

——书画交游与鉴藏研究

杜　娟（中央美术学院）

内容摘要：王世贞（1526—1590）是有明一代声名卓著的文坛领袖与史学巨匠，同时他还是明代中晚期吴中地区最重要的书画鉴藏家之一。王世贞一生交游广泛，在书画鉴藏方面有所交游者，几乎涵盖了当时江南地区重要的书画鉴藏家，其中就包括了文徵明（1470—1559）、文彭（1497—1573）、文嘉（1501—1583）父子。本文的研究，以王世贞的书画鉴藏为切入点，试图通过王世贞与文徵明在书画鉴藏方面的交游、王世贞对文徵明书画的鉴藏与研究、王世贞对文徵明画史地位的评介与推崇等几个方面的分析讨论，来考察王世贞是如何以其极富历史使命感的立场，为文徵明卓越的书画成就树碑立传，如何以自己身体力行的鉴藏、深入的研究、不遗余力的推介，对以文徵明为代表的吴门地区书画发展做出重大而独特的贡献。

关键词：王世贞　文徵明　书画交游　鉴藏与研究

王世贞（1526—1590）是有明一代声名卓著的文坛领袖与史学巨匠，同时他还是明代中晚期吴中地区最重要的书画鉴藏家之一。其书画鉴藏活动丰富而活跃，不仅留下了大量的有关书画内容的文字资料，而且还有一些经手的藏品实物存世，成为今天研究明代书画史、书画鉴藏史十分珍贵的文献。王世贞一生交游广泛，在书画鉴藏方面有所交游者，几乎涵盖了当时江南地区重要的书画鉴藏家，其中就包括了文徵明（1470—1559）、文彭（1497—1573）、文嘉（1501—1583）父子。以往的学术研究，殊少对王世贞与文徵明的书画交游、王世贞对文徵明书画的鉴藏与评价的专门研究，本文选择这一课题，不仅在于这是一个明代书画史上不可忽视的重要环节，更具有填补明代美术史空白的意义。

王世贞与文氏家族的交往始于少年时期，现在所知最早的有文字记载的书画交往，是嘉靖二十三年（1544）春七十五岁高龄的文徵明对十八岁少年举子王世贞的过访。王世贞年少之时就已与文徵明有所交游，无疑为其书画鉴藏生涯奠定了不低的起点，与文徵明的书画交游显然会在某种程度上影响到他在书画见识与鉴赏眼力方面的涵养。此外，他与文徵明长子文彭、次子文嘉的交往贯穿终生，且在隆庆二年（1568）受文彭父子所邀为文徵明撰写了传记。文徵明比王世贞年长五十七岁，年龄上可以算作是其祖父一辈，颇有师长之谊；文彭、文嘉比王世贞年长近三十岁，可以说算作父辈，但实际上亦师亦友，为忘年之交，其中王世贞与文嘉来往更多，交情更厚。文徵明去世后，文氏兄弟担负起文徵明曾举足轻重的苏州地区书画领袖的重要角色，而半隐半仕、官高位显的文坛领袖王世贞，也渐渐在书画鉴藏界风生水起，最终成为吴中地区书画鉴藏领域的重要的核心人物，发挥着深远的影响。

王世贞的一生，因嘉靖三十九年（1560）父亲王忬罹难所导致的人生轨迹的巨大转折，表现出前后期生涯人生态度上的鲜明差异：前期怀抱宏图大志、满腔政治热情，专注举业、著述与仕途功名；后期则因为深重的精神创伤，促使王世贞的人生旨趣发生了重心转移，在半隐半仕之际醉心于“九友”与史学著述[1]，故而在书画鉴藏方面投入了更多的兴趣与时间。

一　王世贞与文徵明在书画鉴藏方面的交游

根据已知的材料，王世贞在少年时期就已经涉足书画鉴藏这一领域。少年王世贞才华出众，不满十八岁（若以今天的周岁计岁方法计算，王世贞则为十六周岁）[2]，就已秋闱中举。作为一名吴中的世家少年才子，凭借家族的声望与少年举子的名气，开始跻身吴中文人士绅的文化艺术交游圈子。嘉靖二十三年（1544）春，十八岁的王世贞在京师的春闱中落第，回到吴中[3]，时年七十五岁的文徵明顺道过访了落第的世家才子王世贞，一起赏鉴书画。文徵明在一则题跋中写到：

> 嘉靖甲辰（1544）春日，偶过元美斋头，出示唐人墨迹，精绝可爱，不胜景仰。复以佳纸索《前后出师表》。余何敢望古人哉？勉为书此，以鱼目混夜光，觉我形秽多矣！徵明时年七十有五。[4]

这则题跋，是目前能找到的最早的王世贞与文徵明在书画鉴藏上交往的文献。通过这则题跋，可以把握以下信息：

第一，根据题跋中的语气，文徵明与王世贞的相识，应该早于这次见面。“偶过”一词说明不是正式拜访，应该是在比较熟悉的情况下才会有的兴之所至的举动。或可猜想，文徵明的这次“偶过”访问，也许有着安慰落榜才子的意图。作为吴中地区颇具声望的簪缨世家，王世贞借助家族背景于少年时期就能结识众多前辈先贤，是极有可能的。也因此推测，王世贞与文徵明的交游，应该始于更早的时间。比王世贞年少十岁的弟弟王世懋，也是在少年时期就结识了文徵明，现在已知的最早记载是在十七岁的时候[5]，当时文徵明还赠其书迹，极有可能这也不是他们第一次的相见。

第二，少年王世贞已开始了书画收藏。很有可能在最初开始的时期会借助父亲或家族已有的藏品，只是不知道这件请文徵明赏鉴的唐人书迹源自何处，但足以说明王世贞收藏的趣味。从文徵明的这则题跋可知，他对这件唐人书迹还是比较欣赏，谓之“精绝可爱”。即便或被认为这只是恭维之语，至少也能说明以文徵明书画名家前辈的身份，是愿意为王世贞的藏品增色的。王世贞有这样得天独厚的机会能与文徵明一同赏鉴古人墨迹，实在是一般书画爱好者难以企及的幸事。

第三，在这样的书画交游中，王世贞有机会以佳纸索请文徵明墨宝，而文徵明则以谦虚的姿态欣然书写了楷书《前后出师表》。这里令人关注的是，文徵明不是简单地应酬几行字几句诗敷衍了事，而是颇为认真的书写了《出师表》长文，从中不仅可以见出文徵明对王世贞这位晚辈小友的亲厚态度，而且可以想见王世贞目睹文徵明亲笔挥毫之时所能获得的对书画赏鉴的教益与体悟。

王世贞二十一岁进入仕途之后，很长一段时间待在京师，他与文徵明的见面比之入仕之前显然要少了许多。但当他因公务南行之时，还是有了与前辈名家再次交游的机会。在其著作《弇州四部稿》中记录了在嘉靖三十二年（1553）一年间，王世贞与时年八十四岁的文徵明的数次会面。

当时，王世贞已经在京师为官七年，因与严嵩的政治对立而仕途偃蹇。嘉靖三十一年（1552）七月，王世贞以刑部员外郎出使案决庐州、扬州、凤阳、淮安四郡之狱，有机会离京南返江南。此时，因东南沿海倭乱，其父亲王忬正在巡视浙江兼管福州、兴化、漳州、泉州之任上，大约秋冬之时，父子二人在苏州相会。此次南行，王世贞一路酬应颇多，及至第二年七月返京之时，在苏州与文徵明有过数次交游。隆庆二年（1568）王世贞所撰写的文徵明传记《文先生传》中写道：“余向者东还时，一再侍文先生，然不能以貌尽先生，而今可十五载……”[6]，由隆庆二年（1568）回溯十五年，当正是嘉靖三十二年（1553）。王世贞在南行出使察狱之时，回家小住，一直逗留至第二年冬春，并在这期间构筑了“万卷楼”，作为贮藏书籍及书画之所。然“未庋置图史，海寇猝发，仓皇避兵吴中”[7]，再次来到苏州。在苏州的避难之行，大约长达数月之久，与苏州文化及书画鉴藏圈广为交游。王世贞《衡翁诗画卷》题跋云：

> 癸丑，余避地吴中。一日以间谒文太史，手此卷索题。太史坐隅，画兰石毕，觉秀色朗

朗射人眉睫间。已书数古体诗，诗亦清拔，是平生合作者。而书法从豫章来，尤苍老可爱。[8]

王世贞是在嘉靖四十五年（1566）偶然整理散帙时，翻出此卷，此《诗画卷》“墨色尚如新，而太史游道山已七易寒暑矣，为之泫然一慨。”从而题写下这段题跋。又有《文太史三诗》云：

文太史八十四时，为余出金花古局笺，行书三诗以赠。书极苍老秀润，而结体复不疏……[9]

这两则题跋中提到了在一年中与文徵明的两次相会，其中一次王世贞携带不知得于何时的文氏《诗画卷》，登门拜访，索请在画上题跋，并在文徵明家中亲睹其绘《兰石图》及书《古体诗》。另一次则是文徵明为王世贞书《行书三诗》相赠。虽然也有可能这两则题跋所记述的事情是发生在同一次拜访之中，但可能性更大的是两次拜访。

在苏州避难期间，王世贞升迁为刑部郎中，但直到嘉靖三十二年（1553）七月才启程返京，其时伯父王愔及众多苏州的前贤友朋前来送行，其中文徵明、彭年（1505—1566）、黄姬水（1509—1574）、俞允文（1511—1799）等或赠诗文或赠诗画或置酒宴殷殷告别[10]。这一次，文徵明特为王世贞作画扇并书诗，王世贞日后追忆到：

右扇卷甲之六，皆徵仲画也，凡二十面。前一面乃癸丑（嘉靖三十二年1553）秋送余北上者，时年八十四矣，尚能作蝇头小楷，题七言见赠[11]。

文徵明不仅赠画扇作别，而且于扇面上以蝇头小楷题七言诗，深情厚谊溢于笔墨间。

王世贞曾在文嘉八十诞辰的赠诗中，提及当年与文徵明及文氏兄弟的交往，在《赠休承八十》一诗中透露出与文氏家族两代人绵长的情谊：

我昔避地吴阊居，是时太史八十余，
何人不爱虎头画，若个能轻龙爪书。
两郎亭亭两玉立，无论箕裘世谁及。
倏忽流光一弹指，仲君最少今八十。
停云馆头谡谡风，见君再见太史公。
墨池流出天地派，彩笔补尽烟霞功。
衰劣惭余比蒲柳，辱君父子呼小友，
拟向洪崖借一瓢，君当满贮长春酒。[12]

诗中不仅追忆了在嘉靖三十二年（1553）前后公出回乡因海寇避难苏州时与文氏父子的交游，以及文氏兄弟“亭亭两玉立”的风采，更是感慨时光流逝，转眼文嘉也到了当年文徵明的耄耋之年，书画成就亦高，深切感怀文氏父子当年对自己一介“小友”的提携与厚爱。

文徵明于嘉靖三十八年（1559）二月间以九十高龄去世，王世贞尚在山东按察司副使任上，这一年亦是王世贞遭致父难最终辞官疲于奔波营救之年。其时，一代书画巨擘陨落，而王世贞则因次年父亲罹难精神备受打击从而开始了时隐时仕的后半生涯，书画鉴藏成为其后半生醉心致力的“九友”之一，在有关书画鉴藏的活动中，他不仅保持了与文氏兄弟的交游，而且对文徵明的书画作品进行了大量的收藏、整理、品鉴、评论，对文徵明在国朝书画史乃至整个书画史上的成就与地位进行了深入的总结、高度的肯定与不遗余力的推介。

二 王世贞对文徵明书画的鉴藏与品赏

王世贞对文徵明的书画作品十分喜爱，在王世贞、王世懋兄弟的文集中，著录了他们收藏的数量颇丰的文徵明书画作品。只就王世贞《弇州四部稿》、《弇州续稿》统计，其中不包括他过目与题跋过的他人书画藏品，王世贞自己收藏并题跋的文徵明书画作品相当之多，现只将其所藏并题跋的绘画作品列表如下（表一）。

表一　王世贞所藏并题跋的文徵明绘画作品简表

藏品名称	藏品状况	入藏时间及方式	来源及去向	鉴考意见	出　处
诗画卷					《四》卷138
劝农图祝允明记	题跋未点明藏家				《珊》卷47；《四》卷138
玄墓四景				陆师道为文徵明诗画弟子，此为最合作者	《续》卷169
千岩万壑	题跋未点明藏家				《续》卷169
人日诗画	现藏上海博物馆。文徵明作于弘治十八年（1505）乙丑。王世贞前后有两跋，另有王世懋跋。或可为王世贞藏				《续》卷169
送沈大谟画册	册前许初篚篆四字“壮游鸣盛”。凡十六帧，皆绢素，为文徵明、仇英、陆治、陆师道、谢时臣、文嘉、钱穀、陈括等画。副页有宋经笺及各有唐诗一联，皆文徵明书。画则全仿诗意为之。后有周天球、彭年二文，陆师道、张凤翼、文伯仁、皇甫汸等十二诗题。又有王穀祥、陆芝赠别文字	万历七年（1570）己卯	沈大谟—王世贞	该册页为沈大谟北上谒选时诸吴中书画名家出所长以赠之。得此画册后，因诗题缺二，请俞允文、刘凤补题，俞氏故，王世贞自己补成。钱穀子观画册，言及所缺二诗原为文徵明、文彭所题，画则有文徵明一页现为文嘉一帧所代替，钱穀一帧亦是续补	《续》卷170

王世贞收藏过一件据说的唐代阎立本的《萧翼赚兰亭图》卷[13]，但他对作者归属提出了质疑。这一看法也得到了今天学者的赞同，徐邦达在《古书画伪讹考辨》一书中就说过：“所以我很同意王世贞之说，此图绝不可能创稿于阎立本。”[14]

王世贞本身就是一位出色的史家，他以文献考据的方法对作者作了一定的考证，提出了此本《萧翼赚兰亭图》卷可能是顾德谦所画的推测。对于这一推断，当代的许多学者也多有赞同，至少一些学者赞成将此画放在五代人名下[15]。徐邦达的文章里也表示了相同的意见：“……王世贞认为今（阎）本（应是原底而不是王藏之本）就是顾德谦本，是有一定道理的。”但徐邦达先生认为王世贞所指顾德谦本不是他所收藏的本子，而是原底本，在这点上，本文则有不同的理解，这里王世贞所指的顾德谦本应该就是他所收藏的本子[16]。

对于这件藏品，王世贞十分宝爱，自夸“未有能过此者”[17]。一个重要原因，是因为这件藏品除了是一件五代时期的珍贵古画，还是一件承载了几百年历史与文化信息积淀的古物，其中就包括拖尾处保留的之前藏家请文徵明所书录的南宋吴说题跋的书法[18]，王世贞对文徵明的书法特别喜爱，收藏亦多，可以说文徵明的这则小楷书法为藏品增加了新的艺术价值与文化历史内涵，王世贞也因此请到年事已高的文嘉来补书唐人何延之的《兰亭记》长文，与其父的书法交相辉映，平添一段书画史上的佳话。文嘉享年八十三岁，书此《兰亭记》时“已八十余”，时间大约就在万历九年（1581）至万历十一年（1583）之间。其时，王世贞闲隐家乡，沉湎于修身悟道、澄怀味象、卧游畅神的光风霁月之中，远逝的前贤文徵明以其端庄优雅的书迹仍在给予当年的小友以心灵的慰藉与对书画之道的感悟，而早已成为文史大家、一代名士的王世贞借助文嘉的笔墨来纪念对前辈大师的崇敬与宣泄对书画的历史文化内涵的热爱。

考察王世贞对文徵明书法的收藏状况，会发现，他不只藏有上面提及的题跋类的书迹，还藏有大量的卷册扇页。仅以文徵明楷书为例，就收藏了诸多的作品，并且整理成册。下面几件集册，均为王世贞收藏的文徵明楷书册页。《有明三吴楷法二十四册》“第九册”：

> 第九册，文待诏《甲子稿》，诗凡五十二首，文八首，极精谨可爱，而不甚脱学究气。是时年仅三十有五，闻公每岁辄手书其诗文，前后凡六十余册，皆为徽贾从其家购之。此特吉光之零羽耳。[19]

所藏《三吴楷法十册》“第五册”：

> 第五册，为文待诏征仲小楷《甲子杂稿》。凡诗四十七首，词四首，文八首，中亦有率意改窜者。楷法极精细，比之暮年气骨小不足，而韵差胜。诗亦多楚楚情语，如《元日》、《梅雨》、《言怀》、《无题》、《梦中》诸篇，皆晚唐南宋之佳境也。闻之吴人，待诏每新岁辄书旧诗文一册，至老无复遗，而没后分散诸子，有徽人某子甲以四十千得廿册以去，今不知所在。此本乃故人子售余，为直十千。因留置此，比于吉光之片羽耳。[20]

《三吴楷法十册》“第六册”：

> 第六册，文待诏征仲小楷。其一为余书《早朝》等近体十四首，用古朝鲜茧，结构秀密，神采奕奕动人，是八十四时笔也。其二《古诗十九首》，极有小法，其妙处几与枚叔语争衡。时八十八时笔也。又一条三行，“射礼有鹿中”云云，尤精，甚而考据详核，偶于散帙得之，附于后。其三《昼锦堂记》，差大于《古诗》，结力遒劲，是六十七时笔也。其四《拙政园记》及古近体诗三十一首，为王敬止侍御作，侍御费三十鸡鸣候门而始得之。然是待诏最合作语，亦最得意笔。考其年癸巳，是六十四时笔也。其五《致仕三疏》，中有窜改，当是稿草而精谨，乃尔令人作颜平原想。吾所缀集，皆待诏中年以后书，真吉光凤羽，缉而为裘，后人其宝守之。[21]

先不论这些辑录为册的文徵明楷书中有无重合，仅就这些分别书写于三十五岁、六十四岁、六十七岁、八十四岁、八十八岁不同时期的书迹，或精谨可爱，或楷法精细，或结力遒劲，或结构秀密，或极有小法，清晰地勾勒出文徵明早年、盛年、晚年楷书风格发展变化的轨迹。

文徵明的其他各书体书法，王世贞评价亦高，其《文太史四体千文》题跋云：

> 文待诏以小楷名海内，其所沾沾者隶耳，独篆笔不轻为人下，然亦自入能品。此卷《千文》四体，楷法绝精工，有《黄庭》、《遗教》笔意；行体苍润，可称《玉版》、《圣教》；隶亦妙得《受禅》三昧；篆书斤斤《阳冰》门风；而皆有小法，尤可宝也。自兴嗣成此文后，独元时赵承旨及待诏能备此众体。惜少章草耳。[22]

王世贞盛赞文徵明楷、行、隶、篆各体书法，均能上接前贤，与古人争辉，而各体兼备，唯有元代赵孟頫与文徵明可以做到。文徵明不仅是王世贞所能亲身结交并亲授点拨的苏州地区最著名的书画家与鉴藏大家，也是王世贞所藏当代书画作品中数量最丰富的书画大家，这使得他能够在丰富藏品的鉴赏经验中、在对文徵明不同时期书画风格面貌的深刻了解的基础上，在亲身聆听教诲与交往的感受中，对文徵明作出全面而中肯的评价。

在书画鉴藏中，王世贞尤其重视将书画与诗文内容结合起来鉴赏，因此，他常常会关注书画家的诗文能力。早年时，王世贞对文徵明诗文成就的认识不够充分，曾不以为意："……吾少年时，不经事，意轻其诗文，虽与酬酢而甚卤莽。年来从其次孙请为作传，亦足称懺悔文耳。"[23]大约后来看法发生了变化，因此在为文徵明作传记时，对自己早年少年气盛而看轻文徵明诗文的做法，有所愧疚。最终，王世贞对文徵明诗文书画几个方面都非常肯定，将其视作吴中最具代表的书画大家之一，"诚吾吴杰出者也"[24]。

三　王世贞对文徵明画史地位的确定与推崇

王世贞对文徵明书画成就的赞赏与肯定，不只是出于他是一位自己少年时期就结识交往的苏州前辈书画名家，也不只是出于自己与文氏家族三代交好，情谊深厚，更不只是出于自己喜爱文徵明的书画并收藏了大量的作品，最重要的原因是王世贞以史家宏观的视角，将文徵明放入整个书画史的架构中，因此能够站在纵观横览整个书画发展的全局立场，来观察与评判文徵明在书画史上的地位与成就，并对文徵明的书画作品进行了全面准确认真的考察、分析与研究。因此，王世贞对文徵明书画成就的高度肯定与推崇，不是盲目臆断的，更不是个人意气的。

王世贞对文徵明书画成就的认识，一方面是置放在整个晋唐宋元以来的书画史整体框架之下，一方面又特别联系着有明一代的书画发展状况。可以说，王世贞首先对明代国朝书画发展有着全面而深入的认识，其次，才能把握文徵明书画的真正价值与定位。

明代前期，苏州地区的书画家就有不少应诏入宫，成为重要的宫廷画家，如宋广[25]（吴郡）、王绂（1362—1416 无锡）、夏昶（1388—1470，昆山）、周位（太仓）、徐贲（移居苏州）、赵原（移居苏州）、谢缙（侨居苏州）等。

至明代中期前后，出现了更多的书画史上知名的吴中地区的书画家。书法名家如徐有贞（1407—1472）、沈周（1427—1509）、李应祯（1431—1493）、吴宽（1435—1504）、王鏊（1450—1525）、祝允明（1460—1526）、文徵明（1470—1559）、陈淳（1483—1544）、王宠（1494—1533）等；绘画名家如杜琼（1396—1474）、刘珏（1410—1472）、沈周、文徵明、周臣、唐寅（1470—1523）、仇英（？—1552）等。对于这一活跃的现象，身为吴人的王世贞表现出特别的关注，一方面在收藏中着重对吴中书画家作品的鉴藏与研究，一方面发表了大量的文字总结、评论、推介吴中地区的书画家及其成就。他在《艺苑卮言》中曾概述书法的发展写道：

我明书法，国初尚亦有人，以胜国之习，颇工临池故耳。嗣后雷同，影响未见轶尘。吴中一振，腕指神助，鸾虬奋舞，为世珍美，而它方遂绝响矣[26]。

王世贞认为，有明一代书法在国初时已有书家，然而书道的真正兴盛，则是在吴中一地，吴中书家辈出，几乎遮盖了其他地方书家的光芒。

同时对于明代绘画的发展，王世贞在《艺苑卮言》中也曾概述云：

> 明兴善丹青者，何啻数百家，然其最驰名者，不过十之一耳。其山水、人物、花草、禽鱼不过数种，而吾吴大约独踞其大半，即尽诸方之煜然者不敌也，聊志于后……[27]

王世贞认为绘画也是如此，最善丹青之名家，吴中大约占据了大半。这其中包含着王世贞对自己家乡吴中书画成就的特别情感与肯定，而实际上，王世贞也没有夸大其词。他对有明代一代吴中地区地域书画流派的关注，特别对书画上重要代表人物的关注，反映出一位学者敏锐的观察力与分析研究的能力。在这些他所极力推崇的吴中书画大家之中，文徵明是颇具代表性的一位。

被王世贞最为所推崇的吴中书法大家有祝允明、文徵明、王宠，这也是被今天众多书法史所标举为明代中期书法三大家的代表书家，王世贞对三位书家发表过许多评论，其中的一段对三人各书体的师承及特点的简要总结与评论，尤其具有代表性：

> 天下法书归吾吴，而京兆允明为最，文待诏徵明、王贡士宠次之。京兆少年楷法自元常、二王、永师、秘监、率更、河南、吴兴，行草则大令、永师、河南、狂素、颠旭、北海、眉山、豫章、襄阳，靡不临写工绝，晚节变化出入，不可端倪，风骨烂漫，天真纵逸，直足上配吴兴，它所不论也。唯少传世间有拘局未化者，又一种行草有俗笔，为人讹写乱真，颇可厌耳。待诏小楷师二王，精工之甚，惟少尖耳，亦有作率更者。少年草师怀素，行笔仿苏、黄、米及《圣教》，晚岁取《圣教》损益之，加以苍老，遂自成家，唯绝不作草耳。王正书初法虞永兴、智永，行书法大令，最后益以遒逸，巧拙互用，合而成雅，奕奕动人。文以法胜，王以韵胜，不可优劣等也。[28]

王世贞既总结了三家书法风格的特点，也指出了各自存在的一些不足，可见并不是一味的褒扬，而是基于作品实际发表的见解。王世贞认为有明以来以吴中法书为最，而在吴中书法中以祝允明为最，文徵明、王宠次之，这是卓有见识的评论[29]。

在绘画上王世贞最为推崇的是沈周与文徵明，这也是后来被誉为“吴门画派”的两位领袖人物。作为吴门书家的代表以及吴门画派的领袖人物的文徵明，其影响不仅在江南地区，而且远播京师。王世贞对此有着忠实的记述，他在《吴中往哲像赞》中写道：

> 文衡山先生者，初名壁（应为“壁”），字徵明。云故丞相天祥裔也，避其祖壁讳，以字行，更字征仲，长洲人。十六而父温州公林殁于官，郡寮合数百金赙先生，郄之曰：孤不欲以生污逝者。既服除，补诸生，下帷读书恒至丙夜，而以其才傍及诸艺文及书绘，皆精绝。先生所严事故吴尚书宽、李太仆应祯、沈周先生，而友祝允明、唐寅、徐祯卿。吴、徐工古文歌诗，吴又能书；李、祝工书，祝又能古文歌诗；沈、唐工绘事，又能歌诗；而皆推让先生，以为不可及。先生小隶师右军父子，古隶师钟、梁，画师龙眠、吴兴，尤精绝，诗得中晚唐格外趣，独于文取达而已。而其试亦不利，久困诸生中。甫贡而台使者荐之，试吏部，得翰林待诏，预修史。史成，赐金币，时故相杨文襄公、张文忠公皆贵用事，争欲客公，而公不往。亡何，致其事归。先生归而以翰墨自娱……居闲客过从，焚香煮茗，谈古书画彝鼎，品水石，道吴中耆旧，使人忘返。如是者余三十年，年九十而卒。卒时犹为人书志石，停笔栩然若蝶化者，人以为仙去不死也。余故尝识先生，今像最逼真。[30]

从王世贞的笔下，我们可以看到当时文坛巨子对文徵明一生精彩的概述。王世贞既与文徵明有所游，又鉴藏了大量的文徵明的书画作品，他观察到文徵明对元代书画大家赵孟頫的倾心追慕，最后肯定了文徵明达到了足以与赵孟頫比肩的高度。在《书赵松雪集后》中，王世贞写道：

> 余尝谓吴兴赵文敏公孟頫风流才艺，惟吾郡文待诏征明可以当之，而亦少有差次。其同者，诗文也、书画也，又皆以荐辟起家，赵诗小壮而俗，文稍雅而弱，其浅同也。文皆畅利而乏深沉，其离古同也。书小楷，赵不能去俗，文不能去纤，其精绝同也。行押则赵于三王近，而文不能近，少逊也。署书则文复少逊也，八分古隶则文胜。小篆则赵胜也，然而篆不胜隶。画则赵之入唐宋人深，而文少浅，其天趣同也。其鉴赏博考复同也。位则赵至一品，而文仅登一命。寿则文踰九龄，而赵仅垂七袠，异也。若出处大节之异，前辈固已纷纷言之……吾待诏不与同年语也。[31]

今天学术界对赵孟頫与文徵明在画史上的地位，一般认为赵孟頫成就更大些，那么，王世贞将二人相提并论，除了对当代大师文徵明的敬仰外，可能带有一定的彰显地域书画的意图。不过，王世贞在对比赵孟頫与文徵明各方面的异同时，并没有明显的褒扬文徵明，而是比较细致地分析各自短长优劣，基本符合实际。

王世贞评论文徵明书画的文字颇多，试举一二说明之。在《文太史四体千文》题跋中，王世贞写道：

> 文待诏以小楷名海内，其所沾沾者隶耳。独篆笔不轻为人下，然亦自入能品。此卷《千文》四体，楷法绝精工，有《黄庭》、《遗教》笔意；行体苍润，可称玉版《圣教》；隶亦妙得《受禅》三昧；篆书斤斤阳冰门风，而皆有小法，尤可宝也。自兴嗣成此文后，独元时赵承旨及待诏能备此众体，惜少章草耳。[32]

文徵明此卷《文太史四体千文》有楷、行、隶、篆四种书体，文徵明以小楷享以盛名，所以其“楷法绝精工”，“行体苍润”，隶书是文徵明其所“沾沾者”，“篆笔虽不轻为人下”，亦“斤斤阳冰门风”，王世贞纵观历史，认为“独元时赵承旨及待诏能备此众体。”可见文徵明在王世贞的心目中的地位。

王世贞在《文王二君诗墨》中继续评价文徵明的诗书成就：“文徵仲先生诗有致，书有格；王履吉先生诗有格，书有致。此册作于嘉靖改元壬午，徵仲年五十二，履吉仅二十八。视晚岁结法稍不为遒紧，而风韵却更蔼然，诗亦楚楚称是。赵承旨称右军《禊帖》谓乘退笔之势而用之，二先生皆能用退笔，尤可爱也。”[33]又在《文太史云山画卷后》论曰：“文太史徵仲诸生时，为黄博士应龙作此卷，画仿老米，气韵生色，遂不减高彦敬。书法圆熟，翩翩出晋人，比之晚年笔，少骨而多韵。诗虽大历以后语，亦是楚楚。应龙绝宝爱之，戒其后人勿为饼金悬购者所得。”[34]王世贞经常将文徵明放在一个书画发展史的整体脉络中与其他书画家进行细致而深入的比较分析，因此得出的见解与判断，不仅基本上符合书画史实际，而且成为后人引经据典的准绳。

从上述论述中，我们可以发现在王世贞所推崇的吴中书画发展的代表人物中，文徵明是唯一一位占据了书画二者的大家，尽管在书法成就上稍逊友人祝允明，在绘画成就上稍逊老师沈周，但他的全面修养与综合能力以及对后世的影响，却是不逊色于祝、沈两家。

王世贞以自己的书画鉴藏实践与深厚的研究功力，为文徵明以及更多的明代书画家立传张目，以其文坛领袖的地位、缙绅士大夫及世家望族的身份、史学家的历史使命感，为文徵明、为苏州地域书画的发展、为明代的书画史的研究做出了时人无法超越的努力与贡献。

注释：

[1]《九友斋十歌》，《弇州四部稿》卷二十二，集部第四二七册，第623页。“九友”为王世贞酷爱之物事：山、水、古法书、古石刻、古法籍、古名画、佛经、古器物、自创诗文等。

[2] 王世贞生辰是明嘉靖五年（1526）十一月初五日，即1526年12月8日。

[3] 由于会试是在乡试的次年，故会试又称“春试”、“春闱”、“春榜”、“杏榜”等。会试的时间为二月初九、十二日、十五日三天。时间上属于早春时节。发榜在二月末或三月初。王世贞回到吴中应是在此之后。

[4] 文徵明《楷书前后出师表》收录于《海山仙馆藏真三刻》，转引自参周道振辑校：《文徵明集》（下），补辑，卷第二十五，第1404页，上海古籍出版社1987年。周道振、张月尊纂：《文徵明年谱》，百家出版社1998年，第546页。

[5] 王世懋：《文太史楷书原道跋》，《王奉常集》卷五十，齐鲁书社1997年，集部一三三，第716页。

[6]《文先生传》，《弇州四部稿》卷八十三，集部第四二八册，第76页。

[7]《宗子相》："……归后事小拨构一楼，扁曰：万卷。拟了此春夏，岛冠暴发，仓卒奉老母避兵吴中……"页。卷一百二十《梁公实》："……抵家苦应酬，久稍稍醒方筑一室，未庋置图史，海冠猝发，仓皇避兵吴中……"，《弇州四部稿》卷一百十九，集部第四二八册，第229页。

[8]《衡翁诗画卷》，《弇州四部稿》卷一百三十八，集部第四二八册，第308页。

[9]《文太史三诗》："文太史八十四时，为余出金花古局笺，行书此三诗以赠。书极苍老秀润，而结体复不疎。三诗浓婉不在温飞卿下，唯《明妃曲》为永叔所误，不免时作措大语耳，以此知宋人害，殊不浅也。"《弇州四部稿》卷一百三十二，集部第四二八册，第282页。

[10]《赠彭年、黄姬水》："日余雠夷峤，委迹窜吴中；虽无兰椒臭，托佩君子躬。彭生掞秋实，黄友撷春荣……"《弇州四部稿》卷十三，集部第四二七册，第585页。《画扇卷》（甲之六）："右扇卷甲之六，皆征仲画也，凡二十面。前一面乃癸丑秋送余北上者，时年八十四矣，尚能作蝇头小楷，题七言见赠。彭孔嘉以排律继之，楷法遂不减公。"《弇州四部稿》卷一百三十八，集部第四二八册，第308页。

[11]《画扇卷》（甲之六）："右扇卷甲之六，皆征仲画也。凡二十面，前一面乃癸丑秋送余北上者，时年八十四矣，尚能作蝇头小楷，题七言见赠。彭孔嘉以排律继之，楷法遂不减公。余十九面，皆杂山水夏木寒林清泉白石，或题诗，或止押名，而苍古秀润，妙有胜国。诸公遗意内，十面尤合作，揽之令人神爽。又一面于拳石中，澹墨隐出一狸奴，若醉薄荷者，而威势自足，信乎公胸中多伎俩也。世人往往见赝笔，不免有蜉蝣之撼，因拈出之。"《弇州四部稿》卷一百三十八，集部第四二八册，第308页。

[12]《赠休承八十》，《弇州续稿》卷九，集部第四二八册，第501页。

[13]今传世本《萧翼赚兰亭图》卷，主要有三本，其一本在台北故宫博物院，无款，绢本设色，纵27.4厘米，横64.7厘米，先定为唐初阎立本所画，现定为五代或宋人画。其二本在北京故宫博物院，定为南宋人画，无款，绢本设色，纵26.6厘米，横44.3厘米，为清《石渠宝笈三遍》著录。其三本在辽宁省博物馆，无款，绢本设色，纵26.5厘米，横76厘米，现定为南宋人画。王世贞藏有一件《萧翼赚兰亭图》卷，根据现存画迹上的印章，可知今天的辽博本《萧翼赚兰亭图》卷正是王世贞曾经收藏的本子《萧翼赚兰亭图》卷，参见《清宫散佚国宝特集绘画卷》，辽宁博物馆"清宫散佚国宝特集编辑委员会"编，中华书局2004年，第227—234页。

[14]徐邦达：《古书画伪讹考辨》上卷"六、阎立德、阎立本（画）唐"，江苏古籍出版社1984年，第47页。

[15]尹吉男：《明清鉴定家的晋唐画概念——中国书画鉴定学研读札记之二》，《美术研究》，1994年第1期，第55页。王耀庭关于台北故宫博物院藏《萧翼赚兰亭图》卷图录说明："根据《图画见闻录》、《宣和画谱》，记有五代顾德谦《画萧翼赚兰亭图》，或许就是此幅。顾德谦五代南唐江宁（今南京）人，善画人物，多写道士像。杂工动植。李后主尝说：'古有恺之，今有德谦，二顾相继为画绝矣。'"

[16]本文所依据的《宣和画谱》版本与徐邦达先生有些不同。徐邦达先生所引用的版本云："顾德谦，江宁人。善绘人物，多喜写道像，杂工动植，王维不能过。后主李煜曰：'古有恺之，今有德谦，二顾相继为画绝矣。'最著者有《萧翼兰亭图》，风致特异。"本文所引版本云："顾德谦，建康人也。善画人物，多喜写道像，此外杂工动植，论者谓王维不能过，虽疑其与之太甚，然在江南时伪唐李氏亦云：'前有恺之，今有德谦。'虽不及王、顾，亦居常品之上矣。其最著者有《萧翼取兰亭》横轴，风致特异，可证前说，但流落未见。今御府所藏二十有一：……（藏品略不录，其中未收入《萧翼取兰亭》一图）"两相比较，王世贞所征引的《宣和画谱》本子更接近本文所见版本。

[17]《萧翼赚兰亭图》，《弇州续稿》卷一百六十八，集部第四二九，第318页。

[18]吴说，生卒年不详。大约南宋初时人。字傅朋，号练塘，居钱塘（今杭州）之紫溪，人称吴紫溪。工书。宋高宗绍兴间为尚书郎。高宗《翰墨志》称："绍兴以来。杂书游丝书，惟钱塘吴说。"

[19]《有明三吴楷法二十四册》，《弇州续稿》卷一百六十四，集部第四二九册，第302页。

[20]《三吴楷法十册》，《弇州四部稿》卷一百三十一，集部第四二八册，第280页。

[21]《三吴楷法十册》，《弇州四部稿》卷一百三十一，集部第四二八册，第280—281页。

[22]《文太史四体千文》，《弇州四部稿》卷一百三十二，集部第四二八册，第282页。

[23]《艺苑卮言》六，《弇州四部稿》卷一百四十九，集部第四二八册，第353页。王世懋：《王奉常集》卷七《陆符卿集序》也提到："盖余兄元美，少年盛气，一轻视待诏，终身悔之。故为序其文与传，郑重可睹矣。夫元美能重待诏，世懋何敢于父行为异日悔境也。"

[24]《艺苑卮言》六，《弇州四部稿》卷一百四十九，集部第四二八册，第353页。

[25] 一般美术通史中，宋广里籍写为河南人。宋克里籍为长洲（今苏州）人，但王世贞说他是华亭（今上海）人。待考。

[26] 同上。

[27]《艺苑卮言附录四》，《弇山四部稿》卷一百五十五，集部第四二八册，第380页。

[28]《艺苑卮言附录三》，《弇山四部稿》卷一百五十四，集部第四二八册，第377页。

[29] 王世贞将祝允明视作明代书坛上最高成就的大家，而文徵明、王宠稍次之。同样说法的文字还有："国朝书法，当以祝希哲为上，文徵仲、王履吉、宋仲温、宋仲珩次之，陆子渊、丰道生、沈华亭、徐元玉、李贞伯、吴原博又次之，余似未入品。"《艺苑卮言附录三》，《弇山四部稿》卷一百五十四，集部第四二八册，第377页。

[30]《吴中往哲像赞》，《弇州续稿》卷一百四十八，集部第四二九册，第230页。

[31]《书赵松雪集后》，《读书后》卷四，《文津阁四库全书》，集部第四二九册，第499页。

[32]《文太史四体千文》，《弇州四部稿》卷一百三十二，集部第四二九册，第282页。

[33]《文王二君诗墨》，《弇州续稿》卷一百六十三，集部第四二九册，第300页。

[34]《文太史云山画卷后》，弇州四部稿卷一百三十八，集部第四二九册，第308页。

《佚目》内外的文徵明书画

郭　丹（辽宁省博物馆）

内容摘要：文徵明笔下的书作和画作在清乾隆年间大量进入清宫，而在末代皇帝溥仪逊位后，又以赏赐溥杰等为名携出宫外。这些被溥仪移运出紫禁城的作品，绝大部分记录于《故宫已佚书籍书画目录四种》中，虽然这份目录偶有缺失，但基本上反映出民国十一年（1922）九月至十二月间溥仪自皇宫携出的文徵明书画的大体情形，时近一个世纪，这些作品下落如何？本文拟借助王以坴《故宫已佚书画闻见目》、陈仁涛《故宫已佚书画目校注》、徐邦达《重订清故宫旧藏书画录》、杨仁恺《国宝沉浮录》以及《中国古代书画图目》等海内外公开出版的图册等资料，从"《佚目》内外的文徵明书画"的角度，对故宫已佚文徵明书画作品作以梳理，以期丰富对文徵明的研究，同时亦期待包括文徵明在内《佚目》书画的新发现。

关键词：文徵明　《佚目》　书画

本文旨在探讨末代皇帝溥仪自清宫携出的43件（列入《故宫已佚书籍书画目录四种》）文徵明书画作品的下落。

根据冯华编《秘殿珠林·石渠宝笈目录索引》统计，清宫旧藏文徵明书画作品209件，此数量尚不包括与他人合作的作品以及收入到集册中的作品。这一数量在清宫庋藏的明以前书画家中，位居第三位。排在第一位和第二位的分别为董其昌和赵孟頫。

文徵明笔下的书作和画作在清乾隆年间大量进入清宫，而在末代皇帝溥仪逊位后，又以赏赐溥杰名义携出紫禁城。这些被溥仪移运出宫的作品，绝大部分记录于《故宫已佚书籍书画目录四种》（简称《佚目》）中，虽然这份目录偶有缺失，但基本上反映出1922年9月至12月溥仪自故宫携出的文徵明书画的大体情形，时过一个世纪，这些作品下落如何？本文拟借助王以坴《故宫已佚书画闻见目》、陈仁涛《故宫已佚书画目校注》、徐邦达《重订清故宫旧藏书画录》、杨仁恺《国宝沉浮录》和《中国古代书画图目》以及海内外出版的画册等资料，从"《佚目》内外的文徵明书画"的角度，对故宫已佚的文徵明书画作品作以梳理。由于对文徵明的研究前人已经相当深入，所以笔者特别选择了这个题目，以期丰富对文徵明的认识。同时亦期待包括文徵明在内《佚目》书画的新发现。

文章涉及三个部分，一是《佚目》所见流传于世的作品；二是《佚目》所见下落不明的作品。三是《佚目》外的文徵明书画。

需要说明的是溥仪逊位后，对清宫旧藏书画有点查、品评、加盖印玺之举，参与者有载涛、载润、陈宝琛、朱益藩、朱汝珍、宝熙、耆龄、奎濂、袁励准等人。品评为精者，钤印三："宣统御览"、"宣统鉴赏"、"无逸斋精鉴玺"，其余仅钤印一："宣统御览"或"宣统御览之宝"。本文探讨的《佚目》外文徵明书画系指《佚目》中未见，却钤有宣统玺印的作品。

一　《佚目》所见流传于世的文徵明书画作品

这部分作品主要收藏于国内外各大博物馆。经过笔者梳理，共整理出二十卷。其中，辽宁省博物馆七卷；故宫博物院七卷；上海博物馆二卷；天津博物馆一卷；吉林省博物院一卷；旅顺博物馆一卷；纽约大都会艺术博物馆一卷。以下分卷述之，顺序以赏赐溥杰的时间先后为序。

1. 文徵明三友图卷

收藏：故宫博物院

著录：《石渠宝笈初编》页1030：明文徵明三友图一卷。《佚目》：十月十七日赏溥杰

影印：《中国古代书画图目》（二十）：京

1－1320。

图绘兰、菊、竹三段，各段后有文氏题咏，款署："壬寅九月，徵明。"知此卷作于嘉靖二十一年（1542）。曾由近代收藏家张伯驹收藏，后捐献故宫博物院。

2. 文徵明书卢鸿草堂十志册

收藏：故宫博物院

著录：《石渠宝笈三编》页559：明文徵明书卢鸿草堂十志一册。《佚目》：文徵明书卢鸿草堂十志一册十月十八日赏溥杰

影印：《中国古代书画图目》（二十）：京1－1361。

共十开，小楷书《草堂十志》。关于此册的真伪，徐邦达先生提出疑为宋人笔。由北京琉璃厂古玩店售与故宫博物院。

3. 文壁仿米友仁云山图卷

收藏：北京故宫博物院

著录：《佚目》：文壁仿米友仁云山图一卷（静字五百六十七号）十月二十二日赏溥杰

影印：《中国古代书画图目》（二十）：京1－1306

本幅无款识，拖尾文徵明行书长题，款署："自癸巳之春抵今乙未冬始成……是岁十一月晦书。"则图始作于嘉靖十二年（1533），完成于嘉靖十四年（1535），历时两年。

此卷石渠宝笈未著录，画幅所钤清宫玺印仅嘉庆御览之宝，无乾隆诸印，宣统印有三："宣统御览之宝"、"宣统鉴赏"、"无逸斋精鉴玺"。杨仁恺《国宝沉浮录》记此卷"由长春焦增级售与北京徐震伯"。后入藏故宫博物院。

4. 文徵明林榭煎茶图卷

收藏：天津博物馆

著录：《石渠宝笈续编》页2810：文徵明林榭煎茶图一卷《佚目》：文徵明林榭煎茶图一卷（静字六百五十一号）十月二十二日赏溥杰

影印：《中国古代书画图目》（九）：津7－0112

此卷后署"徵明为禄之作"。"禄之"即王穀祥。拖尾文氏行书与江阴李令君登君山诗二首亦署禄之上款。据杨仁恺《佚目》书画笔记记载，此卷由长春文雅斋售与北京宝古斋，后由张叔诚所得，张氏将其捐献天津艺术博物馆。

5. 文徵明游元墓图并自书诗卷

收藏：故宫博物院

著录：《石渠宝笈三编》页1906—1908：文徵明游元墓图并自书诗一卷《佚目》：文徵明游元墓图并自书诗一卷（静字八百二十一号）十月二十八日赏溥杰

影印：《中国古代书画图目》（二十）：京1－1300

应为《文徵明游玄墓图并自书诗卷》，避讳将"玄"改为"元"。绢本、设色。画玄墓虎山桥诸景，款："辛亥（嘉靖三十年，1551）六月，徵明补图，回视前书已卅有一年矣"。自书诗款署："右宿僎上人方，岁在辛巳（正德十六年，1521）十月既望，送客归自盘门，时夜将半，张灯写此，徵明。"图作于诗三十一年，补图。此卷现仅剩其半，画佚诗存。从《石渠宝笈三编》著录看，此卷有王穀祥题引首："玄墓真赏"。

6. 文徵明东林避暑图卷

收藏：纽约大都会艺术博物馆

著录：《石渠宝笈三编》页1908—1909：文徵明东林避暑图一卷《佚目》：文徵明东林避暑图一卷（静字八百十二号）十一月初一日赏溥杰

出版：《中国绘画总合图录目录》1：A1－214《美国顾洛阜藏中国历代书画名迹精选》

此卷自题"雁门文壁写"，引首吴奕篆书大字"东林避暑"，是为苏州天王寺主持南洲所题。卷后有文氏为钱同爱书诗三首，又有乙亥（正德十年，1515）九月过天王寺时重题一段。《国宝沉浮录》记此卷"由长春焦增级售与北京徐震伯，后归天津私人处。"陈仁涛记此画在香港。应是由香港中转至美国，曾由顾洛阜收藏。

7. 文徵明桃源问津图卷

收藏：辽宁省博物馆

著录：《石渠宝笈续编》页1046：文徵明桃源问

津图一卷。《佚目》：文徵明桃源问津图一卷（静字二百四十五号）十一月初四日赏溥杰

影印：《辽宁省博物馆藏画集续集》

款署："嘉靖甲寅（1554）二月既望徵明识时年八十有五。"拖尾高士奇书陶渊明《桃花源记》全文并诗，又题跋一段，另张照观款一则。由东北文物管理委员会征集，后入东北博物馆（辽宁省博物馆前身）收藏。

8. 唐寅文徵明书画合璧卷

收藏：辽宁省博物馆

著录：《石渠宝笈续编》页2867—2868：唐寅文徵明书画合璧一卷《佚目》：唐寅文徵明书画合璧一卷（一百十七号）十一月初七日赏溥杰

出版：《中国古代书画图目》（十五）：辽1－122

此卷即辽宁省博物馆藏《唐寅悟阳子阳性图卷》，卷后文徵明书"悟阳子诗序"，款署："正德九年（1514）岁在甲戌九月既望，长洲文徵明书。"知《诗序》书于正德九年，文氏时年四十四岁。1963年，由辽宁省文物店购藏。

9. 文徵明人日诗画卷

收藏：上海博物馆

著录：《石渠宝笈三编》页560—563：文徵明人日诗画一卷《佚目》：文徵明人日诗画一卷（三十三号）十一月初八日赏溥杰

出版：《中国古代书画图目》（二）：沪1－0544

此卷署年款"乙丑"，知此卷作于弘治十八年（1505）。卷后有文璧、朱存理、钱同爱、陈道复、陈津、邢参、朱正、王守、王榖祥、彭年、章文、文彭、文嘉、王世懋、王世贞、莫云卿题跋，由北京宝古斋售于天津张仲慰，后入藏上海博物馆。

10. 文徵明洛原草堂图卷

收藏：故宫博物院

著录：《石渠宝笈续编》页2806—2810：文徵明洛原草堂图一卷《佚目》：文徵明洛原草堂图一卷（二十五号）十一月初十日赏溥杰

出版：《中国古代书画图目》（二十）：京1－1303

图为明代白悦（字贞夫）所绘别号图，文徵明款小楷书在画前："嘉靖己丑七月四日，徵明写洛原草堂图。"知此卷作于嘉靖八年（1529）。拖尾文徵明行书洛原记、徐宗鲁书洛原之什、刘储秀书诗、李濂书诗、杨慎书洛原草堂记、马卿书洛原、赵时春写洛原赋、洛原主人白贞夫尺牍一通以及张照考证文。对比《图目》与《石渠宝笈》，《图目》缺康海诗、王九思诗、唐龙书洛原记、许成名诗以及薛蕙诗跋。不知图版不全、还是何时佚去。此卷由"国兵"金香蕙存长春刘国贤处，刘将其上交原东北博物馆，后上调故宫博物院藏。

11. 文徵明画老子像卷

收藏：旅顺博物馆

著录：《秘殿珠林续编》秘249—250：文徵明画老子像一卷。《佚目》：文徵明画老子像一卷十一月十三日赏溥杰

出版：《中国古代书画图目》（十六），辽5－037

图绘老子像，图后附文氏乌丝栏小楷《太上老君说常清静经》，从所署年款看，实则先于嘉靖十六年（1537）七月十二日写经，后三日即望日补老子像于前，隔年（嘉靖十七年，1538）六月十九日再补《老子列传》于后，前后图、经、传为文氏六十八、六十九岁两年所制。此卷由金香蕙赠送给其叔，后由金香如（金香蕙弟）售与大连文物店，转归旅顺博物馆。此卷在明季曾由杭州高濂收藏。

12. 赵孟頫书苏轼烟江叠嶂图诗沈周文徵明补图卷

收藏：辽宁省博物馆（原藏）

著录：《石渠宝笈续编》页545—547：赵孟頫书苏轼烟江叠嶂图诗，沈周、文徵明补图一卷《佚目》：赵孟頫书苏轼烟江叠嶂图诗，沈周、文徵明补图一卷（海字二十六号）十一月十七日赏溥杰

出版：《中国古代书画图目》（十五）：辽1－118

此卷系赵孟頫、沈周、文徵明三位大家的合璧长卷。赵孟頫书诗，沈周、文徵明先后与正德丁卯（二年，1507）、正德戊辰（1508）补图于后。文氏此图用"文璧"名款，应是较早作品之一。1950年，

由东北银行转归东北博物馆。

13. 文徵明自书诗卷

收藏：辽宁省博物馆

著录：《石渠宝笈三编》页1893—1894：文徵明自书诗一卷《佚目》：文徵明自书诗一卷（四百九十号）十一月十八日赏溥杰

出版：《中国古代书画图目》（十五）：辽1－118

大字行书七律诗两首，未见款署。钤："文徵明印"、"徵仲"、"玉兰堂"印三方。1950年，由东北银行转归东北博物馆。

14. 文徵明存菊图卷

收藏：故宫博物院

著录：《石渠宝笈初编》页1055：明文徵明存菊图一卷《佚目》：文徵明存菊图一卷（静字一百五十八号）十一月二十日赏溥杰

出版：《中国古代书画图目》（二十）：京1－1340

绢本、设色。拖尾自题诗，后识云："达公先生不忘其先府君菊庵之志，自号存菊，友生文徵明为赋此诗并系拙画。"《国宝沉浮录》记此卷由潘仲麟售出。

15. 文徵明浒溪草堂图卷

收藏：辽宁省博物馆

著录：《石渠宝笈初编》页1031—1033：明文徵明浒溪草堂图一卷《佚目》：文徵明浒溪草堂图一卷十一月二十二日赏溥杰

出版：《辽宁省博物馆藏画》

纸本、设色。款署："徵明写浒溪草堂图。"引首王穀祥书"浒溪草堂"四字。根据拖尾文氏自题，此卷是嘉靖十四年（1535），六十六岁时为沈天民的浒溪草堂所作。沈氏浒溪草堂在吴城之西浒墅，在横塘。卷后赋诗作记者为吴中名士，如陆粲、顾兰、王穀祥、张裕、汤珍、袁袠、顾闻等。1950年，由东北银行转归东北博物馆。

16. 祝允明书兰亭序文徵明补图卷

收藏：辽宁省博物馆

著录：《石渠宝笈续编》页2069：祝允明书兰亭序文徵明补图一卷《佚目》：祝允明书兰亭叙文徵明补图一卷（永字二百二十二号）十一月二十四日赏溥杰

出版：《中国古代书画图目》：辽1－107

祝允明书《兰亭序》全文，文徵明在见到祝允明此书后，因欣赏之特为补图。补图时在嘉靖十一年（1532），文氏六十三岁。1950年，由东北银行转归东北博物馆。

17. 文徵明长江万里图卷

收藏：辽宁省博物馆

著录：《石渠宝笈续编》页413：文徵明长江万里图一卷《佚目》：文徵明长江万里图一卷（五十二号）十二月初五日赏溥杰

绢本，后署："嘉靖庚子夏日。仿李咸熙长江万里图。"中央书画鉴定组意见很可能是陆士仁所画。1958年，由辽宁省文化局拨交。

18. 文徵明湖山新霁图卷

收藏：故宫博物院

著录：《石渠宝笈三编》页1901—1902：文徵明湖山新霁图一卷《佚目》：文徵明湖山新霁图一卷（静字七百十四号）十二月初八日赏溥杰

文徵明为居节作《湖山新霁图》，经《石渠宝笈》著录的有两卷，其一收入初编，其二收入三编。二卷文氏自识内容虽相同，但题跋者有别。此卷为收入三编者，题跋者有彭年、黎民表、黄姬水、周天球等。1953年，由长春公安局侯某交东北博物馆，后调拨故宫博物院。徐邦达、杨仁恺先生均记为旧摹本。

19. 文徵明书早朝诗卷

收藏：吉林省博物院

著录：《佚目》：文徵明书早朝诗一卷（静字六百十二号）

出版：《中国古代书画图目》（十六）：吉1－032

署年款"丙戌"，知此卷作于嘉靖五年（1526），由吉林省博物院征集入馆。此卷虽钤有"石渠宝笈三编"印，但《石渠宝笈》两种目录索引均未收入，有待详查。

20. 文徵明真赏斋图卷

收藏：上海博物馆

著录：《石渠宝笈初编》页602：明文徵明真赏斋图一卷《佚目》：文徵明真赏斋图一卷（静字四百五十四号）十二月十二日赏溥杰

出版：《中国古代书画图目》（二）：沪1-0566

《真赏斋图》是文徵明八十岁为无锡华中甫（夏）所作，署年款"嘉靖己酉"，即嘉靖二十八年（1549）。拖尾有文氏八十八岁所书《真赏斋铭》隶书、楷书各一段，并有丰道生嘉靖二十八年所作小楷长题《真赏斋赋》，将华氏所藏晋唐以下国宝分别列入赋中。另一图现藏中国国家博物馆，比上海博物馆一卷完成晚八年，作于文徵明八十八岁之时，卷后亦有文氏八十八岁所书《真赏斋铭并序》，亦清宫旧藏。二者相较，上博一卷有宣统印，国博一卷无，因而国博一卷非《佚目》物。上博藏《真赏斋图》是由郑洞国夫人经手出售。

二 《佚目》所见下落不明的作品

1. 文徵明小景册

著录：《石渠宝笈续编》页1616：文徵明小景一册《佚目》：文徵明小景（十五号）十月二十日赏溥杰

纸本，共24开。末幅自题五言诗，未署年款。后副页有黄姬水、王世贞题跋各一段，时在万历元年（1573）。

2. 文徵明游西山诗并绘图卷

著录：《石渠宝笈初编》页635：文徵明游西山诗并绘图一卷《佚目》：文徵明游西山诗并绘图一卷（静字四百六十八号）十月二十九日赏溥杰

前幅素绢本，设色绘西山图；后幅素笺乌丝栏本，行书七言律诗。引首王毂祥篆书"西山纪游"四字。据《国宝沉浮录》此卷曾由余协中带到香港，现下落不明。

3. 文徵明仿怀素草书卷

著录：《石渠宝笈初编》页925：文徵明仿怀素草书一卷《佚目》：文徵明仿怀素草书一卷（静字四百七十六号）十一月初一日赏溥杰

纸本，书贾谊《吊屈原赋》，书体仿怀素《清静经》，署"文壁"款，书写时间为弘治十七年（甲子，1504），文徵明35岁。拖尾有文嘉、王穉登、文从简三人题跋。此卷曾经朱之赤收藏。

4. 文徵明画松卷

著录：《石渠宝笈初编》页602：文徵明画松一卷《佚目》：文徵明画松一卷（静字六百八十四号）十一月初二日赏溥杰

纸本，水墨画松。款署"徵明"。经魏塘钱氏收藏。

5. 文徵明江山初霁图卷

著录：《石渠宝笈三编》页3107：文徵明江山初霁图一卷《佚目》：明文徵明江山初霁图一卷（静字八百六十七号）十一月初二日赏溥杰

从所署年款"丙寅"看，此作完成于正德元年（1506），据卷后文氏自题知此卷是赠陈淳（道复）之作。引首篆书"江山初霁"，后附吴县东洞庭人张本于嘉靖己未年（十四年，1559）所作《奉寿太史衡山九袠八十韵》寿赋，应是为文氏贺寿所作。此卷曾经陈道复、张本、安岐收藏。

6. 唐寅画兰亭文徵明书序卷

著录：《石渠宝笈初编》页633—634：明唐寅画兰亭文徵明书序一卷《佚目》：唐寅画兰亭文徵明诗序一卷（静字三百十一号）十一月初五日赏溥杰

前幅唐寅墨画兰亭，款："正德改元（1506）春日，吴门唐寅画。"后幅乌丝栏，文徵明小楷书兰亭序，款："嘉靖壬辰（1532）三月廿六日，徵明戏临。"拖尾陈盟崇祯己卯（十二年，1639）跋。曾经张纯修收藏。

7. 文徵明石城草堂图卷

著录：《石渠宝笈续编》页2805：文徵明石城草堂图一卷《佚目》：文徵明石城草堂图一卷（五十五号）十一月初六日赏溥杰

后署："嘉靖甲辰（1544）春，徵明写石城草堂图，时年七十有五。"引首许初篆书"石城草堂"，拖尾文徵明自题，此图是文徵明为许初所绘，石城草堂是许初居所。

8. 文徵明画姑苏四景一卷

著录：《石渠宝笈续编》页 2804：文徵明画姑苏四景一卷《佚目》：文徵明画姑苏四景一卷（十八号）十一月初十日赏溥杰

绢本，共四幅。描绘虎丘、石湖、天池、天平四景，幅间各有诗题。署年款“丙辰”，即嘉靖三十五年（1556）。曾经何良俊收藏。

9. 文徵明桃源行书画合璧卷

著录：《石渠宝笈续编》页 415：文徵明桃源行书画合璧一卷《佚目》：文徵明桃源行书画合璧一卷（五十三号）十一月十三日赏溥杰

画绢本，书纸本。书后款署：“戊午（嘉靖三十七年，1558）春日，徵明。”钤盖乾隆八玺。此卷曾经手长春焦增级、北京博闻簃，后归周叔廉所有。武佩圣《近年所见海外清宫佚出书画散记》中记有一件同名之作，画后有文氏于嘉靖甲申（三年，1524）题王维《桃源行》长赋并题识，画幅钤乾隆鉴藏玺印五方。该卷曾于 1987 年纽约克利斯蒂公司以 18.7 万拍卖。二者虽同名，但非同一件作品。

10. 文徵明画兰竹书西苑诗合迹卷

著录：《石渠宝笈续编》页 413—415：文徵明画兰竹书西苑诗合迹一卷《佚目》：文徵明画兰竹书西苑诗合迹一卷（七十一号）十一月十四日赏溥杰

纸本，图绘兰竹，款“徵明”；书写西苑诗十首，款亦署“徵明”。接纸文氏壬辰（嘉靖十一年，1532）自题，叙述西苑诗由来。此卷曾经张若霭（1713—1746）收藏。

11. 文徵明仿米家山水卷（王穀祥文嘉彭年题）

著录：《佚目》：文徵明仿米家山水卷（王穀祥文嘉彭年题）一卷十一月二十九日赏溥杰

仅见《佚目》记载，后有王穀祥、文嘉、彭年三人题跋。《石渠宝笈》未入录。其他情况不明。

12. 文徵明忆昔诗卷

著录：《佚目》：文徵明忆昔诗一卷十二月初二日赏溥杰

仅见《佚目》记载，《石渠宝笈》未入录。情况不明。

13. 仇英赤壁图文徵明书前后赋真迹卷

著录：《佚目》：仇英赤壁图文徵明书前后赋真迹一卷十二月初四日赏溥杰

仇英赤壁图文徵明书前后赋，不见石渠宝笈著录。据《国宝沉浮录》，此卷曾由常伯祥售与于莲客。原卷被扯为数截，残不成卷。

14. 文徵明字卷

著录：《佚目》：文徵明字一卷十二月初六日赏溥杰

仅见《佚目》记载，《石渠宝笈》未入录。情况不明。

15. 文徵明千岩万壑图卷

著录：《佚目》：文徵明千岩万壑图一卷十二月初六日赏溥杰

此卷未入石渠宝笈，画卷情况不明。徐邦达《重订清故宫旧藏书画录》提到此卷是一绢本。《国宝沉浮录》记“闻在北京私人处”。

16. 文徵明自书杂咏卷

著录：《石渠宝笈初编》页 538：文徵明自书杂咏一卷《佚目》：文徵明自书杂咏一卷（静字五百七十九号）十二月初八日赏溥杰

《国宝沉浮录》（页 368）刊出有一件文徵明《自书杂咏》图片，从图片看，这一件作品钤有“乾隆御览之宝”、“石渠宝笈”、“三希堂精鉴玺”、“宜子孙”、“养心殿鉴藏宝”、“乾隆鉴赏”、“嘉庆御览之宝”、“宣统御览之宝”多方鉴藏玺印，应是清宫旧藏之物，仔细对照《石渠宝笈初编》著录，内容正与之一致，可惜此卷藏处不明，尚待进一步考查。

17. 文徵明自书诗帖卷

著录：《佚目》：文徵明自书诗帖一卷（静字七百十九号）十二月初九日赏溥杰

自书诗帖卷的情况较为复杂，翻检《石渠宝笈》，清宫旧藏文徵明自书诗帖计有八卷，经初编著录有七卷，三编著录有一卷。初编所收七卷贮乾清宫三，重华宫二、养心殿一、御书房一。八卷中三编著录的一卷，以及初编著录贮御书房的一卷，今在台北故宫博物院，参见台湾《故宫历代法书全集》，其余六卷有三卷载入《佚目》。从著录的情形看，所书内容多为七言律诗，书体或行或行草。《国宝沉浮录》记纽约佳士得公司一九九四年十一月曾拍卖过一件。只是记述不详，难以对号。

18. 文徵明自书诗帖卷

著录：《佚目》：文徵明自书诗帖一卷（静字六百八十二号）十二月初十日赏溥杰

详见17。

19. 文徵明山水卷

著录：《石渠宝笈三编》页971：明文徵明山水一卷《佚目》：文徵明山水一卷（静字六百六十六号）十二月初十日赏溥杰

款署："己未九月既望，衡山文璧画。"此画作于弘治十二年（1499），画后有沈周、吴宽、杨循吉、祝允明、王宠、文徵明、陈淳、彭年、王穀祥、文彭、陆师道、许初、张凤翼诸人题跋。据武佩圣《近年海外所见清宫佚出书画散记》，此卷在1984年12月25日由纽约苏富比公司拍出。

20. 文徵明自书诗帖卷

著录：《佚目》：文徵明自书诗帖一卷（静字八百二十一号）十二月十一日赏溥杰

详见17。

21. 文徵明画新燕篇诗意卷

著录：《石渠宝笈初编》页1055：明文徵明画新燕篇诗意一卷《佚目》：文徵明画新燕篇诗意一卷（静字六号）十二月十一日赏溥杰

绢本、设色。画款署"徵明戏笔"；书署年款"嘉靖甲辰（二十三年，1544）"《国宝沉浮录》（页381）刊有此卷图片，或来源于拍卖图录，不过内容与著录颇为一致。此卷在近十年来曾出现过，在山西流转。

22. 文徵明自书七律卷

著录：《石渠宝笈初编》页938：自书七言律诗《佚目》：文徵明自书七律一卷（静字四百六十三号）十二月十二日赏溥杰

《石渠宝笈》收录的文徵明自书七言律诗卷有二：其一，纸本、楷书，署年款"嘉靖廿又七年戊申（1548）"，拖尾有钱谦益题跋；其二，纸本、行楷大书，款署"徵明"。两卷俱收入初编。翻检台北故宫《历代法书全集》，内有文徵明自书七律一卷，款署"徵明"，应为前述第二卷。至于溥仪携出的这一卷据《国宝沉浮录》记曾经北京玉池山房售出，1994年4月香港佳士得公司拍卖图录收入者，或即此卷。

23. 文徵明赤壁赋图卷

著录：《石初》页1055：明文徵明赤壁赋图一卷《佚目》：文徵明赤壁赋图一卷（静字七百八十一号）十二月十二日赏溥杰

纸本，画前赤壁赋。款识："辛亥（嘉靖三十年，1551）秋日，徵明制。"引首文氏以隶书自题"赤壁赋图"，拖尾董其昌书后赤壁赋。陈仁涛《故宫已佚书画目校注》收入，言在香港。武佩圣《近年海外所见清宫佚出书画散记》中记述此卷原归香港妈积祚，后入美国Elliott家族收藏。1996年美国纽约佳士得公司曾拍卖。

此卷值得关注的问题是徐邦达《重订清故宫旧藏书画录》中记载此卷收藏在故宫博物院。惜未查到出版物，在此特别请教故宫博物院的同行。

三　《佚目》外的文徵明书画

笔者所见《佚目》外的文徵明书画有如下六件，《佚目》外文徵明书画与清宫旧藏文徵明书画区别在于《佚目》外文徵明书画钤盖有宣统鉴藏印，最多三方"宣统御览之宝"、"宣统鉴赏"、"无逸斋精鉴玺"，少则一方"宣统御览之宝"。

1. 文徵明秋林飞瀑图卷

收藏：故宫博物院

著录：《石渠宝笈初编》页1030—1031：明文徵明秋林飞瀑图一卷

引首为黄云篆书"衡翁墨妙"四大字，画纸本，墨画款署"徵明"，别幅附王宠行书五言律诗二首。拖尾有秦士奇天启乙丑（五年，1625）秋题跋。

2. 文徵明松坞草堂图卷

收藏：北京故宫博物院

著录：《石渠宝笈三编》页563—565：明文徵明松坞草堂图一卷

绢本、设色。自题："松坞草堂图。徵明为东桥先生写。"引首王逢元题"松坞草堂"，后幅题咏者：维扬朱曰藩、巴陵胥焯、山阴陈鹤、吴门汤珍。东桥先生为顾璘。

3. 文徵明书赤壁赋文从简补图

著录：《石渠宝笈续编》

又名"文从简画赤壁夜游意"。1946年，"国兵"王恩庆将其卖与天津靳蕴清。

4. 文徵明四时读书图卷

著录：《石渠宝笈续编》页1617—1619：明文徵明四时读书图一卷

纸本、设色。画四段间自题诗，后署年款"嘉靖庚寅（九年，1530）"引首"四时读书图"五字篆书。有黄省曾、魏之璜、袁褧题跋。此图是文氏为陆师道所绘。据杨仁恺《王以堃故宫已佚书画闻见录批注》，此卷收藏沈阳故宫博物院。未见出版。

5. 文徵明醉翁亭记卷

收藏：沈阳故宫博物院

著录：《石渠宝笈初编》页938：明文徵明书醉翁亭记一卷

纸本，大字行书欧阳修《醉翁亭记》全文，款识："嘉靖十六春二月廿又一日书，徵明。"知此卷书于嘉靖十六年，六十八岁之作。1978年入藏沈阳故宫博物院。

6. 文徵明行草书四季诗卷

收藏：朝阳市博物馆

《石渠宝笈》《佚目》未收入，由于钤有"宣统御览之宝"印，此卷与溥仪有关。署年款"丙申"，知此卷书于嘉靖十五年（1536），书写内容为《春兴二首》、《夏日池旁纳凉》、《冬日感怀》、《秋夜有怀二首》，六十七岁所作。

博物馆展览的宣传推广策略与实践探索

——以“斯文在兹——孔府旧藏服饰特展”为例

练　洁（山东博物馆）

内容摘要：现代博物馆作为底蕴深厚的社会文化机构，既是历史记忆的储藏库，也是公众的社会大学。博物馆以藏品为基础，通过陈列展览宣传历史文化，对广大观众形象直观的社会教育。能够及时地了解、获得博物馆的展览和活动讯息是吸引观众走进博物馆的第一步。博物馆应该充分调动各种社会资源、依托多种媒体加强宣传服务，将博物馆的展览、文化活动推广至社会各界，吸引公众注意力，避免出现“门庭冷落”、“自我欣赏”等情况，让展览成为博物馆与社会大众之间沟通交流的重要纽带。本文以山东博物馆2012年举办的“斯文在兹——孔府旧藏服饰特展”为例，探讨博物馆展览的宣传推广。

关键词：展览宣传　大众传媒　网络互动　公益活动

引言

山东博物馆于2012年8月举办了“斯文在兹——孔府旧藏服饰特展”，展览展示了孔府旧藏的明清服饰及辅助展品154件（套），按照时代顺序和服饰功能划分为“成衣有道”、“衣冠肃肃”“丽服有晖”、“襟袖含香”、“冠带春秋”五个单元。展览采用全新展陈方式，以明式家具为展架，以画轴为展板，且冕冠、佩饰、衣物一应俱全“同台亮相”，并依托“服饰伴侣”从多方面详尽地展示孔府服饰的历史价值，通过还原的孔府场景，让观众融入其中，全方面感受服饰文化的魅力。限于丝织品的脆危，展期限定为一个月。展出期间，前来参观的海内外各界观众达166196人次，平均每天接待观众5500多人次。“斯文在兹——孔府旧藏服饰特展”掀起山东博物馆2010年11月新馆开馆以来的又一轮参观热潮，这与精心策划的宣传模式密不可分。

一　宣传前期的策划筹备

作为博物馆，展览筹备经费十分拮据，展览宣传经费更是少之又少。一般可以依托政府平台，选择合适的媒体资源，组织各式各样的免费媒体项目，开展系列公益社教活动，让宣传贯穿展览始终，正确发挥隐性宣传的影响力，通过反复、策略、及时的重点宣传达到预期的宣传目的。

首先，要对展览本身进行深入研究，全面掌握展览精髓和展览宗旨。只有当宣传策划人对展览所传递出来的所有信息了如指掌，宣传计划才能设计得更有特色和针对性。对展览的把握主要包括：展览的目的是什么；展览每一部分的主要文字内容和主要展品；展览的每一部分主要传达什么信息，要达到什么样的目标；观众可以得到什么样的体验[1]。

其次，要对观众进行调查研究，做到知己知彼。通过分析不同的观众群体各自的爱好和参观目的，设计个性化的宣传方案，采用适宜的传播媒介，策划具有吸引力的公益活动。

再次，根据展览特色、展览受众和资金情况选择适当的宣传合作伙伴确定宣传方式。

大众传媒是最常用的宣传方式，包括报纸、杂志、广播电台、电视台等。它们的共同特点是时效性强、涉及面广、影响力大、具有权威性，且融娱乐、趣味与宣传为一体，容易被公众接受。博物馆应该建立与大众传媒良好的合作关系，熟悉各种传媒的个性特点，保持与它们紧密的、经常的联络。

另外，还可以采用多种形式的非大众传媒宣传方式，包括广告、印刷品、电子邮件、短信、新闻发布会、专题讲座、纪念品、流动展览等，以及人际传播的口碑效应，它们在展览的宣传推广中也起到非常重要的作用。

然后，进一步优化组织舆论环境，调控好展览宣传实施的节奏，策划新闻事件以确保展览热度不降温。博物馆运用大众传媒对展览进行宣传推广，其中最常见的一种方式就是以新闻报道的形式为大众提供信息，能够实现客观性强、社会影响大、传播成本低的效果，同时也存在着传播主导性差的问题，即无法直接控制展览信息能否被报道、从什么角度报道、放在哪个版面进行报道，以及报道频率等等。为了争取更多的新闻宣传机会，需要博物馆善于策划媒介事件：在真实的、不损害公众利益的前提下，有计划地策划、组织、举办具有新闻价值的活动、事件，制造新闻热点，吸引新闻界和观众的注意与兴趣，争取被报道的机会，并使本馆成为新闻报道中的主角，以达到提高知名度、扩大社会影响的目的[2]。

基于上述宣传推广理念和思路的确立，“斯文在兹——孔府旧藏服饰特展”展览的宣传推广工作也确定了一套完整的实施方案。

“斯文在兹——孔府旧藏服饰特展”是山东博物馆2012年暑假期间推出的临时展览之一展览展出的明代服饰文物传承有续、品类繁多、做工精美、保存完好，足以构架半部明代服饰史，展现了我国传统服饰文化的丰厚底蕴，展览填补了国内专题展览的空白。如何让广大观众了解这些文物的价值，了解中国传统服饰文化是此次展览宣传的重点。精美文物、服饰知识、面料工艺等都应该是本次展览宣传的重要内容。

为做好“斯文在兹——孔府旧藏服饰特展”的宣传推广，山东博物馆专门成立了展览宣传工作组，由馆领导任组长，陈列部、宣教部、办公室、信息部等多部门协作。陈列部的策展人员是展览的直接参与者，全面掌握展览的创意理念、内容组织、形式设计等信息，作为展览策划创作的专业人员可以为宣传的实施提供准确、全面的信息，能够帮助宣传策划人更好地深入理解展览内涵；宣教部除了负责展览的讲解工作，还负责策划展览相关的公益活动，有针对性地为观众提供教育服务；办公室有专职人员负责媒体宣传，掌握着稳定友好的公共关系资源；信息部的网站编辑能够充分利用网络优势，拓展信息传播方式，通过在官网开辟专题栏目、灵活运用数字技术对展品的背景材料和相关知识做深入详细的阐释等途径提升宣传推介的效果。这种多部门协作的方式有效配置了各种资源，综合各部门业务人员的特长，合力提升工作组的整体能力，确保宣传方案从广度、度、力度完美结合，实现信息传播的最佳效果。宣传工作人员在对展览进行深入研究，全面掌握展览精髓和展览宗旨的前提下，制定了一套严谨的宣传方案——采取馆内馆外同步宣传的方式，使用多种传播途径，打造全方位、立体化、高覆盖的宣传模式。

二 宣传推广的具体实施

“孔府旧藏服饰特展”展览的宣传推广分为两个阶段：展览前期和展览期间。

（一）展览前期的宣传推广模式

首先，选择各年龄段观众都能接受的主流媒体以新闻报道的形式发布展览预告进行宣传推广，在报纸、杂志、广播电台、电视台、网站提前公布展览的主题和内容、精品赏析、活动计划、展出时间和地点等，及时地、详细地告知观众，激发观众来博物馆参观的兴趣。这些媒体的选择，既借助政府宣传的官方渠道，又兼顾了大众喜闻乐见的信息平台，信息传播范围扩大至全国。包括国内重要报纸如人民日报中国日报等，省内的大众日报济南日报齐鲁晚报济南时报都市女报山东商报等；省内多家电视台电台如山东卫视、齐鲁频道、济南新闻频道、山东交通广播电台；网络媒体如中国新闻网、新华网、大众网、齐鲁网、舜网等。

在合作过程中，馆方协助媒体对展览宗旨进行准确地把握，挖掘有价值的新闻素材。在这期间，二者始终保持顺畅的沟通，提供最准确和详尽的信息，突出宣传重点和亮点，精心策划宣传时机，系列推出各种宣传内容，如展览前期的准备工作，包括展架、展板的设计理念、布展进度、开幕式彩排等都成了媒体追逐的新闻资源。馆方对这些资源进行有效利用和分配，使媒体有序地配合展览宣传的需要与节奏。

其次，开通“孔府旧藏服饰特展”微博，发布展览信息、服饰图片、创作理念、设计思路，以开放的、亲民的态度与公众形成良好的互动。在展览的筹备过程中，馆方通过微博结识了许多业界专家和民间学者，通过沟通交流，网友不仅帮助完善了展览的概念，而且介入展览的设计、说明文字撰写、展品拍照、出版、展厅服务、创意产品开发等办展的各个环节，策展的过程变成了一个调动社会各方面资源的系统工程，从而推动展览获得最大影响力。

从传播学的角度来说，微博改变了公众被动接收信息的地位，信息传播从单向变为多向的互动的传播。快节奏的生活让人们没办法拿出大的时间接受传统文化教育，博物馆微博可以利用人们的碎片化时间传播传统文化，内涵丰富的微博内容使公众对知识的吸纳更为容易。微博可以更好地提供给博物馆一个宣传自己和表达态度的平台，公众也可以通过对其进行关注，更好地对相应活动进行反馈，博物馆在第一时间接收到这种反馈，及时地对其行为进行完善和修改。公众相互之间也可以通过微博相互传达信息，形成“微博圈”。总之，微博拉近了网民与博物馆的距离，也提升了公众对于博物馆的关注度、信任度。

再次，官网充分利用网络优势，以翔实的文字、丰富的影像资料实现“无墙的博物馆”。官网对于此次展览的宣传基于对展览和观众的深入研究——观众需要的不是被动地接受反复单一的新闻报道，更深层的内容与内涵，更生动的宣传方式和更具有传统文化魅力的信息，用多角度引导观众通过服饰来看待、品味那个时代的生活方式，通过圣人之家来看一个时代的变迁，以此引发观众梳理出鲜活的文化信息。为此，官网专门开辟“斯文在兹——孔府旧藏服饰特展·专题”，以“倒计时”的形式对展览的前期筹备、新闻发布会、重光门的复制、布展、图录制作、APP移动应用的开发、讲解培训等准备工作逐一报道，让观众了解更多展览背后的故事，激发观众对展览的关注和期待。展览开幕之后，该专题相继推出“展览现场”、“学术活动”、“不说不知道”系列新闻，对展览做深入、详细的跟踪报道，做到不断挖掘新闻素材、突出宣传重点和亮点。同时，官网还将展览新闻推送至中国博协网站、中国文物信息网等业界重要网站，有助于提高展览在全国范围内尤其在博物馆界的知名度。

最后，使用户外广告作为宣传的辅助手段。一是在博物馆临近的经十路两旁悬挂道旗，上面包括展览标识、名称、时间、地点等；二是选择部分公交线路投放车载广告。这两种广告媒介可以以较低的费用实现较大辐射面的宣传效果，性价比较高。

（二）展览期间的宣传推广模式

展览期间的宣传推广除了各类媒体对展览继续的新闻报道以外，在馆内还采取了实物宣传、APP移动应用、专家讲座、公益活动、校园推广等以互动为主的新模式。

一是形式多样的实物宣传。在展厅入口处、电梯及各楼层明显位置摆放着展览的海报X展架和可以拿取的宣传折页，以及展厅大屏幕滚动播放展览的宣传片，让走进博物馆的观众对展览有初步的了解；纪念品商店里出售以衍圣公和夫人的卡通形象为主的钥匙链、折扇、T恤、瓷杯等，以及制作精美、具有收藏价值的大16开展览图录等。这些既是展览内容的延伸，又可作为展览宣传的理想载体，是“可以带回家的展览”。印刷的宣传折页成本低，纪念品可以自由选择，便于及时向社会各界传递展览的信息，宣传效果立竿见影；展览图录虽然成本较高，但是它提供的信息量大，能够满足专业研究人员及服饰文化爱好者的求知需求，不仅能够服务当前的展览，还能为以后留存完整的展览资料。

二是随时随处的网络互动。展览期间推出了适用于IPhone、IPad的移动应用软件“孔府服饰”，观众只要在移动设备里安装该软件，可以通过网络随时随地欣赏精美文物图片、了解展览资讯，还能通过微博直接与馆方交流。移动应用超越了网站互联模式的束缚，在任何环境都可互动，可长期有效地维护观众资源。

三是发动社会力量合作举办公益活动，与观众建立更广泛密切的联系。展览期间，博物馆与媒体合作举办了四期“孔子文化少年行”大型文化体验活动，包括入泮仪式、参观展览、品尝孔府宴、国学课、三孔游学等，以文化体验的形式向青少年传播优秀传统文化，进行爱国主义教育。同时，合作媒体为此次展览和文化体验活动制作了主题网站并进行跟踪报道。

另外，展览期间还举办了一次由观众直接参与的“传统服饰展示活动”，以动态的真人展示诠释了展览独特的文化和审美特质。身穿传统服饰的青年朋友步履从容地漫步在展厅里，与展柜里的华美服饰交相辉映，让观众领略了传统服饰的典雅风韵。在传统文化渐行渐远的今天，在博物馆这样的文化殿堂里，“孔府旧藏服饰特展”为观众们保留下那一份经典与美好。

展览期间还通过举办专家讲座，让观众来到博物馆参与并分享社会文化成果。邀请中国丝绸博物馆馆长赵丰、“京城三大才女之一”扬之水以及馆内专家为观众进行讲座，现场专家还与观众积极互动，形成了良好的氛围。

三　宣传推广的效果

通过全面周到的多方位宣传，“斯文在兹——孔府旧藏服饰特展”展览推广效果十分明显。截至2012年9月2日在百度输入“孔府旧藏服饰展”找到相关结果约218000个，APP软件下载量达2300次，官网展览相关信息浏览量达12200次。展览开幕的20天里，驻济及省内主流媒体报道达30余篇次、网络媒体转载展览相关信息达94300次。展览真正做到了与社会各界观众“零距离”宣传互动，营造了良好的社会氛围，使得前来参观的省内外观众源源不断，实现社会和经济效益双丰收。

通过网站发布观众调查问卷，采用随机取样的方式，共发放调查问卷400份，回收356份，其中有效问卷338份，问卷的回收率为89%，有效率为95%。经过对数据的分析和研究，发现本次展览得到了观众普遍认可，对于展览形式、内容以及服务比较满意，也提出了一些宝贵意见。

四　结语

对于展览而言，无论采用哪种方式，宣传是极其重要的环节，应在实践中摸索规律，相互借鉴，从而让展览拥有更多的观众，让博物馆更好地发挥教育功能。从长远看，这也是博物馆获取经济效益、谋求自身生存与发展的重要途径之一，应引起高度重视。

注释：

[1] 张健萍：《博物馆展览宣传模式探究与实践——以“千古探秘：考古与发现”展宣传为例》，《中国博物馆》2009年第4期。

[2] 管晓锐：《公共关系学在博物馆展览实践中的运用》，《博物馆研究》2012年第3期。

革命纪念馆与官办文化

张秋兵（周恩来纪念地管理局）

内容摘要： 官办文化与群众文化根本对立，表现在多建滥建、规模气魄、贪大求洋、衙门习气浓、服务意识淡、浮夸势利等方面。官办文化是封建文化借尸还魂，是形式主义的大行其道。革命纪念馆必须坚决杜绝官办文化。

关键词： 革命纪念馆　官办文化

革命纪念馆是“为纪念近、现代革命史上重大事件或杰出人物并依托有关的革命遗址、纪念建筑而建立的纪念性博物馆，是我国博物馆事业的重要组成部分”[1]。近年来，革命纪念馆发展迅速，地位越来越突出。在中宣部先后公布的356家全国爱国主义教育示范基地中，革命纪念馆有279家，占76%江苏有16家。当然全国的革命纪念馆绝不止279家，江苏也绝不止16家。在2008年江苏第一批免费开放的174家博物馆中，革命纪念馆76家。全国各地，革命纪念馆既是保护革命遗址的一个阵地，也是展示革命精神的一盏明灯，开展爱国主义教育的一处丰碑，还是推动红色旅游及地方经济发展的一座“绿色引擎”，更是促进社会主义文化发展繁荣的一面旗帜。

但是，近年来，一些革命纪念馆过度发展、畸形发展，弘扬的不是社会主义文化，而是官办文化。这种官办文化占用大量土地资源、浪费公款国帑，弘扬封建帝王思想、封建等级意识，助推“官本位”文化，大搞政绩工程，败坏执政党为民务实清廉的形象。官办文化与社会主义文化背道而驰，看似红色的革命文化，其实是灰色的腐朽文化；看似文化的现代化，其实是文化的封建化；看似文化的高歌猛进，其实是文化的悲歌倒退；看似文化创新，其实是文化泡沫。

一　官办文化的表现

（一）多建滥建

针对革命纪念馆多建滥建的问题，1981年国家文物局召开了革命纪念馆调整工作会议。1982年江西改纪念馆为博物馆的有10余个，山西撤销了5个毛泽东路居纪念馆[2]。2003年，曾经在1982年被撤销的山西毛泽东路居岢岚纪念馆修缮完成并开馆。

一些革命人物往往去世不久，其故居就恢复，其纪念馆就建成开放，在全国范围内还逐渐形成了十家乃至几十家同类纪念馆组成的纪念网络。2008年，中国共产党新闻网与毛泽东纪念馆联谊会合作推出的全国毛泽东纪念馆名录有70家。1984年粟裕逝世，1987年湖南会同县建成粟裕纪念馆，2007年湖南怀化市建成中国侗文化粟裕纪念馆。粟裕墓在山东、江苏、安徽、浙江、福建、河南、湖南等省共有17处，江苏占5处一些粟裕墓还发展出纪念堂、纪念亭、纪念馆，如江苏东台三仓烈士陵园内的粟裕纪念堂。

一些革命纪念馆甚至“同姓同名”（表一）。

目前，西花厅在全国就有三处：一处是周恩来居住26年的北京中南海西花厅第二处是1998年周恩来诞辰100周年时，淮安周恩来纪念馆复建的西花厅局部第三处2008年周恩来诞辰110周年时，天津周恩来邓颖超纪念馆按1∶1比例复建的西花厅，占地11000平方米该馆基本陈列包括西花厅获得第九届全国博物馆十大陈列展览评选精品奖。

重庆潼南杨尚昆故里主要由杨闇公（杨尚昆的四哥）旧居、陵园，杨尚昆旧居、陵园和杨氏民居组成。薄熙来主政重庆期间，2011年对杨闇公烈士陵园改扩建，占地面积50.5亩，是原来的4倍。杨氏兄弟俩在潼南各有一处旧居，又各有一处陵园。

一些新时期领导人的故居也不断开放。2013年

5月1日，位于安徽肥东县的吴邦国旧居以“吴氏旧居”之名对外开放。

表一　同姓同名的革命纪念馆

地点	建成时间
中国工农红军北上抗日先遣队纪念馆	
安徽黄山市	2011年6月
浙江淳安县	2010年2月
江西玉山县	2009年8月
铁道游击队纪念园	
山东微山县	1995年8月
山东枣庄市	1995年8月
彭雪枫纪念馆	
河南镇平县	1988年11月
河南夏邑县	1985年10月
江苏宿迁市	2007年9月
贵州遵义市	2010年1月

（二）规模气魄

规模气魄与多建滥建形影相随。革命纪念馆追求规模气魄之风从建国初就盛行，1957年召开的全国纪念性博物馆工作座谈会就强调：“纪念性博物馆一定要搞好原状陈列，决不能追求规模、气魄。”1974年国务院《关于加强文物保护工作的通知》第1条就指出革命纪念建筑“不要喧宾夺主，另搞富丽堂皇的新建筑”。

近年来，一些革命旧址被“夸张”得面目全非，纪念馆占地面积越来越大、建筑越来越气派、技术越来越时髦、装饰越来越豪华。规模的代价，少则上千平方米、多则百万平方米的土地资源；气魄的背后，少则千万、多则数亿的公款国帑。

2009年建成开放的延安革命纪念馆新馆耗资5元[3]。2011年，拥有4个国家级贫困县的江西上饶市决定“以上饶集中营旧址为依托打造茅家岭主题公园”占地面积623亩，总投资2.6亿元[4]。

一些气势非凡的革命纪念馆时常被推到舆论的风口浪尖。2011年4月，山西交城华国锋陵园建成，因其宏伟的规模引得网民“围观”。7月4日，中国红色经典主题公园落户重庆签约仪式举行，公园规划占地1921亩，总投资25亿元[5]。该项目很快就在网民热议声中终止。

（三）贪大求洋

规模气魄必然带来陈列的贪大求洋。嘉兴南湖革命纪念馆1959年建馆，位于湖心岛的烟雨楼。1991年建党70周年，在南湖东岸建成新馆。2011年建党90周年，又重新建设了新馆，展陈面积达7794平方米，为1991年新馆的10倍。“整个新馆，就是一部中华民族的复兴史，以党的一大为重点，向前延伸至中国近代史，向后一直延伸至党的十七大。”[6]

从下表可见，苏皖赣三省新四军纪念馆都力争全面反映新四军整个10年历程（表二）。

表二　苏皖赣三省新四军纪念馆的陈列馆内容

纪念馆	陈列馆	内　容　摘　要	展厅面积	开放时间
盐城新四军纪念馆	新四军人物馆	全面系统反映了新四军从1937年10月创建，到1947年1月改编为人民解放军的10年时间里，新四军的重要人物在抗战、解放战争及建国后在各领域作出的丰功伟绩[7]。	3000平方米	2009年10月

续表二

纪念馆	陈列馆	内　容　摘　要	展厅面积	开放时间
云岭新四军军部旧址纪念馆	新四军史料陈列馆	利用丰富的文物史料、新颖的场景设计和声光电等科技手段展示了新四军从1937年组建到1947年撤销番号的波澜壮阔的10年征程[8]。	6200平方米	2011年1月
南昌新四军军部旧址陈列馆	新陈列大楼	主要讲述了从1937年10月12日到1947年1月，新四军整个10年发展的历程[9]。	3000平方米	2011年6月

1985年吕济民先生就指出："纪念馆不能搞得很大，不能喧宾夺主，不能建得富丽堂皇，特别是共产党的革命纪念馆，更不能这样搞。"[10]革命纪念馆动辄占地几百亩，规模气派得像"阿房宫"，布展陈列各地都是"大而全"，陈列技术不断追求"声、光、电"高科技——在这些辉煌政绩的背后，是少则千万，多则上亿的清一色的纳税人钱。老百姓甚至骂这些工程为"烧钱"。

全国博物馆十大陈列展览精品评选，作为中国文博界的"奥斯卡"，应在制止重复建设、反对贪大求洋、严禁豪华奢侈上发挥引导作用，毫不留情地将劳民伤财的政绩工程打入冷宫。

（四）衙门习气浓

随着革命纪念馆规模的扩大，其管理机构级别也逐步提高，往往并列甚至凌驾于当地文化部门，有些甚至为正厅级。革命纪念馆行政级别高则地位高，级别低则地位低；馆长官大则身价高，官小则身价低。内部机构则是叠床架屋，因人设官、因人设岗：正、副馆长，正、副书记，正、副工会主席，还有办公室、资料科等七八个科室的正、副科长一大堆。在纪念馆"走过场"的导游都有经过资格考试后的国家颁发的《导游证》，而纪念馆的却无资格考试。事业编制超编后，又招企业编制，企业编制满员后，再加保安、保洁人员，一个职能单一、业务简单的文博单位供养着各级领导干部、各种性质的职工多达上百人。与管理机构不断膨胀、行政级别不断提升形成反差的是，体制机制依旧因袭着前苏联模式，政府统建、统养、统管。馆长坐铁交椅，职工捧铁饭碗、吃"皇粮"。

事实上，神圣崇高的革命纪念馆，未必不是藏污纳垢之地；高调宣扬革命精神者，未必不是腐败分子。石家庄"造假骗官"的王亚丽2011年被判刑14年，其履历之一就是全国爱国主义教育示范基地、全国廉政教育基地——西柏坡纪念馆馆长助理。

（五）服务意识淡

一些革命纪念馆贴着一张革命的脸，行事却是不折不扣的官僚气息，行政级别高、政治地位高，但服务意识淡薄。尤其是免费开放后，革命纪念馆在实际利益上没有必要去服务公众，往往"建筑一流、管理三流、服务不入流"，公众称其服务为"僵尸服务"。免费开放前，一些革命纪念馆多年如一日地天天开放，免费开放后，"闭馆日"纷纷出台。投资1亿元的井冈山革命博物馆是井冈山"一号工程"的主体工程，2007年开放后，获得多项殊荣，包括全国博物馆十大陈列展览精品评选特别奖、新中国成立60周年"百项重大经典建设工程"等。与不断获得殊荣形成反差的是：闭馆日从无到有，从半天到一天。2007年建成开放时，无闭馆日；2008年3月，宣布免费开放时，也无闭馆日。但是，到了2008年10月，《井冈山革命博物馆定期闭馆检修保养的公告》宣布“每周一下午闭馆”；2010年4月又宣布“每周一全天闭馆”[11]。邓小平故居陈列馆从2004年建成开放，到2008年免费开放时，都无闭馆日，2011年5月开始实行周一闭馆。这两家革命纪念馆不仅每周闭馆一天，而且夏季下午5点艳阳高照就闭馆。与这两家相反，武侯祠博物馆是全国首批重点文保单位，不仅无闭馆日，而且从上午8点开放到下午6点，夏季开放到晚上9点半。

（六）浮夸势利

1973年10月，刚刚复出的邓小平参观韶山毛泽东纪念馆。当纪念馆负责人请他作指示时，邓小平说：“你们陈列的是历史，历史嘛，只要符合历史就行！”[12]研究革命人物、宣传历史事件，必须维护历史真实性。“符合历史”是革命纪念馆一切研究宣传的前提和基础。

革命纪念馆的事业单位性质决定了干部职工增加收入的最主要途径是评职称，评职称的一道硬门槛是研究成果。这是很多人玩起学术的主要动力，也是泡沫研究的动因之一。所谓论文，或旁征博引、或洋洋万言，却要么无病呻吟、无的放矢，要么东拼西凑、似曾相识。所谓书籍，或厚实沉重、或装帧精美，但皆由公款购买书号、单位出资印刷，只能赠阅、鲜有购买。

二 官办文化与群众文化根本对立

《学习时报》副编审邓聿文指出：中国学界对官僚体制在经济方面的危害、对官办经济的表现探讨得比较多，对官僚体制在文化方面的危害、对官办文化的表现则研究得比较少。实际上，官办文化对文化发展的戕害比官办经济严重得多[13]。

当前，全国正在如火如荼地开展群众路线教育革命纪念馆发展促进社会主义文化也必须走群众路线，发展促进群众文化。官办文化既不贴近实际、也不贴近生活、更不贴近群众。官办文化压缩排挤群众文化，官办文化奇葩盛开，就意味着群众文化百花齐败。

官办文化经常披着群众文化的羊皮，卖着封建文化和形式主义的狗肉。官办文化与群众文化在很多方面根本对立：

1. 文化的中心问题。群众文化的中心问题是为群众和如何为群众，是以民为本，实现的是人民群众的文化权益。官办文化的中心问题是为官僚和如何为官僚，是以官为本，实现的是少数官僚的文化特权。

2. 文化的主体。人民群众是群众文化的创造主体、享有主体和表现主体。官僚政客是官办文化的创造主体、享有主体和表现主体。

3. 文化的实质。群众文化是“我们的主体文化，它是马克思主义关于人民群众创造历史观点和党的群众路线在文化上的集中体现，是社会主义精神文明建设的重要组成部分，是建设中国特色社会主义文化的一项基础工程”[14]。官办文化是封建文化借尸还魂，是形式主义的大行其道，是官僚政绩的明火执仗。

4. 文化的路线。群众文化走群众路线，接地气连民心，从群众中来，到群众中去。官办文化走官僚路线，接官气连官心，从官僚中来，到官僚中去。官僚政客不顾社会主义初级阶段的国情，在土地资源紧张，很多人一辈子买不起一处住房，许多老百姓买不起一块墓地的大背景下，不恤国力民力，动辄投资百万、千万甚至上亿建立这么多那么大的纪念场所。

5. 文化的关联性。群众文化与专业文化相辅相成，互相促进，共同促进社会主义文化的发展。官办文化与文化GDP相辅相成，互相促进，共同促进官僚政绩的发展。如果群众文化用“俗”来概括，专业文化用“雅”来概括，那么官办文化只能用“虚”来概括。

6. 文化的生命力。群众文化历久弥新，不受时空限制而烛照千古。两千年前，人民群众纪念屈原，吃粽子、赛龙舟；两千年后，端午节成为国家法定节日。官办文化官走文亡，因官而盛也因官而衰。重庆高调“唱读讲传”，全民唱红歌，多建滥建革命纪念馆，“红色文化”在短短几年内打造得地球人都知道。薄熙来倒台，重庆“红色文化”立刻打回官办文化的原形。

三　滋生官办文化

21 世纪中国，“官本位”依旧阴魂不散，深入社会各个细胞，并且越演越烈，革命纪念馆也不能幸免。多年来，在很多官员的理解中，民主的含义已由“人民当家作主”，褪变为“官员为人民当家做主”。革命家在新中国成立后，一般都担任了高官。革命纪念馆为什么在中国蔚为壮观？中国共产党类的革命纪念馆为什么在革命纪念馆中比重大、分量重？为什么革命纪念馆规模的大小、行政级别的高低、影响力的深浅基本上与革命家的官职大小成正比？这些问题都可以在官本位文化中找到答案。时下，官方和民间都对豪华的政府办公楼深恶痛绝。其实，革命纪念馆的气魄非凡和政府办公楼的气象万千一样，都是官本位文化下的“权力崇拜”“官重民轻”的典型反映。不同的是，前者的“官”是过去为人民当家作主的官；后者的“官”，是现在为人民当家作主的官。

革命纪念馆的特性。较之博物馆，革命纪念馆具有 3 个特性：1. 纪念性。相对于博物馆的“物”，革命纪念馆更有“情”。革命人物诞辰或事件发生的周年往往都会成为革命纪念馆的建设的契机和理由。2. 政治性。不同党派、不同时期对“革命”的不同理解，决定了革命纪念馆必备的政治性。1943 年，中共中央将刘志丹的故乡保安县改称为志丹县，并在该县修筑刘志丹陵墓。陵墓 1947 年被国民党捣毁；1953 年修复，“文革”中因小说《刘志丹》案，被红卫兵砸烂；“文革”后，修复开放 2009 年刘志丹革命事迹陈列馆建成开放。3. 政党性。政党性是政治性的题中之意。革命纪念馆的政党性最具有社会主义特色。我国为共产党长期执政的国家，中国共产党类革命纪念馆比重大。在 279 家名列全国爱国主义教育示范基地的革命纪念馆中，231 家为中国共产党类革命纪念馆，占 83%。在江苏第一批免费开放的 76 家革命纪念馆中，中国共产党类革命纪念馆有 68 家，占 89%。

革命纪念馆的管理体制。建国 6 年，革命纪念馆大楼越来越气魄，陈展技术越来越先进，但体制机制并没有与时俱进。革命纪念馆被称为“清水衙门”，虽然是“清水”，但毕竟还是“衙门”，馆长则是这个衙门的首长。在权力通吃的官本位体制下，在权力缺乏监督、尚未关进牢笼的当下，全馆的人力、财力、物力资源都极易为馆长个人政绩服务。

四　坚决杜绝官办文化

（一）坚持“两个务必”

1991 年、2002 年、2013 年，江泽民、胡锦涛、习近平在担任中共中央总书记不久就分别赴平山西柏坡纪念馆，都重温毛泽东在七届二中全会上的讲话，号召全党牢记“两个务必”。中国共产党作为长期执政的党，在建设革命纪念馆尤其是执政党自身的革命纪念馆方面更应保持并发扬“谦虚谨慎、不骄不躁的作风，艰苦奋斗的作风”。

革命纪念馆缅怀革命人物，无论开国领袖、还是普通将士，都不能违背“处于并将长期处于社会主义初级阶段”的基本国情。革命纪念馆弘扬革命精神，无论井冈山精神、还是延安精神，都不能背离“艰苦奋斗的精神”。革命纪念馆推动社会主义文化发展繁荣，无论是弘扬群众文化、促进专业文化，还是发展红色文化，都不能背离“两个务必”。

俄国文学家、思想家托尔斯泰的墓被称为“世间最美的坟墓”。这个墓“远离尘嚣，孤零零地躺在林荫里。它只是树林中的一个小小长方形土丘，上面开满鲜花，没有十字架没有墓碑，没有墓志铭，连托尔斯泰这个名字也没有……然而，恰恰是不留姓名，比所有挖空心思置办的大理石和奢华装饰更扣人心弦。”托尔斯泰恰恰因这个什么都没有的墓而更显伟大！

（二）严格执行中央控制革命纪念馆建设的各项规定

“文革”前，中央就曾三令五申严格控制修建纪念建筑。“文革”后，中央更是反复重申。

1978 年中共中央批转中宣部《关于建立革命纪念馆问题的请示报告》明确指示：“一、新建或扩建革命纪念馆（包括大型的纪念碑、纪念亭）要严格控制，一律须经省市自治区党委审查同意后报中央批准。二、建立革命纪念馆，必须以历史上重大事件或重要人物的旧址为基础，保持或恢复原貌，严禁离开旧址另搞新的纪念建筑物。三、革命纪念馆的陈列，必须以有关旧址的史实为主要内容，时间的上限下限要短，不要贪大求洋，形成整个革命史的陈列……”

1980年中共中央《关于坚持“少宣传个人”的几个问题的指示》要求革命纪念设施：“应当有，应当管理好，但是必须严格控制，防止多建滥建。”

1988年，针对“一些地方和部门无视中央的规定，继续新建纪念设施，占用了大量的人力、物力和财力”的问题，中共中央办公厅、国务院办公厅发出《关于重申严格控制建立纪念设施的通知》；1996年，又发出《关于严格执行建立纪念设施有关规定的通知》。

1999年，针对“擅自修建已故领导同志纪念设施的情况越来越严重”的问题，中共中央、国务院发出《关于严禁擅自修建已故领导同志纪念设施的通知》，指出：“耗费大量人力、财力、物力修建纪念设施，不仅严重脱离了群众，而且损害了共产党人的形象。”

（三）去行政化

革命纪念馆与我国高校一样也急需“去行政化”，逐步减轻并最终摆脱行政系统的操纵，让革命纪念馆回归社会服务机构的本质，让纪念馆人老老实实地种好自己的一亩三分地，全心全意地搞服务、专心致志搞研究。管理机构应精简高效，不应叠床架屋、尾大不掉。馆长对于革命纪念馆的发展至关重要，专家治馆是去行政化的应有之意。专家资格要成为做馆长前所必备的业务资格，而不能成为做馆长后利用行政资源所猎取的头衔。革命纪念馆需要有真才有操守的“大师”，而不是有权术无操守的“大腕”。革命纪念馆工作具有很强的专业性，专业素质当然不是唯一条件，但应是首要条件。馆长的选拔任用必须走群众路线，从群众中选拔，让群众挑选，接受群众监督。对于革命纪念馆馆长，实行全省乃至全国范围内的遴选制度来挑选专家担当馆长，而不是行政任命。

注释：

[1]《革命纪念馆工作试行条例》第1条文化部，1985年1月9日。

[2] 安廷山：《中国纪念馆概论》，文物出版社1996年，第205页。

[3] 冽玮：《延安革命纪念馆新馆开放》，http：//news. qq. com/a/20090828/002870. htm。

[4] 段长浪：《茅家岭公园一期工程开工2012年元旦前交付使用》http：//www. srzc. com/news/srxw/shizhengjingji/2011/0228/92630. html。

[5]《重庆南川区将投资25亿建设红色经典主题公园》，《重庆晚报》2011年07月05日02版。

[6]《嘉兴南湖革命纪念馆新馆今天正式开馆》，《钱江晚报》2011年6月30日A8版。

[7]《走进新四军人物馆》，《新华日报》2009年10月13日A04版。

[8]《我馆举行新四军史料陈列馆开馆仪式》，新四军军部旧址纪念馆网 http：//www. n4ajb. org. cn/news/2011/3-8/201138110044. html。

[9] 江西电视台都市频道：《国际博物馆日：南昌新四军军部旧址陈列馆初展》http：//www. goldia. cn/article/1105/20/1427464134. html。

[10] 吕济民：《博物馆暨文物工作论丛》，文物出版社1992年，第25页。

[11]《井冈山革命博物馆公告》《井冈山旅游网》，井冈山管理局 http：//www. jgstour. com/News. shtml? p5=1542。

[12] 白晓波：《你们陈列的是历史——邓小平参观韶山毛泽东同志纪念馆》，《中国文物报》2011年5月18日第8版。

[13]《故宫丑闻是官办文化下的蛋》《中国经营报》第3版。

[14] 廖文：《人民群众是文化的主体》，《光明日报》2010年11月25日第12版。

周恩来与新中国的文博事业

刘文欣（周恩来邓颖超纪念馆）

内容摘要： 新中国成立后，周恩来担任总理一职，在主政的26年间，周恩来对我国的文博事业倾注了大量心血。本文从周恩来重视藏品的征集和管理、对博物馆陈列展览提出中肯的意见、对文物古迹和出土文物的保护、加强文博事业的组织机构和法律法规等制度建设四个方面进行了阐述从中可以看出，我国文博事业所取得的成就与周恩来的亲切关怀是密不可分的。

关键词： 藏品　陈列　文物古迹

1949年新中国成立后，周恩来担任开国总理，他殚精竭虑，被人民亲切地誉为“共和国的总管家”。在主管内政外交的26年间，周恩来对我国的文博事业也倾注了大量心血。本文浅谈一下周恩来对新中国文博事业的关怀。

一　重视藏品征集和管理

藏品是博物馆的立馆之本，是博物馆进行各项业务活动的物质基础。藏品的数量和质量，直接影响博物馆的业务水平和社会效益。周恩来深知藏品征集是博物馆的主要业务工作之一，他十分重视珍贵文物的征集工作，以充实我国博物馆的收藏。近代以来我国大量文物流失海外，为了促使这些流失文物回国，新中国成立初期，虽然我国国民经济极度困难尤其是外汇紧缺，但在周恩来的批准下，我国抢救性地收购了一批流失海外的文物。1950年初，《五牛图》从香港购回，入藏于故宫。1951年11月5日，周恩来致函马叙伦并文物局副局长王冶秋、故宫博物院院长马衡，同意将由溥仪携出宫外被人典在香港的王献之《中秋帖》、王珣《伯远帖》购回，并指出唯须派负责人员及识者前往鉴别真伪，最终这两件珍贵文物回到祖国怀抱，珍藏于故宫。新中国成立后在周恩来的重视和关怀下，通过组织收购和号召捐赠，故宫的书画收藏开始丰富起来，同乾隆时所编“书画总目”和清室善后时所辑“书画目录”比较，除迁台者外，流失的书画基本都回故宫。

周恩来也重视革命文物的征集工作。1950年6月16日，《革命文物征集法令》经政务院发布全国。1953年1月1日，周恩来在哈尔滨参谒苏联红军烈士墓和东北烈士纪念馆时，对在场的负责人说：“革命先烈抛头颅、洒热血，才换得了人民的解放和胜利。要广泛搜集革命烈士的事迹和文物，向群众进行革命传统教育。”[1]1961年6月28日，周恩来约见马骏烈士的夫人杨秀蓉及其儿子，嘱咐她要把征集革命文物的工作做好。

周恩来的文物意识强烈，他多次为博物馆的藏品征集工作提供线索。为了在1966年隆重纪念孙中山先生诞辰100周年，1963年周恩来向中国革命博物馆建议要大力收集孙中山和同盟会元老廖仲恺、柳亚子等人的文物，他又派专人到柳家，动员其家人捐赠遗物，最终柳氏家属将柳亚子的遗物6000余件捐赠给中国革命博物馆。同年6月，中国人民银行拟销毁日伪在沦陷区发行的纸币，周恩来审批时提出：中国人民银行应将一部分日伪纸币拨交博物馆收藏，以此作为对观众进行阶级教育的反面物证。周恩来还身体力行支持文物征集工作，当1959年中国人民革命军事博物馆建馆面向全军征集文物时，他捐出一枚一级红星奖章。

征集的文物入藏后，保存环境如何直接关系到文物的寿命。20世纪60年代初期，国际局势变幻莫测，对国内形势产生很大影响。在此情况下，为了保证文物的安全，党中央、国务院决定修建战备性文物库房，代号为“480”工程，计划将故宫、历史博物馆、革命博物馆、北京图书馆所收藏的珍贵文物适时转移到这一高级地库内。周恩来亲自部署了这项特殊工程。1962 年 2 月，该工程开始运行，按照周恩来的提议，工程办公室对收藏单位的珍贵文物情况、质地、保护要求等进行了调研，并制定了“战备文物库房方案”。周恩来在审批方案时，对几处重要问题进行了具体而细致的批示。在防火上，他指出要“严格控制，减少火源。要经常检查，保证绝对安全。自动灭火设备要选用最先进的，要先行试验，不可伤损文物。”[2]在防水防潮上，他批示：“防水防潮事关重要，要特别注意工程质量，地下库的军械可以涂油防受潮锈蚀，文物则不同了，稍有不慎，后果不堪设想。……先人对文物保存了几千年也有很好的经验要吸取。土洋结合，达到保护皮藏为度。”[3]此外，周恩来还就防盗和库房的电力照明及供电等方面均作了明确的批示，确保藏品保存环境的安全。

二　对陈列展览多次提出宝贵意见

陈列展览是博物馆进行社会教育活动的主要手段，是与观众进行交流和传达信息的途径。它集中反映了博物馆的性质和类别，体现了博物馆的藏品、科学研究和管理水平，是博物馆综合水平和业务能力的展示，也是衡量博物馆质量高低的重要标志。周恩来早年投身革命，他的个人即是一部中共党史的缩影，他是我党历史的亲历者、见证人。作为党和国家领导人，周恩来曾多次审阅大型场馆的陈列展览，并对这些展览提出中肯的意见。1959 年，为迎接新中国成立十周年，十大建筑中的中国历史博物馆、中国革命博物馆以及中国人民革命军事博物馆相继落成。周恩来对这些的陈列展览十分关心和重视，多次亲临现场审查陈列内容和形式设计。仅 1959 年 9 月 19 日至 22 日，短短四天时间，周恩来先后四次到中国革命博物馆和历史博物馆，审查新民主主义革命时期社会主义革命和建设时期的党史陈列。当审查到天津觉悟社时，周恩来提出设计他的照片和文字要少点，应突出马骏烈士。

周恩来认为陈列展览要全面、客观地反映历史，不仅要展示成功史，也要展示失败史，目的是以史为鉴，从历史中吸取经验教训。1965 年 9 月 22 日，周恩来在接见印尼经济代表团时，谈到中国革命博物馆的陈列，他说：“中国革命博物馆介绍的仅仅是中国革命的一部分，不完全，而且好的、成功的说得多，犯错误的、受挫折的说得少。将来还要补充一些东西。因为只有成功的经验，没有失败的经验，这种经验是不全面的。我们敢于正视错误，找出纠正错误的办法，这样对个人和对事业才能不断前进。”[4]

周恩来多次谈到要按照辩证唯物主义和历史唯物主义的观点办陈列展览，要尊重历史、尊重事实，不能歪曲历史。1969 年 9 月，中国历史博物馆和中国革命博物馆合并为中国革命历史博物馆，该馆于 70 年代初进行“中国通史陈列”的修改受当时“左”倾思想的影响，陈列展览打破王朝体系，按农民起义的发展划分历史时期，每个历史阶段均以农民起义开头，导致很多有重大影响的历史人物被一笔勾销。周恩来不同意这样修改，他认为要坚持辩证唯物主义和历史唯物主义，不能以农民起义打头，强调展览应突出统一的理念，即突出秦汉、隋唐、元明清三个历史时期的统一。在周恩来的指导下，该馆圆满完成陈列修改。

周恩来经常说革命文物工作应实事求是，革命旧址应保持原貌，不能违背历史。“文革”时期，个人崇拜和个人迷信盛行，在纪念馆特别是革命旧址和故居的复原陈列中，出现了夸大历史事实的现象。周恩来敢于站出来讲真话，他说，韶山、井冈山展室的房子搞得非常华丽。嘉兴南湖第一次党代表大会转到那里开会的船，现在搞得金碧辉煌，面目全非，已跟原来大不一样了。对此，周恩来批评说：这是搞展览的工作人员不懂历史。

陈列展览中的文字说明是否容易被广大观众接受，直接关系到展览的效果。周恩来认为陈列展览及相关报道的文字要通俗易懂、简单明了，要考虑观众的感受。1973 年 4 月，他审看湖南长沙马王堆汉墓女尸解剖新闻图片说明时指出：有关名词要改为通俗的话语，让读者能看懂。7月17日，他又对有关于此的新闻报道稿批示道：新闻报道应简化、通俗，有关科研座谈会的报告，可登专门刊物，并附解剖照片。

周恩来还重视文物展览在对外交流中的重要作用，把对外展览看作中外文化交流乃至外交的一部分。“文革”时期，为了打开我国外交的新局面，周恩来积极开展“文物外交”。1971年5月，周恩来批准同意到国外举办出土文物展览。1973年5月8日，展品囊括29个省、市、自治区的“中华人民共和国出土文物展览”第一次走出国门，引起轰动。8月13日，周恩来又对出土文物展览赴美展出时间批复余湛、王冶秋，提出：“可设想两个方案，一个是拿这两个方案的两套展品图录给美国联络处看看，要他们选择，看那（哪）一套展品和时间对他们合适，……另一个是另搞一套展品，专为去美洲的，次序是加、美、墨、南美友好国家……”[5]展览风靡世界，使外国人了解了中国的悠久历史和灿烂文化，增进了各国与我国的友好交往，收到了很好的效果。

三　对文物古迹和出土文物的保护

周恩来对文物古迹的保护和考古工作时时挂在心上。他曾多次说，我们要精心保护好祖先留下的文化遗产，如果毁坏在我们手里，将无法向子孙后代交代。

平津战役期间，为使北平免遭战火的破坏，周恩来根据毛泽东的指示，要求处于进攻前沿的人民解放军秘密同古建筑学家梁思成联系，梁思成夫妇在军用地图上将应予保护的地方用红笔一一圈点，最终北平和平解放，古都得到了完整保存。

为使南下部队进行解放战争时不损毁文物，1949年3月，根据周恩来要求由梁思成主编的《全国重要文物建筑简目》发给各路解放大军。1949年5月7日，周恩来致信中宣部：希望解放军保护好南浔镇刘氏嘉业堂藏书楼和太原普善寺的藏经。

新中国成立后，在大规模建设历程中，如何处理好城市建设与保护文物二者之间的关系是个棘手的问题，直至现在依然如此。20世纪50年代，我国掀起社会主义建设的高潮，对如何保护北京大量的不可移动文物争论不休。周恩来在1953年的一次政务院会议上说：“我对文物问题很感兴趣。……假使在保存历史文物问题上主导思想不一致，北京的都市规划就会遇到问题。”[6]他又说：“保存文物和民族文化遗产，就要使其发扬光大。我不是说我们要前进，要发展文化，就不保存文物，不要民族文化遗产。不是的，我是强调要推陈出新。”[7]当时北京大街小巷的牌楼影响了城市建设，周恩来多次召开会议，通过多方协调，最终决定把历史文化价值大的牌楼移至他处，其他价值不大的拆除。1954年，北京扩建北海大桥，有人提议拆除团城，有人反对。周恩来通过实地调查，决定让团城南面的中南海院墙后移，马路向南扩展，团城被保留下来。1968年，周恩来在审批北京地铁一号线工程方案时，建议改变地铁路线，最终使古观象台原地未动，保存完好。周恩来巧妙处理城市建设与文物保护之间的关系，对当今我国城市规划仍有很大的借鉴意义。

我国的古建筑大多为木质结构，极易遭雷击引发火灾，导致文物损毁。1956年6月，北京明十三陵长陵的棱恩殿柱顶被雷劈裂，所幸整个大殿并未受损。周恩来得知后，以国务院名义要求在全国重要的古建筑上都要安装避雷针。

1958年，随着新中国成立后第一座皇陵——定陵的发掘，各地出现了准备大规模发掘帝陵的苗头。鉴于当时我国的科技水平不高，如果进行发掘，许多地下文物由于不能得到很好的保护，将无法保存下来。周恩来认为这些帝陵发掘工作应留给子孙后代完成，因为随着科技水平的不断提高，文物损毁的几率会大大降低。国务院随后迅即下发“停止对一切帝王陵墓发掘”的文件，及时地制止住大规模发掘帝陵的活动。

“文革”初期，红卫兵以“破四旧”为名，大肆砸毁文物古迹。周恩来在力所能及的范围内设法保护国家重点文物古迹。为了防止红卫兵冲击故宫，周恩来指示故宫关闭。1966 年 8 月底，得悉红卫兵冲击全国重点文物保护单位杭州灵隐寺，周恩来嘱秘书打电话给浙江省委：灵隐寺要保护，省委要做好工作。后又致电浙江省委：灵隐寺暂加封闭。在周恩来的关怀下，千年灵隐寺免于难。

敦煌莫高窟、大同云冈石窟、洛阳龙门石窟是我国著名的石窟，周恩来对它们也倾注了大量心血。1973 年，周恩来陪同外宾先后视察了云冈石窟和龙门石窟。由于受风雨侵蚀等自然因素的影响，一些洞窟和佛像破损。周恩来看到这些情况后，向当地主管文物人员询问石窟的保护情况和修缮计划，强调要抓紧时间抢修。周恩来虽然没有亲身到过敦煌莫高窟，但他对敦煌莫高窟给予了深切关怀。新中国成立后，在国家财政十分困难的情况下，周恩来多次拨款，大力支持敦煌莫高窟的抢修工程，从而使敦煌莫高窟成为我国保存最好的石窟。“文革”期间，他亲自签发文件，使敦煌莫高窟免遭一劫。

“文革”时期，在周恩来的关怀下，我国的考古工作取得了丰硕成果。1968 年夏，周恩来接解放军某部在河北满城西郊发现两座大型崖墓的报告后，立即指示要保护现场，并批示由中国科学院组织力量进行科学挖掘。后经考证，这两座墓是西汉中山靖王刘胜夫妻的墓，发现的“金缕玉衣”震惊了国内外的考古界。

随着“金缕玉衣”等的出土，引发了对地下文物的大发现。1972 年，长沙马王堆一号汉墓开始发掘。由于当地负责人对出土的两千多年前的女尸没有采取保护措施，将女尸放在长沙市公园展览。6 月 17 日，周恩来得知这一情况后批评湖南省军区负责人未将此事及时报告省委、中央和国务院，要求立即采取办法，将女尸及随葬品转移到冰室消毒、防腐，加以化学处理，并强调此事须“当机立断”，“速办勿延”。此后，周恩来对马王堆汉墓的后续工作多次批示，制定周密部署，确保了出土文物的万无一失。11 月 30 日，周恩来就湖南医学院拟对女尸解剖事批告王冶秋：“请约有关同志和专家再议一次。如同意，即请提出一个工作小组名单，协助湖南医学院进行报告中所提的或追加的各项安排和调度。”[8] 1973 年 9 月 29 日，他对国家文物局《关于湖南马王堆二、三号汉墓的发掘方案的意见》批复：“此事请待王冶秋同志回京后，偕同国家文物事业管理局、科学院考古研究所和各地有关科研单位、医学科研及医务人员前往长沙，协助省委办理此事，并请文化组派科教电影制片厂、新影，总政派八一制片厂担任影片摄制工作。务期这次发掘工作要取得比上次更多的成绩和收获。”并要求成立一个各有关单位负责人参加的发掘工作领导小组，“订出切实可行而又不遭损失、破坏的计划，经省委批准后再开始发掘”[9]。

四　加强文博事业的组织机构和法律法规等制度建设

1949 年中华人民共和国成立后，百废待举，百业待兴。在组建新政府的同时，周恩来没有忘记组织文博事业机构。10 月底，政务院决定在文化部下设立文物事业管理局，对全国博物馆实行统一管理。

机构确立后，1950 年，政务院先后颁布了《禁止珍贵文物图书出口暂行办法》、《古迹、珍贵文物图书及稀有生物保护办法》和《古文化遗址及古墓葬之调查发掘暂行办法》等一系列法令，使新中国文博事业的发展逐步走上法治轨道。

在周恩来的具体指导下，1961 年，经国务院全体会议讨论通过，公布了《文物保护管理暂行条例》和第一批全国重点文物保护单位名单，颁发了《关于进一步加强文物保护和管理工作的指示》，再次明确和强调了文物保护管理的方针。

“文革”十年，我国的各项工作受到冲击，文博事业也不例外。1970 年 5 月 10 日，周恩来召集图博口负责人及文化部军代表开会，宣布成立图博口领导小组，恢复图书馆、博物馆和文物系统的工作。“九一三”事件后，周恩来主持中央日常工作，加快包括文博事业等各方面的恢复工作。由于临时的图博口领导小组已不能适应文博事业发展的需要，1973 年，周恩来果断决定成立国家文物事业管理局，直属国务院。各地博物馆的建制也陆续恢复，下放人员陆续调回，文物清理、保管、保养等基础工作加紧进行，陈列业务也迅速开展，文博事业出现了令人鼓舞的转机。在文博事业恢复之际，一些文物保护法规和制度相继出台：1973年5月16日，国家文物局发出《关于进一步加强保护古窑址的通知》；8月1日，发出《关于进一步加强考古发掘工作的管理的通知》；10月31日，发出《关于严禁将馆藏文物图书出售做外销商品的通知》，11月16日又发出《关于加强从杂铜中拣选文物的通知》等，这些有力地指导了当时的文物保护和抢救工作，加强了博物馆馆藏文物的管理。

同时，周恩来重视文博事业队伍、人才培养。1959年3月，为解决新建的中国历史博物馆和中国革命博物馆的讲解员队伍问题，周恩来提议从当年报考大学的高中毕业生中抽调一部分担任讲解工作，还特别关照对这些高中毕业生给以大专工资待遇好好培养。

总之，新中国成立后，周恩来在日理万机的情况下，对我国文博事业给予了极大的关心，对我国文博事业做了很多实事，解决了很多重要的实际问题，使很多的文物及遗址古迹幸免于难。同时，他的真知灼见，为我国文博事业的健康发展，指明了方向，解决了困惑，也为我国“保护为主、抢救第一、合理利用、加强管理”的文物工作方针的提出和今天我国文博事业的发展奠定了基础。

注释：

[1]《周恩来年谱（1949—1976）》上卷，中央文献出版社1997年，第277页。

[2] 转引自吕济民：《中国博物馆史论》，紫禁城出版社2004年，第202页。

[3] 转引自吕济民：《中国博物馆史论》，紫禁城出版社2004年，第202—203页。

[4]《周恩来年谱（1949—1976）》中卷，中央文献出版社1997年，第756—757页。

[5]《周恩来手迹选》第五卷《文电、批示》（下），北京出版社1998年，第267页。

[6]《周恩来文化文选》，中央文献出版社1998年，第330页。

[7]《周恩来文化文选》，中央文献出版社1998年，第331页。

[8]《周恩来文化文选》，中央文献出版社1998年，第371页。

[9]《周恩来文化文选》，中央文献出版社1998年，第372页。

世博会博物馆的“微学位”建设思考

郭继兰（世博会博物馆）

内容摘要：世博会博物馆是国际展览局的全球唯一官方博物馆和官方文献中心，它是一座非传统意义上的新概念博物馆，具有文化性、市民性、平台性三重属性。为了更好地履行博物馆的教育职能，世博会博物馆借助最新的教育模式——MOOC，尝试建设“微学位”平台，这是博物馆开展教育活动的一种方式创新。文章介绍了全球目前主要MOOC平台和“微学位”的发展动态，认为世博会博物馆“微学位”建设的目标是搭建一个聚焦于文化创意产业的专而精的教育平台。“微学位”平台的内容建设需要两步走：第一步，先着手建设具有优势的会展学和博物馆学学科；第二步，扩展到文化创意产业的其他行业和学科。

关键词：MOOC　世博会博物馆　微学位

博物馆是非营利的永久性文化教育机构，对公众开放，为社会发展提供服务，以学习、教育、娱乐为目的。教育职能是博物馆的功能之一。在新的时代背景下，博物馆如何顺应时代趋势，利用新技术来更好地履行教育职能是一个很重要的课题。世博会博物馆（以下简称世博馆）是一个非传统型的“新概念博物馆”，它根据自身的功能和定位，探索利用教育领域的最新教育模式MOOC，提出了尝试建设“微学位”平台，打造全新的公共知识课堂的目标。

笔者是世博馆的一名工作人员，结合实际工作，对世博馆的“微学位”平台建设做了一些尝试性的探索和思考，由于“微学位”是一个新生事物，如有不当之处，敬请指正。

一　MOOC与“微学位”的发展动态

大规模在线开放课程（Massive Open Online Course，MOOC）是近年来出现的一种新型教育模式。“Massive”意味着学生规模巨大、数量大。“Open”意味着课程和教学资源向所有人开放，而不限于特定用户。“Online”意味着获得和接受课程是通过网络，主要甚至所有的教学环节都是通过网络的方式实现的。

MOOC是信息技术进步和创新所带来的教育变革，它将在线学习、社交服务、大数据分析、移动互联网等理念融为一体，实现大规模多面向的实时信息交流和互动。MOOC技术上的突破首先在于计算机硬件和互联网技术的发展，其次在于软件和计算技术的发展，最核心的是云存储和云计算。正是这些技术上革命性的突破，使得人—机关系达到高度的融合，信息处理快速高效，实现了实时交互和大数据驱动，才有MOOC的诞生[1]。

“微学位”是伴随着MOOC发展而来的一种结果。近年来，斯坦福大学、哈佛大学、麻省理工大学等相继推出MOOC，并宣布，完成课程的学生只要缴纳少量费用，就可获得认证，由于不是真正的文凭，有人称之为“微学位”[2]。随着这一新生事物的发展成熟，“微学位”也将会得到社会的认可。

大数据专家涂子沛高度评价“微学位”，认为这将给教育领域带来一场革命。它让任何人在任何时间、任何地点都可以学习，这极大地推动学习型社会的发展，使“终身学习”发展为“终生随时随地优质学习”，在学习的内容、时空、方式等方面都促进教育的公平与民主。edX总裁阿加瓦尔更是将MOOC的出现称之为“人类教育史上的首次革命”。

以课程和服务对象划分，目前的MOOC可分为高等教育、基础教育、职业教育这三种平台。本文介绍可供世博馆“微学位”建设借鉴的全球三大MOOC平台和以职业培训为目标的主要MOOC平台。

以高等教育为目标的三大主要平台Coursera，edX和Udacity，它们都拥有世界顶尖高校的“血统”，因为不同的教育理念，进而呈现出不同的特色。

Coursera创建于2012年3月，属于营利性的组织，平台的维护和课程运营由Coursera全权负责。Coursera的发展特色是多样化：（1）合作伙伴类型多样化。既有美国顶尖高校，也有世界银行和美国自然历史博物馆等组织和机构。（2）课程覆盖学科多样化。它的课程无所不包，数学、物理、计算机、生物、能源、教育、法律、音乐、商科等，是开课最全面的的平台。（3）语言课程多样化。除了英语，Coursera还提供汉语、法语、俄语、西班牙语等11种语言课程[3]。Coursera在提供免费课程的同时，第一个进军学分课程。2013年初，Coursera宣布平台上的五门课程的学分获得美国教育委员会的官方认可，学生在Coursera上完这五门课后，将有可能转换为其在大学的相应学分。学生们在Coursera上修完课程通过测试后，如果想要获得该课程的证书，必须支付一定的费用。Coursera凭此在短短9个月内营收100万美元。

edX于2012年秋天上线，是一个非营利性MOOC平台。edX是一个开源代码，高校等使用者可以免费获取，建设自己的平台并开发个性化的功能，只要注明该平台是基于edX开发而成。edX有两条产品线：一条是精英主义的在线高等教育联盟xConsortium，与美、欧、亚、澳等大洲的29个顶尖名校合作，专注于顶尖高校的精品课程。另一条产品线是与google合作开发的新的课程平台MOOC.org，所有非联盟高校、机构、商业公司、政府甚至是教师个人都可以在这个平台上发布MOOC课程，MOOC.org降低门槛，注重拓展合作对象的广度。在具体课程方面，edX也不断创新。除了开发普通证书课程与部分州立大学合作开发的学分课程以外，edX还推出了XSeries课程，由同一学科内难度渐进的几门课程组成，尝试开发系列课体系。学生在学完这些课程后，可以拿到XSeries证书——有媒体称之为“MOOC辅修学位”。XSeries课程回应了MOOC学习者越来越多的对证书含金量的诉求。edX一位发言人曾说，“学生们不断提出希望证书分量能更重，能够写进自己的简历”[4]。当然，含金量更高的系列课程认证也不是免费的，会收取一定的费用。

Udacity于2012年2月诞生，是一个盈利性在线教育公司。与另外两大MOOC平台稍有区别的是，Udacity走的是“小而精”路线。截至目前，平台课程仅覆盖计算机、数学、商业、科学和设计这5个学科，课程侧重于基础学科和实用性科学。另一个显著特点是，Udacity大部分课程都是平台与开课教师个人之间的合作，与学校官方的合作只占较小的一部分。虽然Udacity很小众，但却有很大的灵活性和创新空间。对比规模庞大且课程视频较为程式化的Coursera、edX，Udacity的视频课程没有固定的格式与套路，完全依照教师的偏好而定，很多视频的交互性很强。

在职业教育MOOC平台中，ALSON与Open2Study是两个比较明确地以职业培训为其目标的平台。

ALSON是爱尔兰基础重点职业领域最大的免费远程教育提供者，也是世界最大免费在线教育供应方，面向全世界学习者提供以职业资格认证为目标的免费课程。它主要在商业技能、财务技能、语言、数字与信息技术、个人发展与“软技术”、学校培养（课程设计）、卫生与健康领域提供职业教育课程。平台上共有500多门课程。目前，ALSON共有遍布全球的200万注册会员，仅在2011年就为超过5万人提供职业认证或结课证书。

Open2Study是澳大利亚开放大学，一个私立的远程与网络教育机构创立的免费在线教育平台。涉及护理、人类学、财务管理等领域。

中国研发MOOC平台的实践才刚开始，目前比较突出的成果是以清华大学计算机与技术系为主体的研发团队基于OpenEdX平台研发的“学堂在线”（xuetangx.com），于2013年10正式启动，合作伙伴包括北京大学、浙江大学、南京大学等高校。除了上述的高校参与外，很多网站也采用不同的途径和方式参与到中国 MOOC 的发展中来。如网易公开课、译言网和果壳网等有关 MOOC 的服务，严格意义上并不是真正的 MOOC 平台。此外，还有一些类 MOOC 平台，如网易云课堂、慕课网等。目前，免费在线课程平台在中国进入到“诸侯混战时期”。

二 建设“微学位”平台是世博馆社会教育方式的创新

世博馆提出建设“微学位”平台，与博物馆自身的定位和特色有密切的关系。

（一）世博馆：一个非传统的“新概念博物馆”

2013 年 12 月 30 日，上海市“十二五”重点文化设施项目——世博馆开工建设，并将于 2016 年 5 月对外开放。世博馆是国际展览局和上海市政府合作共建的一座国际性博物馆，它是国际展览局唯一官方博物馆和官方文献中心。以传承世博遗产、保存世博精髓、延续世博效应为宗旨的世博馆将全力打造和完善七大功能：即陈列展览、文物征集、收藏保护、科学研究、社会教育、学术交流和文献中心。

世博馆与一般专题博物馆不同之处在于多元，在于文化的集聚，它不仅仅是一个博物馆，还是一个城市客厅，一个学习场所，一个研究机构，一个交流沙龙。为此，世博馆将设立目前博物馆业内少有的公共开放图书馆。可以说世博馆是一扇向世界开启的大门，一座珍藏世博会历史的殿堂，一个多元文化的秀场。

世博会的文化内涵在于创新、进步和交流。从世博会的文化内涵出发，世博馆提出，要成为市民接触先进文化的“世界之窗”和展现创新进步的物质与技术、精神与理念的“创意之源”。

作为一座真正意义上的国际性博物馆，世博馆是有别于传统博物馆的、具有未来属性的“新概念博物馆”。从展示方面看，和世博会一样，世博馆的展示注重理念的表达，将较多地运用多媒体等现代科技手段，体现前瞻性、创意性和互动性。从博物馆的发展趋势来看，一方面，政府对文化产业的期许越来越强调公众文化，而不再是完全的精英文化；另一方面，博物馆自身所扮演的角色也在历史推进中不断变化，从最早参观者要以朝拜的姿态走进的“历史殿堂”，到居高临下、单向式教育民众的“教室”、“课堂”，到现在越来越强调观众的沉浸式体验和互动参与的“剧场”，而世博馆还要更进一步，挖掘博物馆作为公众休闲场所和交流活动中心的功能。为此，世博馆将打造她的三重公共属性：文化性、市民性、平台性[5]。

打造这三重公共属性要着眼于：首先，要面向全球。世博会是多元文化交流的盛会，世博馆将延续世博会“世界之窗”的功能，通过与各届世博会主办方和参展方展开交流合作，共同策划和举办各类展览、论坛和活动，提供展示各国文化的舞台，让国人不出国门就能了解世界。其次，要面向未来。一方面，世博馆将源源不断地展示未来各届世博会的精彩、引进世界最新型的展览，让观众接触到世界最近的发展理念和创意。另一方面，作为国展局官方文献研究中心，世博馆将利用世博会资料库和专家库开展世博会历史、主题等方面的课题研究，为世博会的未来发展提供“动力基因”，也为上海乃至中国未来的城镇化发展提供创新思路。再次，要面向市民。世博馆将全力提升开放性，为市民参与和开展各种丰富多彩的公共文化活动提供空间，成为面向市民的国际学术交流中心。

世博会致力于打造一个面向市民、着眼未来、开放性的新型博物馆，使其成为分享世博成果的城市客厅、聚焦未来发展的世界之窗和演绎欢聚融合的人文家园，力争成为一座国际认可、亚洲一流、国内引领、上海补缺、特色鲜明的设计创意类博物馆和面向大众的专业文化活动中心。

可以说，无论是在硬件方面，还是在软件方面，世博馆都力图成为一个创新的载体。建立“微学位”平台是其创新举措之一。

（二）建设“微学位”平台，创新社会教育方式

2013 年 12 月 30 日，在“世博会博物馆新馆开

工新闻发布会”上，刘绣华馆长提出，要利用藏品、文献、展览和数字资源开展各种社会教育活动，并与有关教育机构合作尝试建立“微学位”平台，为公众打造全新的知识课堂[6]。这是世博馆在新形势下，利用新技术来担当社会教育重任的一种创新教育手段和方式。它的目的与所有博物馆的教育目的是一致的，在于对公众“启迪心智，传播知识，传承文明”。

21世纪是人类社会在精神和物质方面都发生巨大变化的一个崭新时代，全球化成为大势所趋，互联网技术、云计算和人工智能技术飞速发展。在新的形势下，作为文化创意产业的博物馆也不断更新着自身的角色以适应社会的飞速发展和变化。但无论如何变化，博物馆固有的本质职能是不应当改变的，其中的教育职能更是如此。王宏钧先生在《中国博物馆学基础》一书中，提出了博物馆的教育和服务主要包括“为广大观众提高思想品德和文化素养服务，为在校学生的校外教育服务，对成人终生教育，为科学研究服务和为旅游观光和文化休闲服务”[7]。他把博物馆教育服务的对象划分为社会观众、在校学生和成人三个层次，明确了博物馆的教育目的是提高全社会成员的文化素质和思想道德，并加强一部分人的科研能力。

MOOC对教育行业、机构带来了变革，世博馆利用MOOC教育教学技术和模式，建设“微学位”平台，是与时俱进，开展博物馆教育活动的一种创新。台湾省立博物馆副研究员黄淑芳女士把博物馆教育的特点和方式归纳为：“全民的、终身的教育；启发的、诱导的、寓教于乐的教育；自导式、探索的教育；临场的、实物体验的教育；生活化的教育；资讯化、电脑化的教育；扮演知识宝库及学习中心的教育；反映社会需要、促进社会发展的教育。”[8]黄女士的书写于20世纪末，她把博物馆当时最新的教育方式进行了细化。但科技发展日新月异，互联网和计算机技术的进步使教育行业、机构迈入了MOOC时代。作为一座把创新作为特色的博物馆，世博馆结合自身优势，提出尝试建立“微学位”平台。

三　世博馆“微学位”平台建设的内容、对象和方式

（一）内容定位

《解码MOOC：大规模在线课程的教育学考察》一书提出，面对MOOC世界越来越激烈的竞争，同质化的平台必然无法生存。着眼于垂直领域，“小而精”的发展路线或许会是新平台建设的一个趋势，即为更广阔的人群提供更具针对性的在线教育服务，同时也使MOOC世界更加异彩纷呈。笔者十分认同这一观点。窃以为，从世博馆自身的资源和优势出发，世博馆的“微学位”平台也应走“小而精”的发展路径，打造一个有关文化创意产业的专业“微学位”平台，以培养文化创意人才，推进文化创意产业的发展。之所以把“微学位”内容定位于文化创意产业，既是世博馆高瞻远瞩地把握时代机遇的选择，也是依托于世博馆自身的行业资源优势和专业资源优势。

首先，世博馆把握住了MOOC时代的发展机遇。新东方教育科技集团董事长兼首席执行官俞敏洪指出，未来教育有三大模式：地面教育、互联网平台供应商、内容提供商，而未来线上教育将占有40%的比重[9]。在教育模式发生变革的时期，用符合时代发展潮流的方式来践行博物馆的教育职能，无疑是创新之举，明智之举。同时，在已经存在的MOOC平台中，并没有一个专业的文化创意产业MOOC平台。亨利·福特说过，“一个市场从来不会因为好的产品而饱和。”我们相信，这样的一个专业平台有独特的价值，是有发展前景的。

其次，从行业资源优势来说，世博馆是一个创新型的博物馆，属于文化创意产业。什么是文化创意产业呢？文化创意产业是指以创作、创造、创新为根本手段，以文化内容和创意成果为核心价值，以知识产权实现或消费为交易特征，为社会公众提供文化体验的具有内在联系的行业集群[10]。联合国教科文组织认为文化创意产业包含文化产品、文化

服务与智能产权三项内容。文化创意产业主要包含：文化艺术，新闻出版，广播、电视、电影，软件、网络及计算机服务，广告会展，艺术品交易，设计服务，旅游、休闲娱乐，其他辅助服务（文化用品、设备、产品的生产和销售）等九大行业。在文化创意产业分类表中，博物馆属于文化艺术行业中的“文化保护和文化设施服务”类别。

在查尔斯·兰蒂（Charles Landry）提出的文化产业价值链五个价值环节（创意的形成、文化产品的生产、文化产品的流通、发送机构、观众与受众）中，博物馆与文化创意产业的每一个价值环节都有联系，从创意的产生到文化产品的生产、流通、发送和接受，博物馆都有参与。毫无疑问，博物馆业涉及文化创意产业中的其中诸多行业，或者说，博物馆本身所具备的知识库、文艺性、教育性、传媒性等特征就是文化创意产业的核心所在[11]。

这样一个创新型博物馆，锐意进取，想同行业之未想，牵头聚合行业资源，行内人做行内事，是其优势所在。

再次，从专业资源优势来说，世博馆是国际展览局唯一的官方博物馆和官方文献中心，既是一个学术研究机构，也是一个学术交流平台，更是全球新型展览的集散地。世博馆在国际展览局的支持下，将建立一个以世博会为龙头的会展行业国际专家库。这个专家库既包含具有深厚理论素养的会展业学者，也包含具有丰富实践经验的优秀会展师。作为一座国际性博物馆，世博馆与国际展览局合作，将聚合全球的会展行业资源。这对于建设文化创意产业中的广告会展业、创意设计相关的MOOC课程，是得天独厚的专业资源。

（二）人群对象

每一个MOOC平台都有其特定的人群对象，世博馆文化创意产业的“微学位”平台针对的人群对象包括以下几类。

第一类人是文化创意相关专业的在校学生。无论哪个年龄和阶段的在校学生，总是与课程联系最密切的，MOOC课程都能够作为学生课内学习的有益补充。学生可以通过MOOC课程深入研究自己感兴趣但学校课程中较少涉及的内容，并通过MOOC论坛为自己的课内作业寻求帮助或者灵感。对于传统学生来说，课内学习和课外用MOOC“开小灶”也许是一种很好的学习方式。

第二类人是继续充电的在职人员。除了学生以外，世博馆的这个MOOC平台也适合文化创意行业中那些需要在工作中不断学习、不断提升的职业人士。更甚，如果一个人想换一份与文化创意行业相关的工作，纵然非专业出身或者没有从业经验，但若在MOOC平台上系统地学习过相关的课程，也是提升竞争实力的好办法。

第三类人是对文化创意领域有强烈的个人兴趣，寻求个人持续提升的终身学习者。很多人可能对文化创意产业的某个行业的关注和兴趣由来已久，却一直没有机会进行系统学习。如国内著名的科普网站果壳网上便聚集了大量这样充满热情和求知欲的MOOC学习者，他们会在论坛上相约一起学习某门课程，一起讨论其中的问题，分享自己对某门课程的心得与感想，或者晒出自己获得的一张张课程证书。

（三）发展方式

在发展特色上，世博馆的“微学位”平台建设，可以借鉴世界三大教育平台，结合自身实际，走“专而精”的路线。这需要做到三点：一、借鉴Coursera合作伙伴的多样化，联合相关的教育机构、研究机构、商业公司、政府或者个人等，扩展合作对象的广度；二、借鉴Udacity平台内容的专业化和教师个人之间合作的灵活性特征，走小众化、专业化的“专而精”模式，努力打造文化创意产业的专业性MOOC平台；三、具体课程方面，借鉴edX的同一学科的Xseries系统化课程体系，增加学科影响力，使学习者所学的相关课程能成为求职的砝码，获得企业和单位的认可，为求职者带来更多的机会。

在发展战略上，博会博物馆“微学位”平台建设需要“两步走”。第一步，先着手建设最具优势的博物馆学、会展学两个学科和专业。博物馆学课程如博物馆学概论、博物馆陈列设计、博物馆藏品管理、博物馆经营管理等；会展学课程如会展管理、会展服务、展示设计、会展旅游学、会展策划、会展广告、会展政策法规、会展物流、会展美学等；第二步，扩展到更广泛的文化创意产业的其他学科和行业，如艺术品交易、创意产品设计、旅游休闲娱乐、文化商务服务、新闻出版、广播电视等。

注释：

[1] 李曼丽等：《解码 MOOC：大规模在线开放课程的教育学考察》，清华大学出版社 2013 年，第 23—24 页。

[2] 涂子沛：《微学位将掀起教育领域的革命》，《南方都市报》2012 年 5 月 25 日。

[3] 李曼丽等：《解码 MOOC：大规模在线开放课程的教育学考察》，第 59 页。

[4] 李曼丽等：《解码 MOOC：大规模在线开放课程的教育学考察》，第 64—65 页。

[5] 2013 年 12 月 30 日，世博馆馆长刘绣华在"世博会博物馆新馆开工新闻发布会"上的讲话稿。

[6] "微学历"和"微学位"是同一个意思，为了和目前通用的概念相统一，本文采用"微学位"提法，笔者注。

[7] 王宏钧：《中国博物馆学基础》，上海古籍出版社 2001 年，第 335 页。

[8] 黄淑芬：《现代博物馆教育理念与实务》，台北博物馆 1997 年，第 11 页。

[9] 俞敏洪在 5 月 18 日举办的"第三届中国民办培训教育行业发展高峰论坛"上的演讲。http：//www. huxiu. com/article/15089/1. html。

[10] 宫承波、闫玉刚：《文化创意产业总论》，中国广播电视出版社 2008 年，第 5 页。

[11] 安宏坤：《博物馆与文化创意产业》，载《新世纪博物馆的实践与思考》，北京燕山出版社 2008 年，第 230 页。

对新建（改扩建）博物馆文物保护工作的区域性研究

杨　亮（陕西历史博物馆）

内容摘要：文物具有历史性、纪念性、不可复制性的特征，它一旦入藏到博物馆文物库房就成为藏品，所以对它们的妥善保管和养护是新建（改扩建）博物馆文物保护工作的重要内容。本文试图从新建（改扩建）博物馆的文物保管和养护两个方面进行探讨，以提升新建（改扩建）博物馆文物保护工作的区域性水平。

关键词：新建（改扩建）博物馆　保管　养护

随着我国社会经济快速发展，民众物质生活得到极大的改善。为了满足民众的精神文化需求，国家加大了对文化教育方面的扶持力度，尤其是2008年1月23日中宣部、财政部、文化部、国家文物局联合下发了《关于全国博物馆、纪念馆免费开放的通知》，我国实现了真正意义上的“博物馆是为社会及其发展服务的非营利的永久机构，并向大众开放”这一目标。免费开放后的博物馆获得了财政的有力支持，各地新建（改扩建）的博物馆如雨后春笋般遍地开花，如何在建成（改扩建）后的博物馆里使文物得到最大限度的保护是我们面临的现实问题。

文物是遗存在社会上或埋藏在地下、内水和领海的历史文化遗物，它是人类历史文化的载体，具有不可替代性，一般是指：1. 具有历史、艺术、科学价值的古文化遗址、包括古墓葬、古建筑、石窟寺和物质文化品；2. 与重大历史事件、革命运动和重要人物有关的，具有纪念意义和历史价值的遗址、纪念物等；3. 历史上各时代有价值的艺术品、工艺美术品；4. 具有历史、艺术和科学价值的文献资料；5. 反映历史上各时代、各民族的社会制度、社会生产和社会生活的代表性实物[1]。文物一般分为不可移动文物和可移动文物两大类。博物馆大部分收藏的是可移动文物，也通称为藏品。由于文物具有历史性、纪念性、不可的特征，所以对它们的妥善保管和养护是新建（改扩建）博物馆文物保护工作的重要内容。

一　新建（改扩建）博物馆文物保管能力的提升

文物的保管是博物馆工作的基石，是衡量博物馆发展的重要指标。博物馆只有对所收藏的文物妥善保管，才能使博物馆需要开展的各项工作得以顺利进行。新建（改扩建）博物馆要根据地区环境和各类文物不同特征，尽可能对文物库房大小、库房水电风、库房柜架、文物排架等进行改造和提升，以使文物得到妥善安置。

（一）库房大小

文物库房大小理论上应依据文物种类和多寡来分割，“博物馆藏品的种类繁多，性质各异。从藏品质上看有非金属类的陶器、瓷器、印章、石器、石刻和砖雕等；有金属类的铜器、铁器、金器、银器、锡器和铅器；还有有机质地的纺织品、漆器、木器、竹器、书画和自然标本之类，它们的保护方法各不相同。为了保护好各类藏品，必须创造出能够防止各类藏品遭受损失的正确的保管条件。”[2]但在实际应用中很难实现，老的文物库房大多根据要放置文物的房屋大小来安置文物类别和多少，很难依据文物每类不同的特性独立存放在一个空间，所以在新建（改扩建）博物馆对库房建设和改造中应尽量依据每类文物的多寡来分割库房大小，做到每类文物享有自己的独立空间，有利于对它们的科学保护。

（二）库房水电风

文物库房“供电、供水设施主要由库房设计单位考虑，但使用单位必须提出用电量和用电位置。供水除了一般生活、工作用水外，应考虑一旦发生火灾时，有足够的消防用水。如库房系高层建筑，应考虑加压设施。”[3]这些在九十年代建博物馆文物库房时已经有所考虑，但随着时代的不断进步，旧的标准已经不能适应时代前进的步伐，新的标准旧的系统又不能承受，容易造成库房的安全隐患，所以对它们的改造迫在眉睫。文物库房的“通风是根据空气流动的规律，有计划地使库内外的空气交换，以达到调节库内空气温度和湿度的目的。”[4]目前许多博物馆的文物库房是封闭的，自然的空气流动无法做到，凭借着通风设备保证文物库房的空气交换，维护藏品的温湿度。这样有它有利的一面，设备新的时候没有问题，但是一旦老化，文物库房的空气流动和温湿度就很难掌控，容易造成对文物的危害，也影响管理藏品人员的身体健康。所以根据区域性气候特征如南方温暖潮湿、北方寒冷干燥来考虑解决通风设备、温度调节、引进新的科技成果，提升文物库房环境改善是值得新建（改扩建）博物馆考虑的问题。

（三）库房柜架

文物库房的柜、架配置，应遵循文物本身特点，合理放置不同材质的柜、架木质柜、架是早期文物库房放置文物的普遍方式，木质柜、架有它天然的吸潮特性，有些木材本身还有防虫、防霉作用如樟木、柏木等，用它们做成的柜、架，放置棉麻类、丝织品和纸制藏品在今天也是不错的选择，当然木质柜、架的防火性能差，可以考虑新型的防火木材。金属柜、架是现今文物库房放置文物大多采用的方式，它具有坚固、防火的特性，但材质过于坚硬、表面光滑，容易造成藏品的损伤和滑落，所以柜、架内应有铺垫和遮挡，以防晃动或滑落。

（四）文物排架

《博物馆藏品管理办法》中规定：“藏品要按科学方法上架，妥善庋藏”。“藏品必须以质地为分库排架。”[5]“为了藏品的安全，藏品排架要本着上轻下重、上小下大、大的排在后，小的排在前的要求进行。这对藏品安全和核查提用都是有利的。超过柜层高度或特重藏品，可于库内另行存放，并于方位卡上注明存放位置。”[6]目前博物馆大多遵循这一原则。新建（改扩建）博物馆还应考虑各类文物的等级和年代进行排架，地区不同还应考虑区域性文物特征进行排架，如将地区代表性文物排列在一起，以便查找和使用。如玉器类文物，先将上等级和不上等级分在不同的柜架，再按年代排序，每一时期再以器形、用途归类，对组玉更应重视，不能分开存放，以免随时间流逝和库房管理人员变动难以查找。总之文物排架工作的目的是为了更好、更妥善的安置文物，更加有效、快捷的查找、利用文物，新建（改扩建）博物馆文物排架，不必要生搬硬套，在工作实践中可以不断探索完善。

二　新建（改扩建）的博物馆文物养护能力的提升

各种材质都会有一个自然老化的过程，作为人类文明的载体的文物也不能摆脱这一定律，但是博物馆文物保护工作不能够任凭文物自然损坏，而是要在延长其寿命、延缓其损坏速度方面作出努力。新建（改扩建）的博物馆文物养护包括日常养护和重点养护两个方面的内容。

（一）文物日常养护

文物的寿命取决于它的材质、更取决于它的保存环境。众所周知“当环境因素（温、湿度，光照，污染物，微生物）偏离理想条件时，文物材质要趋向已改变的环境而与改变后的环境达到另外一种平衡。在一个平衡状态向另一个平衡状态改变时，材质不可避免地要发生一些化学组分或结构形态上的改变，这种改变破坏了文物原来的稳定状态，导致文物不同程度的病变。”[7]所以文物的日常养护应在保持合理环境方面多做工作。

温、湿度：合理的温、湿度是文物赖以延长寿命必不可少的条件。温度的提高可以增加分子的运动速度、促进化学反应的进行。温度一般升高10℃，反应速度会增快2至4倍，所以文物会有化学反应。温度的变化也会使文物发生物理反应如热胀冷缩，文物的材质会有变化。湿度取决水的含量，不同的材质吸水的能力不同，水分的含量也能导致材质体积的变化。水又有较强的运动、溶解能力，可以将材质里的盐、气体等物质移动，反复的移动扰乱材质的稳定性，破坏材质的结构。所以对各种质地文物进行温、湿度监测，每天记录、每周调试，保持各自文物合理的温、湿度，使文物始终处于比较稳定的状态，这是新建（改扩建）的博物馆文物日常养护工作必须要做的工作。

防尘：灰尘含有多种物质成分，如土粒、矿物粉尘、生物孢子、花粉、微生物、虫卵等。灰尘组成的粒子微小，结构疏松，吸水性很强，往往随空气飘散，降落在文物表面形成相对湿度较空气湿度高的灰层，这种灰层为破坏文物表面物质提供了温床，如其中的矿物质盐类在一定的条件下会发生化学反应，腐蚀器物表层，生物孢子、微生物在合适的温度、湿度下也会生长破坏文物，这在北方风沙扬尘天气尤其表现的明显，所以新建（改扩建）的博物馆要注重防尘工作，尽量将文物收入合适的柜、架内，有条件还可以装入囊匣内，定期的清扫也可以阻断灰尘的侵扰，但要防止对文物的损伤。

防虫：虫卵常随灰尘降落在文物上，它们或随工作人员的进入带进文物保存场所、或是文物已存未除净留下的，如果遇到合适的温、湿度虫卵就会发育成长，文物中又有很多是有机材质如纸张、丝织品、棉麻织品、木竹器等，这些材质含有大量的植物纤维、蛋白质、淀粉为虫卵的生长提供足够的营养，成为虫卵发育成长的温床，虫卵一旦发育成长就成为危害文物的害虫，它们的蚕食给文物将造成无法估量的损失。虫卵的发育成长有很强的季节性，所以在每年的固定季节防虫，杀虫剂的选择要考虑不同的材质，既能消灭害虫，又不伤害文物，使文物的强度、色度不受影响。

防霉：空气中无处不存在着微生物，微生物中的霉菌又是危害文物大患。霉菌的种类有很多如：曲霉、青霉、根霉、木霉、毛霉等，它们遇到合适的条件便会生长繁殖，有些孢子可能在一天内萌发并且迅速生长，它们的生存能力也极强，甚至有些孢子可以在干旱的环境中可以存活几十年。文物如果染上霉菌，就会遭受严重破坏，它会产生不同颜色的霉斑，覆盖文物上有用的信息，吞噬文物有机材料，以至胶、糨糊、装订线都会被享用霉菌还分解出有机酸，导致纸张酥脆降低强度、韧性[8]。每年夏季，因雨季的到来，空气中的湿度加大，防霉工作应是新建（改扩建）的博物馆要重视的问题，特别是南方气候本来就温暖潮湿，更容易滋生霉菌，防霉工作更是不容忽视的重点。文物使用的防霉剂要求高效、低毒、广谱，对文物和人均无危害，这就需要在工作中不断探索研究、反复实验

（二）文物重点养护：封护和修复

封护：封护是对文物采取维持原状的保护性措施。它分两种情况：一是损伤很小，防止文物继续受损，可以采用封护的办法。二是受损严重，但是基于目前的技术水平有限，防止损伤持续扩大，暂时将受损文物封护起来，等待日后新技术的发展水平到来，再进行保护。封护的材料要根据文物不同的质和受损情况的不同进行使用，新材料的使用也要进行调查和实验，防止对文物的二次破坏。新建（改扩建）博物馆可以在封护措施上多加探索和研究，可以使文物处在一个相对合适的小环境中，防止文物接受外部环境的干扰，降低文物损害的速度。

修复：修复是“为了保存、恢复文物的艺术和历史原貌，减缓或终止文物病害，保证文物安全并能使之长期保存下去，而直接在文物上机械的、物理的和化学的修复措施。修复必须在尊重原来材料、原始设计和可靠的记录文件的基础上进行。”[9]修复是因为文物破坏的程度不得不采取的措施，首先，要遵循“保持原貌，修旧如旧”的传统观念，对文物进行最小干预，尽量保持原状，采取的无论

是机械的或物理和化学修复措施，都是为了减缓和终止文物病害。其次由于文物破坏的程度严重，为了终止文物的继续损坏，恢复文物的历史价值和艺术价值，使文物的历史价值和艺术价值达到平衡、和谐，不得不采取的修复介入、补全措施，要有同类文物的详细资料可以参考，并对具体文物进行时代背景、历史风貌、艺术风格、区域性特征等方面的深入研究，全面综合评价，制定出合理可行性的方案，切不可凭空捏造，随意造型。使用材料尽可能和原来的文物相匹配和一致，新材料的使用要考虑避免对文物的损害，材料的安全性和持久性是考量的系数。最后，对修复的整个过程进行完整记录是修复工作必不可少的环节。记录内容包括方案的制订、材料的使用、修复的步骤、人员的参与等等，越详细越好，这样会为以后的工作留下宝贵的依据。

综上所述，文物保护工作是复杂和艰巨的，要在前人的基础上不断努力，开拓创新、探索完善，它需要前赴后继的求真务实、踏实肯干精神才能做好。对新建（改扩建）博物馆来说，把文物保护工作摆在首位，使存放在这里的文物得到应有的保护，让记录人类文明的这些遗物持久的散发出它夺目的光彩，这是新建（改扩建）博物馆可持续发展的明智举措。

注释：

[1] 国家文物局：《博物馆藏品保管工作手册》，群众出版社1993年，第1页。

[2] 国家文物局：《博物馆藏品保管工作手册》，群众出版社1993年，第80页。

[3] 国家文物局：《博物馆藏品保管工作手册》，群众出版社1993年，第156页。

[4] 国家文物局：《博物馆藏品保管工作手册》，群众出版社1993年，第157页。

[5] 国家文物局：《博物馆藏品保管工作手册》，群众出版社1993年，第73页。

[6] 国家文物局：《博物馆藏品保管工作手册》，群众出版社1993年，第75页。

[7] 马里奥·米凯利、詹长法：《文物保护与修复的问题》，科学出版社2005年，第291页。

[8] 贾文忠：《古玩保养与修复》，北京出版社2000年，第24页。

[9] 马涛：《文物修复的理论、原则与程序》，《文物保护科学论文集》文物出版社2004年，第207页。

征稿启事

本论丛由苏州博物馆编辑，立足苏州，面向国内外。本论丛宗旨为：以历史唯物主义为指导，积极宣传党和国家的文物法规与相关政策，及时反映苏州文物博物馆工作的新发现和新成果，推动活跃全市文博科学研究。坚持学术性、知识性、资料性兼顾，关注学术热点，开展学术讨论，交流文博信息，传播文物知识。以文博工作者和爱好者为主要阅读对象，努力为促进苏州文博事业的发展和提高专业队伍的素质作贡献。

本论丛由文物出版社出版发行，欢迎广大业内外人士热心支持，不吝赐稿。本论丛一年一辑，征稿截止时间为当年5月底。来稿请寄纸质文件一份，并同时提供电子稿。本论丛采用匿名审稿制度，稿件一经采用，本编辑部会立即通知作者本人，如在当年10月31日尚未收到编辑部用稿通知，请另投他处。因编辑人员有限，一般不退还稿件，请作者自留底稿。

已许可中国学术期刊（光盘版）电子杂志社在中国知网及其系列数据库产品中，以数字化方式复制、汇编、发行、信息网络传播本论丛所收论文。中国学术期刊（光盘版）电子杂志社著作权使用费与本论丛稿酬一并支付，作者向本论丛提交文章发表的行为即视为同意上述声明。

《苏州文博论丛》设置以下主要栏目：

考古与文物研究

文献与历史研究

博物馆学研究

吴文化研究

地址：苏州市东北街204号苏州博物馆《苏州文博》编辑部

邮编：215001

电话：0512－67546086

传真：0512－67544232

联系人：朱春阳

E－mail：suzhouwenbo@126.com